创新驱动循环经济发展研究

艾良友 著

资助项目：福建省社会科学规划青年博士论文项目“我国省域循环经济创新驱动的机理与路径研究”（FJ2015C231）；福建省高校青年自然基金重点项目“创新驱动绿色发展的综合评价、关联机制与空间效应”（JZ160492）

科学出版社

北京

内 容 简 介

循环经济作为推动我国生态文明建设的重要抓手之一，目前在发展过程中存在着空间分布失调、循环不经济等多种问题，迫切需要依靠创新驱动循环经济深入发展。本书在构建创新驱动循环经济发展理论体系的基础上，着重探讨创新驱动循环经济发展的机理，深化循环经济发展的理论体系；以我国省域为评价单元，综合运用多种定量评价方法，探讨创新能力与循环经济发展水平在省域层面的差异、创新要素对循环经济发展的影响效应等问题，并以此提出依靠创新提升循环经济发展水平的对策建议，为我国开展创新驱动循环经济发展提供参考。

本书适合环境与资源管理、生态经济、创新管理等领域的专家学者和管理人员参阅，也可作为该领域的研究生和本科生参考用书。

审图号：GS（2018）4481号

图书在版编目（CIP）数据

创新驱动循环经济发展研究/艾良友著. —北京：科学出版社，2018.9

ISBN 978-7-03-058718-3

Ⅰ.①创… Ⅱ.①艾… Ⅲ.①循环经济-区域经济发展-研究-中国 Ⅳ.①F127

中国版本图书馆CIP数据核字（2018）第206347号

责任编辑：李 敏 杨逢渤／责任校对：彭 涛
责任印制：张 伟／封面设计：无极书装

科学出版社 出版
北京东黄城根北街16号
邮政编码：100717
http://www.sciencep.com

北京建宏印刷有限公司 印刷
科学出版社发行 各地新华书店经销
*

2018年9月第 一 版 开本：720×1000 B5
2021年1月第三次印刷 印张：16 1/2
字数：330 000

定价：198.00元

（如有印装质量问题，我社负责调换）

作者简介

艾良友，男，福建长汀人，毕业于福州大学管理科学与工程学科、电子政务与区域资源管理专业，管理学博士，师从郗永勤教授。现任阳光学院人文与传播学院副教授、福州大学公共管理专业硕士研究生导师，主要从事循环经济理论与实践、绿色发展与生态文明建设等方面研究。近年来主持福建省社会科学基金青年项目1项、福建省高校青年自然基金重点项目1项；先后参与国家自然科学基金面上项目、国家社会科学基金一般项目、国家社会科学基金青年项目、中宣部“马工程”重大项目课题、福建省软科学重点项目等10多项课题研究，参与《福建省“十二五”节能和循环经济发展专项规划》和福州、泉州、宁德、莆田、南安、仙游等市（县）的循环经济发展规划以及泉港石化工业园区、秀屿临港工业园区、龙岩龙雁经济开发区等园区的循环化改造实施方案编制工作；在《中国行政管理》《科技管理研究》《电子科技大学学报（社会科学版）》《福州大学学报（哲学社会科学版）》等学术刊物上发表研究论文10余篇；被评为2016年度福州市教育系统新长征突击手。

前　　言

资源耗竭、环境污染已日益成为制约我国经济社会可持续发展的关键因素。党的十八大以来，国家高度重视循环经济发展，将循环经济作为推进生态文明建设和实现经济绿色转型的重要途径和基本方式。目前，我国循环经济发展还存在着空间和产业分布不均衡、市场化程度较低、“经济不循环”和“循环不经济”现象严重等现实问题，迫切需要依靠创新驱动循环经济深入发展。本书在循环经济发展与创新驱动发展上升为国家战略的宏观背景下，以我国省域为基本评价单元，着重探讨创新驱动循环经济发展的机理、创新能力与循环经济发展水平在省域层面的差异、创新要素对循环经济发展的影响，以及依靠创新提升循环经济发展水平的对策建议等问题，进一步丰富循环经济发展的理论体系，并为我国省域有针对性地开展创新驱动循环经济发展实践提供现实参考。

本书是在福建省社会科学规划青年博士论文项目“我国省域循环经济创新驱动的机理与路径研究”（FJ2015C231）和福建省高校青年自然基金重点项目“创新驱动绿色发展的综合评价、关联机制与空间效应”（JZ160492）的研究基础上，整理和完善形成的。本书的内容主要分为以下五个部分：

第一，归纳我国循环经济的演进历程与发展模式。我国循环经济发展已经历了自发探索（1998 年以前）、理论推进（1998～2004 年）、试点带动（2005～2010 年）和全面建设（2011～2017 年）四个阶段，并初步形成了生产过程系统集成推进循环经济发展、产业园区循环化改造与优化发展、循环型农业综合发展、科技创新推动废物资源高效利用、“城市矿产”产业推进多产业协同共生等多种典型模式；但在资源约束趋紧、生态环境恶化尚未得到根本性转变的情况下，进一步优化循环经济内在结构、强化循环经济价值功能、扩大循环经济发展规模就显得更加重要。

第二，探索创新驱动循环经济发展的理论体系及其机理。分别从理论与现实两个层面探讨构建创新驱动循环经济发展体系的动因，构建起涵盖实施主体、创新要素、循环效应和环境支撑四个模块在内的体系框架。其中，实施主体包括企业、高校、科研院所、政府和中介组织等方面；创新要素模块分为知识与科技创新、资源与技术集成、产品与产业创新、文化与政策创新四个要素；循环效应模块主要体现在资源减量、循环利用、污染减排和经济发展四个维度。在体系结构框架中，重点研究知识与科技创新、资源与技术集成、产品与产业创新、文化与政策创新四大要素对循环经济发展的驱动机理。

第三，定量评价我国省域循环经济发展水平和创新能力。根据理论体系中循环效应模块和创新要素模块的内容，分别构建省域循环经济发展水平和创新能力的评价指标体系。运用全局主成分分析法综合评价 2005 ~ 2013 年我国省域循环经济发展水平，采用差异系数和探索性空间数据分析方法研究循环经济发展的时序演变、动态差异和空间分布特征；运用全局因子分析法综合评价我国省域创新能力，通过正交旋转分别得出省域知识与科技创新、资源与技术集成、产品与产业创新及文化与政策创新的因子得分。构建创新与循环经济协调发展模型，开展我国省域创新与循环经济协调发展的水平差异、类型划分和空间演进特征等方面的研究。

第四，运用空间计量方法测度创新驱动循环经济发展效应。以 2005 ~ 2013 年省域循环经济发展水平和各创新因子综合得分为基础数据，运用空间计量方法从全局和省域两个层面测度创新驱动循环经济发展效应。在全局层面，通过空间面板杜宾模型（SPDM）研究发现：知识与科技创新、资源与技术集成、产品与产业创新及文化与政策创新对我国省域循环经济发展都具有促进作用；循环经济发展存在着显著的空间溢出效应；创新驱动循环经济发展的空间溢出效应也较为显著，周边省份知识与科技创新、文化与政策创新、产品与产业创新能力的增强有助于提高本省域循环经济发展水平，而资源与技术集成的空间溢出效应并不显著。在省域层面，通过地理加权回归模型（GWR）研究发现：时序演变上，知识与科技创新始终是推动循环经济发展的核心力量，资源与技术集成的推动作用呈明显下降趋势，产品与产业创新的促进作用有所提高，文化与政策创新的影响作用具有不稳定特征；空间差异分析表明，总体上知识与科技创新在各省域的影响效应差异不大，资源与技术集成呈现从西向东梯度递减态势，产品与产业创新呈现从东北向西南依次递减格局，文化与政策创新的影响效应从东到西逐步递减。

第五，提出创新驱动循环经济发展的对策建议。根据四个创新因子对我国循环经济发展都具有显著促进作用的计量结果，提出在国家层面要着力开展循环经济全面创新，不断提高创新驱动循环经济发展能力；根据各创新因子影响效应的空间差异性，提出在区域层面要实施差异化的创新驱动循环经济发展策略，其中东部省域要打造文化与政策创新高地，东北部省域要构筑产品与产业创新发展区，西部省域要形成资源与技术高效集成领地，中部省域要建设协同创新先行示范区；根据省域间循环经济发展和创新驱动循环经济发展都存在着显著的空间溢出效应，提出在省域间层面要建立以体制联动为保障、市场联动为主线、设施联动为纽带、生态联动为支撑、机制联动为手段的创新驱动循环经济联动系统，实现省域间循环经济的协调发展。

本书是作者在该方面研究的初步探索，尚有许多疏漏和不完善之处，还望各位读者不吝赐教并予以指出。

作　者

2018 年 2 月 14 日

目　录

第一章　绪　　论

第一节　研究背景与意义

改革开放以来，我国经济社会发展取得了举世瞩目的成就，国内生产总值（GDP）年均增长近10%。但是，长期以来我国经济增长过度依赖要素驱动和投资驱动，创新要素贡献率较低，“高消耗、高污染、高排放”的经济增长方式所造成的资源浪费、环境污染、生态破坏等现象越来越严重，对经济社会可持续发展和人民生活质量造成了严重威胁。现阶段，我国经济步入新常态发展阶段，经济增长由高速向中高速区间调整，经济结构和动力机制将发生明显变化[1]。新常态下，以“低消耗、低污染、高效益”为特征的循环经济发展模式成为产业结构调整和经济发展方式转变的重要方向，以“科技创新、制度创新、金融创新、管理创新”为内容的创新体系成为经济持续健康发展的核心动力。同时，我国地域面积辽阔，各省因地理区位、资源禀赋、产业结构、人口素质、资金投入等因素差异，循环经济发展水平和创新能力也有较大区别，二者协调发展水平影响着经济转型发展的速度和质量；我国循环经济发展过程中也面临着较严重的非均衡性、经济不循环和循环不经济现象突出、内在动力机制和外部支撑体系尚不健全等现实问题。因此，必须依靠创新推动循环经济实现新的发展。

一、研究背景

（一）资源环境问题成为制约可持续发展的关键因素

资源是经济社会发展的基础。我国资源总量大，但由于人口众多，人均占有资源量较低。在矿产资源方面，我国是资源相对贫乏的国家，油气资源人均剩余可采储量仅为世界平均水平的6%，石油对外依存度达到57%，铜矿、铝矿等需求量大的矿产资源保有储量仅分别占世界总量的4.4%和3%，且贫矿较多，共生、伴生矿床较多，开发利用难度大；根据各方面预测，在45种最重要的战略性矿产资源中，2010年我国保证需求的剩23种，2020年将只剩6种，经济发展所需的矿产资源对外依存度将不断提高[2]。在淡水资源方面，我国淡水资源占世界的6%，人均占有量为2059立方米，仅相当于世界人均占有量的1/4，是联合国认定的“水资源紧缺”国家，且水资源南多北少、分布不均衡。在耕地资源方面，2013年我国共有耕地20.27亿亩①，耕地平均质量总体偏低，中等和低等耕地面积占全国耕地评定面积的70.6%。在资源短缺的条件下，我国“高消耗、高污染、低效益”的传统经济增长方式尚未根本转变，主要矿产、水等资源综合利用效率偏低，资源浪费严重，加剧了资源短缺所带来的一系列问题，经济社会可持续发展面临严重挑战。

近年来，以雾霾为代表的环境污染问题严重影响人们正常的生产和生活，水污染、空气污染、土壤污染、固体废弃物污染、突发性环境污染事件受到人民群众的密切关注。随着人民物质生活水平的不断提高，日益增长的环境质量需要与工业化、城镇化快速发展下污染物排放量不断增长的矛盾逐步突显。在空气污染方面，2014年国家环境保护部根据空气质量新标准②对全国161个城市进行监测，仅16个城市空气质量年均值达标，达标率不足10%，145个城市空气质量超标；2013年我国二氧化碳排放量达110亿吨，高居全球首位，是排名第二美国排放量的2倍。在水污染方面，2013年全国废水排放总量达695.4亿吨，比2000年增长67.49%，化学需要量和氨氮排放总量分别比2000年增长62.82%、96.25%，大量废水排放造成水质环境不断恶化。根据2013年全国423条主要河流、62座重点湖泊（水库）的968个国控地表水监测断面（点位）的监测数据显示，Ⅲ类及以下水质的占总量的66.2%；在4896个地下水监测位点中，水质为较差级和极差级的占61.5%，地下水环境质量不容乐观。在固体废弃物污染方面，我国每年城市垃圾产生量接近2亿吨，“垃圾围城”现象频现。目前，我国垃圾处理仍以露天堆放、集中填埋为主，不仅占用大量土地，更污染城市的空气、水质、土壤环境，对人民群众的生活质量造成严重影响。在土壤污染方面，工业生产、农业生产、城乡居民生活排放的废气、废水、固体废弃物等污染物中，大部分将最终回归到土地，造成土壤污染。全国土壤污染状况调查的相关数据表明：我国土壤总超标率为16.1%，污染类型以无机型为主，南方土壤污染重于北方，长江三角洲、珠江三角洲、东北老工业基地等部分区域土壤污染问题较为突出；耕地土壤点位超标率为19.4%，无法耕种的中、重度污染耕地约5000

① 1亩≈666.67平方米。

② 即《环境空气质量标准》（GB3095—2012）。

万亩；在调查的典型地块中，36.3%的企业用地污染超标，34.9%的工业废弃地污染超标，29.4%的工业园区用地污染超标，21.3%的固体废物集中处理处置场地污染超标，33.4%的采矿区污染超标。在环境承载能力有限的条件下，污染物排放量逐年增加势必会对人类赖以生存的环境造成毁灭性影响，并严重影响可持续发展进程。

（二）循环经济发展与创新驱动发展上升到国家战略层面

在我国资源紧缺和环境污染形势日趋严峻的情况下，人们开始反思传统经济增长所带来的丰富物质财富和付出资源环境代价这一发展模式的科学性和合理性。进入21世纪之后，党和国家领导人多次提出经济发展要从粗放型向集约型转变，向“低投入、低能耗、低污染、低排放、高效益”方向发展，倡导工业企业、产业园区、重点行业走循环经济发展道路。2005年和2007年，国务院开展了两批共计178家的循环经济示范试点工作，范围涉及重点省市、产业园区、重点企业，各地区也结合实际情况开展循环经济试点示范工作。2009年，我国出台了《中华人民共和国循环经济促进法》，对政府、园区、企业等实施主体的权利和义务进行规定，标志着我国循环经济步入法制化管理轨道。

为切实转变经济发展方式，适应新常态下经济发展动力机制的调整和优化步伐，党和国家将循环经济和创新驱动发展提升到国家战略层面。一方面，党的十八大报告提出，要“把生态文明建设放在突出地位，融入经济建设、政治建设、文化建设、社会建设各方面和全过程，努力建设美丽中国，实现中华民族永续发展”，“着力推进绿色发展、循环发展、低碳发展，从源头上扭转生态环境恶化趋势，为人民创造良好生产生活环境”。2013年1月，国务院颁布的《循环经济发展战略及近期行动计划（国发〔2013〕5号)》明确提出“发展循环经济是我国的一项重大战略决策，是落实党的十八大推进生态文明建设战略部署的重大举措，是加快转变经济发展方式，建设资源节约型、环境友好型社会，实现可持续发展的必然选择”。另一方面，党的十八大报告做出了“实施创新驱动发展战略”的重大部署，提出“科技创新是提高社会生产力和综合国力的战略支撑，必须摆在国家发展全局的核心位置”。

发展循环经济和实施创新驱动发展战略，二者的总体目标是一致的，都是为了加快形成新的经济发展方式，推动经济发展向提高质量和效益上转变，都是为实现“两个一百年”奋斗目标和中华民族伟大复兴中国梦而服务。但在表现形式和主要任务上，有所区别。循环经济是转变经济发展方式、建设生态文明的具体体现，而创新是重要力量。为了加快推进生态文明建设，实施创新驱动发展战略，2015 年 3 ~5 月，中共中央、国务院密集出台文件，对生态文明建设和实施创新驱动提出具体意见。2015 年 3 月 13 日中共中央、国务院出台《关于深化体制机制改革加快实施创新驱动发展战略的若干意见》，提出坚持需求导向、人才为先、遵循规律、全面创新的总体思路。2015 年 3 月 24 日中央政治局会议首次提出“绿色化”，将其上升为新型工业化、城镇化、信息化、农业现代化协同并列的概念，要求“加快推动生产方式和生活方式绿色化”。2015 年 4 月中共中央、国务院发布《关于加快推进生态文明建设的意见》，指出要“坚持把绿色发展、循环发展、低碳发展作为基本途径，坚持把深化改革和创新驱动作为基本动力”。

（三）解决循环经济发展的现实问题需要依靠创新

我国开展循环经济实践已有十余年时间，在区域、园区、企业等层面开展了一批循环经济示范试点行动，并取得了积极成效。例如，在区域层面，甘肃省成为全国第一个国家批复的省域循环经济示范区，经过几年发展基本摆脱了产业结构单一、过度依赖不可再生资源的经济发展模式，初步形成了 16 条循环经济产业链条和七大专业基地，生态环境质量明显改善；同时，为加快推进区域循环经济发展，2013 年国家发展和改革委员会已确定全国 40 个地区开展循环经济示范城市（县）创建工作。在园区层面，2011 年以来国家以园区循环化改造和“城市矿产”示范基地建设为抓手，拨付上百亿资金支持循环经济示范园区（基地）建设，带动固定资产投资上千亿元，推动了节能环保和资源循环利用产业快速发展。在企业层面，2005 年和 2007 年国家开展了两批共 100 家企业的循环经济建设工作，大部分已通过评估验收，在钢铁、有色、煤炭、电力、化工、建材、轻工等行业基本形成了企业层面的循环经济发展模式。虽然我国循环经济发展的十年取得了显著成效，但综合来看，我国循环经济发展过程中仍然面临一些突出的现实问题。

第一，循环经济发展存在非均衡性。我国循环经济发展非均衡性体现在各级政府支持力度不协调、区域发展和领域分布不平衡上。进入“十二五”以来，各级政府在循环经济上呈现“国家热、地方冷”的发展态势。国家层面高度重视循环经济发展，加大资金投入引导城市、园区、企业开展节能减排、资源综合利用、先进适用技术改造等行为；而地方层面对循环经济的重视力度不够，除了国家级循环经济示范试点外，大部分省市均有开展省级循环经济试点工作，但相对而言试点企业或园区获得的政府资金投资大多只有几十万元，且主要分布在大型企业，中小企业基本没有获得循环经济专项资金支持的机会；更有部分省市在经济下滑期间，为了追求经济发展忽视投资项目的环评、能评考核，对投产企业的能源消耗和污染排放放松管制，造成资源环境危机。在区域发展不平衡上，因各省市在资源环境禀赋、经济发展水平、政府重视力度、节能环保产业发展等方面存在差异，基本呈现东部地区发展水平较高、中部地区次之、西部地区发展水平较低的分布态势，地区和省域范围内也出现发展不均衡现象。在发展领域分布上，循环经济主要体现在两个方面的不平衡性：一方面，国家级和省级循环经济示范试点基本在工业范畴，农业、服务业领域示范试点单位较少，社会层面的资源回收体系建设严重滞后。另一方面，国家"十二五"规划将单位国内生产总值能耗和化学需氧量、二氧化硫、氨氮、氮氧化物等污染物排放量列为各级政府的约束性指标，在一定程度上引导着地方政府将工作重心和资金扶持投入节能减排，节能减排等主要指标明显转好，而工业"三废"、矿产资源、农林废物和再生资源综合利用指标提升不明显，资源综合利用进程相对缓慢。

第二，循环经济发展中存在较为严重的"经济不循环、循环不经济"现象。经济不循环主要体现在经济发展的传统路径依赖性依然存在。部分传统产业依靠资源廉价、劳动力成本低、市场需求量大等优势，依然能够取得较好的经济效益，但循环经济发展意识淡薄，技术工艺落后，设备耗能大，污染设施建设不足；部分中小企业因循环经济改造投资大、短期效益不明显等因素，仍然沿袭传统生产方式，造成的资源浪费、水污染、大气污染、土地污染等现象根深蒂固且不可逆转。同时，循环不经济、节能不节钱现象严重。部分企业、园区作为循环经济的发展主体，开展了一系列循环经济工作，在能源节约利用、资源综合利用、水资源循环利用、生态环境保护与修复等方面取得了良好的生态效益；但其自身营利能力不足，循环经济发展带来的经济效益不高，有些甚至亏损，大多只能依靠政府政策优惠和资金扶持维持生计，这种发展模式难以长期持续下去。

第三，循环经济发展的内在动力机制和外部支撑体系尚不健全。一方面，内在动力不足、运行不畅。市场在资源配置中还未起到决定性作用，资源性产品价格形成机制尚未建立；循环经济发展还处于政府主导阶段，过度依赖政府激励性政策的推动和强制性政策的约束，企业尚未成为循环经济发展的主导力量；源头减量、循环利用、再制造、零排放、产业链接等循环经济关键共性技术缺乏，支撑产业生态化、循环化、绿色化改造的技术力量薄弱。另一方面，外部支撑体系不够健全，约束企业、公众生产和消费行为的循环经济法律制度不够完善，反映循环经济发展和生态文明建设的绩效考核评价体系尚未建立，资源产出率等重点指标数据缺失，再生资源回收、拆解、利用和再制造等管理办法亟待完善。

实施创新驱动发展战略，是解决我国空间和产业层面循环经济发展不平衡的重要途径，是解决循环经济发展过程中“经济不循环、循环不经济”等问题的基本方式，也是解决目前我国循环经济市场动力不足、技术水平不高、体制机制不够完善等深层次原因的根本方法。只有实施创新驱动发展战略，才能打破政府主导推动循环经济发展的单一模式，形成“政府推动、市场引导、企业实施、公众参与”的多元化循环经济发展态势，充分体现循环经济发展的经济社会及资源环境效益，不断提升资源（能源）利用效率，持续改善生态环境，全力推进省域循环经济发展，实现建设美丽中国的愿景。

二、研究意义

为切实转变经济发展方式，党的十八大将循环经济和创新驱动发展上升到国家战略高度，分别提出要“着力增强创新驱动发展新动力”，“使经济发展更多依靠节约资源和循环经济推动”。针对我国循环经济的理论研究不足以及发展过程中出现的现实问题，综合采用全局主成分分析法、全局因子分析法、空间计量经济学等研究方法，开展创新驱动循环经济发展的机理、效应与对策研究，具有重要的理论价值和实际意义。

（一）拓宽循环经济研究方法，丰富循环经济理论体系

一方面，本研究以现阶段我国循环经济发展中存在的“循环不经济”“发展不平衡”“内在动力与外在支撑机制不完善”等现实问题为依据，在综合评价我国省域循环经济发展水平和创新能力的基础上，将空间计量经济方法运用到研究过程中，分别探究省域循环经济和创新能力的空间分布如何、创新能力与循环经济是否协调、创新因子如何影响省域循环经济发展、如何依托创新推动循环经济发展等问题，进一步拓宽了循环经济的定量研究方法，为我国省域循环经济空间差异研究提供了新的一种研究途径，同时也为其他学者开展相关研究提供现实参考。另一方面，本研究立足于创新视角，研究创新驱动循环经济发展的机理、效应与对策，提出突破我国省域循环经济发展过程中出现的“循环不经济”困境的有效方法，能够进一步丰富创新驱动循环经济发展的理论体系，为各省有针对性地开展创新驱动循环经济发展的实践活动提供理论指导。

（二）服务生态文明建设需要，为政府提供循环经济发展的政策建议

在今后相当长的一段时期内，我国工业化和城镇化进程将稳步推进，可持续

发展面临的资源能源紧缺和生态环境压力将更加严峻，如何走出一条符合中国实际的循环经济发展之路，对我国经济社会健康发展和生态文明建设具有重要的现实意义。本书以我国循环经济发展实际为基础，立足于各省（自治区、直辖市）资源禀赋、经济发展、环境状况等基础条件差异，在分析各省循环经济发展水平的基础上，研究知识与科技创新、资源与技术集成、产品与产业创新、文化与政策创新等创新因子对省域循环经济发展的影响效应，探究创新驱动循环经济发展的机理，立足为优化我国循环经济发展的空间格局、全面推进省域循环经济协同发展提供决策依据。

第二节　研究思路与主要内容

一、研究思路

本书围绕“创新怎样驱动循环经济发展”“创新能力与循环经济发展水平在省域层面有何差异”“创新要素对循环经济发展的影响作用有多大”“如何依靠创新提升循环经济发展水平”等问题展开研究，研究目标在于将空间效应纳入循环经济研究框架，分析各创新因子对省域循环经济发展的影响效应，为我国省域循环经济发展的空间差异及其原因提供一种的新视角解释，并在此基础上提出创新驱动循环经济发展的对策建议，为持续、协调、全面推进循环经济发展和生态文明建设提供理论参考和决策依据。

二、主要内容

本书的研究内容主要包括以下几个方面。

第一章：绪论。在分析我国经济社会发展中资源环境问题成为制约可持续发展的关键因素、循环经济与创新驱动发展上升到国家战略层面、解决循环经济发展的现实问题需要依靠创新等研究背景的基础上，提出开展本书研究具有拓宽循环经济研究方法、丰富循环经济理论体系、服务生态文明建设需要等理论和现实意义，并进一步明确本书的主要内容、研究方法、技术路线和创新之处等。

第二章：文献综述。系统梳理目前国内外关于创新相关研究、循环经济相关研究、创新驱动循环经济发展的相关研究，分析目前国内外文献研究存在的不足之处，为本研究提供理论借鉴。

第三章：我国循环经济的演进与发展。在全面归纳总结我国循环经济发展的自发探索、理论推进、试点带动、全面建设四个阶段及其特征基础上，提炼目前我国已基本形成的循环经济发展模式，并分析今后我国循环经济发展策略。

第四章：创新驱动循环经济发展体系构建及机理分析。结合新常态下迫切需要加快发展循环经济、区域创新体系框架具有普适性、创新驱动循环经济发展具有特殊性等动因，从理论上构建起涵盖实施主体、创新要素、循环效应、环境支撑四个模块在内的创新驱动循环经济发展体系，重点研究创新要素模块中知识与科技创新、资源与技术集成、产品与产业创新、文化与政策创新等因子对循环经济发展的驱动机理。

第五章：省域创新与循环经济协调发展的综合评价。分别构建涵盖资源减量、循环利用、防污减排、经济发展为内容的循环经济评价指标体系和知识与科技创新、资源与技术集成、产品与产业创新、文化与政策创新为内容的省域创新能力评价指标体系，以 2005 ~ 2013 年为评价期，以我国除西藏、香港、澳门、台湾外的 30 个省域为研究对象，分别运用全局主成分和全局因子法对我国省域循环经济发展水平和创新能力进行综合评价，运用差异系数和探索性空间数据分析方法研究二者的时序演变、空间分布和动态差异特征，并以此构建省域循环经济与创新协调发展模型，分析二者协调发展的类型、空间演进和空间效应。

第六章：创新驱动循环经济发展效应分析。运用空间计量模型分析创新驱动循环经济发展效应。一方面，基于全国省域面板数据构建空间面板模型，在空间面板滞后（SPAR）模型、空间面板误差（SPEM）模型、空间面板杜宾（SPDM）模型中选取解释性较好的模型分析知识与科技创新、资源与技术集成、产品与产业创新、文化与政策创新等因子对循环经济发展水平的影响效应。另一方面，构建地理加权回归（GWR）模型，以 2005 ~ 2013 年循环经济发展和四个创新因子评价值为数据，分别从全评价期、试点带动和全面建设阶段、年度变化三个视角研究四个创新因子对省域循环经济发展影响的空间差异，把握四个创新驱动因子影响效应的时空演变特征。

第七章：创新驱动循环经济发展的对策建议。结合全局层面和省域层面创新驱动循环经济发展效应的研究结果，遵循全面推进、重点突破，因地制宜、差异发展，协调合作、实现共赢的设计思路，分别提出在国家层面开展循环经济全面创新、在区域层面实施差异化的创新驱动循环经济发展策略、在省域间层面建立创新驱动循环经济发展的联动系统。

第三节 研究方法与技术路线

一、研究方法

本书采用的研究方法主要如下。

第一，文献综述法：充分利用中国知网（CNKI）、万方期刊网、中国人民大学复印报刊资料检索数据库等网络知识信息工具，广泛搜集有关循环经济与创新等相关研究的文献资料，并对创新的相关研究、循环经济的相关研究、创新驱动循环经济的相关研究进行评述。

第二，全局主成分分析法（GPCA）和全局因子分析法（GPA）：全局主成分分析法和全局因子分析法具有统一性、整体性和可比性等特点，运用该方法对2005～2013年我国省域循环经济发展水平和创新能力进行动态评价，并对创新能力的主要因子进行分解。

第三，差异系数法：运用变异系数、泰尔指数等差异系数分析方法，综合分析我国东部、中部、东北、西部等地区循环经济发展水平和创新能力的地区间发展差异，以及地区间和地区内差异对总差异的贡献程度。

第四，探索性空间数据分析方法（ESDA）：运用全局 Moran's I、Moran 散点图分别分析我国省域循环经济发展、创新与循环经济协调发展的空间集聚性和空间差异性，探索分析其空间演变格局。

第五，空间计量经济学研究方法：分别构建空间面板误差（SPEM）模型、空间面板滞后（SPAR）模型和空间面板杜宾（SPDM）模型，并选取具有较好解释性的空间模型从全局层面分析知识与科技创新、资源与技术集成、产品与产业创新、文化与政策创新等因子对省域循环经济发展水平的影响效应；运用地理加权回归（GWR）模型从省域层面解释各创新因子影响循环经济发展的空间差异性，分析各创新因子影响效应的时空演变特征。

上述研究方法可通过 SPSS、Geoda、MATLAB、ArcGIS、SAM 等软件的综合运用得以实现。

二、技术路线

本书以创新驱动循环经济发展的机理、效应与对策为主线，运用空间计量方法，考察创新驱动循环经济发展的空间效应及空间异质性，并针对性地提出创新驱动循环经济发展的对策建议。本书的研究思路和技术路线如图 1-1 所示。

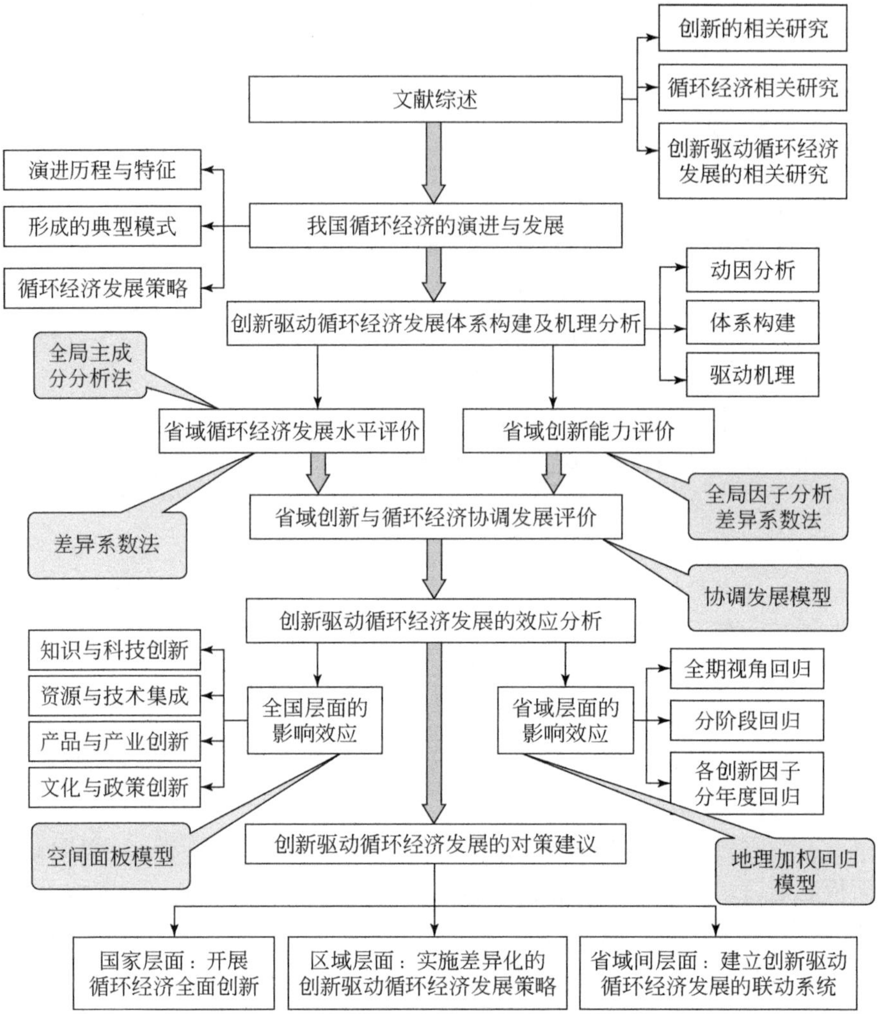

图 1-1　研究思路和技术路线图

第四节　创 新 之 处

本书创新之处主要体现在以下三个方面。

第一，基于创新视角，从理论上解释创新如何影响循环经济发展。在国家提出“创新驱动发展”和“循环经济发展”的时代背景下，构建涵盖实施主体、创新要素、循环效应、环境支撑等模块为一体的创新驱动循环经济发展理论体系；并将创新要素模块划分为知识与科技创新、资源与技术集成、产品与产业创新、文化与政策创新四大要素，重点分析了四个创新要素对循环经济发展的驱动机理，从理论上解释了创新如何影响循环经济发展的问题，进一步丰富和完善了循环经济理论。

第二，构建空间杜宾模型分析创新因子对循环经济发展的空间溢出效应，进一步拓展空间计量方法的应用领域。随着区域经济一体化和交通运输便捷化进程的加快，地理空间集聚和溢出等现象更加普遍。如果忽略空间效应，研究结论可能出现较大偏差。本书利用探索性空间数据分析方法力图发现省域循环经济发展、创新与循环经济协调发展的空间相关性，并在此基础上，通过构建空间杜宾模型全面考察了知识与科技创新、资源与技术集成、产品与产业创新、文化与政策创新等创新因子对省域循环经济发展的空间溢出效应，得出的研究结果比经典回归模型更具有解释力和说服力，进一步拓展了空间计量方法的应用领域，也是对创新与循环经济发展实证研究的有益补充。

第三，构建地理加权回归模型，分析四个创新因子驱动省域循环经济发展效应的空间差异。考虑到创新要素对各省域循环经济发展的影响有所差异，基于空间异质性视角，通过构建地理加权回归模型，分别从整体、分阶段、分年度等不同维度研究了知识与科技创新、资源与技术集成、产品与产业创新及文化与政策创新对省域循环经济发展的影响效应，有助于更深入把握创新驱动循环经济发展的内在规律性，进而从不同区域层面设计出差异化的创新驱动循环经济发展策略，使得研究结果更客观、结论更明确、策略更具体。

第二章　文献综述

近年来，随着经济社会快速发展和资源环境问题越趋严峻，国内外学者在理论和实证上对创新、循环经济开展了丰富研究。为使本书研究能更好地吸收借鉴现有研究成果，结合本书“创新驱动循环经济”的研究主题，从创新、循环经济、创新驱动循环经济三个层面对现有理论和文献进行系统梳理和归纳总结，为本书研究奠定坚实的理论基础。

第一节　创新的相关研究

一、创新理论的发展

奥地利经济学家熊彼特于1912年提出创新概念，他认为在经济发展过程中存在着一种既维持均衡又破坏均衡的力量，那就是创新活动，正是这种创新活动在不断推动经济社会发展。创新活动的具体形式包括五种：引入新产品或改进产品质量、采用新的生产方法、开辟新的市场、获取和控制新的原材料供应来源、实现企业的新组织形态[3]。从熊彼特所提出的创新概念来看，创新活动不仅包括了技术创新，而且还涵盖了产品创新、工艺创新、市场创新和组织创新等广泛的内容[4]。之后熊彼特出版了《经济周期》《资本主义、社会主义和民主主义》两本专著，分析了创新与经济发展、创新与企业家、创新与毁灭的关系，对创新理论进行了补充和完善。传统的经济增长理论认为资本、劳动力、土地是经济增长的内生变量，而技术创新是外生变量；熊彼特的创新理论提出创新或技术创新是经济系统的内生变量，在经济增长中起着决定性的作用。这一观点改变了人们对创新行为及其地位的认识。自熊彼特提出创新理论后，随着科技进步不断发展，学者对创新的研究也更加深入，拓宽了创新的内涵、外延和应用领域。综合来看，后来的学者基本围绕着三条路线展开了创新方面的研究：一是以Solow、Freeman、Stongman等为代表的技术创新学派；二是以North、Coase等为代表的制度创新学派；三是以Nelson、Freeman为代表的运用系统分析方法研究创新活动的国家创新体系学派。

(一) 技术创新理论

Solow 提出新思想的来源以及之后的实现发展是创新成立的两个条件，这为技术创新概念界定提供重要的思想来源[5]。英国学者 Freeman[6]、日本学者森谷正规[7]、我国清华大学的傅家骥[8]等对技术创新的概念进行了界定，基本认同技术创新是创新的核心内容，其内涵包括新产品、新工艺、新市场和新服务等。随着全球信息科学技术的迅猛发展，技术创新对经济社会发展的推动作用变得越来越重要。Sundaram 等[9]、Bosworth 和 Rogers[10]、Hirschey 和 Richardson[11]认为技术创新的作用主要体现在市场价值、生产效率、就业带动等方面，尤其是带动经济增长。窦丽琛和李国平[12]、唐国华[13]运用回归分析、VAR 模型等定量分析方法，研究技术创新对生产率增长、就业增长率具有较强的推动效应。Mensch 认为技术创新具有其自身固有的运行规律，相对于经济发展表现出“S”形的周期曲线趋势，并将其划为技术创新的介绍阶段、扩散阶段、成熟阶段和衰落阶段[14]。

在技术创新的动力及影响因素上，郭国峰等[15]、谢洪明等[16]、张宗和与彭昌奇[17]等以省市或企业为研究对象，提出技术创新受多个因素的综合影响，基本包括市场需求、科技研发、国际贸易、社会资本、制度政策、文化环境等因素。Myers、Marquis、Schmookler 等从市场供需关系出发，提出技术创新是由企业、社会、市场、政府等发展需求所引发展的，其中市场需求是技术创新的出发点[18]，市场需求是比技术自身更重要的推动因素[19]；Miller 和 Friesen 认为领导层面的创新导向是技术创新的重要构成要素[20]；Blasco 和 Carod 基于微观企业技术创新角度，提出企业研发部门、研发机构的人才数量、人员规模及创新流程、企业研发投入等都是影响企业技术创新的重要因素[21]；Todtling 等提出高校的研发活动对提升技术创新有重要作用[22]；Caves[23]、王子君和张伟[24]研究发现外商直接投资与技术创新呈正相关性。

在技术创新的推广与扩散方面，Romer 对技术创新的商品属性进行研究，认为技术商品具有非竞争性和非排他性两种显著特征，非竞争性使得技术容易积累，非排他性使得技术容易扩散[25]。Stoneman 在 1976 年出版的《技术扩散与计算机革命》中分析了技术创新扩散的路径依赖问题，认为技术创新成果在区域间具有扩散效应，但扩散的速度在不同国家或同一国家的不同地区有快有慢[26]；林晓言和王红梅认为观念障碍、经济障碍、制度障碍、技术障碍是一项技术创新在区域间扩散速度的主要影响因素[27]。Davis 认为企业规模对于技术创新扩散也具有重要影响，大企业更有利于技术创新扩散[28]。以竞争与合作为研究视角，张诚和林晓提出创新型企业间的竞争互动是决定技术创新扩散成败的关键因素[29]；而企业合作伙伴的相似性和互补性是技术创新扩散的基础[30]，合作伙伴互补性有助于推动产品创新扩散[31]。从宏观层面，程鹏飞和刘新梅[32]、陈劲等[33]、Popp[34]认为经济增长、政策制度及市场规范程度、严格的污染排放政策等因素对技术创新扩散产生重要影响。

（二）制度创新及其与技术创新的互动关系

在制度创新研究方面，代表性的观点主要有 Coase 的交易费用理论、North 的制度创新决定论、Latan 的诱致性制度变迁理论等。North 于 1961 ~ 1990 年分别出版了《1790 ~ 1860 年美国经济增长》《制度变迁与美国经济增长》《制度、制度变迁与经济绩效》等著作，为制度创新理论的发展奠定重要基础。North 认为制度创新是指一系列被制定出来的规则、守法程序和行为的道德伦理规范；同时，他对制度创新的原因和过程进行阐述，认为制度创新的动因在于追求个人利益最大化，其过程是制度失衡与制度均衡的交替变化，制度创新可以使企业或组织降低生产运行成本，提高经济效益[35]。Latan 认为制度创新主要表现为以下形态：某种特定组织行为的变化；这一组织与其所处环境的相互关系变化；在这一组织环境中当事人的行为及其相互关系规则的变化[36]。Davis 和 North 强调制度创新是个人、集团或政府采取多种创新方式对产权制度、市场激励制度、政府激励制度等进行调整优化和变革，克服市场失灵带来的经济利润损失，他重点强调制度创新的主体可以是个人，也可以是集团或政府[37]。林毅夫认为制度创新类型包括诱致性制度创新和强制性制度创新，前者具有自发性、缓慢性、渐进性等特点，后者具有强制性、快速性的特征[38]。在制度创新的作用上，North 提出制度创新决定论，认为制度创新对经济增长与技术创新都具有重要作用，资本积累、教育、规模经济等都不是促进经济增长的因素，它们都是由制度创新引起的经济增长的表现[39]。换言之，制度创新是经济增长的决定因素。

在制度创新与技术创新的关系方面，技术创新学派和新制度经济学派就这一问题展开了激烈探讨。技术创新学派提出“技术创新决定论”，认为技术变革与创新是推动经济增长的决定因素，技术创新决定制度创新，制度创新是在技术创新出现后为技术变革的顺利开展与运行提供基本保障。新制度经济学派高度强调制度创新对经济增长的重要作用，认为技术进步只是伴随经济增长的一种现象或结果，是制度创新为技术创新提供了前提条件，制度创新决定技术创新，好的制度安排会促进技术创新，而不好的制度安排会阻碍技术创新。马克思主义经济学将技术创新与制度创新的关系进行了辩证的阐述，提出“生产力决定生产关系、生产关系反作用于生产力”的科学论断，技术创新属于生产力范畴，而制度创新属于生产关系范畴，二者是相互依存、相互促进的辩证关系。李玉虹和马勇提出经济发展过程是技术创新和制度创新的统一过程[40]；王艾青认为技术创新为制度创新提出需求，而制度创新可以激励技术创新，创新的内在逻辑关系是以技术创新为出发点，通过制度创新达到产业创新[41]；杨得前等认为技术创新与制度创新是相互依赖、相互促进的有机整体，技术创新需要适宜的制度作为支撑，制度创新受制于技术创新[42]。

（三）国家创新系统理论

随着系统论的不断发展，国内外相关学者逐渐从系统角度研究创新活动。最早提出国家创新系统概念的是英国经济学家 Freeman，他在 1987 年出版的《技术和经济运行：来自日本的经验》一书中对第二次世界大战后的几十年日本迅速崛起的根本原因进行分析，认为日本形成的国家创新系统对其经济快速复苏和发展起着重要作用。在此基础上，他将国家创新系统定义为“由公共部门和私营部门中各种组织构成的以促进技术研发、引进、改造和扩散为目的的网络系统”[43]。Freeman 的国家创新系统理论突出强调了技术创新的重要地位和作用，同时将政府政策的影响纳入系统中。美国经济学家 Nelson 从制度安排角度入手，提出创新是大学和企业等相关机构的结合推动创新要素交流互动的复合机制，在此过程中，国家制度安排的作用尤为重要，主要体现在技术的私有与共有之间的制度安排[44]。Landfall 以考察用户与厂商的相互作用为研究手段，提出国家创新系统是用户之间、生产者之间、用户与生产者之间通过互动学习的方式来实现提高知识扩散效率的目的，他强调社会层面的互动学习是国家创新体系的核心[45]。1994 年经济合作与发展合作组织（OECD）在国家创新系统研究项目的基础上，提出《国家创新系统》专题研究报告，报告以创新主体协同合作为核心提出“创新是不同主体和机构间复杂作用和反馈的结果”，认为企业、科研院所、高校和中介机构的合作有助于知识、技术的流动和创造[46]。国内对于国家创新体系的研究始于 20 世纪末，柳卸林认为国家创新体系的概念对我国经济、科技体制改革具有重要意义[47]；曾国屏和李正风提出国家创新体系是技术创新、知识创新和制度创新的互动过程[48]；石定寰和柳卸林认为中国国家创新体系的建设要从企业成为创新主体、加强部门工作协调和集成、把产业创新放在重要位置、实施科教兴国战略、加强中介服务机构建设、培育创新环境等途径入手[49]。国家创新系统理论为区域创新系统的研究奠定了重要基础。

二、创新驱动发展的作用及效应

（一）创新驱动发展的理论研究

熊彼特在创新理论中强调创新是经济增长的内生变量。在此基础上，Solow首次在经济增长模型中引入技术创新因素，他将技术创新作为外生变量，与资本、劳动等两个内生变量构成经济增长的三大要素，并以此建立了新古典经济增长理论[50]。Arrow突破了Solow的新古典经济增长理论，他将技术进步作为内生变量纳入经济增长模型中，提出“干中学”模型[51]。Romer延续了Arrow对技术进步的认识，提出技术的外部性完全可以保证产出相对资本与技术的弹性大于1，并指出技术创新是经济增长的核心[52]。Aghion和Howitt以熊彼特的创新理论为基础，提出经济增长是由技术进步引起的，而技术进步是由进行创新的研究机构间的竞争所致[53]。1990年Porter在《国家竞争优势》一书中提出创新是一个国家或地区培育新竞争优势的重要手段，并强经济发展划分为生产要素驱动、投资驱动、创新驱动和财富驱动四个阶段，“创新驱动”一词被正式提出[54]。由此可见，创新被视为经济发展的重要驱动力。而国外学者在创新驱动经济增长的机制研究，即创新如何推动经济发展方面，大致可归纳为三个方面：第一，Romer[55]与Grossman和Helpman[56]等提出创新可以增加产品的多样性，并依托多样化的产品或服务为消费者提供更多的体验，扩大消费市场，从而增强专业化生产水平；第二，创造出新的产业部门[57]，以创新的产品或服务替代原有的产品，推进生产和消费水平的提升[58]，并带动新的中间产品部门发展，从而提高创新价值的获取能力[59]；第三，创新可以提高投入要素的质量，并促进要素积累，进而提高产品生产率，包括人力资本积累模型[60]、知识积累模型[61]、资本积累[62]和技术资本积累[63]等。

面对越来越严重的资源环境问题，传统的依靠土地、资源、劳动力和资金驱动经济增长的发展模式已经走到尽头，我国已经逐步进入创新驱动发展的新阶段。自党的十八大报告提出实施创新驱动发展战略以来，国内学者围绕“为什么要实施创新驱动发展战略”“什么是创新驱动”“如何实施创新驱动发展战略”等问题开展探讨。洪银兴指出我国经济发展方式转变对创新具有强烈需求，主要原因是现有的资源容量难以支撑经济的持续增长，工业化过程中伴有严重的环境污染和生态平衡破坏，产业结构处于低水平、缺乏国际竞争力，许多中国制造产品处于价值链低端、核心关键技术缺乏等[64]。李东兴认为目前我国经济发展中出现的要素驱动难以为继、投资驱动日益艰难、外贸出口持续疲软等问题要求走创新驱动发展战略[65]。张来武提出以人为本、打造先发优势和企业家驱动是创新驱动发展的主要特征[66]。施筱勇提出高比例的知识资本投资、活跃的创业、高劳动生产率和全要素生产率是创新驱动经济体的三大特征[67]。刘志彪从对外开放的视角，提出从“高水平引进来”“大规模走出去”和构建全方位区域对外开放新格局入手实施创新驱动发展战略[68]。任保平和郭晗认为创新驱动是一种综合创新，是产业创新、科技创新、产品创新、制度创新、战略创新和文化创新的综合体，实现创新驱动要高度重视改善产品、技术和制度供给[69]。杨多贵和周志田认为绿色能源、数字制造、智慧地球是创新驱动发展的三大动力支撑，创新驱动发展战略的实施将为我国带来技术创新、经济全球化、生态文明等诸多红利[70]。

（二）创新驱动发展的实证研究

在创新驱动经济发展效应的实证研究方面，国内外大量学者运用柯布–道格拉斯生产函数的方法测度创新对经济增长的贡献，并基本认同创新是通过提高生产率来促进经济增长这一观点。Bravo-Ortega 和 Marin 的研究结果表明国家在每增加 10% 的人均 R&D（research and development，研发）投入的基础上，经济增长率将会平均增长 1.6%[71]；Denison 以美国为研究对象，测度了美国技术进步对经济增长的贡献约为 66%[72]；Lichtenberg 研究了私人部门和公共部门技术研发投入对经济增长的贡献差异，结果表明私人部门 R&D 投资对经济增长的贡献是固定投资的 7 倍之多[73]；Bassi 等[74]以及 Reenen[75]以美国 6 个制造行业和欧洲劳动密集型工业的全要素生产率为研究对象，研究结果表明技术创新对经济增长有着中长期的促进作用；而 Margono 和 Sharma[76]、Castiglione 和 Infante[77]利用随机前沿分析方法得出技术创新对经济增长的滞后效应要根据各个行业的具体特征而定。李子奈和鲁传一以 1978 ~ 1998 年我国经济增长的相关数据，分析得出我国广义技术进步对经济增长的贡献占 40% 左右，并运用经验分析法定量测度管理创新占广义技术进步总贡献的 70%，而技术创新仅占 30%[78]。李丛文运用 ARDL-ECM 边界效应检验模型实证分析得出单独金融创新对经济增长产生抑制作用，而金融创新与技术创新的协同作用对推动经济增长效果显著[79]。在科技创新驱动我国经济增长方面，国内学者的研究结论有些差异：庞瑞芝等[80]、纪玉山等[81]的研究结果表明我国各省份科技创新驱动经济发展的贡献普遍偏低；而唐德祥等[82]、戴魁早[83]、程郁和陈雪[84]运用计量经济方法研究发现科技创新投入对经济增长具有 Granger 影响，自主创新能力和技术吸收能力对经济增长具有促进作用，技术进步对我国高新区经济增长贡献率达 26.81%。在区域差异上，我国学者基本认为不同区域、不同省份的创新活动对经济发展的贡献有所差异[85,86]，不同区域、不同省份应根据自身经济社会条件有针对性地开展创新活动[87]。

（三）创新空间溢出效应的实证研究

国内外专家学者通过研究，普遍发现创新存在显著的空间溢出效应。Morrill[88]、Golob 等[89]、Darwent[90]是研究技术创新空间扩散的代表人物，他们认为创新活动具有从中心向外围扩散的特点，并随着地理距离的扩大而减弱。Carlstein 和 Parkes 研究发现区域 R&D 存在显著的溢出效应，并通过空间传导机制推动经济增长[91]；Anselin 和 Varga 引入技术创新要素拓展传统生产函数，建立涵盖空间变量的空间计量模型对美国大学的研发与技术创新进行实证分析，发现 R&D 外溢效应突破了行政区域边界[92]；Funke 和 Niebuhr 以 1976 ~ 1996 年联邦德国技术创新相关数据测量 R&D 外溢效应，得出了创新突破行政边界的相同结论[93]。在以 Krugman 和 Venables[94]为代表的新经济地理学提出后，Audretsch 和 Feldman[95]以及 Abreu 等[96]以技术创新视角研究创新集聚，发现创新存在空间集聚的特征，这种特征的形成主要是由技术创新的空间溢出引起的；Mitra 通过计算 MSA 层面专利的 Moran's *I* 得出专利产出存在空间自相关性的结论[97]。在创新的空间特征推动经济发展方面，Smolny 和 Schneeweis 分析得出创新空间集聚与经济发展存在正的空间相关性[98]。自空间计量经济学引入我国之后，我国专家学者对创新的空间依赖性和空间异质性进行了有益探索，王锐淇提出我国各省份间以及地区和地区间的技术创新能力具有显著的空间相关性[99]；吴玉鸣和何建坤对 2000 ~ 2002 年我国 31 省域的创新集群及其影响因素进行空间计量分析，发现我国省域创新在空间分布上存在异质性和依赖性，而形成这种创新集群的原因主要归结于企业的研究与开发贡献[100]；张战仁运用探索性空间数据分析和空间误差面板模型发现我国创新发展呈现随着时间推移正向溢出性日益加大的特征，市场潜能要素对中国各省区创新发展及相互溢出具有重要作用[101]。

三、区域创新系统的结构及运行

随着经济全球化和经济一体化的快速发展，人们越来越重视区域经济的重要性，区域创新也逐渐成为国内外学者研究的热点问题。区域创新系统是国家创新系统的细化、延伸和重要组成部分，是根据某一区域的资源环境、经济发展、技术力量、人才水平、历史条件等因素建立起的具有区域发展特色的创新系统，属于创新理论在中观层面的战略和管理问题。

（一）区域创新系统的内涵

关于区域创新系统（体系）的概念与内涵，学者从不同角度提出各自看法。英国卡迪里大学教授 Cooke 等最早提出区域创新系统概念，他从网络系统角度提出区域创新系统是在地理上相近或相互关联，在地域内相互分工协作的企业、高等院校和科研院所等形成的区域性的组织系统，由行政政治单位、创新、网络、学习过程、相互作用五个要素构成，具有区域性、交互性、根植性等特征[102]；吴慈生和赵曙明[103]也从网络系统视角提出相似的看法。Nelson[104]、柳卸林[105]等人从“网络+制度”视角，强调区域创新系统中政府的作用，以及各创新主体间相互联系的制度安排。Kirat 和 Lung[106]、周亚庆和张方华[107]等从空间创新体系的角度出发，认为区域创新系统与其所处的经济环境、社会文化、地理区位等条件密切相关，是由这些要素与创新要素相互作用所形成的。瑞典学者 Asheim 和 Isaksen 将产业集群理论和创新理论结合起来，提出区域创新系统必须包括产业集群中的企业及其支持产业，研究、金融、培训、技术中介、高校等制度基础结构两部分[108]。

综合国内外学者对区域创新系统概念的论述，可以看出区域创新系统大致包括三大方面的内涵：第一，在主体参与上，区域创新系统需要企业、政府、高校、科研院所、中介组织等部门的共同参与；第二，在特定对象上，区域创新系统针对技术创新、制度创新、管理创新等特定对象展开；第三，在环境支撑上，区域创新系统与区域的经济发展、社会文化、政府制度、区位环境等密切相关。

（二）区域创新系统的构成要素

国内外学者大多从单一结构和复杂多维两个视角分析区域创新系统的构成要素。综合来看，国外学者较多从单一结构视角进行分析，而国内学者较多从复杂多维视角进行分析；同时，同一视角分析的不同学者所提出的构成要素及其相互关系也有所差异。

基于单一结构视角，澳大利亚学者 Kaufmann 和 Todtling 认为区域创新系统可划分为政治、教育和研究、产业、创新环境四大系统[109]；Maillat 认为企业、研究机构、高等院校、政府政策和制度、基础设施等环境要素是构成区域创新系统的基本要素；Sternberg 认为区域创新系统的构成要素包括企业、研发机构、高等院校及它们之间的相互关系[110]；Sharpe 和 Martinez-Fernandez 提出创新企业集群、支持企业创新的机构和知识库、创新主体间的相互作用是区域创新系统的三大构成要素[111]；Autio 提出区域创新系统包括知识应用和开发、知识产生和扩散两个子系统，其中企业是知识应用和开发子系统的核心主体，技术和劳动等中介机构、研究机构、高校是知识产生和扩散子系统的主体，同时两个子系统之间存在着资源、资本、信息的流动[112]；Trippl 基于系统论提出区域创新系统包括知识创造和扩散、知识应用和开发、区域政策、知识流动和技能、社会经济制度五个子系统[113]；Revilla Diez 和 Kiese 也从系统论出发提出区域创新系统的六大要素，包括制造和服务型企业、知识密集型商业服务、知识生产和传播机构、人力资本输出机构、中介机构、政策制度和监管机构[114]。

基于复杂多维视角，黄鲁成从不同角度提出区域创新系统的构成要素，从知识与创新关系看，区域创新系统包括知识创新、技术创新、知识传播、知识应用等子系统；从创新结构看，区域创新系统包括创新主体、创新基础、创新资源和创新环境等子系统；从创新动态过程看，区域创新系统包括研究与开发、创新导引、创新运行与调控、创新支撑与服务等子系统；从创新对象看，区域创新系统包括技术创新、制度创新、组织创新、管理创新等子系统[115]。陈柳钦[116]、胡志坚和苏婧[117]提出的区域创新系统要素大致相同，他们认为区域创新系统包括企业、大学、科研机构、中介组织、地方政府等主体要素，制度创新、技术创新、管理创新、服务创新等功能要素，体制、基础设施、社会文化心里和保障条件等环境要素。邵希等在此观点基础上，以包容性增长为目标，提出包容性区域创新系统由创新主体、创新支撑、创新环境三个子系统构成，其中创新主体子系统包括企业、政府、贫困群体、非政府组织和研究机构，创新支撑子系统包括技术中介、金融机构、基础设施、教育系统、当地社区，创新环境子系统包括政府制度、文化环境、市场组织等[118]。

（三）区域创新系统的运行机制

Nelson 从不同角度分析区域创新系统的运行机制，他认为市场机制是区域创新绩效实现的重要内容，社会网络扩散和放大机制是区域创新过程的运行机制[119]；Radosevic 提出区域创新系统的运行机制包括动力机制、整合机制、机理机制、学习机制和控制机制等方面[120]；Doloxoreux 针对区域创新系统的内部机制，提出相互学习、知识市场、空间相邻、社会嵌入型是区域创新系统运行的主要动力[121]。李虹提出区域创新系统的重点是培育技术开发、转移、应用、扩散能力和相应的区域社会支撑体系，国家创新体系建设及经济体制背景、地区经济发展战略、区域产业的本地因素和产业集群是区域创新系统的主要影响因素，区域创新体系的动力机制包括内部动力和外部动力，其中内部动力涉及企业利润、区域创新瓶颈、地方政府推动等因素，而外部动力包括市场需求、区域竞争和国家创新引导[122]。张小峰和孙启贵提出区域创新系统的高效运行要通过建立共生网络来实现，这个共生网络是创新各主体通过联盟、协议、合作、伙伴、相互帮助和协同作用等机制实现的[123]。周柏翔等从政府与企业的关系出发，提出区域创新系统有三种方式的运行机制，包括政府主导和企业参与、政府诱导和企业自主、政府倡导和企业自由[124]。纵观国内外研究，区域创新系统的构建及运行必须体现区域发展特色，如经济水平、产业发展、文化背景等；同时，区域创新系统必须具有开放性，要与周边区域乃至世界发达地区开展多层次合作和技术研发，才能维持区域创新系统的持续性。

四、区域创新能力综合评价

区域创新能力是一项复杂的系统工程，它根植于企业内部网络[125]，通过企业与大学、科研院所互动，大小企业间相互联系，并与区域资源、社会资本、文化相结合[126]，形成区域创新生产、传播、转化的能力[127]，它包括知识创造能力、知识获取能力、知识应用能力、创新环境支撑能力和创新产出能力[128]。目前，国内外在区域创新能力综合评价及影响因素分析上已有不少文献，评价指标体系设计及评价方法运用为本研究提供了经验借鉴。

国外学者通过调查研究或模型构建等方式，对区域创新能力进行综合评价。Fritsch 以 11 个欧洲区域为对象，运用知识生产函数方法发现各区域创新能力存在显著差异；Riba Vilanova 和 Leydesdorff 通过构建系统性评价模型对西班牙加泰罗尼亚地区区域创新能力进行评价[129]；Evageliata 在分析意大利有关创新方面的调查数据基础上，认为意大利大多数地区创新主体间的知识信息流动能力较弱；Rinaldo 应用共同体创新研究方法对意大利创新能力进行评价，研究结果发现了不同区域的技术创新模式。在评价指标体系设计上，Cook 认为区域创新能力评价指标体系应包括创新系统、知识系统和学习系统；Faggian and Mccann 在此基础上，将人力资本流入纳入评价指标体系中。从政府政策需求角度出发，美国、意大利、日本、英国等政府也相继制定了区域创新能力的评价指标体系[130,131]。

国内学者在区域创新能力评价方面，展开了丰富研究。在评价指标体系设计方面，万勇和文豪构建了涵盖区域创新投入、区域创新产出、技术扩散、创新环境等在内的 22 个评价指标[132]；侯仁勇等在界定区域创新能力的基础上，提出评价指标体系应包括知识创造能力、知识流动能力、企业技术创新能力、技术创新环境、创新经济绩效五个方面[133]；魏阙和戴磊以吉林省为研究对象，提出区域创新能力评价应涵盖区域创新活动的基础、产业集群环境、地区创新投入及创新产出四个方面[134]；朱海就构建的区域创新能力指标体系包括创新投入、创新产出、网络密集度、网络绩效、创新环境投入、创新环境产出等共 45 个指标[135]；甄峰等构建了知识创新能力、技术创新能力、管理与制度创新、宏观经济和社会环境等方面的区域创新能力评价指标体系，其中知识创新能力包括知识投入及生产、知识传播与分配、知识应用及产出，技术创新能力包括技术开发、技术转化与应用、技术引进与交流，宏观经济社会环境包括宏观经济指标、知识基础设施、自然和人文环境等[136]。

在评价方法上，综合来看国内学者主要采用因子分析、主成分分析、聚类分析、数据包络分析（data envelopment analysis，DEA）、客观赋权等方法进行评价，大多数国内学者基本得出我国区域创新能力呈现东部地区较高、中部和东北次之、西部地区较弱的分布态势。史锦凤和马力运用主成分分析评价了我国14个具有代表性省市的创新能力，发现我国中、西部地区与东部地区创新能力存在较大差异[137]；王宗军等运用因子分析方法得出中部地区创新能力位于东部和西部之间，中部地区内6省份创新能力也有较大差异[138]；邹华等运用熵值法评价得出2008～2010年我国省域创新能力有明显提升，东部地区创新能力较强，中、西、东北部地区较弱且差异不大[139]；柳卸林和胡志坚研究发现上海创新能力最强，其次是北京、广东、江苏等东部省份，西藏、青海较弱[140]；任胜刚和彭建华运用因子分析和聚类分析方法将我国31个省份的创新能力划分为四个类型[141]。

第二节 循环经济的相关研究

一、循环经济的起源与发展

循环经济理论是在20世纪中后期西方兴起的环境保护运动的背景下产生和发展的。随着西方工业革命的深入发展，以“高消耗、高污染、高排放”为特征的传统经济增长方式在给人类社会带来巨大物质财富的同时，也造成一系列资源环境问题。传统经济增长模式导致资源能源消耗和浪费大幅增加，生态环境持续恶化，西方各国出现了一系列环境污染事件，如洛杉矶光化学烟雾事件、多诺拉烟雾事件、伦敦烟雾事件、水俣病事件、米糠油事件等，给美国、英国、日本等发达国家人民群众生产生活带来巨大影响。随着环境污染事件出现频率增加、危害程度加强，人类逐渐意识到传统经济增长方式所付出的代价是不可承受的，会影响人类生产、生活环境以及后代人发展的需要。因此，西方国家陆续产生出一批环保组织和机构，他们积极倡导环境保护理念，开展宣传教育活动。例如，成立于1971年的绿色和平组织开展了反对核武器试验、反对焚烧固体危险废料、反对采油平台沉入海底等活动。

（一）循环经济理念的产生

西方环境保护运动促进了循环经济理论的产生和发展。在环境保护理念的宣传引导下，人类开始探索能实现可持续发展的现实道路，循环经济的思想应运而生。环境保护运动和循环经济的目标是一致的，都是为了寻求解决传统经济增长方式导致的资源浪费和环境污染问题，寻求一条人类经济社会与自然生态环境协调共处的途径。1962 年美国生物学家 Carson 出版《寂静的春天》一书，围绕滥用杀虫剂引发的环境污染、食物链紊乱、人体免疫力下降等灾难性后果展开讨论，并宣称“今后人类从胎儿到死亡，都要接触危险化学品，这个现象在世界历史上还是第一次出现”。Carson 的作品对绿色环保理念的宣传教育影响甚远，不仅迫使化学药品生产商投入巨大的人力物力财力研发高效低毒的新产品，更提高了人们的环境危机意识，推动政府出台有毒物质控制法，以法律形式规范企业的生产行为，使之符合环境保护和人类健康的需要。1966 年美国学者 Boulding 发表“未来宇宙飞船地球经济学”一文，他将人类赖以生存的地球比喻成宇宙中的一艘飞船，在狭窄的飞船上没有可供开采的能源资源和可供污染的生活环境，维持正常生活的物质资源也是有限的，在这种情况下要使得飞船长期正常飞行，必须高效利用现存的物质资源，对使用后的废弃物进行再利用和再生产，并尽可能不在飞船上排放污染物。如果不对现有资源加以循环再生利用、不减少污染物排放，资源将消耗殆尽，生活环境将充斥着污染，地球将像飞船一样走向毁灭[142]。Boulding 的宇宙飞船经济理论被视为是循环经济理念的萌芽，是对“资源—产品—废弃物”传统线性增长方式思想的变革，倡导“资源—产品—废弃物—资源”闭路循环增长模式，最大限度挖掘资源利用效率，最低程度向大自然排放污染物，这种变革的思想理论在当时产生了深远的影响，为循环经济理论的发展和成熟奠定了基础。

（二）循环经济理论的发展

20 世纪 70 年代以后，环保理念越来越深入人心，人类对经济发展与环境保护之间的规律认识也越清晰。1972 年，环境保护运动的先驱组织罗马俱乐部发表研究报告《增长的极限》，首次对人口、粮食、经济、资源、环境五个因子构成的生态系统运行状态进行探讨，提出“由于地球粮食、资源和环境的有限性，人口和经济的增长必须是有限制的”，“五个因子存在反馈环路，全球系统无节制地发展最终将向极限增长，并不可避免地陷入恶性循环中”，“人口、粮食、经济、资源和环境等因子形成均衡状态是解决全球性环境和发展问题的最终出路”[143]。虽然该书在当时被许多人批判为“大灾难或世界末日”的假说，但在人口、资源与环境关系的探讨上对人们产生了极大的启发。同时，该书也提出“通过开发收集废料的新方法，将抛弃的物质用于再循环利用，可以降低资源能源消耗”，“通过更好的产品设计，能够延长产品的使用寿命，降低资本折旧率”等促进全球生态系统平衡的技术方法，这些观点已经蕴藏着循环经济的相关内容。美国生物学家、生态学家 Commoner 在《与地球和平共处》一书中分析了美国废旧资源和产品不能实现循环利用的主要原因，提出生态设计、引导公众参与、政府采购等途径可减少污染物的产生[144]。1989 年 Frosch 和 Gallopoulos 发表《制造业策略》，首次提出工业生态学原理，认为在工业系统领域，上游生产过程中排放的废弃物可以成为下游生产所需的原材料，通过各行业、各环节的循环链接，可以使工业生态系统像自然生态系统一样，维持长期均衡状态[145]。工业生态学理论将循环经济发展的重点聚焦在工业领域，进一步丰富了循环经济的内涵，也为建设生态工业园区奠定了坚实的理论基础。

1990 年英国环境经济学家 Pearce 和 Turner 编著的《自然资源和环境经济学》一书中首次用到“循环经济”一词，认为循环经济模型是基于可持续发展目标建立起来的，由自然循环和工业循环两部分组成，自然循环是指经济系统排放的废弃物经过自然环境的吸收和消化过程，将其转化成可重复使用的原材料，重新进入经济系统使用；工业循环是指通过技术创新和管理创新对工业生产所需的能源和资源进行循环利用，以减少废弃物排放[146]。1995 年，Strebel 以资源稀缺为视角分析循环经济模型构建，认为循环经济模型要融入自然生态系统，按照自然生态系统的物质能量循环实现本地物质的采集、传递和分解，并分析了循环经济发展的可能性和动因[147]。

（三）循环经济理论的成熟

20 世纪 90 年代以来，西方发达国家随着工业化、城市化进程加快，人民物质生活水平不断提高，生产和生活排放的废弃物逐渐增多，美国、英国、德国等国家政府认识到发展循环经济的重要性，并开展了一系列循环经济的实践活动。日本政府颁布了《循环型社会形成推进基本法》，把建设循环型社会提升为经济社会发展总体目标，建立了相对健全的循环经济法律法规体系；德国出台《物质闭合循环与废弃物管理法》《循环经济和废物管理法》等法律法规和《饮料包装押金规定》《废旧汽车处理规定》《废木料处理办法》等配套规定，确立废弃物产生最小化原则、肇事者原则以及政府与公民合作原则；美国、瑞典、澳大利亚、英国等国也基本按照循环经济发展要求制定废弃物管理办法，推动形成了一批较为典型的循环经济发展模式，如以美国杜邦化学公司为代表的循环型企业模式、以丹麦卡伦堡生态工业园区为代表的循环工业园区模式、以德国为代表的废弃物回收模式和以日本为代表的循环型社会模式。

发达国家循环经济的实践活动推动了理论与实践的深度结合，也进一步推进了循环经济理论的研究进程。国外学者从不同层面对循环经济进行研究，在废弃物循环利用技术方面，Tilton[148]、Kishino 等[149]、Kondo 等[150]、Das 等[151]、Spatari 等[152]、Ross 和 Evans[153]等学者，分别对金属、纸张、电冰箱、汽车、金属铜、塑料包装材料等废弃物资源的循环利用提出有针对性的基本思路、技术路线和实施途径；在资源循环利用的政策工具方面，Pearce 和 Turner 提出征收包装税有利于提高包装物循环利用率[154]，Bovenberg 等认为增加环境污染税能够促进资源的循环使用[155]，Bruvoll 指出征收原生资源税可以有效解决资源浪费问题[156]，Tilton 分析得出价格政策有利于促进资源利用效率提高[157]；在循环经济实施主体方面，日本的专家学者侧重于静脉产业的研究，包括废旧家电、废旧汽车、建筑废弃物等资源化利用产业，德国学者以生活和工业废弃物的再利用和处置为重点开展研究，美国、加拿大等国的专家学者则侧重于循环型企业和生态工业园区的研究，涉及生物能源的开发和废物处理、清洁工业、可再生能源开发利用以及发电、水泥、化工等重点产业。图 2-1 为循环经济理论发展历程。

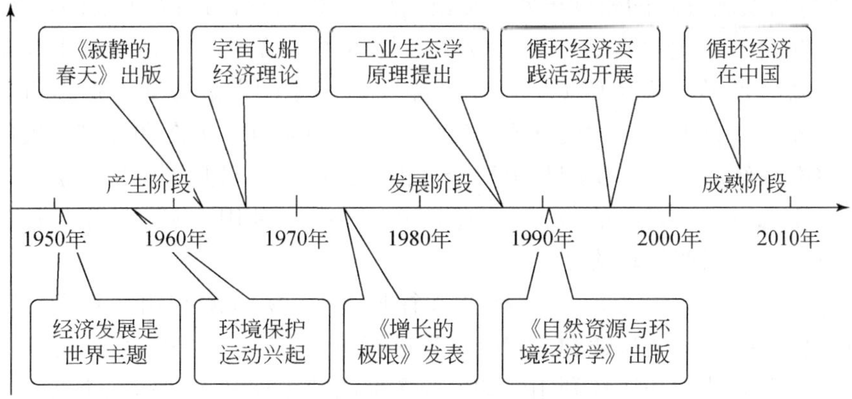

图 2-1 循环经济理论发展历程示意图

进入 21 世纪，西方发达国家的循环经济实践活动取得了积极成效，污染物排放量逐年下降，经济发展和环境污染的关系基本都处于环境库茨涅茨曲线右半部分，学术界对于循环经济的研究也逐步减少。而对于正处于工业化和城镇化快速发展阶段的中国而言，面临着人均资源量不足、环境污染严重等现实问题，亟须寻求一条切实可行的途径实现经济社会与资源环境的协调发展。借鉴国外发达国家先进经验，同济大学诸大建教授将循环经济引入我国，得到了学术界的广泛关注。2000 年，原国家环境保护局局长解振华提出要在中国发展循环经济；2002 年国家领导人指出“走循环经济之路，可持续发展才能实现[158]”。学术界对什么是循环经济、为什么要发展循环经济、怎样发展循环经济等问题开展了深入探讨，并结合区域、园区、企业等层面开展循环经济实证研究，成果较为丰富。因此，进入 21 世纪后，循环经济理论进入成熟阶段，理论体系逐步形成。

二、循环经济的内涵与原则

（一）循环经济的概念

循环经济是以实现可持续发展为目标，在倡导环境保护、应对生态危机的情况下发展起来的一门科学，生态学、经济学、社会学的相关理论为循环经济的研究奠定了基础。自循环经济提出以来，学术界从不同角度对“什么是循环经济”进行界定。

Andersen[159]、Sikdar[160]、诸大建[161]、李汝雄和王建基[162]、解振华[163]、马凯[164]等从发展方式的角度出发，提出循环经济是符合可持续发展的经济模式，是对“大量生产、大量消费、大量废弃”的传统经济增长方式的根本变革，是倡导“资源→产品→再生资源→再生产品”闭路型的发展方式，根本目的是实现可持续发展。寻求经济发展方式的转变，必须遵循自然生态和经济发展的客观规律，将循环经济贯穿于生产和生活全过程中，从原材料开采、生产加工、消费全程进行生态设计、资源节约、清洁生产和废物综合利用，实现物质、信息、能量的高度集成和闭路循环流动。

Kipperberg[165]、牛文元[166]、赵涛和徐凤君[167]从资源利用的角度出发，认为循环经济是指生产、流通和消费等过程进行减量化、再利用、资源化活动的总称，核心是资源节约和循环利用活动。资源节约和循环利用包括两个层面，一是节约集约利用生产生活所需的矿产资源、水资源和土地资源，二是对生产过程排放的废物资源和消费使用后的废弃物进行回收利用发展循环经济并非等同于生产过程所需的原材料完全来源于废弃物资源和废旧物品，不再开采和消耗自然资源，而是要在保护生态环境的前提下，最大限度地减少自然资源消耗，最大限度利用废弃物资源，获取更大的经济社会效益。

Brouillat[168]、齐振宏[169]、马晓国等[170]、谢家平和孔令丞[171]从生态环保的角度出发，认为循环经济本质上是一种生态经济，建设生态工业园区和清洁生产企业有利于改善生态环境质量，实现经济与环境协调发展。生态工业园区是实现循环经济的重要途径，一方面要充分延伸产业链条，构建生态产业链条，做大做强生态产业体系；另一方面要强化工业园区内废弃物的回收利用和污染物集中处理，降低园区工业生产对周边生态环境的危害。清洁生产是企业发展循环经济的基本方式[172]，循环经济发展的重点体现在绿色产品设计、绿色能源选用、绿色原料选择、绿色车间布局、绿色工艺规划、绿色包装设计、绿色回收再用等方面[173]。

王明寿[174]、王国印[175]、齐建国[176]等从技术范式的角度，认为循环经济是由一系列具有节约性、耦合性、颠覆性、系统性、清洁化和资源化特征的技术链链接而成的循环闭合体系，是对传统线性技术经济范式的革命，是生产工艺与设备及其生产过程的科学技术化过程，通过利用先进技术对物质资源进行高效率的安全、循环利用，以获得更大的经济效益、环境效益和人类健康效益，是典型的技术经济问题，突出强调了技术创新对于推动循环经济发展的重要作用。

虽然学者根据自身的学术背景和研究角度不同，对循环经济的概念界定有所差别，但其本质属性和研究内容均有共性的地方。综合学者的观点，循环经济是实现经济系统和自然生态环境系统协调共生的经济发展模式，在自然生态系统和经济社会系统的基础上，按照“减量化、再利用、资源化、减量化优先”的原则，依托先进的技术工艺、设施设备、管理手段和体制机制对生产、流通和消费全过程进行调整优化和改造重塑，逐步建立起循环型生产方式和绿色消费模式，实现能源使用节约化、资源利用循环化、生产全程清洁化、垃圾排放无害化、废物再生高效化。

（二）循环经济的内涵

目前学者对循环经济内涵的认识主要包括以下几个方面：循环经济是传统发展观的变革，循环经济的核心内容是节约集约利用和再生循环利用，循环经济需要科学方式转变的支撑，发展循环经济的最终目标是实现综合效益的共享（图 2-2）。

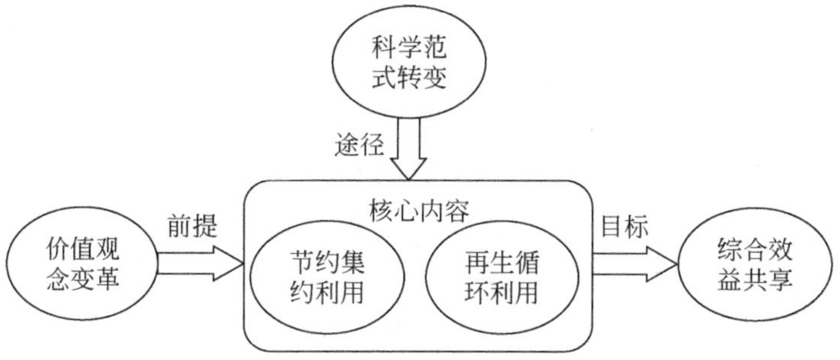

图 2-2　循环经济的内涵示意图

1. 价值观念变革

“先污染、后治理”是传统处理经济增长与生态环境的主要方式，造成生态系统难以恢复，影响和危害不可估量。传统价值观念变革是循环经济发展的灵魂，将“先污染、后治理”转变为“源头减量、过程控制、末端反馈”的治理方式才能实现经济社会和自然生态的可持续发展[177]。循环经济价值观念的树立要求人们彻底改变牺牲资源环境换取经济发展的观念，从“征服自然、利用自然”向“尊重自然、保护自然”转变，企业家要树立生态环境优先、绿色生产方式的观念，公众要形成绿色消费、文明消费的理念和方式，全社会要建立起系统的循环经济精神文化和物质文化，自觉为可持续发展和生态文明建设做出贡献[178]。

2. 节约集约利用

德国、日本等国发展循环经济的侧重点在于资源循环利用，我国由于人口众多、人均资源量相对较少，因此我国在发展循环经济的内容不仅包括循环利用，更加侧重于节约集约利用[179]。自然生态系统中大部分的资源能源属于不可再生资源，如矿石、土壤、煤、石油等，这些资源为工业革命以来全球经济社会的快速发展做出了巨大贡献，但随着自然资源存储量的大幅缩减以及替代资源开发进程缓慢，必然要求对“大量开采、大量消费、大量排放”的传统经济增长方式进行彻底变革，尽可能减少因人类生产生活行为对自然资源的过度消耗，节约集约利用自然资源，不断提高资源产出效率和利用水平，使经济增长从自然资源要素驱动向投资驱动、创新驱动等方向转变[180]。

3. 再生循环利用

除了节约集约利用，再生循环利用是发展循环经济的另一核心内容。节约集约利用资源能源是循环经济在生产、流通、消费中源头减量的具体体现，而再生循环利用是循环经济在生产生活中的过程优化和末端控制的体现，要求对生产过程中产生的废弃物和消费后的废弃物进行循环利用[181]。一方面，工业生产过程中排放的余热、废气、废水、固体废物尚有一定利用价值，循环使用既可节约资源能源，又能给企业带来一定经济效益；另一方面，流通和消费环节产生的包装材料、废旧家电、废旧轮胎、废塑料、废机动车等废弃物中有部分零部件破损程度较小，经再制造技术加工后可重复使用，破损程度较大的可经分拣、分解等工序形成再生资源，为其他行业生产产品提供原材料。当然，再生循环利用与传统的“垃圾经济”有较大差别，“垃圾经济”属于低水平的重复利用，在安全性、耐用性、环保性等方面有较大隐患，再生循环利用注重强调依托技术创新提高废物资源和再生资源的利用价值，具有较强的安全性、耐用性和环保性[182]。

4. 科学范式转变

科学范式转变是循环经济在实施层面的本质体现，是按照“减量化、再利用、资源化”的原则对传统科学范式进行调整优化和变革重构。传统科学范式是基于自然资源无限开采、污染物无限排放的认知，将自然生态系统与经济社会系统隔离开，认为自然生态系统能够为人类生产生活提供无穷无尽的资源、吸收无限的污染物，致使科学研究和技术开发成果无益于高效利用资源和保护生态环境。循环经济的科学范式以物质循环为核心，致力于构建网络化、系统化、循环化的生态共生网络，通过生态化工艺流程设计、绿色化技术设备运行和信息高度集成共享等手段，达到工业全流程的清洁生产，实现经济社会系统与自然生态系统的协调共生。

5. 综合效益共享

价值增值是任何生产行为的本质所在。传统生产方式依靠“原材料→产品（副产品）”的物质线性流动方式获取经济利益，为人类生产生活提供丰富的物质财富，也为人类生存提供广阔的就业机会。但由于在生态设计、生态技术等方面的缺乏，不仅消耗了大量的自然资源，而且排放的废气、废水、固废未能得到有效处置，对自然环境造成较大破坏。传统生产方式在经济效益和社会效益获取上实现了突破，但没能获得生态效益。循环经济能够有效解决传统生产方式中出现的资源浪费、环境破坏等问题，以“资源→产品→再生资源→再生产品”的物质、能量、信息的闭路运动方式对价值增值活动和目标价值内涵进行了补充和延伸，能够实现经济效益、社会效益和生态效益的共享[183]。

（三）循环经济发展的原则

循环经济引入我国以来，学术界普遍以“减量化（reduce）、再利用（reuse）、再循环（recycle）”作为循环经济发展的主要原则，简称为3R原则。随着我国循环经济的试点与推广，学者对循环经济有了更深层次的认识，通过理论与实践的不断探索，学者又补充了“再思考”“再修复”“再组织”“再制造”“无害化”等原则[184,185]，对3R原则进行了深化和延伸。综合《中华人民共和国循环经济促进法》《国家循环经济发展战略及近期行动计划》和学者的观点，考虑中国资源环境特点和经济社会发展的实际情况，我国循环经济的发展要以“减量化、再利用、资源化，减量化优先”为原则。

1. 减量化原则

减量化是指在生产、流通和消费等过程中减少资源消耗和废物产生，针对的环节不仅包括输入端，也涉及废物排放端[186]。减量化原则要求在生产和流通过程中以不影响生产安全、产品质量为前提，以生态设计、技术集成、设备改造为手段，尽可能降低输入产品生产系统的物质和能量，减少污染物产生；在消费过程中倡导节约、适度、绿色的消费理念，控制过度消费需求，减少包装物和一次性产品的消费；同时采用水污染、大气污染、固废污染治理设施对有限的废弃物进行无害化处理，减少对生态环境破坏[187]。例如，小排量、清洁能源和新能源汽车的推广使用，既能节约石油资源消耗，又能减少二氧化硫、氮氧化物、粉尘等污染物排放；又如，减水剂聚醚是生产混凝土的重要添加剂，将其掺入混凝土中可降低混凝土对水资源的消耗，为建材行业提供节水型材料。

2. 再利用原则

再利用原则都是针对生产、流通和消费过程中排放的废物资源而言。废物资源的综合利用可以分为三大类：原级再生资源、次级再生资源和不可利用废物资源。原级再生资源是经生产和消费后因形状、颜色、性能的改变致使其成为废物资源，但在化学性质上没有发生变化，经修复、翻新、再制造后可继续成为产品使用或作为其他产品的部件予以使用的废物资源，其过程称为原级资源化，即再利用[188]。再利用的目的是把资源效用用到极限，避免资源过早成为垃圾[189]。例如，因旧和偶发故障报废的汽车起动机，大部分零部件未受损害，通过先进的表面处理、修复及过程检测匹配等技术，可重新制造出在性能和质量上都不亚于新品的起动机，在节约材料使用、节约能源、节约成本等方面都具有显著效果。

3. 资源化原则

次级再生资源是指将废物资源直接作为生产其他产品的原料进行利用，其过程称为次级资源化，简称为资源化。次级再生资源具有一定的应用价值，资源化过程将改变废物的物理属性和化学属性。资源化原则侧重于对物质流的输出端进行控制[190]。一方面，对生产系统内部产生的废弃物资源进行综合利用，使之最大限度地成为另一生产系统所需的原材料。例如，在矿产资源开发过程中产生的尾矿和废石，将其作为陶瓷产品的生产原料；煤矿开采出的煤矸石和燃煤锅炉燃烧产生的粉煤灰，可作为生产墙体材料的原材料。另一方面，对消费后形成的废旧物品进行资源化处理，使之成为再生资源，形成再生产品。例如，使用后的废旧塑料经分拣、清洗、破碎、造粒后，可作为生产塑料制品的原料；废旧电视经清洁拆解后，显像管、线路板可处理重复使用，电线可进一步拆解为铜和塑料成为再生资源。

4. 减量化优先原则

减量化、再利用、资源化作为循环经济发展的基本原则，在排序上并非是并列的，而是减量化优先，再利用和资源化次之。减量化优先原则的提出充分考虑到我国人口众多、人均资源占有量较少、废物排放量较大的实际情况，也反映出我国循环经济与其他国家循环经济发展的不同之处[191]。德国、日本等国循环经济发展更侧重于废物资源循环利用，我国循环经济发展更加突出资源节约集约利用和污染物减排，这对我国循环经济提出了新的内容和更高要求。同时，减量化优先原则也转变了人们以往对于“循环经济=废物资源综合利用”的认知，在新常态下经济社会发展和产业结构转型升级方面更加注重节能环保产业发展。

三、区域循环经济发展模式及运行机制

（一）区域循环经济发展模式

20 世纪末日本面临大规模垃圾污染的问题，针对垃圾处理和再利用提出循环型社会的概念[192]。1999 年日本产业结构审议会提出“面向循环型经济体制的建设”报告，提出以扩大生产者责任、企业和国民推行 3R 原则、垃圾再利用产业发展、创建环境保护模范城市为手段，构建循环型社会[193]。德国的双向回收系统（DSD）有效解决了包装物等废弃物回收利用的难题，回收再生运作流程是：包装产品制造商→把包装卖给生产企业进行包装或灌装，生产企业要向双向系统缴纳绿点费→生产企业的一次性包装产品可印上绿点标志，交给商店销售→消费者消费→消费后废弃包装由绿点公司用其投资制作的垃圾收集箱回收→由绿点公司或与其签约的回收商将废弃物分类收集后运到再生工厂→生产再生原料→返回包装产品制造商，生产再循环制品[194]。

日本和德国的循环型社会建设方案为废弃物资源再生利用提供了典型示范，而针对我国区域（社会）循环经济发展模式构建，学者也提出了有益的见解。综合来看，学者提出的区域（社会）循环经济发展模式可以分为几大类。第一种为循环经济发展特色模式，肖华茂认为要因地制宜、循序渐进地推行循环经济模式，并根据我国区域发展特点和循环经济发展趋势设计了工业生态园整合模式、虚拟仿生循环模式、企业内部清洁生产模式、工农融合模式、农户群的共生网络模式、可再生资源利用模式、商业化专业化的回收处理模式等[195]。第二种为“3”层次发展模式。从纵向上，王延荣提出要从循环经济实践的 3 个不同层次出发分别构建发展模式，即企业层面的小循环、区域层面的中循环、社会层面的大循环[196]；从横向上，王良忠和史美芳提出要从农业、工业、服务业 3 个层次分别构建循环经济发展模式[197]。第三种为“3+N”模式，即在企业、园区和社会或农业、工业、服务业 3 个层次的基础上，加入废物处置和再生产业、再制造产业、工农复合发展、家庭经济的微循环、国际社会的大循环等发展模式。

（二）区域循环经济发展的运行机制

国外学者对循环经济机制的运作有着深刻的见解：Ferrara 和 Missios[198]、Bovenberg 等[155]从政府角度出发，认为收取垃圾处理费、制定强制回收项目、环

境赋税的合理转移和适当降低等政府政策有利于推动再生资源回收利用和循环经济发展，Bazind 等也主张政府可以通过循环经济税收制度的设计，激励企业承担环境责任。Ferrer-I-Carbonell 等[199]从家庭消费推动循环经济发展的角度出发，提出家庭规模、消费方式、家人文化素质、年龄等都与循环经济发展密切相关。Desrochers 从市场角度出发，认为城市和企业间的循环链接主要是出于经济动机，政府应该构建灵活的调节机制，引导企业的行为[200]。Reijinders[201]、Ross 和 Evans[202]从技术角度出发，认为生态设计可以延长产品使用周期，防止产品过早成为垃圾，生态设计的普遍推行能够促进资源利用效率提高。

随着循环经济作用的不断凸显，国内不少学者开始关注机制设计在循环经济发展中的重要作用，学术界从不同角度对循环经济发展的运行机理、动力机制、激励机制等方面展开了较为系统研究，王兆华和武春友运用交易费用理论分析生态工业园中企业共生机理[203]；赵玮从绿色供应链角度探讨了在循环经济模式下物质流、能量流、价值流、信息流的运行过程与系统集成[204]；张昌蓉和薛惠锋从系统思想的角度，分析了宏观、中观、微观三个层面的循环经济特征，并在此基础上确定出循环经济动力机制体系[205]；朱澍清提出应将环境成本计入产品价格，并建议从环境成本内在化、完善环境成本核算体系、制定严格的法律法规等方面对循环型产品进行价格机制优化[206]；李云燕提出市场机制与政府行为的耦合能够产生促进循环经济发展的最佳效应[207]；段学慧从马克思主义利益观角度，提出经济利益是循环经济发展的根本动力[208]；王朝全将循环经济动力机制归纳为企业利益驱动机制、社会需求拉动机制、技术进步推动机制、政府支持的促进机制[209]；周瑜基于资源型城市，认为利益需求、技术需求、规模经济需求、社会责任需求是城市循环经济发展的内在动力，而资源稀缺性、政策法规导向、城市内外竞争、社会舆论监督是其外缘动力因素[210]。

四、区域循环经济发展水平评价及影响因素

在评价指标体系设计上，国外学者主要从可持续发展、生态学、经济学等角度构建起区域循环经济发展评价指标体系。基于可持续发展视角，部分学者通过构建单一综合性指标来反映区域循环经济发展水平，如 Monfreda 提出的反映生态环境状况的生态足迹评价[211]，Harberl 提出的能值分析、净初级生产量[212]，Halpern 提出的生活环境质量指数[213]等；部分学者通过构建多个指标来综合评价区域循环经济发展水平，如 Garbie 提出的评价指标体系倾向于体现循环经济发展的目标和关键问题[214]，联合国可持续发展委员会建立了 134 个指标体系，欧洲议会也建立了涵盖 42 个指标的评价体系。基于生态学视角，Galli 等[215]提出生

态足迹评价方法，Haines-Young 等[216]、Kandziora 等[217]提出生态服务指标；Kurup 和 Altham 认为生态环境效益应包括自然资源状况、环境质量、原材料消耗量、能源和水资源消耗量等内容，而社会效益涵盖就业机会、工作保障、技术水平、社区稳定、感觉刺激等 9 个指标[218]。基于经济学视角，Labuschagne 和 Brent 提出循环经济的经济效益应包括金融健康、经济绩效、潜在金融利益和商业机会[219]；Tokimatsu 等将生态环境效益纳入 GDP 核算过程中，提出绿色 GDP 评价指标体系，被许多国家和地区所应用[220]。国内学者大多从涵盖资源产出、资源消耗、资源综合利用、废物排放、生态环境、社会经济发展等内容设计评价指标体系，如周国梅等[221]、杨华峰和张华玲[222]。王伟龙等以北京市为研究对象，构建了涵盖经济发展水平、资源产出水平、减量化、资源化等 10 个方面的 70 余项评价指标体系[223]。项赟等以广东省为例，按照循环经济发展原则，构建了包括经济社会发展、资源能源消耗、资源综合利用、污染控制、生态管理 5 类控制指标和 18 个单项指标的评价体系[224]。袁学英和颉茂华[225]、贾国柱等[226]基于投入产出视角，构建循环经济效率评价体系，其中投入指标包括能耗、水耗、电耗、废水排放、废弃排放、固废排放，产出指标包括能源产出、电能产值、废水循环利用、废气处理、固废回用等指标。

在省域循环经济评价结果上，施生旭等应用主成分和聚类分析法将全国 31 省（自治区、直辖区）划分为四类，山东、江苏、河北、广东为循环经济水平最强类，河南、内蒙古、浙江、山西、四川、北京、上海为较强类，青海、宁夏、海南等 7 省（自治区、直辖市）为水平最弱类，其余省份为水平较弱类[227]。吕文慧和高志刚运用灰色关联和数据包络分析方法得出循环经济发展水平排在前 10 名的都位于东部地区，后 10 名中除河北和黑龙江以外其余均为西部省份[228]。王小艳和窦玲运用层析分析法和聚类分析法对我国 2010 年各省循环经济发展水平进行评价，研究表明东、中、西部地区发展程度依次减弱[229]；樊元和刘国平采用熵值法发现传统经济强区和东南沿海地区循环经济发展水平较高，其次是中部地区，西部地区循环经济发展水平较低[230]；李宁等采用主成分分析法，得出我国地区间循环经济发展能力差异明显、循环经济发展能力较弱的地区比例偏大的结论[231]。虽然学者对循环经济发展水平的评价方法稍有不同，但基本形成“各区域循环经济发展水平具有差异，东、中、西部依次递减”这一观点。

在循环经济发展的影响因素上，曹孜等应用 2004～2011 年相关数据，构建 DEA 评价模型对循环经济影响因素进行分析，发现科技水平和开发度对推动循环经济发展最为显著，产业结构和环境资金投入水平低、第二产业比重高且偏向于初级制造业成为阻碍循环经济发展的主要因素，环境治理投资的促进作用不明显[232]。姜瑾选取2005～2009年省级面板数据，运用面板修正标准误差估计方法得出经济发展水平和人均水资源量有显著的正面影响，技术发展水平和国际贸易压力的影响不显著，环境规制强度和产业结构调整程度有显著的负面影响[233]。刘宁宁运用数据包络分析方法得出社会经济发展、产业结构和资源对循环经济效率的提升作用较强，人口密度对循环经济发展有副作用但不是主要制约因素[234]。姜玲和张爱宁应用空间滞后模型，将空间效应纳入循环经济研究中，分析得出资源循环利用对推动循环经济发展的作用最为显著，环境质量、产业结构、资源利用效率对循环经济发展具有正向促进作用，而经济增长速度呈现负相关[235]。

第三节　创新驱动循环经济发展的相关研究

20世纪末以来，随着全球资源紧缺、环境污染和生态破坏问题日益严峻，绿色创新已成为学者关注的热点问题，国内外学者分别从不同角度对绿色创新的相关问题进行探讨，为研究“创新驱动循环经济发展”提供了很好借鉴；同时，随着我国循环经济深入发展，国内学者逐步从创新视角研究循环经济发展问题，分析创新与循环经济的关系。

一、绿色创新的内涵及驱动因素

（一）绿色创新的内涵

Bernauer和Kammerer认为绿色创新可以等同于生态创新、环境创新或可持续创新，绿色创新与可持续发展、生态环境保护密切相关[236]。Braun和Wield认为绿色创新能力是尽可能减少能源和原材料消耗、减少环境污染所使用的技术和工艺，或者生产出绿色产品的能力[237]。Kemp将绿色创新定义为以减少环境损害为目的所研发或改进的新工艺、技术和产品[238]。Chen等从绿色创新的流程出发，提出绿色创新包括能源节约、污染预防、污染回收、绿色产品设计以及与企业资源环境管理有关的技术创新[239]。Schiederig等认为绿色创新保护创新对象、市场定位、环境效益、作用阶段、创新动机、创新层次六个方面[240]。丁堃从目标导向上提出绿色创新的目标应与经济可持续发展、生态安全、社会可持续发展、经济社会和生态协调发展相一致[241]。绿色创新与创新的最大区别在于：绿色创新将环境收益纳入其中。然而学者对绿色创新环境收益的界定有所差别：Hemmelskamp认为环境收益体现在生产、使用、消耗和回收处理废弃物的减少以及资源消耗的降低上[242]；Beise 和 Rennings 认为环境收益是降低生态环境破坏[243]；Kemp 和 Foxon 以生命周期为导向，认为环境效益体现为减缓环境危害和污染以及在资源能源使用过程中的负面影响[244]；Cook 认为环境收益是减少温室气体排放[245]。虽然国内外学者对绿色创新的定义有所差异，但不难看出，学者对绿色创新定义中都涵盖了循环经济发展的相关内容，如绿色创新与循环经济发展的目标是一致的，绿色创新内容中包括了节约能源、生态设计、资源减量、循环利用等循环经济内容。

（二）绿色创新的驱动因素

绿色创新是在环境污染和资源紧缺的情况下提出的，大部分资源与环境属于公共产品，而环境问题一般存在外部不经济特征[246]，因此绿色创新也具有“双重正外部效应”的属性[247]。相对来说，绿色创新活动需要投入大量资金、人力和物力，而绿色创新又存在溢出效应[248]，一般来说企业开展绿色创新的自主性角度，较难从技术拉动和市场需求的角度解释企业绿色创新的驱动因素，除非政府实施严厉的环境管制过时并监督企业执行[249]。因此，绿色创新的驱动因素与创新的驱动因素有较大差异。综合现有研究成果，国内外学者主要从环境制度、组织与个体等两个层面来解释绿色创新的驱动因素。

从环境制度层面，Rennings 等研究发现政府规制与绿色创新存在显著的正相关关系[250]；Hoffman[251]、King 和 Lenox[252]、Delmas[253]的研究结果表明，经济利益有利于推动企业开展绿色创新行为，但是除此之外，政府规制、市场要求、社会期望等也起着重要作用，而其中强有力的政府规制是主要推动力；Rivera 的研究结果也证实了以上观点，他认为政府的环境监管能够倒逼企业开展绿色技术创新[254]。而在具体环境政策实施效果上，Mickwitz 等以芬兰纸浆、造纸业为研究对象，发现能源税的实施有利于绿色技术创新的开展及创新成果扩散[255]；Wang 和 Wheeler 发现征收排污税对减少污染物排放具有积极作用[256]。张倩以我国省域 2003 ~ 2011 年数据为样本，采用面板数据分析得出环境规制对绿色产品创新和绿色工艺创新都具有显著激励作用[257]；许世春等研究发现排污税率和排污许可价格与企业绿色技术创新的激励程度成正比[258]；李碗红等通过构建面板模型研究发现：相对于我国 16 个污染密集行业，严格的环境规制政策能够促进污染型企业开展绿色技术创新[259]。也有部分学者得出的结论相反，如 Horbach 实证研究发现政府规制对企业绿色技术创新存在负面影响[260]；Graham 和 Woods 发现企业绿色技术创新的动力要素中，市场压力比政府规制更有效[261]；Innes 和 Carrión-flores 以美国 127 个制造业为例，实证研究发现污染排放与环境专利呈负相关关系[262]。

从组织与个体层面，陶岚和郭锐基于制度合法性理论，分析了股权结构、董事会独立性等内部制度和政治制度、社会制度、文化制度等外部制度对企业环保投入的影响[263]；叶强生和武亚军对比了国有企业和私营企业的环境绩效差异，发现国有企业的环境管理动机以遵从监管法规为主，而私营企业则需要在加强监管的同时采取经济激励方法[264]；杨东宁和周长辉通过构建企业自主采用环境管理体系的内外部合宜性驱动力模型，研究发现企业战略导向、组织学习能力、组织经验和传统等内部合宜性比强制性、规范性、模仿性等外部合宜性更有效[265]。Chang 认为企业环境伦理与社会责任对绿色创新具有显著影响[266]；Horbach 等提出外部研发合作对企业绿色创新具有正向的显著影响[267]；Sharma 和 Verdenburg 认为企业管理人员对待环境的态度及其环境责任决定了企业绿色创新战略的实施成效[268]。

二、创新与循环经济的关系

国内外在循环经济对创新的影响研究上成果不多，现有研究基本认为循环经济对技术创新提出新的需求，并推动技术创新向生态化方向发展。20 世纪 70 年代，Wistreich 提出循环经济对技术创新具有重大影响，西方发达国家逐渐意识到环境污染、资源紧缺与可持续发展等问题，并提出绿色 R&D 战略，将循环经济技术创新纳入 R&D 战略中[269]。我国学者李铭俊从辩证的角度分析了循环经济对创新驱动的关系，提出循环经济为科技的发展确定了一个方向，对科技进步和技术创新具有指导作用[270]。

在创新对循环经济发展的影响上，中国循环经济高端论坛提出发展循环经济需要进行科技创新、管理创新、机构创新、思路创新和方法创新五项创新[271]；李鸿忠就深圳发展循环经济提出创新的具体内容，包括理念创新、法制创新、政策创新、机制创新、产业创新、文化创新[272]；顾巍和熊选福提出我国发展循环经济需要把握好制度创新、技术创新和管理创新之间的关系，技术创新是循环经济的起因和基础，制度创新为循环经济提供制度保障，管理创新为循环经济提供方法，三者不可顾此失彼[273]；王茂祯从宏观层面的理念创新和制度创新、中观层面的政策创新、微观层面的管理创新和技术创新三个模块入手，构建循环经济创新体系[274]。定量研究方面，毕克斯等在评价我国 30 个省级单位 2004～2010 年绿色工艺创新绩效的基础上，分析了技术推动、市场拉动、环境管制推动对绿色工艺创新绩效地区差异的影响，结果显示：在技术推动方面，人均内部研发投入越多、国内技术购买强度越高的地区绿色工艺创新绩效越好，但人均内部研发投入影响作用不显著；市场拉动方面，人均收入水平、外部市场需求、市场竞争激烈程度与绿色工艺创新绩效呈负相关关系，市场竞争公平性与绿色创新工艺绩效呈正相关关系；在环境管制推动方面，环境管制强度对绿色工艺创新有积极影响[275]。岳友熙认为循环经济创新主体应该包括高等院校、科研机构、企业、中介服务机构、相应的金融机构和政府部门等，各创新主体在推动循环经济发展中的职责和作用各不相同：企业是技术创新主体，研究机构和高等院校是企业创新的知识源，中介机构是传播扩散的桥梁，政府加快科技知识生产、传播、扩散和应用[276]。刘加林等从“两型社会”的角度提出要通过加大生态技术创新力度、进行生态制度创新、开展生态理念创新和加速生态金融创新等手段，提升循环经济生态创新能力[277]。郑季良等从制造产业链角度入手，提出目前制造业产业链循环经济发展中在意识协同、技术协同、投入协同、制度协同等方面存在问题，可从确立协同创新战略目标、搭建协同创新平台、成立跨企业协同创新团队、完善激励机制和协调机制、建立协同创新绩效评价体系等方面予以解决[278]。李雪松和伍新木从水资源循环利用的角度，提出在目前制度和体制下循环利用水资源比利用新资源并不具有更高的经济效益，必须构建水资源制度、技术和观念创新体系，推动水资源循环经济发展[279]。王永芹提出实施创新驱动循环发展是一个系统工程，要加快绿色发展理念创新、科技创新、市场创新和制度创新，其中理念创新是前提，技术创新是核心，市场创新是重要动力，绿色创新是保障[280]。

三、创新要素与循环经济的关系

在技术创新对循环经济发展的影响上，张小兰提出技术创新是实现循环经济的基础，应以技术创新为重点构建我国循环经济产业体系[281]。刘奇中在分析循环经济技术创新体系中，提出没有技术上的可行性，循环经济就没有经济上的可行性[282]。张华提出循环经济在本质上是一次技术方式的革命，其技术方式可以概括为替代、减量、重复使用、重组、无害化、资源化和残留管理七个概念[283]。严炜和李光认为科学技术通过优化资源配置、调整产业结构、数字化发展、社会循环理念培育、推动公众有效参与等手段促进循环经济发展[284]。牛学杰和李常洪通过构建生态学的种群增长模型，分析得出生态化技术创新对制造业可持续发展具有重要作用[285]。郭莉等以全国28个省市2002年数据为样本，构建产业生态的产出和投入计量经济模型，得出环境科技水平对产业生态的作用不明显，我国依靠技术创新协调经济与环境关系的比重还很小[286]。何永达以造纸业为研究对象，通过建立产业集聚、技术创新与循环经济的计量模型，分析得出科研人员投入、产业规模、产业集聚水平对造纸业循环经济发展具有正向促进作用，而科研经费投入的正向影响作用不明显[287]。Harrison 和 Eskeland 认为外资企业的进驻有利于环境友好技术的推广使用，并倒逼东道国企业使用清洁生产技术，从而推动循环经济发展[288]。隋俊等以2005～2011年我国28个制造业行业的面板数据为样本，运用结构方程模型方法分析得出总体上跨国公司技术溢出与绿色创新绩效呈正相关关系，但与绿色研发绩效的相关性不明显[289]。袁丽静从价值链视角出发，认为循环经济技术创新的动力机制在于通过合理的制度安排和政策设计尽可能地扩大和保障技术创新主体的利益，消除市场失灵造成的个人收益和社会收益之间的差异[290]。刘巧绒和杨冬民认为目前制约循环经济技术创新的因素主要有资源环境市场失败、传统发展模式路径依赖、生态产品市场需求不旺、公众生态意识淡薄等，提出要构建市场拉动机制、企业执行机制、政府推动机制、科研机构助推机制、公众参与机制和国际合作机制，推动循环经济技术创新实施[291]。王玖河等通过分析曹妃甸工业园区循环经济具体实践，提出“一个目标、一个重点、三大支柱、四大体系”的循环经济技术创新路径，其中一个目标即实现经济、生态、环境效益的共赢，一个重点是工业园区物质循环利用和能量梯级流动，三大支柱包括信息平台、组织机制和创新战略，四大体系包括政府主导、企业主体、公众参与、高校科研机构支持[292]。王军生认为循环经济技术创新的构建必须充分考虑循环经济框架下技术创新特征，通过政府和市场共同作用形成循环经济技术创新的动力和体系[293]。赵世贤和张华提出构建企业循环经济技术创新联盟，可以提升面向循环经济的技术创新意识、提升循环经济的技术自主创新能力、解决循环经济技术创新的人才和资金匮乏、扩展相关产品技术链[294]。

在制度创新对循环经济发展的影响上，单宝认为目前我国循环经济制度层面存在诸如制度安排不合理、旧制度路径依赖、环保制度不严、环境产权界定困难等问题，要从绿色财政预算制度、绿色核算制度、绿色税收制度、绿色金融与投资制度、生态安全预警制度、产权制度等方面入手，开展制度创新[295]。汤建光提出循环经济制度创新要重视非正式制度的影响，发挥非正式制度的作用可以使社会公众普遍认同循环经济理念[296]。李英东从正式制度和非正式制度的角度提出循环经济制度创新的思路，正式制度上要建立完善的循环经济法律法规体系、加快产权制度改革、推动自然资源价格制度改革、构建充分竞争的市场制度，非正式制度上要确立循环经济的价值观与社会共识、发挥非政府组织及工作的积极作用[297]。徐文煜从法律制度创新角度提出要建立绿色的政府绩效评估体系、加强循环经济法律制度的可操作性、完善循环经济法律法规体系、完善法律监管体系[298]。李平从财税制度创新角度提出财税制度创新应体现循环经济发展理念，财政政策方向是完善环境财政政策体系，而税收制度创新目标是完善绿色税收体系[299]。牛桂敏从资源价格角度提出资源价格机制缺失是循环经济发展的制度障碍，要加快健全市场化的资源价格定价机制、资源价格形成机制和资源价值补偿机制[300]。陈德敏和杜建勋从资源安全制度创新角度提出循环经济制度创新必须重视土地、能源、水以及重要原材料的资源生产率，以体现社会正义的效益来配置资源产权制度[301]。

在管理创新对循环经济发展的影响上，许士春等以企业为研究对象，得出企业减少污染物排放的主要影响因素是绿色技术创新和环境规制的严厉程度，同时政府的环境规制严厉程度可以提高企业绿色技术创新的激励效果[302]。Jaffe 和 Palmer 以 1975～1991 年美国制造业数据为对象，研究发现 R&D 支出与污染治理成本间存在显著的正相关关系[303]。Brunnermeier 和 Cohen 以 1983～1992 年 146 个制造业绿色专利申请数量为分析对象，发现政府环境管制对绿色技术创新有明显促进作用[304]。李强和聂锐利用 1999～2007 年的中国省际面板数据对环境规制与技术创新的关系进行实证研究，实证结果显示环境规制对核心创新指标产生了显著的正的影响[305]。Milliman 和 Prince 分析了分配、标准、排放补贴、排放税、拍卖配额五种环境管理手段对环境技术创新的影响，研究结果表明拍卖配额合税收对刺激环境技术创新效果最好[306]。Carraro 和 Galeotti 对欧盟 6 个国家政府为环境技术创新和清洁技术推广提高补贴这一政府行为的成效进行实证研究，结果表明政府补贴措施基本有效，但存在地区差异[307]。Parry 研究发现各种环境规制手段对环境技术创新的效果基本相似[308]。

在金融创新对循环经济发展的影响上，王怀德认为循环经济与金融呈现良性互动关系，一方面金融为循环经济提供强有力的资金支持，另一方面循环经济为金融的发展提供坚实的经济基础和动力支持[309]。黄文青以广东省 1995～2006 年数据为样本，分析了金融支持对循环经济发展的影响作用，结果显示银行机构贷款余额对循环经济产业发展的作用并不明显，主要源于循环经济产业中科技创新的不确定性与商业银行信贷原则相悖、缺乏风险补偿机制、科技金融服务体系相对滞后等因素[310]。张彩平和肖序基于循环经济视角，提出我国生态技术创新存在融资困境的原因主要是企业缺乏投资环保的积极性以及外部融资渠道不能满足生态技术资金需求[311]。周汉麟和高杰在借鉴国外环境金融发展先进经验的基础上，提出六条我国金融创新驱动循环经济发展的路径：优化循环经济与金融互动发展的配套环境；改革商业银行间接融资体系，支持循环经济的银行类金融产品创新；发展循环经济政策性金融组织；组建专门的循环经济投资基金；培育和发展资本市场，拓宽循环经济项目融资渠道；开发环境金融证券化产品，形成价格发现和分散风险机制[312]。付乐和付博提出金融服务理念创新、金融市场创新、金融产品创新、金融组织体系创新和金融监管创新五种循环经济金融创新模式[313]。杨兵提出我国循环经济发展存在金融支持方面的问题，要从信贷产品创新、开展绿色信贷、推进 BOT① 融资和 ABS② 融资、建立绿色风险投资基金等方面开展金融创新[314]。

第四节　文献述评

近年来，国内外专家学者在创新、循环经济发展以及创新驱动循环经济发展方面开展了丰富研究，初步构建起了循环经济理论体系，并充分认识到创新对循环经济发展具有重要作用，不少学者从创新视角出发研究循环经济发展存在的问题及提升对策，为各国、各地区缓解资源紧缺、环境污染问题奠定了理论基础，指导了循环经济的实践活动。尤其是对于处于工业化中期的中国，在人均资源量不足、生态环境脆弱、经济发展方式粗放的条件下，比世界上任何一个国家更需要发展循环经济。现有研究成果为本书研究奠定了坚实基础，但创新驱动循环经济发展的相关理论研究还比较薄弱，研究内容比较分散，研究方法以定性为主，仍有不少值得深入研究的问题。

第一，创新驱动循环经济发展的理论体系不够完善。目前，我国经济社会发展面临人均资源占有量不足、环境污染严重、生态环境更加脆弱、绿色贸易壁垒加重、应对气候变化压力加大等复杂问题，循环经济发展过程中也存在“经济不循环”和“循环不经济”现象突出、循环经济市场化程度较低、发展不平衡等现实困境，迫切需要依托创新予以解决。然而现有成果虽然分析了创新与循环经济的互动关系，但尚未从理论上构建起创新驱动循环经济发展体系，知识创新、技术创新、政策创新、文化创新、产业创新等创新要素对循环经济发展的影响机理分析相对缺乏，对破除我国循环经济发展的现实困境、指导循环经济创新实践的作用相对有限。

第二，创新驱动循环经济发展的空间溢出研究不够深入。目前我国循环经济发展水平评价及影响因素研究大多采用层次分析、主成分分析、聚类分析、数据包络分析等传统数理统计方法，在分析变量关系问题时并未考虑空间因素的影响。经典回归模型在分析经济变量关系问题时并未将空间因素考虑进去，然而任何事物在空间上都是关联的，距离越近，关联程度就越强，距离越远，关联程度就越弱。随着我国区域经济一体化和交通运输便捷化的快速发展，地理空间溢出效应更加凸显。因此，在分析省域循环经济空间差异及创新对循环经济发展的影响效应时，如果忽略了空间效应的存在，研究结果可能出现较大偏差。目前，研

① BOT（build-operate-transfer），即建设-运营-转让。
② ABS（asset backed securitization），是从项目所属的资产为支撑的证券化融资方式。

究不同区域间经济发展空间集聚和差异的空间计量经济方法较为成熟，近几年也广泛被国内学者认可运用。但是，针对我国循环经济发展的空间溢出、创新驱动循环经济发展的空间溢出研究成果相对较少。

第三，创新驱动循环经济发展的空间差异研究较为缺乏。我国地域幅员辽阔，各地区、各省域经济发展、产业结构、资源环境、文化与政策环境等实际情况各不一样，各省域的创新能力和循环经济发展水平都具有明显差异，因此各创新要素对省域循环经济发展的影响效应也可能具有差异性。然而通过查找相关文献，发现目前针对创新驱动循环经济发展的空间差异研究还处于起步阶段，各创新要素对循环经济发展影响效应的时空演变分析不足，导致提出的对策建议缺乏针对性，对各省域依托创新推动循环经济发展具体实践的指导作用相对有限。因此，运用空间计量方法开展研究具有一定的必要性。

第三章　我国循环经济的演进与发展

总体上，我国循环经济发展经历了自发探索、理论推进、试点带动、全面建设的阶段，在区域、园区、企业层面建立了一批循环经济示范试点单位，形成了一批先进适用、可复制推广的发展模式，资源产出率、能源产出率、固体废物综合利用率、工业用水循环利用率等循环经济指标明显提高，循环经济发展取得了显著成效。但在新常态、新形势下，我国循环经济发展还面临技术水平不高、体制政策不活、经济效益不好等现实问题，需要依托创新持续推进循环经济发展和生态文明建设。

第一节　循环经济的演进历程及特征

在我国循环经济发展的起点和阶段划分上，国内学者一般以20世纪末循环经济一词引进我国作为时间起点，并以此将我国循环经济发展分为起步阶段、发展阶段、成熟阶段[315]。通过查找相关文献资料，在循环经济概念引入我国之前，我国就已经开展了垃圾回收、资源利用等相关活动，如矿产资源综合利用、水资源高效利用、废塑料回收利用、废旧轮胎翻新使用等，这些活动虽然在技术水平、从业人员素质、产业规模等方面与循环经济的要求有一定差距，但在本质上基本符合“减量化、再利用、资源化，减量化优先”的原则，同时企业的资源循环利用活动能够给自身和社会带来一定的经济效益和社会效益，因此应将这一阶段纳入循环经济发展的演进过程中。

一、自发探索阶段（1998年以前）

1998年以前，循环经济一词还未引入我国，在理论与实践层面符合循环经济发展要求的生产行为以资源综合利用、节约利用、污染治理等形式出现，政府和企业自发探索开展具有循环经济特点的资源节约与综合利用活动。

20世纪50～60年代，我国刚刚步入工业化发展的初级阶段，全社会开展了一场轰轰烈烈的大炼钢铁生产运动。虽然这场运动对我国社会主义经济建设产生破坏性影响，但在一定程度上为资源综合利用工作提供了经验教训，推动了废旧钢铁、矿产等资源综合利用技术的研发推广。例如，在石化行业，上海炼油厂将以前燃烧掉的裂化气制成低压气、丙丁醇等产品，将酸渣、碱渣作为生产脱盐剂、环烷酸等产品的原材料，提高了废物资源利用效率和企业经济效益。

20 世纪 70 年代，随着我国工业化进程不断推进，工业废弃物和污染物的排放量逐渐增多，在全球日益关注环境污染问题的推动下，我国政府层面开始关注环境保护的相关问题。1971 年国务院在国家计划委员会成立环境保护办公室，负责环境保护的日常工作；1973 年 8 月国务院召开首次全国环境保护会议，制定了《关于保护和改善环境的若干规定（试行草案）》，这是我国第一部环境保护的综合性法规，揭开了环境保护事业的序幕。在资源能源综合利用领域，部分企业积极探索废物资源综合利用途径，产生了较好的经济效益。例如，黑龙江省的企业充分利用余热资源进行发电，年发电量 500 千瓦以上的有 17 座；北京、重庆等地建筑科学研究院充分发挥我国煤矸石资源丰富优势，以煤矸石为原料研发混凝土制品、水泥、砖等建筑材料；山东金岭、广东大宝山等铁矿企业不断优化选矿工艺流程，综合回收利用选矿过程中产生的铁、铜、钴等矿物资源。

20 世纪 80 年代，有色金属、石化等大型国有企业为提高经济效益，不断加大资源综合利用力度，如包头钢铁公司充分挖掘白云鄂博矿产资源利用价值，建成了涵盖采矿、选矿、烧结、钢铁冶金、轧钢和稀土、铌提取的大型联合企业；金川有色金属公司冶炼厂陆续开展铜提取、钴回收、硫回收、贵金属回收等资源综合利用工作。政府层面为配合环境保护工作，加大资源综合利用重视力度，1985 年国务院出台《关于开展资源综合利用若干问题的暂行规定》（国发〔1985〕117 号）文件，对列入《资源综合利用目录》的废渣、废液、废气综合利用以及余热、废水回用等生产行为实行优惠政策，从政策层面推动了企业的资源综合利用行为。1987 年国家经济委员会、财政部授予吉林造纸厂、佳木斯造纸厂等 69 家企业为“全国资源综合利用先进企业”；同年全国资源综合利用工作会议上，北京、重庆、青岛、西安、成都等 11 个城市先后被确定为国家资源综合利用试点城市。

1990 ~ 1997 年，在国家资源综合利用政策的带动下，地方政府和企业积极性不断提高，陆续在煤炭、电力、冶金、轻工等行业实施了一批节能技改和资源综合利用项目。到 1995 年，全国县级以上工业三废综合利用产值达 190 亿元，工业废渣综合利用量达 2.86 亿吨，资源综合利用率由 1990 年 29.3% 提高到 43%。但是，资源综合利用政策在执行过程中存在《资源综合利用目录》划分不清、优惠政策难以落实等问题，因此国家进一步调整和完善了相关政策措施。1996 年国务院批转《关于进一步开展资源综合利用的若干意见》（国发〔1996〕36 号），对资源综合利用目录和优惠政策进行调整和优化，提出并完善了减免税政策、综合利用电站在上网配套费、电价、调峰等方面的优惠政策。

虽然这一阶段，我国政府和企业都已经开始了资源综合利用的相关实践，但总体上还处于自发探索阶段，主要体现为几个特征：第一，政府管理还未步入常态化轨道。政府对于资源综合利用的管理刚刚起步，还处于“摸着石头过河”的探索阶段，相关法律法规还未建立，相关标准、认定制度、配套政策较为薄弱。第二，企业资源综合利用尚未形成规模。相关企业大多是基于国有企业对社会负责任的角度自发开展资源综合利用工作，积极性相对不高，布局较为零散，资源综合利用规模不大。第三，资源回收利用技术工艺较为落后。资源回收以民间拾荒为主，规模化的资源回收体系尚未建立，容易产生二次污染；资源利用技术落后，综合利用产品附加值不高，限制资源循环利用的规模化发展；资源回收利用停留在单一企业，企业间共生耦合网络体系尚未形成。

二、理论推进阶段（1998 ~2004 年）

1998 年同济大学可持续发展研究中心诸大建教授在研究德国、日本等西方发达国家循环经济和可持续发展的经验做法、基本特点的基础上，将循环经济理念引入我国，在《科技导报》《社会科学》《上海经济研究》《上海环境科学》等杂志上分别发表了题为“可持续发展呼唤循环经济”“循环经济的崛起于上海的应对思路”“循环经济：上海跨世纪发展途径”“循环经济与上海可持续发展”的文章，对循环经济的概念、发展原则、实施途径以及上海发展循环经济的对策进行了探讨，标志着我国正式进入循环经济理论研究阶段。之后，以吴季松、冯之俊、解振华、曹凤中、段宁、齐建国等为代表的一批专家学者对“我国为什么要发展循环经济、什么是循环经济、怎样发展循环经济”等相关问题进行理论探讨和实证研究，初步形成了具有中国特色的循环经济理论体系。2004 年 1 月，时任中共中央总书记、国家主席胡锦涛在亚洲太平洋经济合作组织工商领导人峰会上提出“建资源集约型的经济发展模式，努力发展循环经济”的号召，之后在中央人口资源环境工作座谈会、中国科学院和中国工程院院士大会等场合上他也多次提出“大力发展循环经济”的倡议，表明循环经济理论体系已基本形成并上升到国家层面。因此，可以将 1998 ~ 2004 年称为循环经济理论推进阶段，这一阶段我国循环经济发展主要呈现以下两个特点。

（一）循环经济理论研究不断深入

理论的产生有相应的自然、社会、经济、文化背景，同样一个事物的发展必须要有相应的理论作为支撑。自诸大建教授将循环经济一词引入我国以来，我国专家学者分别从多个角度对循环经济开展理论和实证研究，研究成果不断增多。通过中国知网数据库的查找和检索，在期刊上发表与循环经济密切相关的论文数量由1998年的5篇上升到2004年的616篇。从研究角度上看，研究视角呈现多维度、全方位的特点。在宏观上，部分学者将循环经济与可持续发展、环境保护、生态文明、和谐社会、新型工业化等结合起来进行研究，并提出我国或部分省市循环经济发展的制度建设和政策建议；在中观上，部分学者探讨了农业、服务业、工业及其细分行业如水泥、建材、废旧轮胎、再生资源等循环经济发展路径，提出了生态工业园区建设的基本思路；在微观层面，部分学者将循环经济理论与煤炭、矿产资源、化工等企业结合起来进行研究，从企业管理、技术研发、工艺流程、物流销售等方面提出循环经济优化路径。

总体上看，这一阶段我国循环经济理论研究不断深入，初步形成具有中国特色的循环经济理论体系。第一，发展定位更高。学者将循环经济提升到国家战略层面进行研究，将其作为实现可持续发展、经济转型升级的重要途径，从全局层面开展了循环经济顶层设计、制度建设、政策支撑等方面探讨。第二，发展原则更加贴近我国实际。学者针对我国人口众多、人均资源量较少的实际情况以及工业化、城镇化进程加快推进的发展趋势，在国外提出循环经济发展的3R原则基础上，提出"减量化优先"的原则，充分反映了我国在推进工业化和城市建设过程中要将资源能源节约放在突出位置的现实需要。第三，内涵更深、外延更广。国外基本将循环经济界定为资源循环利用，我国学者进一步丰富和延伸了循环经济的内涵和外延，将循环经济看待为一种新的经济发展模式，不仅包含资源循环利用，还涉及节能、节水、节地、节材、清洁生产等内容。

（二）循环经济实践以清洁生产为重点

随着循环经济理论研究不断深入，我国也在实践层面开展了以清洁生产为重点的循环经济工作。1999年国家经济贸易委员会颁布《关于实施清洁生产示范试点计划的通知》（国经贸资源〔1999〕402号），选取了10个城市和5个行业作为清洁生产实施的试点单位。2000年，为进一步规范和引导重点行业推广应用清洁生产技术设备，国家经济贸易委员会公布了冶金、石化、化工、轻工和纺织5个重点行业共57项清洁生产技术，并对每种技术的适用范围和投资效益进行说明。2002年，全国人民代表大会发布《中华人民共和国清洁生产促进法》（中华人民共和国主席令第72号），对清洁生产的概念、推行和实施、鼓励措施和法律责任进行规定，标志我国清洁生产纳入法制化轨道。为配合清洁生产促进法的贯彻实施，2002～2004年，国务院相关部门陆续出台《关于加快推行清洁生产的意见》（国办发〔2003〕100号）、《关于开展创建国家环境友好企业活动的通知》（环发〔2003〕92号）、《排污费征收管理使用条例》（国务院令第369号）、《国家重点行业清洁生产技术导向目录（第二批）》（国家经贸委、国家环保总局〔2003〕第21号）等政策措施，积极推动重点行业、企业的清洁生产行为。

三、试点带动阶段（2005～2010年）

2005年国务院出台《国务院关于加快发展循环经济的若干意见》（国发〔2005〕22号），对2005～2010年我国循环经济发展的主要目标、重点工作和环节、政策机制提出明确要求，标志我国进入循环经济的试点实践阶段。2005年和2007年，国家发展和改革委员会同六部委开展了两批共178个单位的循环经济试点工作，涉及重点行业、重点领域、产业园区和省市四个层面。其中，在重点行业主要选取了钢铁、有色、煤炭、化工、建材、机械等能源消耗量大、污染物排放多的重化行业典型企业；在重点领域选取了再生资源回收利用体系、废旧金属再利用、废旧家电回收利用、再制造、废电子电池回收利用、包装物回收利用等对资源回收利用具有重要意义的基地或企业；在产业园区选取了新建工业园区（如上海化学工业区）和已建成工业园区（如福建泉港石化工业园区）两类，探索不同发展程度的两类园区循环经济建设和改造升级的途径；在省市层面分别从东、中、西、东北地区选取27个省市开展试点工作。除了国家级循环经济试点工作外，各省市也相应开展了本地区的循环经济试点工作，设立的试点城市、园区、企业近2000个[316]，充分发挥了试点单位的示范带动作用，为全面推进循环经济发展提供了丰富的实践经验。

（一）发展循环经济上升到国家法律层面

在这一阶段，政府一方面从实践层面推动循环经济试点工作开展，另一方面从制度层面强化循环经济对于产业结构调整和可持续发展的重要作用。2006年出台的《国民经济和社会发展第十一个五年规划纲要》将"发展循环经济"作为单独一章予以论述。2007年党的十七大报告在"实现全面建设小康社会奋斗目标的新要求"中提出"循环经济形成较大规模"的发展目标。2009年1月，经全国人民代表大会通过的《中华人民共和国循环经济促进法》正式实施，标志着我国循环经济纳入法制化轨道，也是继德国和日本后第三个由国家立法机构制定的循环经济法。《中华人民共和国循环经济促进法》的颁布实施，对于推动我国循环经济发展具有重要意义。第一，该法明确了国务院循环经济发展综合管理部分、县级以上地方人民政府、工业企业在循环经济发展中的地位、责任和义务，为发展循环经济过程中的管理、监督、考核、奖惩提供了重要依据。第二，该法推动了国家层面出台于资源循环利用、废弃物管理、环境保护、产品生态设计、项目环评和能评等相关配套的法规制度、评价体系和技术标准。第三，该法促进了地方层面配套制定相关循环经济法规、规章和规划方案，进一步规范和完善了循环经济发展的制度环境和政策体系。

（二）探索建立新的技术经济范式

在国家制度约束和政策激励下，企业、园区和城市逐步转变传统线性经济增长方式，探索建立能源集约利用、资源回收使用、污染零排放的新技术经济范式。在企业层面，按照环境友好、资源节约和技术先进的原则选用生产技术设备，立足从源头上减少能源资源消耗和污染物排放；开始推广应用先进适用的污水处理、中水回用、污染物治理、变频器改造、余热回收、固体废物回用等技术设备，实现资源回收利用和污染物达标排放。对于资源综合利用型企业，在国家税收优惠政策的推动下，逐步挖掘废物资源综合利用渠道和利用价值，不断延伸废物资源循环利用产品链条，初步建立了技术链、产品链、价值链为一体的循环经济发展方式。在园区层面，逐步转变以往缺乏整体规划布局、粗放管理经营、基础设施建设滞后的局面，开始重视园区生态产业链的规划布局和招商引资，增强企业间横向耦合能力；同时，基础设施建设逐步完善，建立污水处理设施及管网、集中供热及配套管网、公共管廊、固体废弃物无害化处理、垃圾焚烧发电等设施设备，促进废水、废气、废渣的集中回收、集中处理、达标排放。在城市层面，初步建立了城市废弃物回收、分类、运输、再生利用、焚烧发电为一体的资源回收利用网络体系，促进了垃圾废物的资源化利用。

（三）试点示范行动成效显著

在试点带动阶段，随着我国将单位 GDP 能耗、单位工业增加值用水量、主要污染物排放量列入各级政府工作绩效评价的约束性指标，各级政府在经济发展观念上已基本从量的增长转移到质的提高上，同时通过城市、产业园区、重点领域、企业的试点示范行动和新的技术经济范式探索建立，循环经济发展成效明显。

从表 3-1 可以看出，2010 年我国单位 GDP 能耗、二氧化硫排放量、化学需氧量排放量分别比 2005 年降低 18.97%、14.29%、12.45%，基本扭转了“十五”期间因工业化和城镇化进程加快推进所导致的单位国内生产总值能耗、主要污染物排放量总体上升的趋势。在资源综合利用方面，2010 年我国工业固体废物综合利用量达 161 772 万吨，比 2005 年提高了 1 倍以上；工业固体废物综合利用率从2005年的55.8%提高到69%；“三废”综合利用产品产值达到1779亿元，比2005年提高了1.35倍。通过我国循环经济试点示范行动的实施，在资源消耗、资源利用、废物排放等主要指标上都有了明显改善，不仅提高了资源能源利用效率，减少污染物排放，缓解经济发展对生态环境造成的压力；同时通过节能减排、资源综合利用活动的开展，一定程度上也降低了企业生产成本、提高资源综合利用企业经营利润，推动了节能环保产业和资源循环利用产业发展。

表3-1　2005～2010年我国循环经济主要指标变化情况

指标（单位）	2005年	2006年	2007年	2008年	2009年	2010年
单位GDP能耗（吨标准煤/万元）	1.276	1.206	1.160	1.102	1.077	1.034
二氧化硫排放量（万吨）	2 549	2 589	2 468	2 331	2 214	2 185
化学需氧量排放量（万吨）	1 414	1 428	1 382	1 321	1 278	1 238
工业固体废物综合利用率（%）	55.8	61.1	62.8	64.9	67.8	69.0
工业固体废物综合利用量（万吨）	76 993	92 601	110 311	123 482	138 186	161 772
“三废”综合利用产品产值（亿元）	756	1 027	1 351	1 621	1 608	1 779

四、全面建设阶段（2011～2017年）

2011年，我国进入经济社会发展的第十二个五年规划周期，国务院也着手制定《循环经济发展战略及近期行动计划》，并开始了以“十百千万”为抓手的循环经济实践行动，以全面推广循环经济典型模式，推动循环经济形成较大规模，这标志着我国循环经济发展步入全面建设阶段。“十百千万”示范行动是全面建设阶段推动循环经济发展的主要力量，“十”是指十大示范工程，包括资源综合利用、产业园区循环化改造、再生资源回收体系、“城市矿产”基地建设、再制造产业化、餐厨废弃物资源化利用和无害化处理、生产过程协同资源化处理废弃物、农业循环经济、循环型服务业、资源循环利用技术产业化十大工程；“百”是指创建100个左右的循环经济示范城市（县）；“千”是指培育千家骨干企业或园区，树立循环经济典型；“万”是指在综合能耗1万吨标准煤以上的工业企业或重点交通运输属企业、商贸企业、宾馆饭店企业、学校范围内共17 000家左右开展节能低碳行动，这些单位能源消费量基本占全国能源消费总量的60%以上，是做好节能工作、实现节能降耗目标的重点对象。目前，国家发展和改革委员会同有关部门已累计确定了五批100个园区循环化改造示范试点园区、六批49个国家“城市矿产”示范基地、五批100个餐厨废弃物资源化利用和无害化处理试点城市（区）和两批101个循环经济示范城市（县），万家企业节能低碳年度考核稳步推进，其余示范工程也在紧锣密鼓开展中，基本能完成“十百千万”示范行动计划目标。在全面建设阶段，随着我国资源环境约束不断强化，发展循环经济已刻不容缓；同时，我国经济进入转型的新常态周期，生态文明建设上升到“五位一体”总体布局的战略层面，对循环经济发展也提出更高要求。这一阶段我国循环经济发展主要呈现以下特点。

（一）政府引导力度不断加强，建设范围逐步拓宽

“十百千万”示范行动是全面推进循环经济发展的主要抓手。相对于2005年和2007年实施的循环经济试点行动而言，这一阶段的示范行动有几大特点。第一，建设范围更为宽广。“十百千万”示范行动坚持重点突破、全面推进的原则，不仅重视工业园区和单一行业企业循环经济建设，还将范围拓宽至多个行业的循环链接和共生耦合，并延伸至农业、服务业、技术研发、再生资源回收体系建设、教育示范基地等多个层面，形成循环型农业、工业、服务业、社会和大循环发展的战略格局。第二，建设数量更多。国家级试点示范单位从试点带动阶段的100多个延伸到上万个，不仅覆盖了石化、机械、建材、有色金属、纺织、农产品加工、资源回收利用等所有产业，还将商贸服务业、交通运输业、学校纳入其中，通过全面推进示范试点带动全社会循环发展。第三，政府加大政策引导和监督管理力度。政府在以往实施的示范试点中投入的引导资金较少，有些甚至只给荣誉不给资金，频繁的参观学习、监督考察给企业带来一定负担，造成企业循环发展积极性较低；相对而言，政府对本轮纳入“十百千”示范工程的引导资金投入较多，大多按照项目投资总额的10%给予资金扶持，单个示范工程引导资金基本能达上亿元，极大地激发了地方政府、工业园区和企业的积极性。同时，政府加强对示范工程的监督管理和考核评价，制定了一套考核评价办法，实施签订承诺书、年度书面汇报、中期现场考核的监督管理制度。

（二）逐步向规模化、产业化和市场化方向发展

循环经济是市场经济的组成部分。在全面推进阶段，循环经济发展逐步转变了以往政府主导、企业配合的发展模式，企业为主体的地位逐步凸显，并逐渐向市场经济运行轨道发展。第一，循环经济在这一阶段的发展规模不断扩大，工业固体废物和再生资源回收利用量逐步增加。2014年我国一般工业固体废物综合利用量达205.9亿吨；废钢铁、废有色金属、废塑料、废轮胎、废纸、废弃电器电子产品、报废汽车、报废船舶、废玻璃、废电池十大类别的再生资源回收总量为2.45亿吨，再生资源回收产值达6446.9亿元。第二，国家将节能环保产业作为战略性新兴产业的组成部分，加大扶持力度，循环经济产业化进程不断推进。

2013年国务院出台《国务院关于加快发展节能环保产业的意见》（国发〔2013〕30号），将节能技术装备、环保技术装备、资源综合利用技术装备、节能环保服务业纳入重点发展领域予以扶持，2015年节能环保产业总产值达4.5万亿元，成为国民经济新的支柱产业。第三，循环经济市场化程度不断提高。近年来，节能环保产品、再生资源综合利用产品逐步进入市场并接受市场经济运行规律带来的机遇和挑战，政府绿色购买制度、能效标识和节能产品认证制度、环保产品和环境标志产品认证制度等循环经济市场制度逐步建立，以合同能源管理为主的节能环保服务业快速发展，节能协会、循环经济协会、环保协会的力量和作用明显提升，推动了循环经济市场化进程。

（三）技术创新与制度创新引领作用更加突显

进入全面开展循环经济建设以来，以技术创新和制度创新为核心的创新引领作用更加突显。在循环经济技术创新领域，前一阶段研发出的循环经济先进适用技术得到广泛推广应用，如钢铁行业干熄焦技术和水泥行业低温余热回收发电技术普及率都达到80%以上，共伴生矿产、尾矿及废石资源综合利用技术全面推广，粉煤灰、煤矸石、冶炼废渣、林业“三剩物”和次小薪材等工业“三废”资源综合利用技术取得产业化突破。这一阶段，国家陆续颁布工业固体废物综合利用先进适用技术、工业节水工艺技术和设备、重大环保技术装备、矿产资源节约与综合利用先进适用技术、通信行业节能技术、再制造产品技术、产业共生与链接技术工艺及设备等先进技术设备目录，推广了一批行业共性先进适用技术设备，为循环经济发展提供了技术支撑。尤其是在资源循环利用领域，依托先进适用技术的推广应用，不仅使原本作为垃圾堆放的废塑料、废玻璃、废有色金属、废电子电器等废物资源得到循环利用，减少固体废物堆存占地面积，弥补我国人均资源不足的局面；同时延伸了废物资源高值化利用产业链条，提高废物资源利用途径和利用价值，为资源循环利用企业带来一定经济利益，推动了经济效益、社会效益和生态效益的协调统一。在循环经济制度创新领域，随着生态文明建设上升为国家战略层面，地方政府逐渐转变以GDP为纲的政府绩效考核办法，加大生态保护的考核权重。例如，山西、宁夏、河北、浙江、陕西、福建等省份对农业主产区、重点生态功能区以生态、农业考核取代了GDP考核，对地方政府的工作重心和管理方式产生了重大变化。同时，国家层面已建立领导干部生态环保责任终身追究制，对造成生态环境损害负有责任的领导干部，不论是否已调离、提拔或者退休，都严肃追责。生态环保终身责任制的制定对领导干部的决策和行为产生重大影响，极大地提高了地方领导干部生态环保意识。

第二节　形成的典型模式

我国循环经济发展经历了自发探索、理论推进、试点带动和全面建设四个阶段，农业、工业企业、产业园区、静脉产业、城市社区开展了许多节能降耗、资源综合利用、节约集约利用水资源、清洁生产等方面的工作，形成了一批典型的循环经济发展模式。国务院出台的《循环经济发展战略及近期行动计划》（国发〔2013〕5号）指出“要在农业、工业、服务业各产业，城市、园区、企业各层面，生产、流通、消费各环节培育一批循环经济示范典型，全面推广循环经济典型模式，推动循环经济形成较大规模”。因此，对现有发展循环经济的主要做法进行归纳总结，凝练出一批具有推广价值的典型模式，对于加快推进循环经济规模化、市场化、专业化具有重要意义。

一、生产过程系统集成推进循环经济发展模式

在资源能源价格不断攀升和生态环境日趋严峻的形势下，随着政府在节能减排和资源综合利用等方面不断出台规制性与激励性相结合的政策手段，以及企业开展循环经济工作的经济效应逐步转好，工业企业逐步从生产全过程角度开展资源能源节约利用、清洁生产、水资源集约利用等循环经济工作。

建材行业具有综合利用多种废弃物的天然优势，为废弃物资源综合利用探索出一条经济、环保、高效的利用途径。以中国节能环保集团公司、北京水泥厂有限责任公司、溪石集团发展有限公司等为代表的建材行业，协同处理粉煤灰、煤矸石、碎石、石粉、炉渣、建筑垃圾、脱硫石膏等多种固废，将其作为生产加气混凝土砌块、空心砖、蒸压砖、淤泥烧结多孔砖等新型建材产品的原材料。同时，以福建龙鳞集团有限公司、内蒙古乌兰水泥集团有限公司等代表的水泥行业，充分利用熟料煅烧产生的热能建设纯低温余热发电站，并以石灰石、煤矸石、粉煤灰、废石等周边废弃资源为原料生产水泥，大大提高了能源资源利用效率；以福建冠福现代家用股份有限公司、福建省德化龙峰陶瓷有限公司为代表的陶瓷企业，积极开展煤改气工程，广泛使用清洁能源，并利用废石、尾矿、废瓷品、瓷粉尘、废泥料、废弃陶瓷坯等为原料生产陶瓷制品，提高废物资源利用效率。

一批纺织化纤、化工、电力、钢铁、有色金属等行业企业，积极实施锅炉改造、变频改造、余热余压回收利用、能量系统优化等节能工程，以开展节能技术改造和加强能源监测、管理为核心，不断挖掘在生产全过程的节能潜力，采用自

动化、信息化和集约化的管理方式提高能源利用效率。因此，我国在钢铁、有色、煤炭、电力、化工、建材等各行业都形成了一批生产过程系统集成推进循环经济发展的典型模式，并取得了良好的经济、生态和社会效益。

例如，纺织染整企业以节约集约能源资源利用为核心，从企业生产流程的角度进一步优化循环经济发展模式，构建起符合纺织印染行业发展需要的循环经济发展道路，如图 3-1 所示。一是加强染色机、脱水机、拉毛机、定型机等机械设备节能改造，推进锅炉余热回收利用，进一步提高了设备的节能潜力和运行效率；二是强化生产废水、生活污水的循环利用，深入开展废水污泥资源化利用研究，解决废水污泥综合利用问题；三是大力推进布头废料、纸箱、锅炉炉渣等废物资源综合利用，提高固体废物资源利用效率；四是开展新型节能环保面料和染料的研发设计，从产品源头上节约能源和资源使用。

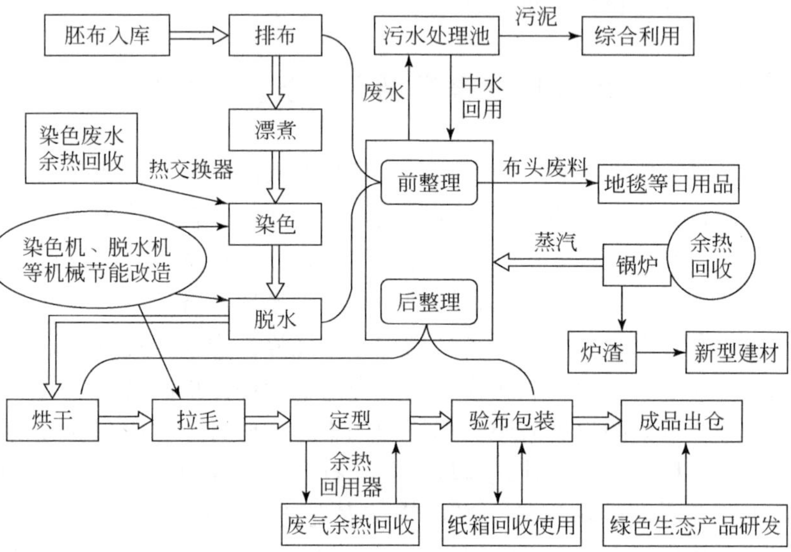

图 3-1　纺织染整企业生产过程系统集成推进循环经济发展模式示意图

二、产业园区循环化改造与优化发展模式

随着我国产业集群程度不断提高，园区已成为推动产业发展的核心力量。目前，我国工业产值 50% 以上都集中在各类经济开发区、高新技术园区等集聚地。产业园区的规划和发展，为资源集约利用、污染集中处置排放、基础设施共享共用等提供了优越条件，对于推动循环经济发展具有明显优势。自 2012 年我国出台《关于推进园区循环化改造的意见》以来，全国有各类综合性园区、重化工

集中区、纺织或制革等单一产业园区、工农复合型产业园区共100家入选国家级产业园区循环化改造示范工程，如甘肃白银高新技术产业开发区、青海柴达木格尔木工业园区、曹妃甸工业区、日照经济技术开发区、福建泉港石化工业园区等，形成了产业园区循环化改造与优化发展模式。

以福建泉港石化工业园区为例，该园区目前共有石化产业相关企业30余家，园区产业产值占福建省石化产业35%左右，通过以技术创新和人才培养为支撑，强化石油化工的动脉产业和静脉产业循环链接，目前初步形成了以炼油乙烯为龙头，以有机原料、合成材料、精细化工、橡胶和塑料制品等石化产业链为特色的循环经济示范企业群，循环经济产业链特色显著，实现了资源能源的集约高效综合利用。

一方面，以技术创新和人才培养为动力，推动产业循环化改造和优化发展。技术创新和人才培养为泉港石化产业转型升级的提供新动力。泉港区积极与福州大学、福建师范大学等高校和科研院所合作，形成政产学研协同创新模式，构建“两院一中心”的合作平台。福建师范大学泉港石化研究院依托高校化学、生态学等一级学科博士点，利用福建省污染控制与资源循环重点实验室等创新平台，开展产业生态学的应用基础理论→关键循环经济核心技术研发→科研成果产业化推广等全方位的研究与新技术新产品开发；泉港石化省级科技孵化基地积极推动省内高等院校、科研机构和区域内大中型石化企业共建技术创新公共服务平台，合作开发循环经济技术设备。福州大学泉港石油化工学院依托福州大学化学化工学科的专业优势，本科生实行2+2教学模式，研究生实行1+2培养模式，紧密结合泉港石化产业发展需要，培养一批化学化工领域的循环经济专业的应用型人才。

另一方面，以静脉结构为核心，推动资源高效集约利用。在能源高效利用方面，配套建立国电泉州热电有限公司，通过热电联产和公用管廊建设，初步实现了石化工业园区的集中供热，关闭了10多台自备锅炉，减少了大气污染物排放。加强了二氧化碳、二氧化硫、干气、火炬气、丁二烯尾气等废气资源综合利用，在减少大气污染物排放的同时，为石化产业生产运行提供了高质燃料，并生产食品级二氧化碳等产品，目前泉港石化产业每年可回收含烃类尾气30万吨，二氧化碳21万吨。在企业、园区等层面建设污水处理回用系统，积极推进中水回用和火电厂冷凝水回用，工业用水重复利用率已达92%。在固体废弃物资源综合利用方面，石化企业层面已开展催化油浆、废催化剂、裂解C5资源分离利用等项目，进一步提高了石化副产品和废弃物资源利用效率；园区层面建设了工业废弃物资源化处理中心和一般固体废物填埋中心，基本上实现了废有机溶液、废矿物油等有价值固废资源化利用、一般固废集中填埋和危险固废无害化处置[317]（图3-2）。

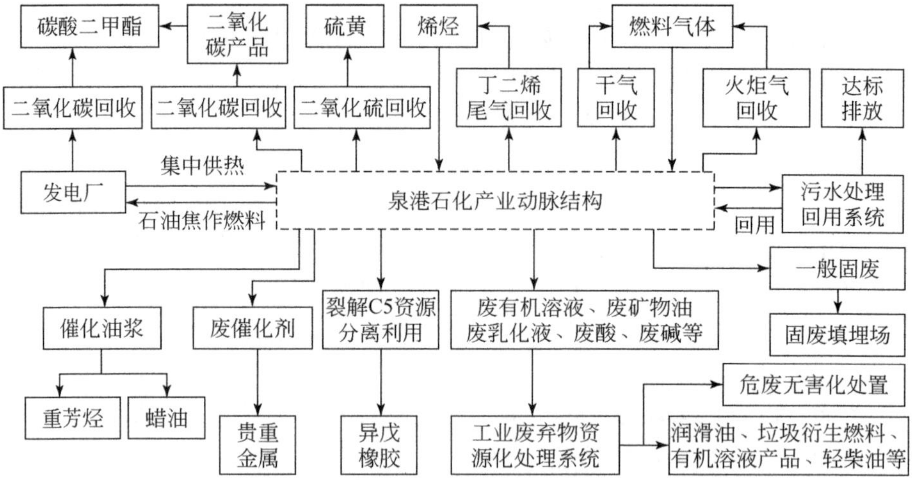

图 3-2 泉港石化工业园区循环化改造与优化发展模式示意图

三、循环型农业综合发展模式

我国各地区在气候、土壤等自然生态环境有较大差异，因此农业发展的重点及其循环经济工作也有很大差别。目前，我国在北方已基本形成“四位一体”的生态模式及配套技术，在南方形成了“猪–沼–果”生态模式及配套技术，在平原地区和草地探索开展农林牧复合生态模式、生态恢复与持续利用模式，并在地区层面形成了以河北邯郸、山西晋城、辽宁阜新、山东淄博、河南洛阳、湖北恩施、湖南常德、江西吉安、广西桂林、甘肃天水等为代表的循环农业示范市。在县级层面，也形成了一批国家级、省级农业（林业）循环经济示范县。

以安徽阜南为例，多来年一直把循环型农业理念作为全省农业发展的重要途径，形成了政府引导、企业主导、协会（合作社）带动、全民参与的循环型农业发展格局，循环型农业产业链不断延伸，资源产出率得到有效提升，形成了种养加相结合推动循环型农业综合发展模式。

第一，突出“减量化”原则，实现废弃资源回收利用。阜南在农业发展方面十分重视资源的集约节约利用，力求实现“低投入、低污染、高产出”的目标。通过大力推广农田间作套种、立体栽培和大棚反季节蔬菜种植，提高复种指数 15%，实现土地集约节约利用；通过推广膜下滴灌、喷灌和微喷等节水型灌溉技术，推广测土配方施肥技术，更新节能机械、使用复式作业机，实现农业生产过程资源减量化投入；通过普及节煤炉灶，推动农村户用沼气池和太阳能热水器，实现废弃资源的回收利用。

第二，因地制宜，构建循环型农业发展模式。阜南在农业发展中遵循“因地制宜”的发展原则，根据各乡镇特点构建合适的循环型农业发展模式。其中在南部沿淮河、洪河岸边的地城、洪河桥等乡镇发展林下经济，推广林粮、林药、林菜间作，林下养羊、鸡、鸭、鹅等模式；利用蒙洼洪洼蓄洪区的60万亩荒坡地、低洼地、水塘地，大量栽植杨树、杞柳，发展林下养殖、水产养殖，实现林、粮、牧、草、水产互生互存的发展模式；在北部新村、田集等乡镇，规模化培植食用菌，利用菌渣大面积种植粮食、瓜果、蔬菜，促进农民增收。

第三，夯实基础，打造循环型农业发展平台。阜南十分重视农业配套基础设施建设，规划建设了占地近2平方公里的经济开发区循环型农业产业园和污水处理厂，为发展种养加综合型循环型农业模式奠定基础；积极发展苗木、花卉、水果产业，并以此为基础，利用果树树枝作食用菌生产原料，用菌渣作为果树的有机肥料，建成年产200万瓶（袋）菌种的标准化菌种场和基地，实现农产品的规模化输出。

四、科技创新推动废物资源高效利用模式

废物资源的高效循环利用需要强有力的科技支撑。近年来，我国资源循环利用企业高度重视科技创新的重要作用，不断引进与培养废物再生、高值利用等方面的人才，在国家科技创新政策的支持下，积极与高校、科研院所开展产学研合作，承担国家“十五”“十一五”“十二五”科技攻关、科技支撑计划等课题，组建国家级和省级企业技术中心、重点实验室、“博士后科研工作站”等科研平台，在不断引进国内外先进技术和设备的基础上，积极研发资源循环利用的生产技术工艺，对推动废塑料、废动植物油脂、废旧电子电器、废旧轮胎、废旧汽车零部件等废物资源高值化利用方面起到了关键作用。

例如，以格林美股份有限公司、青岛新天地环境服务集团公司、福建全通资源再生工业园有限公司为代表的资源循环利用企业，充分挖掘城市矿产利用价值，积极回收国内外废旧电视机、电脑、冰箱、空调、洗衣机、办公类电器及其他废弃电器，通过清洁拆解技术和资源化利用技术，形成金属、塑料、线路板、玻璃等再生资源，为金属冶炼厂、塑料制品厂等提供原材料。在科技创新方面，青岛新天地环境服务集团公司已与中国环境科学研究院、清华大学等国内外院所高校建立“政产学研”深层次合作机制，创建新天地院士工作站、国家环境保护“城市矿产”工程技术中心、中国环境科学研究院博士后科研工作站新天地环境服务集团公司青岛实验基地和山东省环境保护固体废物资源化工程技术中心“四大科技创新平台”，并牵头组建“中国危险废物和医疗废物处置技术创新联

盟”，积极打造行业发展的助推器。

以长城汽车股份有限公司、沃尔沃建筑设备公司、玉柴再制造工业（苏州）有限公司、青岛联合报废汽车回收有限公司等为代表的一批汽车零部件再制造企业通过不断加强再制造产品设计技术和产品剩余寿命评估、经济环保的拆解和清洗、微纳米表面工程、无损检测等技术的研发，开展旧件性能评价、再制造产品安全检测等方面的技术攻关，建立再制造技术通则、旧件检测与评价技术标准、再制造工艺技术规范和再制造管理标准等标准体系，使得再制造产品基本能达到与原有新品相同的质量和性能，大幅提高了资源能源回收利用效率，如图 3-3 所示。

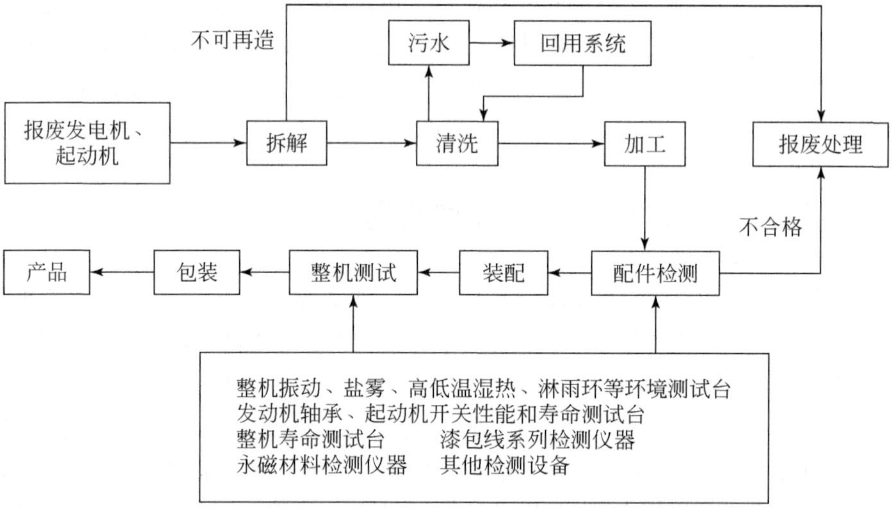

图 3-3　汽车发电机、起动机再制造产业发展模式示意图

五、“城市矿产”产业推进多产业协同共生模式

“城市矿产”产业又称资源循环利用产业，是对社会生产过程和生活消费过程中产生的各种固体废弃物进行回收和再加工利用的总称。随着我国经济社会发展和人们生活水平不断提高，生产过程尤其是生活消费过程产生的废弃物越来越多，如废旧轮胎、废弃电子产品、废纸、废玻璃、废塑料等。在目前初始资源越趋紧张的情况下，加快再生资源回收利用成为缓解资源约束瓶颈的重要手段。2011 年以来，我国已建成或正在建设 50 个技术先进、环保达标、管理规范、规模化、辐射作用强的国家级“城市矿产”示范基地，如天津子牙循环经济产业区、湖南汨罗循环经济工业园、青岛新天地静脉产业园、广西梧州再生资源循环

利用园区等。这些“城市矿产”示范基地在发展过程中形成了具有推广价值的发展模式：

一方面，通过再生资源回收体系建立，不断推进“城市矿产”产业发展。再生资源回收网络体系是发展资源循环利用产业的先决条件，“城市矿产”示范基地以现有的废物资源回收人员、运输工具、回收点为基础，以再生资源物流平台为支撑，采取“公司+基地+回收站+回收点”的资源回收管理模式，建立了遍布乡镇的再生资源回收网络体系。同时，发挥废旧塑料、废旧金属等再生资源规模和集聚优势，充分将废物资源优势转化为经济效益和生态效益。建设了废旧塑料加工生产园区，将现有的废旧塑料加工企业纳入园区进行规范化管理，积极引进塑料深加工项目和企业，生产塑料母料、农用塑料、包装塑料、工程塑料、建筑塑料等深加工产品，提高废旧塑料的附加值；建设废旧金属及机械制造园区，将废旧金属用于制造汽车配件、工程机械、塑料机械、电机电器、木工机械、模具等产品。在废旧塑料加工生产、废旧金属及机械制造等再生资源循环利用园区，不断推行集中化、生态化、规范化经营模式，建立和完善相应的集中供热系统、污水处理系统、垃圾焚烧发电厂等公共基础设施。

另一方面，依托“城市矿产”产业发展，推动其他关联产业协同共生。示范基地不断做大做强精细化工、纺织鞋服、建材产业、电子信息、木材加工业和服务业等关联产业，强化废旧塑料和废旧金属深加工、再制造与各产业的耦合力度，构建起多产业集聚共生的混合型耦合模式。例如，工程塑料行业与汽车配件、工程机械、电机电器等机械制造行业可以建立深度链接关系，通过加快发展塑料机械、模具等机械制造行业，能够为废旧塑料回收利用产业的发展提供优质的生产器具；又如，塑料母料、模具、精细化工产业能够为纺织鞋服产业提供所需的原材料和生产器具，木工机械发展对促进木材的精度切割具有推动作用，工程塑料与电子信息产业、建筑塑料与建材产业均具有良好的契合关系。同时，加快发展生态物流、科技研发、金融服务、产品展示、维修维护等服务业，为多产业集聚共生的工业体系的快速发展壮大提供了重要支撑[318]。

第三节　我国循环经济发展的策略

目前，我国循环经济发展面临的形势仍较严峻。在发展环境上，新常态下经济转型升级、资源约束强化、环境污染严重、应对气候变化压力加大、绿色发展成为国际潮流等对循环经济发展提出更高要求；在发展能力上，存在着发展的非均衡性、经济不循环和循环不经济现象突出、产业化和市场化程度较低等现实问题；在内部运行上，面临生态化的技术创新系统尚未形成、系统化的制度政策体系不够完善、多样化的监督管理手段较为缺乏、绿色化的文化理念和理论研究基础相对薄弱等制约因素。因此，新常态下，要实现循环经济新的发展，必须依托创新驱动发展战略，进一步优化循环经济内在结构、强化循环经济价值功能、扩大循环经济发展规模。

一、优化循环经济内在结构

在循环经济的试点带动和全面推进阶段，过多依赖政府的优惠政策，形成的政府主导循环发展模式导致企业循环经济内在动力不足，难以成为循环经济发展主体，影响循环经济的产业化和市场化进程。在新常态经济转型和生态文明建设的宏观背景下，要立足于创新驱动，不断增强技术创新在推动循环经济发展中的引领作用，增强体制机制创新的推动作用，激发企业、政府、公众等循环经济实施主体的创新活力，优化水资源、土地资源、矿产资源、资金、人力、科技等要素的配置效率，不断提升资源环境承载能力，通过内在结构的优化推动循环经济由全面推进阶段向创新驱动阶段演进。

二、强化循环经济价值功能

全面开展循环经济知识创新、科技创新、产品创新、产业创新、文化创新和其他创新方式，集中优势力量突破一批循环经济共性关键技术，推广一批循环经济先进适用技术，完善有利于循环经济发展的制度政策环境，强化循环经济价值功能作用。一方面，依托创新驱动原始资源向节约化、集约化利用方式转变，推动再生资源由低值化利用向高值化利用方向发展，推进多产业、多领域耦合共生，协同提升循环经济发展的经济价值、生态价值和社会价值。另一方面，依托创新驱动全面构建起循环型农业、循环型工业、循环型服务业和循环型社会的大循环体系，逐步建立循环经济发展的空间格局、产业结构、生产方式和生活方式，切实发挥循环经济在促进经济转型升级的功能，提高循环经济在推进生态文明建设中的作用。

三、扩大循环经济发展规模

强化创新要素的协同，全面总结提炼循环经济示范试点的先进经验和典型模式，加快突破和推广一批循环经济先进适用技术，建立创新驱动循环发展的制度环境和政策法律体系，培养一批循环经济领域的高层次技术、管理人才，不断提高创新资源配置效率，推动循环经济改造升级和能力提升。立足创新驱动循环经济发展，在农业、工业、服务业各产业全面推广循环经济发展模式，在城市、园区、社区、企业各层面广泛实施循环经济工程项目，在生产、流通、消费各环节形成循环经济高效运行机制，不断扩大循环经济发展规模。

第四章　创新驱动循环经济发展体系构建及机理分析

系统论是研究由几个相互独立并联系的单元以某种运行规律或组合形式形成有机整体的方法论科学。从系统论的角度出发，构建创新驱动循环经济发展的理论体系是解决目前循环经济发展现实困境和推动生态文明建设的重要手段，对于加快实施创新驱动发展战略也具有重要意义。

第一节　动因分析

目前，国内外关于循环经济发展的相关研究可以归纳为几类：一是从可持续发展、生态效率、生态文明、国际政治、资源型城市、经济转型升级等宏观层面的视角进行，探讨区域循环经济发展水平评价、模式构建、机制探索；二是从产业链、价值链、供应链、产业共生等中观层面开展，研究产业间物质流、能量流、信息流的动态特征及优化机制；三是从政策制定、企业实施、技术开发、制度建立等微观层面入手，分析企业、政府、公众、中介组织推动循环经济发展的角色和作用。本书将区域创新体系的普适性与循环经济发展的特殊性结合在一起，从宏观层面构建起创新驱动循环经济发展的理论体系，符合新常态下经济转型发展的现实需要。

一、新常态下迫切需要加快发展循环经济

新常态下经济转型是当前经济社会发展的焦点问题。改革开放以后，我国经济经历了连续几十年的高速发展阶段，年均经济增长达到10%以上，为人们提供了丰富生活物质财富和众多就业机会。2009 年金融危机爆发后，全球经济复苏步伐缓慢，同时受国内人力成本优势减弱、传统产业和房地产投资饱和、高新技术产业和战略性新兴产业发展滞后等因素影响，我国经济增速逐步放缓。2012～2014 年国内生产总值增速均在 8% 以下，2015 年国内生产总值增速降至 6.9%，我国经济步入新常态发展轨道。新常态下的经济发展主要有几个特点：经济增长速度从超高速高速向中高速转换、发展方式从规模速度型粗放增长向质量效率型集约增长

转换、产业结构由中低端水平向中高端水平转换、增长动力由要素驱动投资驱动向创新驱动转换、资源配置由市场起基础性作用向决定性作用转换、经济福祉由非均衡型向包容共享型转换[319]。

循环经济更多是针对经济发展方式由粗放型向集约型方向发展而言，节约集约和循环利用资源能源是循环经济的核心内容，这与新常态下经济转型由规模速度型粗放增长向质量效率型集约增长转换的要求完全一致，因此循环经济是新常态下经济转型的基本途径。首先，循环经济是推动资源型城市转型的必由之路。我国中西部大部分地区属于资源型城市，长期以来依靠资源优势取得了经济的快速发展人民生活水平的提高，但也面临着“资源诅咒”的困境。资源型城市要打破“资源诅咒”、实现可持续发展，必须构建资源节约集约利用、废物资源综合高效利用的发展模式，走循环经济发展道路。其次，循环经济是产业生态化转型升级的重要路径。发展循环经济能够充分利用工业生产排放的废物资源和社会领域消费后的废弃物，实现单一产业纵向闭合、多个产业横向耦合、产业体系循环链接，解决制约传统产业生态化转型的资源消耗大、污染排放多等问题，并有力推动节能环保服务业发展，形成产业发展的新业态。再次，循环经济是共享经济效益、社会效益和生态效益的有效手段。发展循环经济是尊重自然、保护自然的具体实践，有助于经济效益、社会效益和生态效益的协调统一，不仅使人类共享经济福祉，更使人类包容共享生态效益和社会效益。因此，新常态下迫切需要加快发展循环经济，不断优化循环经济发展的内在结构、强化循环经济的价值功能、扩大循环经济发展规模，推动经济绿色发展。

二、区域创新体系框架具有普适性

区域创新体系具有普适性特征，从创新视角研究循环经济发展的相关问题具有可行性。为了研究创新活动的一般规律，本书在第二章文献综述中，分析了区域创新系统的结构及运行，为创新驱动循环经济发展体系构建提供了很好借鉴。综合来看，国内外学者提出区域创新系统包括企业、大学、科研机构、中介组织、地方政府等主体要素，制度创新、技术创新、管理创新、服务创新等功能要素，体制、基础设施、社会文化心里和保障条件等环境要素。区域创新体系是一个动态开放的功能系统，通过多主体协同、多要素整合、多机制联动，实现推动经济社会发展的功能作用。区域创新体系框架构建对于区域创新能力提升和经济发展具有普遍的指导意义。王来军将区域创新体系运用到产业集聚升级中，构建出创新驱动产业集聚升级的体系框架，提出体系框架中包括创新资源要素、创新主体要素、市场运行与政府调控机制、区域创新环境、国家创新体系和全球价值链等环境要素[320]；王仁文从绿色经济角度出发，构建起区域创新生态系统，并分析了系统运行的动力机制、协同共生机制、新陈代谢机制、供给保障机制[321]；陈红梅分析了基于低碳经济的区域创新系统，提出系统框架结构包括主体要素、环境要素和功能要素，并构建起系统的运行模型[322]；杨忠泰针对关中–天水经济区构建起区域创新体系，分析了区域创新体系建设的战略重点和空间组织形式[323]。循环经济是经济社会发展的一种组织形态，适用创新活动的一般规律，从创新角度研究循环经济发展具有可行性。

三、创新驱动循环经济发展体系具有特殊性

创新驱动循环经济发展体系是将创新与循环经济发展紧密结合在一起，创新是核心手段，循环经济发展是对象和目标，体系构建体现了具体与抽象、普遍性与特殊性相结合的研究方法。创新驱动循环经济发展体系具有一定的特殊性，主要体现在研究问题和研究目标上。

在研究问题上，体系构建更具针对性。我国发展循环经济已有十年时间，循环经济在区域、产业、园区、企业等层面实现了显著成效，但目前依然存在省域和产业领域循环经济发展不均衡、“经济不循环”和“循环不经济”现象突显、内在动力机制和外部支撑机制不健全、创新能力较弱等现实问题；同时，新常态下我国经济转型对循环经济提出了更高要求，必须依托创新手段加以推进。一方面，创新能够提供循环经济技术支撑水平，降低发展循环经济成本，激发企业积极性，有助于全面推广循环经济发展模式、形成规模化发展格局；另一方面，创新有助于破除循环经济发展中的体制机制和制度障碍，进一步完善循环经济发展的外部环境。因此，创新驱动循环经济发展体系是针对目前我国循环经济发展存在的问题与面临的挑战等形势下提出的，只有依托创新才能实现新常态下经济转型的目标。

在研究目标上，体系构建与国家发展战略紧密一致。以创新为视角研究循环经济发展，与党的十八大报告中提出的“加快形成新的经济发展方式，使经济发展更多依靠科技进步、劳动者素质提高、管理创新驱动，更多依靠节约资源和循环经济推动”的目标高度一致，与《中共中央 国务院关于加快推进生态文明建设的意见》提出的“坚持把深化改革和创新驱动作为基本动力，坚持把绿色发展、循环发展、低碳发展作为基本途径”基本原则高度一致，与《中国制造2025》提出“创新驱动、质量为先、绿色发展、结构优化、人才为本”的基本方针高度一致，与党的十八届五中全会确立的创新、协调、绿色、开放、共享的发展理念高度一致，与《中华人民共和国国民经济和社会发展第十三个五年规划

纲要》提出的“创新驱动发展成效显著”“生态环境质量总体改善”等主要目标高度一致。

第二节 体 系 构 建

一、概念与内涵

系统是在特定的环境中由相互区别、相互联系的若干要素按照一定的运行机制组合而成的有机整体，主要包括五项内容：承担有差别角色功能的实施主体；为相同目的发挥不同功能作用的要素；使系统内部各要素相互联系、协同发挥效益的运行机制；系统构建所达到的目标或功能；系统所处的外部环境。而对于创新驱动循环经济发展体系而言，它是在一定的自然资源、生态环境、能源供需、制度政策、经济发展和社会进步等环境下，以推动资源减量、循环利用、防污减排、经济发展为目标，企业、政府、高校、科研院所、中介组织、园区、公众等实施主体依托市场和政府机制对创新资源、知识与科技、技术集成、高新技术产品与产业、文化创新与政策创新等进行优化配置和协调整合的有机整体。

从发展动力上，创新驱动循环经济发展体系在目前形成的制度驱动、利益驱动、政策驱动、企业家精神驱动动力结构基础上，将创新作为重要组成部分并放在更加突出位置，创新为循环经济发展提供新动力，优化循环经济发展动力结构，为节能减排、清洁生产、废水循环利用、固体废物资源化利用、再制造产业发展提供新的路径。从技术范式上，创新驱动循环经济发展体系倡导生态化的技术创新行为，要求将循环经济理念融入产品设计、技术研发、技术改造、设备运行、产品生产和废物回收技术等全过程，实现资源减量化、生产清洁化、产品绿色化和废物再生化。

二、结构框架

创新驱动循环经济发展体系作为自然生态系统和经济社会发展系统的重要组成部分，结构框架主要包括四大模块：实施主体模块、创新要素模块、循环效应模块和环境支撑模块（图 4-1）。四大模块分别解决创新驱动循环经济发展体系构建的不同问题：实施主体模块立足于由谁来构建体系，创新要素模块立足于从哪种创新途径入手，循环效应模块体现构建的体系要实现何种功能，环境支撑模块体现构建体系需要哪些内外部环境作为支撑。创新驱动循环经济发展体系中的实施主体、创新要素、循环效应和环境支撑四大模块并非独立存在于体系中，模块之间以及模块内部各要素间将以动态的作用机理和运行机制保持联系，并维持整个体系的正常运转。

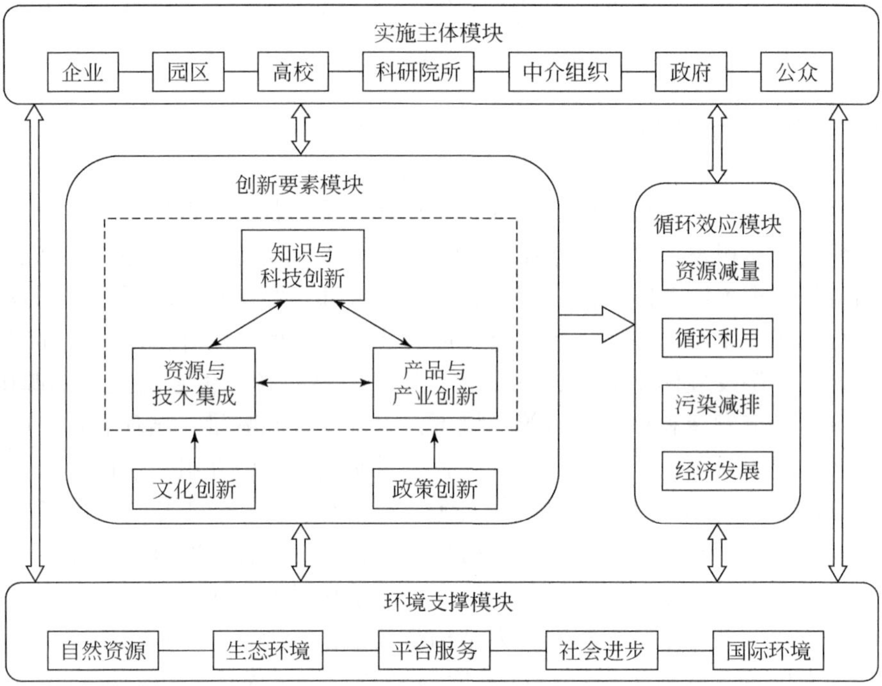

图 4-1　创新驱动循环经济发展理论体系示意图

（一）实施主体模块

企业是创新驱动循环经济发展的主体，是科技创新和生态产品创新的实施者。企业在市场经济大环境下生存和发展，是以经济利益为核心价值取向的，而经济利益的获取必须依靠成本控制、技术先进、质量保障等市场竞争手段获取。一方面，科技创新是企业降低生产成本的核心手段。随着政府环境规制约束和市场竞争的日益激烈，企业必须依托自身技术研发实力和技术平台开展生态设计、资源减量、废物再生、环境无害等原始技术创新，或者引进国内外先进绿色循环低碳技术设备，对传统生产技术和工艺开展技术升级改造和设备更新换代，以降低原材料、水、电、煤等资源消耗，控制并降低企业生产成本。另一方面，产品创新是企业适应市场需求的重要途径。在低碳循环绿色成为国际发展主流的宏观背景下，节能产品、环保产品、再制造产品、废物循环利用等逐渐被社会大众广泛接受并受到青睐，国际贸易中绿色条款约束情况也逐渐增多，低碳循环绿色已成为国内市场和国际贸易发展趋势。因此，迫切要求企业加强产品创新力度，在保证产品质量可靠条件下尽可能使用可再生材料，不断调整优化产品生产工艺，减少单位产品的资源消耗和废物排放量，并逐步拓宽工业固体废物综合利用产品、农林废物循环利用产品、再生资源回收利用产品的应用领域，扩大循环经济产品市场需求。

园区是创新驱动循环经济发展的重要平台，也是产业集聚、产业创新及其创新环境制造的主体。工业是循环经济发展的重中之重，目前我国50%以上工业企业和工业产值都集中在经济开发区、高新技术开发区等园区内部，工业园区已成为产业发展的重要集聚地；同时工业园区所具备的技术设备正外部性、废弃物产生规模化和集中化、循环型企业示范效应等特征能够为循环经济发展提供了优质的条件。因此，创新驱动循环经济发展的实施主体模块方面，园区是产业创新及其创新环境创造的主体。第一，随着园区逐步优化空间分布格局，按照园区主导产业链物质和能量流动方向布局生产企业，能够充分体现产业集聚和循环链接效应；第二，通过不断重视园区产业规划，根据园区及周边地区资源环境承载能力和地方发展需求，对传统产业进行循环化改造，培育和发展战略性新兴产业，有利于推动园区工业绿色转型升级；第三，按照“横向耦合、纵向延伸、循环链接”的原则开展产业链招商和废物循环利用补链招商，不断优化循环经济产业链条，能够实现园区内项目间、企业间、产业间首尾相连、环环相扣、物料闭路循环，不断推动节能环保产业和城市矿产产业发展；第四，通过加强污染集中治理设施建设和升级改造，推进供水、供电、照明、建筑和环保等基础设施的绿色化和循环化进程，提高园区运行管理规范水平和执法监督力度，为园区产业创新创造优质环境。

高校和科研院所是知识创新和科技创新的重要源头和核心力量，但二者在角色分配和职能发挥上有所侧重。高等院校承担教学与科研双重任务，是知识聚集的重要场所，也是科技创造的重要力量；而在创新驱动循环经济发展体系上，更加侧重于知识创新职能，并兼顾科技创新。高校的人才、教学和科研优势，有助于开展循环经济相关基础理论研究和方法创新，传播推广绿色循环低碳的新知识、新理论、新方法，培育基础性和高层次的循环经济技术、管理人才，为科技创新、产品创新和产业创新提供理论基础；同时，在履行知识创新职能的同时依托政府和企业的科研项目承担部分的科技创新职能。相对于高校来说，科研院所研发平台和技术力量基础更好，更加贴近市场需求，与企业关系更为紧密，因此侧重于承担科技创新职能，并兼顾知识创新。科研院所依托技术、人才和项目支撑优势，有利于研发出节能减排、资源再生、资源减量等技术或产品，并通过科技成果转化提高企业生态技术水平，衍生出一批生态产品。

中介组织是创新驱动循环经济发展的服务环境搭建者和先进适用技术推广

者。中介组织是连接企业、政府、高校、科研院所、公众之间的桥梁，包括金融服务机构、节能环保评估机构、废旧资源回收机构、技术服务机构、信息咨询机构、培训教育机构等，能够为创新驱动循环经济发展提供高效的服务平台，并推广先进适用技术设备。金融服务机构以资金贷款、排污权和节能量交易、企业融资、风险投资等多种形式为企业和科研院所开展科技创新、技术集成、产品创新提供资金支持。节能环保评估机构以资源能源消耗情况为依据对城市、园区和企业的节能环保情况做出正确的评估，审核其企业的技术产品否符合国家节能环保的相关要求。废旧资源回收机构开展废旧资源的回收，为废旧资源利用提供来源渠道。技术服务机构利用企业、高校或科研机构成熟技术，向园区、企业和公众推广先进适用的生态技术和设备。信息咨询机构利用信息网络平台的便捷、快速、高效等优势，提供如法规政策、国内外先进经验介绍、废旧资源供需等相关信息。培训教育机构能够广泛宣传生态理念和知识，对公众、企业员工、政府工作人员等群体开展集中式的培训，提高循环经济知识水平。

政府是创新驱动循环经济发展的政策环境创造者。资源环境和技术创新具有公共性和外部性的特征，创新驱动循环经济发展过程中必然会出现“市场失灵”现象，引发创新动力不足、经济效益不高、市场秩序不规范等问题，因此需要政府加强制度政策创新力度，与市场机制有机结合起来，形成分工明确、配合有效、运转有序的制度体系和政策体系，为创新驱动循环经济发展体系构建提供优质的制度政策环境[324]。创新驱动循环经济发展的制度体系和政策体系涉及市场制度政策和法律法规两大部分，市场制度政策要更加明确一次、再生资源在配置使用过程中的产权归属和价格形成，规范企业等市场主体的交易、共享、竞争行为，强化创新驱动循环经济发展的财政、税收、金融、教育、产业、消费等政策的引导力度，提高实施主体的创新积极性；法律法规要重视约束和保障企业、公众、政府等主体的生产经营行为、生活消费方式、创新行为，包括循环经济促进法、知识产权保护法及其配套规章制度，确保创新成果有效保护并高效转化。

公众是创新驱动循环经济发展的文化创新主体。2015 年 6 月国务院发布《关于大力推进大众创业万众创新若干政策措施的意见》（国发〔2015〕32 号）文件，提出“推进大众创业、万众创新，是发展的动力之源，也是富民之道、公平之计、强国之策，对于推动经济结构调整、打造发展新引擎、增强发展新动力、走创新驱动发展道路具有重要意义，是稳增长、扩就业、激发亿万群众智慧和创造力，促进社会纵向流动、公平正义的重大举措”。大众创业和万众创新的主体是公众，而源泉在于文化创新。目前，我国公众生态文化理念意识不强，是制约循环经济发展的重要因素。因此，必须加强公众循环经济文化宣传教育，树立循环经济发展观念。循环经济是一种不同于传统经济发展方式的观念，更多地要求公众了解目前全球及我国资源环境承载力状况和生态环境恶劣、资源紧缺的形势，明确发展循环经济的紧迫性和重要性，理解生态环境破坏和资源浪费对当代人和后代人生存、生活、发展的影响，切实将发展循环经济与自身利益联系起来，不断提高参与循环经济的观念和意识，使不同年龄段的人们都能够从根本上树立保护环境、节约资源的思想观念[325]。

（二）创新要素模块

黄鲁成[115]、陈柳钦[116]、胡志坚和苏婧等[117]在分析区域创新系统中，提出区域创新系统的构成要素包括知识创新、技术创新、制度创新、组织创新、管理创新、服务创新、知识传播与应用等内容；Hansen 和 Birkinshaw 将创新过程分解为创意的产生、创意的转换和创意的传播 3 个阶段[326]；余泳泽和刘大勇提出创新过程是一个从知识创新、科研创新到产品创新，并包括多重创新要素投入（也包括中间投入、追加投入）的价值链[327]。本书综合国内外学者的研究成果，重点借鉴余泳泽和刘大勇的三阶段创新价值链，结合目前我国循环经济发展的具体实践，从创新链角度出发将创新要素划分为知识与科技创新、资源与技术集成、产品与产业创新、文化创新与政策创新，其理论模型图如图 4-2 所示。四个创新要素分别对应创新链的不同阶段：知识与科技创新要素跟基础研究相对应，资源与技术集成跟应用研究相对应，产品与产业创新跟生产研究相对应，文化创新与政策创新从外围上为创新链形成提供重要支撑。创新链的实现是从知识与科技创新、资源与技术集成到产品与产业创新，并包含文化创新与政策创新在内的系统

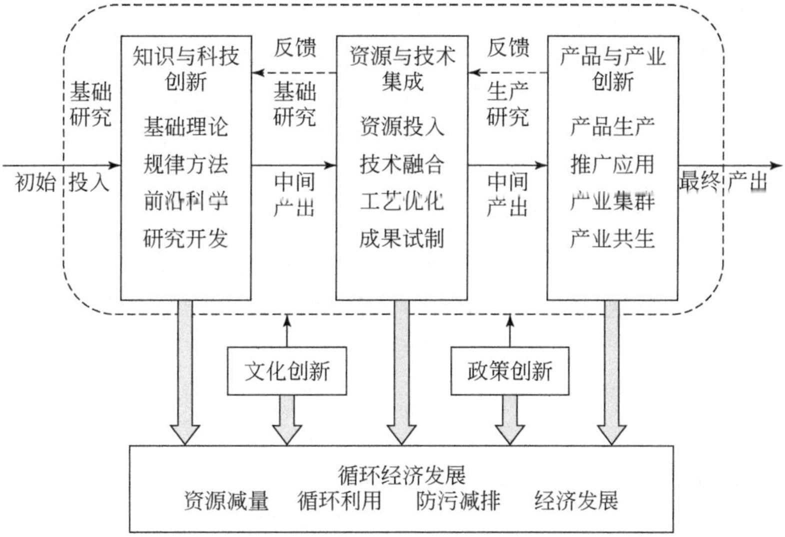

图 4-2　创新要素模块及其对循环经济发展影响的理论模型

过程，各创新要素之间也存在影响和反馈的互动关系。其中，知识与科技创新包括基础理论、规律方法、前沿科学、研究开发的基础研究；资源与技术集成包括资源投入、技术融合、工艺优化、成果试制等应用研究；产品与产业创新包括产品生产、推广应用、产业集群、产业共生等生产研究。而在各创新要素驱动循环经济发展方面，知识与科技创新、资源与技术集成、产品与产业创新、文化与政策创新分别以不同方式对资源减量、循环利用、防污减排、经济发展等循环效应起作用。

1. 知识与科技创新

知识创新是创新要素模块的基础。知识创新是文化创新的传承，也是科技创新和产品创新的基础，它是在生态学、经济学、管理学、资源科学、环境工程等多学科知识积累的基础上，改变传统思维模式，充分发挥人类智慧，产生和创造出循环经济发展的新思想、新观点、新方法，并形成理论体系，为能源节约、资源节约、国土空间优化、不可再生材料替代、污染物减排提供新方法，为废物资源循环利用和高值化利用拓宽新思路。

科技创新是创新要素模块的核心，是在知识创新的基础上，创造出新技术、新工艺、新产品，包括原始创新、集成创新和引进消化吸收再创新等内容。根据循环经济发展范畴，可将科技创新分为共性科学技术和专有科学技术两部分。共性科学技术是指在很多领域内已经或未来可能被广泛采用，其研发成果可共享并对一个产业或多个产业及企业产生深刻影响的科学技术，包括先进制造、新材料、数字化设计制造集成、集成电路制造、高档数控机床制造等科学技术；专有科学技术是针对循环经济发展而言，专有科学技术的研发推广能够直接推动资源综合利用和循环经济发展，包括工业节能、水资源循环利用、环境保护、废旧轮胎粉碎利用技术、废旧塑料高效利用技术、建筑垃圾和生活垃圾高值化利用技术、废旧电机等机械设备再制造技术、废钢废铁回收利用技术等。

2. 资源与技术集成

资源与技术集成是创新要素模块的重要过程。创新资源是创新活动开展和创新驱动循环经济发展体系构建的物质基础，既包括人力资源、物质资源、资金等传统要素，也包括信息、知识、基础设施等新型要素。技术集成是指在科技创新创造出的新工艺、新产品、新技术以及引进国外先进科技成果基础上，经过工艺技术的小试、中试及检验等过程，形成具有先进适用性的技术成果。而针对循环经济发展而言，更需要通过资源与技术集成予以推动。循环经济的生产、流通、消费和回收等各环节是多种科技成果的综合集成，产品从原材料开采、生产、加工、成品、销售也涉及多种技术，资源与技术集成有助于优化产品生产工序、减少物料人力消耗。资源投入和技术集成是综合运用国内外人力、资金、物质等资源和科技创新成果、产业共性技术成果，对现有生产技术进行升级改造，实现减量化、再利用、资源化目标。例如，再生资源回收行业引进“互联网+”技术，提升回收设施的智能化水平与回收分拣自动化水平，建立线上回收交易平台、二手商城平台、拆解物交易平台等系统，推动再生资源回收规模扩大和分拣效率的提高。

3. 产品与产业创新

产品创新是创新要素模块的重要成果。创新成果的表现形式包括新技术、新产品、新的生产方法、新的原材料来源、新市场、新的组织形式等；产品创新是指生产出新的产品或者对老产品的原料、功能进行改进与提高，产品创新活动能够使企业增加产品品种供应数量，满足多元化的市场需求，对企业迅速取得市场竞争地位并获得经济利益有重要作用，同时能够通过产品创新推动一个行业或产业的快速发展。对于创新驱动循环经济发展而言，新产品和新的原料来源是产品创新的主要表现形式。例如，对于燃煤发电行业产生的粉煤灰、石材生产产生的石粉，传统的处理方式以填埋为主，通过原材料配方改进和生产技术研发，粉煤灰和石粉可作为加气砖、活性炭等新产品的生产原料，既综合利用了废物资源，又盘活了大量土地资源。

产业创新是创新要素模块的延伸和拓展。一般来说，产业创新是针对特定产业在成长过程中与相关联企业开展合作创新，包括技术创新、组织创新、市场创新、环境创新、组合创新等多个方面。而针对创新驱动循环经济发展体系而言，产业创新有其自身特有的内涵特征。第一，产业集聚是产业创新的基础和条件，产业集聚能够加快集聚区内人员、信息、资金、产品等生产要素流动的速度和效率，从而带动集聚区内技术的溢出和技术扩散[328]，为产业创新提供条件。第二，基于循环经济的产业创新是在既有先进适用的循环经济技术、产品成果基础上，对产业结构、产业形态等进行改造创新，从而构建产业内部和产业间物质循环利用、能力梯级利用、废物循环利用、余热余压利用系统，推动传统产业转型升级。第三，节能环保产业和资源循环利用产业的快速发展是产业创新驱动循环经济发展的直接体现，利用产业集聚区等优质平台，建设一批节能环保和“城市矿产”产业示范基地，能够推进废物资源回收利用产业集聚升级。第四，高新技术产业和现代服务业发展是产业创新驱动循环经济发展的间接体现，能够为循环经济发展提供技术支撑、金融支持、信息咨询和物流运输，并能够以较少的资源能源消耗实现经济增长。

4. 文化创新与政策创新

文化创新是创新要素模块的思想源泉。文化创新贯穿于创新要素流动的全过程，它是在社会实践和文化传承的基础上，根据时代特征和发展需要，构建文化的新理论、新内容、新制度、新技术，赋予文化时代性的变革，文化创新与国民教育分不开，同时还包含文化传播、扩散模式的创新。现阶段，在生态文明建设上升到国家发展战略的条件下，要求人们彻底改变传统经济发展观念，树立生态文明理念；如果人类不能树立与自然和谐共处、尊重自然、保护自然的观念，知识创新、科技创新、技术集成、产品创新、产业创新等根本无法实现。

政策创新为创新活动实施提供重要支撑，为其他创新要素提供重要保障，它规范和约束了实施主体的创新活动，同时也对实施主体的创新行为起到了一定的激励作用，有助于激发创新主体积极性。政策创新具有引导、规范、协调、激励和服务企业、园区、高校、科研院所、中介组织、公众等实施主体的创新行为等功能。总体上，可将政策创新分为法律法规、发展规划、综合性指导文件等基础性政策，科技政策、经济政策、管理政策、教育政策、产业政策、消费政策等关键性政策，以及生态建设、资源开发与保护、环境保护等辅助性政策。其中，经济、科教、管理、产业属于政策创新的核心。

（三）循环效应模块

循环效应模块是创新驱动循环经济发展体系所要实现的功能或目标，构建创新驱动循环经济发展体系的作用是为了推动循环经济规模化、产业化、市场化、高值化和生态化融合协调发展，强化循环经济在生态文明建设中的地位和作用，推进生态文明建设和可持续发展。通过循环经济“五化”融合发展，最终实现生产、流通和消费过程的资源减量、循环利用、防污减排和经济发展。因此，创新驱动循环经济发展体系的循环效应模块主要体现为资源减量、循环利用、防污减排、经济发展四个方面。

资源减量主要体现在通过循环经济技术设备的推广使用，使得工业企业在完成既定生产目标、保证产品质量安全的前提下进一步降低工业生产所消耗的能源资源、水资源、矿产资源；通过节能环保产品、再制造产品的推广使用，使得公众在满足正常生活需要前提下进一步降低能源、水资源消耗；通过节能型机械设备、节水灌溉技术的推广使用，使得农业种植、养殖过程中消耗的能源和水资源不断下降。资源减量不仅能够降低工业企业生产成本、提高经济效益，更是人类经济社会可持续发展的具体体现。

循环利用主要体现在工业“三废”、农业“三剩物”、再生资源等回收利用的规模不断扩大，实现废水、废气、废物资源综合利用，为经济社会可持续发展提供新的原料来源。工业用水重复利用率、工业固体废物综合利用率、工业危险固废综合利用率不断提高，废钢铁、废有色金属、废塑料、废橡胶、废玻璃、废旧家电等再生资源基本实现集中拆解处理、集中污染治理和产业链延伸，机动车零部件、机床、工程机械、矿山机械、农用机械、冶金轧辊、复印机、计算机服务器以及墨盒、硒鼓等的再制造产业快速发展。

污染减排主要体现在通过开展循环经济创新驱动行为，不断推动生态环境质量的改善。通过在煤炭、电力、钢铁、有色金属、石油化工、化学工业、建材建筑、造纸、食品、纺织鞋服等传统产业广泛推行生态绿色循环低碳生产技术和设施设备，加大环保基础设施建设力度，不断减少工业废水、废气排放，进一步降低二氧化硫、氮氧化物、化学需氧量、氨氮等污染物排放，改善生产生活环境。

经济发展是循环经济发展的目的之一。发展循环经济并不意味着一味地追求环境质量改善和能源资源利用效率提高，而抛弃经济发展。循环经济是实现经济发展和环境保护协调的重要方式。一方面，随着能源资源利用效率不断提高、再生资源深加工逐步深化、再生资源产品和再制造产品附加值逐渐提高，能够切实推动经济发展和人们生活质量改善；另一方面，经济发展能够为循环经济活动开展提供更加优越的基础设施、财政资金、公共服务、金融支持、信息咨询等外部环境，推动循环经济相关活动顺利开展。

（四）环境支撑模块

环境支撑模块是创新驱动循环经济发展体系正常运行的有效支撑，包括自然资源、生态环境、国际环境、社会进步、平台服务等。自然资源是一切生产活动的基础资料，为创新驱动循环经济发展体系构建和运行提供矿产资源、水资源、土地资源等；生态环境具有一定的自净能力，当生产、流通和消费过程中排放的废弃物在环境容量允许的范围内时，经济发展与生态保护将呈现互相协调发展关系；国际环境为创新驱动循环经济发展提供外部压力，为应对国际绿色发展潮流和全球气候变化，要求我国在新一轮竞争中不断增强创新驱动发展能力，走循环经济发展道路；社会进步为体系构建提供文化基础、人才支撑和基础设施，生态文化宣传教育有助于提高公众绿色环保意识，循环经济技术、研发、经营管理人才是系统构建的重要基础，供水、供电、绿化、照明、通信等设施建设有助于循环经济创新行为开展；污水处理系统、固体废物回收网络、信息咨询服务、金融交易市场、物流运输体系、会展展示、互联网系统等平台服务为创新驱动循环经济发展提供可能。

三、主要特征

（一）创新驱动循环经济发展体系是个开放式的系统网络

开放式的特征一方面体现在创新驱动循环经济发展体系与生态环境、自然资源、经济社会、区域创新、国际贸易、全球污染物排放、全球价值链等多个系统的多重嵌入，任何一个系统或者系统与系统间关系的变化都会影响创新驱动循环经济发展体系的运行机理和价值功能实现。另一方面，开放式特征还体现在创新驱动循环经济发展体系并非是一成不变的网络体系，会根据产业发展形态、区域物质能量信息流动情况、区域创新系统发展、循环经济链条形态等实际情况的变动进行变化的动态发展过程。

（二）创新驱动循环经济发展体系是个多元集成的网络体系

创新驱动循环经济发展体系具有主体多元化、要素集成化、平台多层化等方面的特征。主体多元化强调体系的实施主体要形成“企业—园区—高校—政府—科研院所—中介组织—公众”的多元参与以及多主体协同共生推动循环经济发展形态；要素集成化强调循环经济发展中的资源环境、资金投入、科学技术、人力资本、政策扶持、制度体系等一般要素要与知识科技、创新资源、技术集成、高新产品与产业、文化创意等创新要素形成多重集成关系；平台多层化要求创新驱动循环经济发展体系广泛存在于宏观、中观和微观领域，要求在工业、农业、服务业、社会、区域等宏观平台进行构建，在园区、社区、产业基地等中观平台进行构建，在企业、公众、政府、中介组织等微观平台进行建设。

（三）创新驱动循环经济发展体系注重资源配置优化整合

目前我国所形成的循环经济发展模式侧重于从整体上对矿产资源、能源、水资源、工业“三废”资源、农林废物资源、再生资源进行优化配置，以提高资源产出水平和综合利用效率。但传统的循环经济发展方式受技术水平、人才支撑、文化创意、经济可行等因素制约造成循环经济发展规模不大、效益不高，因此需要引入创新要素，并对知识产出、科技研发、技术推广、资金投入、政策支持、文化创新、制度重构、产业创新等创新要素进行调整优化和整合集成，不断提高循环经济创新要素资源配置效率，进而优化矿产资源、能源、水资源、工业“三废”资源、农林废物资源和再生资源配置和利用效率，推动循环经济向规模化、市场化、产业化、生态化方向发展。

（四）创新驱动循环经济发展体系体现效益分配协调共享

传统循环经济发展模式在经济效益、社会效益和生态效益三者协调以及企业短期经济利益和长远经济利益上，难以形成效益分配协调共享的最优配置，阻碍循环经济健康发展。而创新驱动循环经济发展体系能够有效协调处理效益分配关系，一方面体系构建有助于减少节能减排和污染物处理成本，降低废物资源回收成本，提高再生资源产品生产质量和安全稳定系数，从而提高企业短期经济利益和循环经济发展效益；另一方面，企业、高校、政府、科研机构、中介组织、社会大众等创新实施主体的利益协调分配也需要构建创新驱动循环经济发展体系内的政策创新、文化创新、产品创新、产业创新、科技创新、知识创新等多方面综合发挥作用，实现多主体利益协调分配共享。

第三节　驱动机理分析

创新驱动循环经济发展是通过多种途径实现的。构建创新驱动循环经济发展体系，解决了由谁构建、创新要素有哪些、体系实现何种功能、需要哪些环境支撑等问题；而创新要素如何驱动循环经济发展，是体系运行的重点。本节在前面阐述知识与科技创新、资源与技术集成、产品与产业创新、文化与政策创新等创新要素概念的基础上，重点分析四个创新要素对循环经济发展的驱动机理，有助于了解创新驱动循环经济发展的作用机制，并为后面提出创新驱动循环经济发展的提升路径奠定理论基础。

一、知识与科技创新的驱动机理

知识与科技创新是以高等院校和科研院所为实施主体，通过科学研究等方式获得新知识、新方法和新科技，为资源与技术集成、产品与产业创新奠定坚实基础。知识创新与科技创新二者紧密联系，知识创新是科技创新的基础，科技创新是知识创新的传承，二者分别以直接或间接的形式推动循环经济向高值化、市场化、规模化和生态化方向发展（图 4-3）。

（一）知识创新的驱动机理

1. 研究方法创新驱动循环经济发展

研究方法创新是知识创新的表现形式。任何一门理论学科的发展都需要特有的研究方法。研究方法创新包括三种类型：一是在原有方法的启发下，创造出前人或他人没有使用过的方法；二是首次将其他学科的研究方法应用到本学科或领域中；三是综合集成几种方法形成新的方法[329]。目前，我国经济社会发展过程中出现了大量的新情况、新问题，迫切需要开展研究方法创新，对新情况和新问题进行认识和剖析。研究方法的创新将为循环经济理论探索和规律发现提供有效的认识工具和手段。循环经济是一门综合性的学科，不仅涉及环境工程、材料科学、资源科学、过程工程等理工类学科，同时也涉及经济学、管理学、人文法学

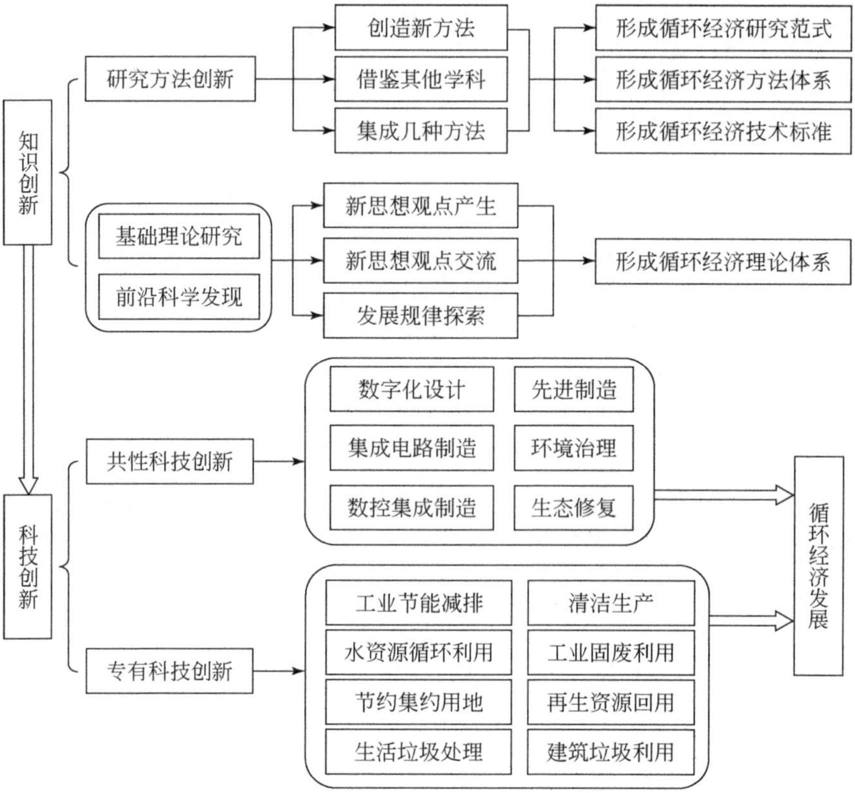

图 4-3　知识与科技创新驱动循环经济发展的机理

等哲学社会科学知识，目前尚未探索并构建出一套行之有效的研究方法论，这也是制约循环经济理论研究、科学发现、技术标准制定的重要因素。对于循环经济学科发展而言，研究方法创新的重点是要创造出前人没有使用过的方法，或者集成几种方法形成新的方法。因此，随着研究方法创新的深入推进，将为循环经济学科的科学研究和知识探索提供有效的方法论。高校和科研院所工作者可以运用创造出的研究方法，结合循环经济发展的现实需要，综合集成自然科学和人文社会科学的研究范式和方法，形成适合循环经济理论研究和科学发现的研究范式和方法体系。同时，探索出的循环经济研究方法，可以为区域、城市、园区、企业、农村等不同领域循环经济发展提供理论指导和技术标准，可以在石油化学、钢铁和有色金属、煤炭电力等传统产业和新能源、新材料、环境工程、资源循环利用等新兴产业中形成资源减量、节能减排、废物再生、清洁生产等方面的技术范式和标准体系，为开展循环经济科技创新提供坚实基础。

2. 基础理论研究与前沿科学发现驱动循环经济发展

科学技术的发展离不开基础理论知识和方法的研究探索，基础理论研究与前沿科学发现是知识创新的重要表现形式。高校和科研院所的研究人员是知识创新的主体，开展知识创新的过程和方式主要分为几个方面：第一，通过查阅相关文献资料、调查访谈等方式研究前人的理论成果，探索前人对某一个问题的认识和观点，吸收理论成果中具有贡献性和普适性的研究方法，为开展理论研究和科学发现提供思想基础；第二，通过参与或申报国际性、国家级的自然科学、社会科学等研究项目，获取开展理论研究的资金支持，形成高水平的学术研究团队，为理论研究和科学发现提供现实条件；第三，通过参与国际性的高水平学术会议，或者就某一科学问题召开研讨会，为新思想的产生、新观点的交流、新规律的探索提供平台支撑；第四，通过产学研合作的形式，密切结合市场发展需要，有效融合高校、科研院所、企业、政府的创新优势，开展前沿科学探索与发现。

当然，任何形式的知识创新都必须以世界经济社会发展、人类和平共存为前提条件；同时，每个阶段的知识创新都是着眼于当下市场发展趋势、政治热点问题、社会关注焦点和科技发展规律。20 世纪末以来，可持续发展和应对气候变化逐渐成为人类关注的焦点问题，同时随着全球石油、煤炭等资源紧缺问题越来越严重，世界各国高度重视资源节约和循环利用，循环经济日益成为科研工作者研究的主要对象。高校和科研院所依托科研项目、学术交流、产学研合作等多种形式开展循环经济基础理论研究和前沿科学发现，有助于探索和挖掘循环经济发展规律，产生循环经济科学知识的新思想、新观点，挖掘新的技术、工艺和产品，并在国内核心期刊或国外 SCI、EI、SSCI 等高端杂志上发表学术论文，出版循环经济理论知识和科学发现的相关专著，供相关领域研究者借鉴参考并开展学术知识互动交流，从而创立循环经济新学说，创造新的研究方法，积累可持续发展知识，夯实循环经济发展的自然科学和人文社科理论基础并形成具有循环经济发展特色的理论体系，形成循环经济新技术和新产品的思想萌芽和雏形，为科技创新提供重要来源。

（二）科技创新的驱动机理

1. 共性科技创新驱动循环经济发展

人类发展的历史，实际上也是人类进行科技创新活动征服和改变自然的历史。工业革命以来，随着科技进步快速推进，人类征服自然和改变自然的能力不断增强，将自然界当作取之不尽、用之不竭的材料库和无穷无尽的垃圾桶，导致出现环境污染、能源短缺、生态失调、人口膨胀等一系列不可持续性问题，严重困扰着人类的生产和生活。因此，20 世纪 90 年代以后人类开始对传统经济发展模式进行深刻反思，人类的生态伦理观念逐渐从“征服自然、改变自然”转为“尊重自然、顺应自然、保护自然”。在这种价值观念的转变下，科技创新也进行了深刻变革。因此，在生态伦理价值观念的培育下，本质上共性科技创新活动和成果都有利于循环经济发展。第一，创造出的新技术、新工艺等科技创新成果逐渐适应了可持续发展要求，提倡资源能源节约集约高效利用，具有绿色循环低碳特性。例如，先进制造、数字化设计制造集成、集成电路制造、高档数控机床制造等共性科技，具有精密化、智能化、自动化、系统化、集成化等特征，是在优质、高效、低耗、少污染等工艺基础上实现优化集成，其推广应用能够最大限度节约集约利用资源，提高资源利用效率，降低环境污染损害；同时，逐步将以往不适应可持续发展要求的技术设备进行改造更新，淘汰资源消耗大、污染排放多的工艺技术设备。第二，共性科技创新是在不断适应国际绿色发展潮流和社会节能环保需求的条件下形成发展的，不断追求材质环保、物耗最小、节能低碳和经济适用，具有节能环保特性的家用电器、制造机械、建筑材料等产品拥有广阔的市场前景，有益于企业降低生产成本、提高产品附加值，推动循环经济的市场化和高值化发展。第三，为了恢复和保持良好的生态系统，人类开始在生态修复、环境治理等方面开展科技创新，如地下水污染治理、土壤修复、河道湖泊水质修复、水土流失治理、空气污染治理、空气净化、森林防护、湿地维护等科技，生态修复和环境治理科技创新成果的推广使用，能够使得生态系统得到恢复，并更好地发挥自我净化、自我调节、能量流动、物质循环、信息传递等功能作用。

2. *专有科技创新驱动循环经济发展*

循环经济的发展离不开专有科技创新力量的推动。一方面，生产领域和生活领域的节能、节水、节地、节材、清洁生产、资源综合利用等循环经济行为需要强有力的科技支撑，没有专有科技支撑，循环经济只能是“空中楼阁”。另一方面，循环经济属于经济范畴，企业作为循环经济发展的主体，循环经济行为的开展是以经济效应为前提的。经济增长理论认为劳动力、资本、技术是推动经济增长的基本要素。因此，技术也是推动循环经济发展的基本要素。专有科技创新能够推动循环经济形成较大规模，促进循环经济的规模化、生态化进程。在各级政府设立的科技研发项目资金带动下，高校、科研院所逐步联合企业开展减量化、再利用、资源化、无害化工艺、技术和产品的开发，并通过小试和中试等技术开发过程形成技术先进、适用推广的循环经济新工艺、新技术和新产品。循环经济新工艺和新技术可以替代传统生产工艺技术，摆脱传统经济增长方式的工艺技术依赖性；通过循环经济新技术和新工艺在工业、农业、服务业和全社会的推广使用，可以不断降低能源资源消耗、提高资源利用效率、减少废物产生和排放。例如，工业领域余热余压回收利用、热电联产、能量系统优化等节能科技的研发应用，可以直接提高能源利用效率，带动一批工业节能设备制造产业发展；清洁生产科技的研发应用能够推动工业企业生产流程的优化重组，大幅降低污染物排放；水资源循环利用科技的研发为水资源利用效率提高提供重要保障；废旧轮胎、废旧塑料、废钢废铁、废玻璃、废弃电子电器等废物资源循环利用技术的研发应用，不仅能够提高资源综合利用企业的经济效益，推动企业投入更多资金开展科技研发，更有利于推动废物资源综合利用，缓解资源紧缺的现实问题。

二、资源与技术集成的驱动机理

知识与科技创新产生的新工艺、新技术和新产品能够推动循环经济发展和生态文明建设。但在现实社会中，经济社会的发展不仅依靠新的知识创新和科技创新，还需要投入大量的人力、物力、财力资源，更需要传承和借鉴以往的知识与技术积累；同时，部分新工艺、新技术和新产品有可能因价格昂贵、技术不成熟、工艺复杂、改造困难等因素制约，难以符合企业生产发展实际需要和适应市场发展需求，因此需要通过企业连接市场和科技功能，依托资源与技术集成开展技术运用和产品生产。一方面，检验新产品、新技术和新工艺是否符合企业实际需要和市场发展需求；另一方面，对暂时不符合的产品、技术和工艺进行改进、集成、整合和优化，确保技术产品成果顺利转化为生产力。

资源与技术集成是以企业为核心的实施主体利用企业、高校、政府、社会等各方面资源对科技创新成果、国外技术成果、现有工艺技术进行集成优化，实现真正转化为现实生产力的目的，它是连接知识与科技创新、产品与产业创新的纽带和桥梁。企业开展创新的资源包括企业自身、高校、科研院所的人力资源，企业自筹、银行贷款、政府补助和社会融资的资金资源，以及矿产、土地、设备等物质资源。企业通过资源的筹集运作，在知识与科技创新产生的新产品、新技术和新工艺的基础上，积极引进国外先进成熟的技术设备，对国外先进工艺技术、国内先进工艺技术和现有工艺技术进行集成优化，不断提高技术创新能力，推动现有技术工艺改造升级，并形成先进适用的替代技术、减量化技术、再利用技术、资源化技术、再制造技术、新能源技术、新材料技术、节能建筑技术和生态农业技术、生态恢复技术等，为推进循环经济市场化、高值化和规模化提供重要的技术装备支撑（图 4-4）。

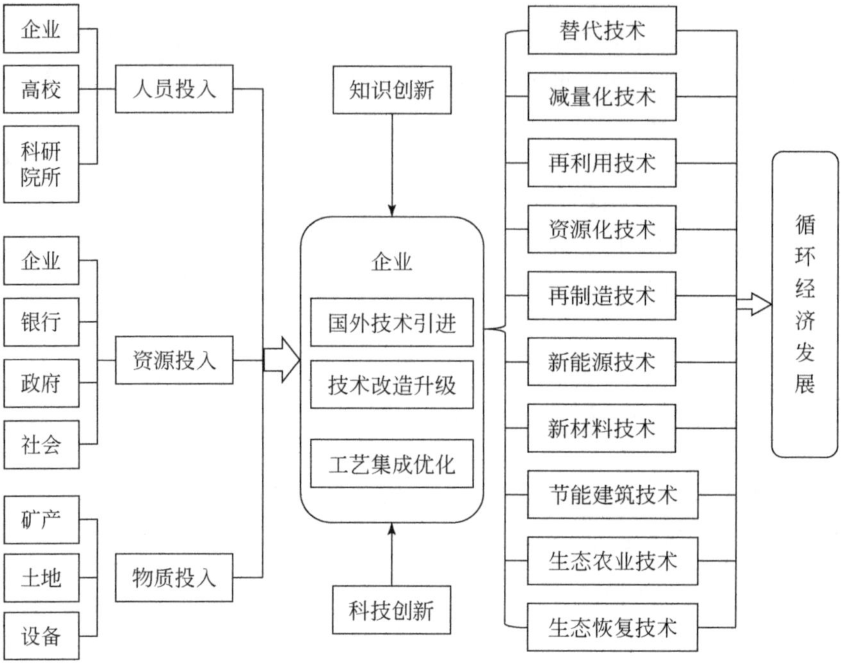

图 4-4　资源与技术集成驱动循环经济发展的机理

（一）资源集成的驱动机理

1. 创新人员投入驱动循环经济发展

创新人员是知识和科技的创造者和传播者。传统意义上，我们将创新人员界定为在企业、科研院所、高校等机构中从事科技研究开发工作的一线员工。现阶段，随着我国创新驱动发展战略的逐步实施，国家越来越重视研发人员在推动创新方面的重要作用，研发人员的创新积极性极大地影响着知识创新和科技创新的成果产出，进而影响循环经济发展。同时，在大众创业、万众创新的大环境下，创新人员不再局限于企业、科研院所、高校等机构的研发人员，还包括企业一线生产人员、管理人员、企业家等多种主体。企业一线生产人员熟悉生产运作工序和机器设备运行状况，可以充分发挥自身智慧对生产流程或设备进行小修小改，推动节能降耗和资源综合利用；同时，生产员工节能意识的养成，通过生产过程的一些良好习惯会对节能降耗、节约用水产生积极影响。管理人员熟悉企业财务成本状况、市场运行情况和政府政策导向，通过整合这些信息，有助于研发人员创造出更有价值、更具有市场竞争力的循环经济技术和产品。企业家作为潜在盈利机会的掌控者、最能动的创新主体要素及创新风险承担者，是循环经济产生的塑造主体，也是循环经济持续发展的推动主体。企业家通过市场洞察力、社会责任感和冒险精神，推动企业实施循环经济发展战略，并持续开展节能减排、清洁生产和资源综合利用。

2. 创新资金投入驱动循环经济发展

创新资金投入是创新活动顺利开展的重要保障。企业的创新资金主要来源于企业自筹、银行贷款、政府资助和社会融资等方面；创新资金投入受经济效益、市场前景、市场风险等多种因素影响，而经济效益是最主要影响因素。经济效益按时间段划分，可分为短期经济效益和长期经济效益。企业发展循环经济是一个长期过程，从长远角度看，不仅能降低企业生产能耗、提高资源利用效率，给企业带来长期的经济效益，更能提高全社会的生态效益和社会效益。但从现实情况来看，由于发展循环经济必须对现有的设施设备进行改造、更新，或者购买整套先进适用技术设备，需要投入大量资金，且在短期内无法实现可观的经济效益。因此，受广大中小企业短期行为及资金规模的限制，全方位开展循环经济相关生产活动较为困难，这是导致工业部门发展循环经济动力不足的关键因素。因此，创新资金投入不仅影响企业技术创新的开展，也影响企业循环经济发展进程。

（二）技术集成的驱动机理

技术集成是在现有工艺技术设备条件下，结合国内原始创新、集成创新、国外技术引进、引进消化吸收再创新等成果进行综合集成，形成一批先进适用的共性技术和专有技术。技术集成的主要形态包括技术改造、技术引进、工艺优化等。技术改造是指针对现有落后或过剩的生产能力和技术设备进行技术更新、工艺改造和设备更新，以满足市场发展需要。一般来说，技术改造后的工艺设备都比改造前在节能降耗、污染减排、资源利用等方面具有明显优势。技术引进是指引进外国新的技术知识和设备工艺，包括产品设计、制造工艺、测试方法、材料配方等方面。随着以技术创新为核心的市场竞争越发激烈，技术引进的方式逐步成为区域或企业快速提高技术创新能力的重要手段。工艺优化也是技术集成的重要表现形式，它是指对企业生产工艺流程进行优化重组，以实现既满足生产需要，又降低人耗、物耗和时间消耗的目的。工艺优化能够从根本上降低单位产品资源能源消耗量，提高资源综合利用效率。通过技术改造、技术引进、工艺优化等方式，可以形成一批先进适用的替代技术、减量化技术、再利用技术、资源化技术、再制造技术、新能源技术、节能建筑技术、生态农业技术等，并通过推广应用推动循环经济发展。

替代技术的推广应用有助于减少木材、塑料、钢铁等不可再生资源消耗；例如，近年来快速发展的木塑建材市场，以废弃木材、林业三剩物、废塑料等为原材料形成木塑产品，基本可以替代木材的使用需要，被消费者所接受应用。在传统石化、纺织、造纸等高耗能和耗水行业推广应用减量化技术有助于从源头上减少能源和资源消耗；例如，湖南泰格林纸集团有限责任公司从2004年就开始实施综合节水工程，利用国际最新技术对老纸浆系统进行设计改造，大幅度降低了生产用水量和排污负荷。再利用技术推广能够延长原材料和产品的使用周期，并从生态设计角度为产品报废后的再循环利用提供可能；例如，四川长虹电器股份有限公司逐步构建了绿色材料设计与选择、模块化设计、轻量化设计、可拆卸回收的生态设计技术体系，为产品报废后的回收利用提供便利。资源化技术是推动再生资源回收利用和提高再生产品附加值的重要抓手；例如，格林美股份有限公司作为再生资源循环利用的龙头企业，突破了电子废弃物、废旧电池等废弃资源循环利用的关键技术，建立了包括220余项专利、70余项国家和行业标准的核心技术与专利体系，创立了电子废弃物绿色再造的低碳资源化模式，为深入推进电子废弃物资源化、规模化、高值化利用提供技术支撑。再制造技术能够保证修复、翻新、改装的再制造产品质量和安全系数与新品一致的前提下，减少原始材料资源消耗，提高再制造产品经济和生态效益；例如，三立（厦门）汽车配件有限公司积极引进起动机、发电机再制造技术，对回收的汽车配件进行再制造，经配件监测、装配、整机测试后，再制造技术水平和产品质量达到欧美水平。新能源技术推广使用有助于提高太阳能、风能等非化石能源消费比重，优化能源消费结构；例如，近年来我国通过推广应用新能源技术，稳步发展核电，大力发展水电、太阳能发电、风能发电，非化石能源占一次能源消费比重已达到12%。除此之外，还有新材料技术、节能建筑技术、生态农业技术、生态修复技术等，这些技术的推广应用有助于推动节能环保和资源综合利用产业发展，推动生态文明建设。

三、产品与产业创新的驱动机理

产品与产业创新是创新驱动循环经济发展的重要表现形式和实现手段（图4-5）。一方面，循环经济具有经济属性，循环经济发展需要一批节能环保产品、资源再生产品、再制造产品的研发生产和推广应用作为支撑，这样才能从源头上推动社会层面的节能减排和资源综合利用；另一方面，循环经济具有在不同行业或产业间实现物质流、能量流、信息流于一体的特征，因此需要开展产业创新，强化不同工业领域，或工业与农业、服务业、社会等多层面的物质循环流动，推动资源能源高效循环利用。

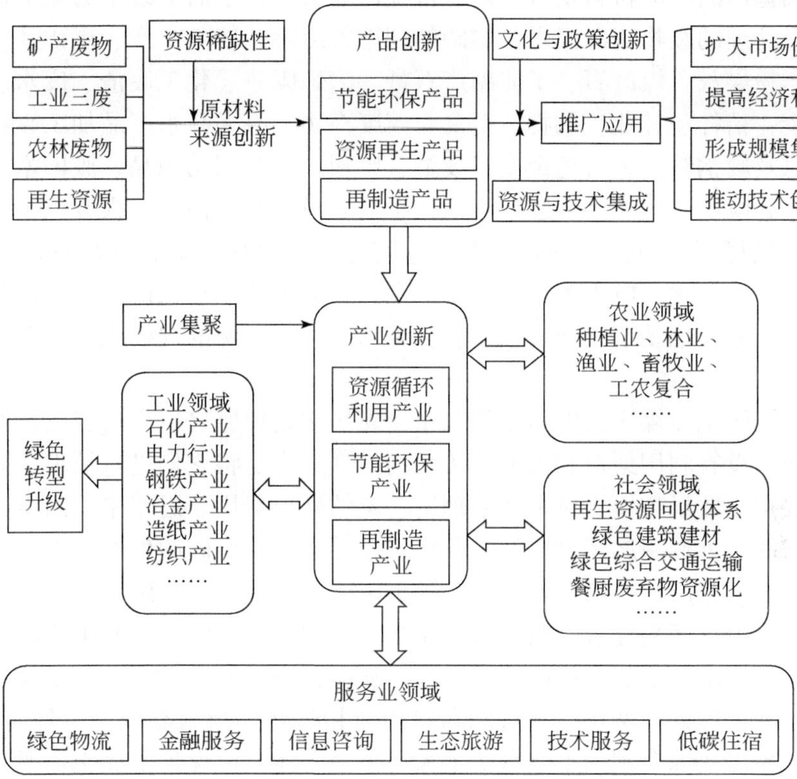

图 4-5　产品与产业创新驱动循环经济发展的机理

（一）产品创新的驱动机理

1. 原材料来源创新驱动循环经济发展

原材料来源创新是产品创新的重要形式。工业产品基本遵循传统产业链的上、中、下游进行生产，如塑料、橡胶制品的生产基本按照石油开采、炼制、裂解、合成、聚合等生产过程自上而下进行，形成乙烯、丙烯、苯、甲苯、合成树脂、合成橡胶等中间产品，最后制成最终产品。这种传统产业链的生产模式因技术工艺设备基本成熟等优势很容易大规模推广应用，并形成规模经济效应；同时，产业链中每一个环节的生产企业都可以获取一定的经济利润，并在市场上长期保持竞争优势。但是，随着传统产业模式的快速发展，煤炭、石油、有色金属等基础原材料的储量不断减少，资源稀缺性程度逐步加强，致使原材料和产品价格不断上升，传统产业链中的企业逐步失去市场竞争优势。因此，资源稀缺性要求生产企业必须自下而上进行产业链革新，尤其是从源头上开辟新的原材料来源，不断拓宽产品的原材料供应渠道。传统产业链的自下而上改革为原本被丢弃或当作垃圾处理的废物资源提供了广阔的利用渠道。共伴生矿产、尾矿及废石等矿产废物，粉煤灰、煤矸石、工业副产石膏、冶炼废渣、化工废渣、废水、废气等工业三废，秸秆、林业三剩物、畜禽养殖废弃物、海洋与水产品加工废物等农林废物，以及废钢铁、废有色金属、废纸、废塑料、废旧纺织品、废旧木材、废旧轮胎、废弃电子电器产品、废矿物油、生活垃圾和城镇污水、报废汽车等废物资源陆续替代煤炭、石油、钢铁、天然橡胶等不可再生资源，被广泛应用到建材、机械制造、石化、电力等各行业生产中，形成了节能环保产品、资源再生产品和再制造产品，推动了工业三废、农林废物、再生资源的规模化、资源化和高值化利用。

例如，我国是以煤炭发电为主的国家，煤炭在锅炉燃烧后会形成大量的粉煤灰，粉煤灰因没有利用渠道和价值，传统的处理方式是将它们进行填埋，同时燃煤电厂需要按照数量规模支付填埋处理厂一定的处理费用。近年来，因生产实心黏土砖所需的黏土资源属于可耕地中较优质的黏土，黏土砖的生产对土地资源造成严重破坏，国家已出台禁止使用实心黏土砖的相关规定。制砖企业必须寻求新的原料来源渠道，而粉煤灰因其特有的化学成分和性质可以作为黏土资源的替代品，成为制砖、水泥等建材产品原料首选。从而，一方面，燃煤电厂不仅不需要再支付粉煤灰填埋处理费用，还可以通过出售粉煤灰的形式获取一定经济效益；另一方面，粉煤灰综合利用不仅盘活了大量填埋土地，更保护了黏土资源，实现了土地资源的集约利用和综合保护等生态效益。

2. 新产品推广应用驱动循环经济发展

随着可持续发展和生态文明建设的不断推进，企业新产品的研发设计和生产销售越来越多地向绿色循环低碳方向倾斜，政府也逐步出台财政补贴、税收优惠等激励措施鼓励企业生产节能环保产品、资源再生产品和再制造产品。总体上看，目前我国市场上的新产品大多都具有节能环保特征，并受到消费者青睐。例如，消费者在挑选空调、洗衣机、冰箱等家电产品时，是否具有节能标识已成为影响其购买的主要因素之一；现实中，具有节能环保标识的产品已经占据了大量的市场份额。但是，目前资源再生产品和再制造产品的推广应用难度较大，主要原因在于：一方面，消费者尚未树立“垃圾是放错了地方的资源”这一观念，意识观念中认为资源再生产品和再制造产品的原材料是废物资源，花钱购买的是废物而不是产品；另一方面，目前我国资源再生产品和再制造产品的生产技术工艺设备还不够先进，产品质量、寿命等方面与新品有一定差距，造成资源再生产品和再制造产品市场认可度较低。资源再生产品和再制造产品难以推广，不仅影响了回收利用和再制造企业生产的经济效益，降低了生产积极性和市场竞争力，更阻碍了废物资源规模化利用进程。因此，新产品推广应用需要社会文化创新、政府政策创新、企业科技创新和技术集成的共同推动。在各主体的积极推动下，节能环保产品、资源再生产品和再制造产品推广应用能够不断扩大市场份额，提高经济利润，形成规模集聚效应，同时也将逆向刺激生产企业投入更多资金开展循环经济技术创新，生产更加惠民和便利、符合多元化和个性化要求的循环经济产品。

（二）产业创新的驱动机理

1. 产业集聚驱动循环经济发展

第一，产业集聚的正外部性能够弥补企业发展循环经济的成本。产业集聚的组织形态具有很强的正外部性。集聚地内投资建设的污水处理系统、废物回收利用系统、集中供热平台等公共基础设施能在区域内得到共享，企业无须再投入资金建设相关环境治理设备，能为企业发展循环经济减少大量的前期投资成本；当企业引进、研发出节能环保技术、资源综合利用技术或获取到相关信息资源时，由于产业集聚区域内的企业具有地缘上邻近的优势，其他企业能够在较快的时间内得到相应信息，从而降低企业搜寻相关信息的成本并迅速便捷地利用信息。

第二，产业集聚产生的大规模废物有利于资源化利用。规模经济是产业集聚的主要特点，而规模经济具有有效降低生产成本、提高资源利用效率的优势。在只有几家企业聚集的条件下，如果引进一家再生资源回收利用企业集中回收利用他们所产生的废弃物，显然其废物资源的数量不足、经济上不可行。产业集聚为废物分解者的产生和发展提供了有利条件，在产业集聚区域内的大多数企业性质类似，所产生的废物在属性上相同且数量足够多，便于废物分解者集中回收、集中处理和集中利用，同时也能有效降低运输成本。

第三，产业集聚地对相关企业具有示范带动效应。因生产同一类产品，产业集聚区域内同类性质的企业存在着相互竞争的关系。当集聚区域内某些企业通过采用循环经济技术生产符合节能环保要求的产品从而获取更大的市场份额时，其他企业为获取经济利益也会主动引进循环经济相关技术、设备、人才和产品，以提高自身竞争力；同样，随着产业集聚区域内公共基础设施的逐步完善，企业循环经济意识不断增强、废物资源得到高效循环利用、企业间耦合程度逐步强化，其取得的经济效益、社会效益和生态效益必将高于产业集聚区域外的相应企业和园区，该产业集聚区域的示范效应就此凸显，由此吸引更多企业进入该区域，从而形成良性循环的发展态势。

2. 高新技术产业和服务业驱动循环经济发展

高新技术产业发展能够优化循环经济内在结构，提高循环经济的价值功能。高新技术产业是以从事一种或多种高新技术及其产品的研究、开发、生产和技术服务的企业集合，是知识密集和技术密集型产业；高新技术产业所拥有的关键技术是处于技术前沿的工艺或技术，对于国民经济和社会发展具有重要推动作用，如信息技术、新材料技术、生物科技等。从循环经济发展的内在要求上看，高新技术产业发展是实现循环经济的重要基础。第一，发展循环经济的清洁生产技术、节能减排技术、废物循环利用技术等都属于高新技术产业范畴，只有在高新技术产业中实现突破，才能快速推动循环经济发展。第二，目前我国传统产业在产业结构中仍占据一定规模，传统产业要实现循环化改造和转型升级，必须融合高新技术产业中信息、新材料、高端装备制造等技术，不断提高资源能源利用效率。第三，新能源、新材料的开发利用需要强大的高新技术产业做支撑。随着不可再生资源储量日益递减，核能、太阳能、风能、潮汐能、生物质能等新能源的开发利用以及新材料替代具有广阔的市场前景，对于循环经济发展也具有战略性地位。

服务业是除国民经济中农业、工业之外的其他所有产业部门，包括生产性服务业和生活性服务业。货物运输仓储、信息服务、金融服务、节能环保服务、生产性租赁服务、人力资源管理与培训服务等生产性服务业的发展水平影响着循环经济发展效率。随着循环经济市场化程度不断提高，更加需要服务领域提供优质保障。例如，节能量交易和排污权交易等产权交易服务、节能减排与资源综合利用信息咨询服务、循环经济人才培训培养服务、节能环保技术服务、合同能源管理服务等。同时，旅游、零售批发、餐饮住宿等生活性服务业的循环经济发展也越来越受关注，如生态旅游、减少一次性产品使用、餐厨废弃物资源利用、绿色消费等，都直接影响着循环经济发展水平。

3. 节能环保和再制造产业驱动循环经济发展

节能环保产业和再制造产业发展有助于推动多产业共生耦合，形成农业、工业、服务业、社会等多领域物质循环流动、能源梯级利用、信息交流反馈的大循环系统。首先，节能环保产业中的大多数技术属于共性技术，节能环保产业发展为石油、电力、钢铁、纺织、有色金属、机械制造等产业提供节能减排、节约用水、清洁生产、资源综合利用等方面的技术设备，推动产业的循环化改造和工业转型升级，同时将工业“三废”资源输送到资源循环利用产业体系中开展综合利用。其次，节能环保和再制造产业能够与农业领域形成循环耦合体系，种植业、林业、渔业和畜牧业通过节能减排、废物再生等技术设备提高资源能源利用效率，以农林“三废”资源为原材料生产沼气、活性炭、木制品等资源循环利用产品形成猪–沼–果、沼–渔–林、工农复合等多种循环经济发展模式；再次，绿色物流、金融服务、信息咨询、生态旅游、产品展示、低碳住宿等服务业领域与循环经济产业形成物质流动和循环链接关系；最后，循环经济产业发展推动社会领域的资源回收、建筑建材绿色化、交通运输绿色化、餐厨废弃物资源化发展，逐步形成物质、能量、信息高效循环流动的大循环产业体系。

四、文化与政策创新的驱动机理

文化创新与政策创新是创新链形成的重要支撑；同时，从制度安排角度出发，文化与政策创新分别以非正式制度和正式制度的形式对循环经济产生影响。制度是一种对人的行为的管制，对不同的组织和个体有不同的激励和约束作用。新制度经济学理论认为制度由正式制度和非正式制度组成。正式制度是指人们有意识创设的、并通过国家等组织正式确定的一系列约束，包括政治及法律规则、经济规章及合约等。非正式制度是指人们在长期的社会交往和历史演进过程中自发形成的、并得到社会认可的一系列约束，包括意识形态、价值观念、道德伦理、风俗习惯等。

（一）文化创新的驱动机理

文化是一个国家和民族实现可持续发展的源泉。文化创新是在积极传承和弘扬勤俭廉政、节约养德等中华民族传统美德的基础上，以尊重自然、保护自然、实现人与自然和谐共处为核心，进一步加强循环经济文化教育模式创新，利用现代网络信息技术开展渠道多样、形式各异的生态文化宣传，提高社会大众的绿色生态环保意识，在全社会营造厉行节约、拒绝浪费、保护环境的浓厚氛围。文化创新在驱动循环经济发展上，主要表现为循环文化教育模式创新、生态文化多渠道宣传和绿色生态环保创意等（图 4-6）。

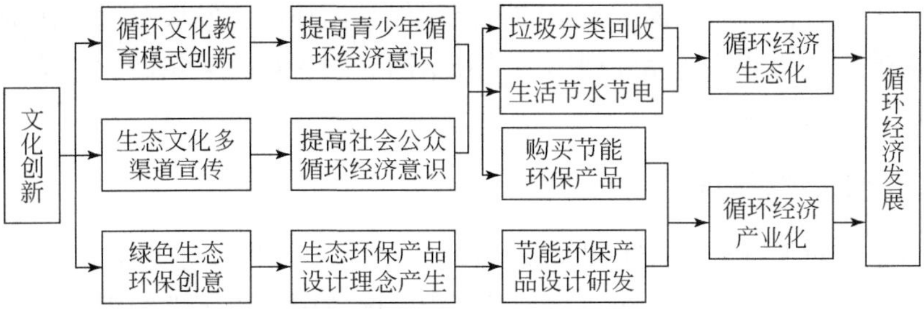

图 4-6　文化创新驱动循环经济发展的机理

近年来，随着我国国民经济水平和生活质量不断提高，社会大众尤其是青少年对勤俭节约等传统文化的传承较少，逐渐将奢侈豪华、骄奢淫逸、铺张浪费等作为新时尚，随地扔垃圾、践踏草坪等环境破坏行为较为普遍。因此，青少年循环经济文化教育显得尤其重要。社会各界通过多方面利用课程教育、多媒体教育、互联网教育等多种方式创新教育模式，能够提高青少年绿色环保意识，从身边细小事情做起，开展循环经济实践活动。同时，利用网络、通信、电视、报纸等多种形式开展丰富的生态文化宣传报道，在全社会广泛开展节俭养德全民节约行动，有助于培育和养成绿色健康的生活方式和生态环保的消费模式。全社会绿色生态的生活和消费方式的养成，能够不断推动垃圾分类回收、生活节水节电、餐桌剩菜打包，从源头上减少生活垃圾产生和水电资源浪费，并积极选购节能环保型的家用电器、建筑材料、家具家私等产品，提高节能环保产品和资源循环利用产品的市场份额。绿色生态环保创意是文化创新的另一种表现形式，目前在文化创意逐渐以新兴产业形态存在于经济发展中，将绿色循环低碳理念融入广播影视、动漫、音像、传媒、表演艺术、工艺设计、雕塑、广告装潢等形式中，有助于推动生态环保行为艺术和节能环保产品理念产生，推进产品设计研发，并对循环经济服务业发展有积极影响。

例如，从 2013 年开始，每年 6 月全国都开展节能宣传周和低碳日的宣传教育活动，各级节能和应对气候变化、机关事务管理、教育、科技、工业和信息化、环保、交通运输、农业、商务、新闻出版广电、工会、共青团组织、军队等各部门都结合部门职责，广泛开展节能和低碳宣传，在社会上形成了强大影响力。同时，为加强循环经济教育宣传，国家发展和改革委员会、财政部、教育部、旅游局联合设立了 4 批共 31 家循环经济教育示范基地，如山东泉林纸业有限责任公司、森蓝环保（上海）有限公司、安徽省滁州市报废汽车循环经济产业园等。每家循环经济教育示范基地都建立了循环经济展示馆和相应的参观通道，并配备相适应的讲解、安保、医护人员，供公众、学生参观学习。通过多种形式的宣传教育，不断提高了公众的节能环保和循环经济发展意识，初步建立起了生态保护、节约低碳、循环利用的良好氛围。图 4-6 为文化创新驱动循环经济发展的机理。

（二）政策创新的驱动机理

政策是针对循环经济市场失灵现象制定的，其宗旨在于划清市场和政府界限，目的在于更有效发挥市场在循环经济资源配置中的决定性作用。推动循环经济发展的政策主要体现为经济政策、产业政策、科教政策和管理政策，各类政策的角色任务和作用方式各不相同（图 4-7）。

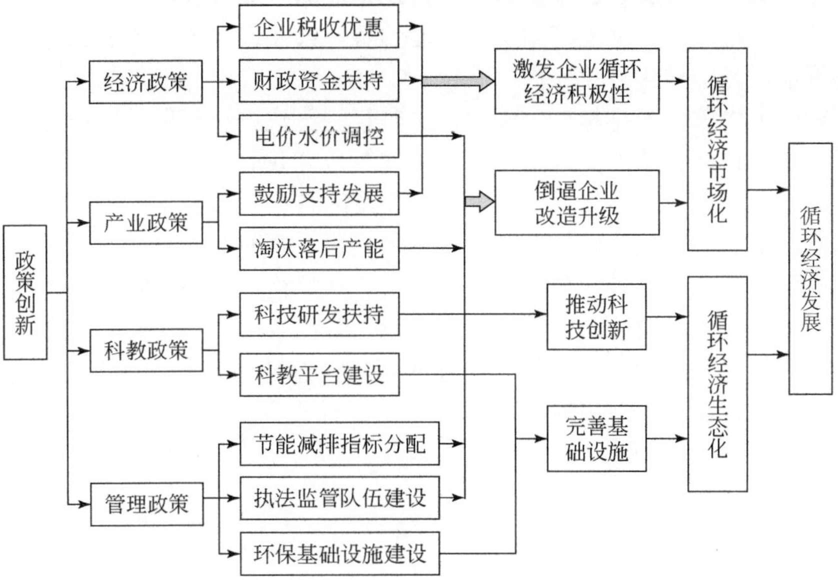

图 4-7　政策创新驱动循环经济发展的机理

经济政策以企业税收优惠、财政资金扶持、电价水价调节为表现形式。其中，关于企业资源综合利用产品和劳务增值税即征即退优惠政策和节能减排、资源综合利用、清洁生产、绿色制造项目财政资金扶持政策能够以退税和财政补助的形式给企业带来实质性优惠，弥补企业循环经济技术设备改造带来的生产成本，有助于激发企业循环经济发展积极性；关于落后产能的差别电价、超能耗限额标准的惩罚性电价以及阶梯水价等价格政策实施，给落后产能和高能耗、高水耗、高排放的企业带来较为沉重负担，有助于倒逼企业开展落后设备淘汰和循环经济技术设备改造升级，进而推动循环经济市场化进程。

产业政策以产业结构调整政策为核心，国务院每年都出台《产业结构调整指导目录》，对鼓励发展、限制发展和淘汰落后的产业设备、工艺、技术进行明确规定。节能环保产业和循环经济产业属于鼓励发展范畴，项目在规划用地、信贷支持、政策优惠等方面有一定扶持，有助于推动节能环保和循环经济产业项目运行；部分高耗能、高污染、高排放和传统落后工艺设备属于淘汰类范畴，每年国家根据技术设备发展情况将对淘汰类产业目录进行动态更新，并执行严格淘汰措施，能够倒逼企业开展技术设备改造。

科教政策以科技项目扶持和科教平台建设为主。国家制定的防治印染废水污染、生活垃圾污染、危险废物污染、废电池污染等技术政策和节水、节能、清洁生产等技术政策，能够有效引导企业的技术开发活动和高校、科研院所科技创新行为，推动循环经济技术进步。科教平台是开展循环经济技术研发和教育培训的重要支撑，一批具有循环经济知识和技能的管理人才、技术人才和服务人员的成长能够推动循环经济生态化建设。

管理政策以节能减排指标分配、执法监管队伍建设和环保基础设施建设为主要表现形式。目前，节能减排指标已纳入各级地方政府、耗能企业、重点商贸服务企业和高校的评价考核体系中，范围涉及全国各省、市、县和上万家企业，同时随着基层节能环保执法监管队伍能力不断强化，企业的能源消耗和污染排放行为得到有效监管，在约束的节能减排指标任务和严格的执法监管下，耗能污染型企业不得不开展技术改造和设备升级。同时，环保基础设施建设是社会层面和园区层面开展循环经济的重要支撑，完善的基础设施建设能够高效集中处理废水、废气等污染物，保护生态环境。

第五章　省域创新与循环经济协调发展的综合评价

创新驱动循环经济发展体系是一个复杂的网络，既包括循环经济和创新要素两个核心子系统以及子系统各要素之间相互影响的运转体系，又涉及经济发展、产业结构、人文素养、资源环境等与系统形成密切联系的外部条件。创新与循环经济协调发展是在遵循客观经济社会、自然生态发展规律的基础上，通过系统间和系统内部各要素的合理配置、高效流动、高度集成和循环反馈，形成由简单到复杂、由低级到高级、由无序到有序、由低效到高效的演进变化过程，实现系统的综合、持续、协调发展。本章从定量研究角度出发，按照创新驱动循环经济发展体系中循环效应和创新要素的结构框架，构建起省域循环经济发展水平和创新能力评价指标体系，分别运用全局主成分、全局因子分析方法评价省域循环经济发展水平和创新能力，借助变异系数、泰尔（Theil）指数等统计指标分别评判地区间发展差异，采用探索性空间数据分析方法研究省域循环经济发展的空间集聚和差异性，并构建协调发展模型考察省域层面的创新能力与循环经济协调发展水平及其空间演进特征。

第一节　研究方法与指标体系构建

一、研究方法

（一）全局主成分与全局因子分析法

目前，以权重确定方法为标准可将多指标综合评价方法划分为主观赋权法（专家评判法、层次分析法等）、客观赋权法（变异系数法、熵值法、因子分析法、主成分分析法等）、主客观组合赋权法（乘法合成法、网络层次分析法等）[330]。每种方法在评价时各有优点和缺陷，选取哪种方法主要根据研究性质和研究目的而定。本章在评价省域循环经济发展水平和创新能力过程中，分别选取全局主成分和全局因子分析作为评价方法，主要基于以下两点考虑：第一，省域循环经济和创新都是复杂的系统，涉及面较广，用于评价二者的指标数量较多，全局主成分和全局因子分析法沿袭了主成分分析评价的优点，既可以避免因主观意识差别造成权重赋值不精确的弊端，又可以通过降维方式在尽可能保留原始数据所含信息前提下将多个具有相关性指标简化为少数几个综合指标，能够满足多指标评价的需求。第二，全局主成分和全局因子分析是将主成分原理应用于基于时间序列的数据表中，能够解决主成分分析和因子分析法不能对相同样本在不同时刻的结果进行对比分析的问题，可满足不同时刻省域循环经济和创新能力的对比研究，反映样本的动态变化特征具有全局统一性、可比性和客观赋权等特征，可以保证系统分析的统一性、整体性和可比性。

1. 全局主成分分析评价方法的基本原理

设存在一张由 T 张具有同名的样本点和指标变量的截面数据表依据时间顺序排列而成的时序立体数据表，记为 $K=\{X^t\in R^{n\times p},\ t=1,\ 2,\ \cdots,\ T\}$，用 e_1，e_2，$\cdots$，e_n 和 x_1，x_2，$\cdots x_p$ 分别表示时序立体数据表中 n 个同名样本和 p 个同名指标变量，即时序立体数据表中的每张截面数据表 X^t 均以 e_1，e_2，$\cdots$，e_n 为样本点，以 x_1，x_2，$\cdots$，x_n 为变量指标。

在 t 时刻截面数据表 x^t 中，样本点 e_1，e_2，$\cdots$，e_n 的取值分别为 e_1^t，e_2^t，$\cdots$，e_n^t，则 t 时刻的样本群点为 $N_i^t=\{e_i^t,\ i=1,\ 2,\ \cdots,\ n\}$，全局样本群点为 $N_i=\bigcup_{i=1}^{T}N_i^t$[331]。同理，根据以上方式对变量 x_1，x_2，$\cdots$，x_p 进行相同处理，则可得到变量集 X 全局数据表 $X=\begin{bmatrix}X^1\\X^2\\\cdots\\X^T\end{bmatrix}=(x_{ij}^t)_{T_{n\times p}}$，其重心的定义为

$$g(\bar{x}_1,\ \bar{x}_2,\ \cdots,\ \bar{x}_p)'=\sum_{t=1}^{T}\sum_{i=1}^{n}p_i^te_i^t \tag{5-1}$$

式中，p_i^t 为 t 时刻样本点 e_i 的权重，并且满足以下要求：

$$\sum_{t=1}^{T}\sum_{i=1}^{n}p_i^t=1,\quad \sum_{i=1}^{n}p_i^t=1/T$$

然后记全局变量为 x_j，则有

$$x_j=(x_{1j}^1,\ \cdots,\ x_{nj}^1,\ x_{1j}^2,\ \cdots,\ x_{nj}^2,\ \cdots,\ x_{1j}^T,\ \cdots,\ x_{nj}^T)\in R^{T_n}$$

根据一般数理统计原理可知，全局方差 s_j^2 和全局协方差 s_{jk} 表达式如下：

$$s_j^2=\mathrm{Var}(x_j)=\sum_{t=1}^{T}\sum_{i=1}^{n}p_i^t(x_{ij}^t-\bar{x}_j)^2 \tag{5-2}$$

$$s_{jk}=\mathrm{Cov}(x_j,\ x_k)=\sum_{t=1}^{T}\sum_{i=1}^{n}p_i^t(x_{ij}^t-\bar{x}_j)(x_{ij}^t-\bar{x}_k) \tag{5-3}$$

由此构成全局协方差阵

$$V=(s_{jk})_{pxp}=\sum_{t=1}^{T}\sum_{i=1}^{n}p_i^t(e_i^t-g)(e_i^t-g)' \tag{5-4}$$

在定义全局分析相关概念后，简要介绍全局主成分机理。全局主成分分析的关键在于对于 P 维全局样本群点 N_i 通过坐标平移和旋转变化找到一个 M 维（$M<P$）全局主超平面 $H+L$（先平移和再旋转变换），使得全局样本群点中的 e_i^t 在其上面的投影 $\acute{e}_i^t$ 与原始 e_i^t 综合差异达到最小，即满足最小二乘法原则。在最小二乘法原则下得到全局主超平面一定经过 N_i 的重心，且得到的最佳变换 L 的标准正交基 u_1，u_2，…，u_m[①]，对应 VM 的前 m 个特征值 $\lambda_1\geqslant\lambda_2\geqslant\cdots\geqslant\lambda_m$ 的特征值，这里称 u_1，u_2，…，u_m 为全局主轴，是新变量的方向，V 和 M 分别是全局协方差矩阵和度量矩阵 M。然后得到以下表达式：

$$F_h(t,\ i)=(e_i^t-g)'Mu_h$$
$$F_h=[F_h(1,\ 1),\ \cdots,\ F_h(1,\ n),\ \cdots,\ F_h(T,\ 1),\ \cdots,\ F_h(T,\ n)]'\in R^{T_h} \tag{5-5}$$

称 F_h 为第 h 全局主成分，它是由样本群点 N_i 在第 h 主轴上的投影构成的。根据以上论述可知，全局主成分分析在本质上就是对时序数据进行经典主成分分析，那么全局主成分分析就必然继承经典主成分的优良品质。

第一，全局主成分一定对应于数据变异最大的方向。根据经典主成分分析的原理可知，为了原始数据 $\{e_i^t,\ i=1,\ 2,\ \cdots,\ n,\ t=1,\ 2,\ \cdots,\ T\}$ 在全局主轴上进行投影 $\acute{e}_i^t$ 与原始值综合差异最小，必然要求全局主轴是按照数据方差变异大小的方向确定，然后根据原始数据在全局主轴上投影提取全局主成分，则第一个主成分（F_1）必然对应数据点分布方差变异最大的第一全局主轴，则第二个主成分（F_2）必然对应数据点分布方差变异次大的第二全局主轴，其他综合变量方向的确定依此类推，即

$$\mathrm{Var}(F_1)\geqslant\mathrm{Var}(F_2)\geqslant\cdots\geqslant\mathrm{Var}(F_m) \tag{5-6}$$

第二，全局主成分是对原变量系统的最佳综合。在全局主成分中，如果找一个综合变量比较完美取代全局数据表中的所有全局变量 X_j，$j=1,\ 2,\ \cdots,\ p$，则这个的综合变量一定是第一全局主成分，因为第一主成分包含最多的原始全局变量的信息，即全局主成分 F_1 与全局变量 X_j 的相关度综合最大：

$$\sum_{j=1}^{p}r^2(F_1,\ X_j)\rightarrow\max \tag{5-7}$$

对 m 维主超平面，F_h（$h=1,\ \cdots,\ m$）与所有 X_j 的累积相关度可以达到综

① 即 $u_kMu_j=\begin{cases}1 & j=k\\ 0 & j\neq k\end{cases}$

合最大，即

$$\sum_{h=1}^{m}\sum_{j=1}^{p} r^2(F_h, X_j) \rightarrow \max \tag{5-8}$$

2. 全局主成分评价步骤与技术处理

一般来说，运用全局主成分方法分析经济社会问题时，可以按照以下几个步骤进行，并可通过统计软件 SPSS 实现。

第一步，将时序立体数据表按照时间顺序展开建立全局数据表，这是全局主成分分析与经典主成分分析的关键区别之处。

第二步，对全局数据表中数据进行预处理，以便满足全局主成分分析要求。评价指标体系中有些是逆向指标，有些是正向指标，需要对逆向指标按照指标的倒数进行同向化处理。在此基础上，为消除量纲和数量级的影响，对所有指标数据进行 Z-score 标准化处理，得到标准化数据表，标准化后原始数据变量的均值为 0，方差为 1。

第三步，进行数据有效性检验，检验数据是否满足全局主成分要求。一般采用 KMO（Kaiser-Meyer-Olkin）取样适当性度量和 Bartlett 球形检验，要求 KMO 检验值大于 0.5 且显著性水平小于 0.01，才符合全局主成分分析要求。检验数据满足条件后，计算标准化数据表的相关系数矩阵。

第四步，计算相关系数矩阵的特征根以及对应的特征向量，并且计算出特征根的单个贡献率与累计贡献率。

第五步，根据研究要求以及主成分的累积贡献率确定全局主成分的个数。确定个数有两种方法：一是根据斯格里准则（全局主成分特征根的下降幅度）来确定[332]，一般来说，特征值要求大于 1；二是根据前几个全局主成分的累积贡献率大于 80% 的原则来确定。

第六步，根据特征根与特征向量计算因子负荷矩阵，计算样本在每个全局主成分的得分。

第七步，根据所有主成分的累积贡献率对每个主成分的方差贡献率进行归一化处理，得到综合得分与主成分的表达式，然后计算出样本综合得分（图 5-1）。

3. 全局因子分析法的评价步骤

全局因子法和全局主成分分析法在指标正向化和标准化、相关系数矩阵及其特征值和特征向量、用累计贡献率确定主成分等评价原理和步骤上有很多相似之处[333]。全局因子析法是全局主成分分析法的延伸和扩展。全局主成分方法侧重于用少数几个彼此不相关的主成分解释原始变量的信息，比较适用于做综合评价，因此用全局主成分分析法评价省域循环经济发展水平较为合适。全局因子分析法侧重于将众多原始变量浓缩成少数几个因子变量，可通过旋转技术使得因子具有更好的解释性，在解释主成分方面因子分析更占优势。结合本书需要从创新

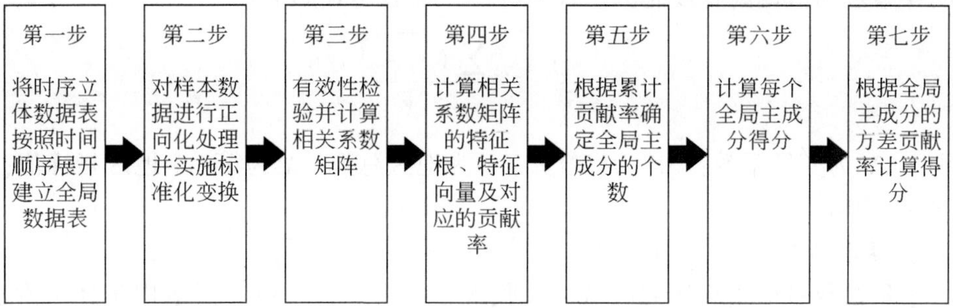

图 5-1　全局主成分分析法的评价步骤

能力评价指标体系中浓缩出几个创新因子，因此选择全局因子分析法评价创新能力较为合适。

在具体操作步骤上，全局因子法运用 SPSS 软件实现过程中前五个步骤跟全局主成分分析法一致，主要区别在于全局因子分析法需要对主成分法提取的初始因子载荷矩阵进行旋转，旋转方法有方差最大化正交旋转、斜交旋转等，一般使用方差最大化正交旋转方法[334]。各因子综合得分计算与全局主成分分析法有较大差异，全局因子法的各因子得分是根据旋转后的因子载荷矩阵为依据，并通过 SPSS 软件中“factor→score→regression”因子分析回归法计算求得各因子的得分，并根据各因子得分和解释权重计算综合得分。

（二）差异系数分析法

目前，用于分析区域经济社会发展差异的方法主要有变异系数、标准差、基尼系数、泰尔指数、极商指数等，各种方法在分析的侧重点上各有不同。极差、标准差和变异系数主要用于衡量区域的绝对差异和相对差异，运算较为简单但不能进行分解。基尼系数和泰尔指数计算相对较为复杂，可用于分析组间差异和组内差异。结合本书研究目的，运用变异系数和泰尔指数等方法对省域循环经济发展水平和创新能力的区域差异进行分析。

1. 变异系数

区域经济社会发展差异可以分为绝对差异和相对差异两种类型。绝对差异是指各指标量的差异，可以用标准差来衡量，并且要求度量单位一致性；如果两组或多组数据的测量尺度相差太大，或者数据量纲不同，直接用标准差来进行比较不合适，应当消除测量尺度和量纲的影响，用反映相对差异的变异系数进行衡量。变异系数的基本思想是：如果某项指标在所有被评价对象的观测值中变异程度较大，则该指标在被评价对象执行时达到平均水平的难度较大，是测度各观测值离散程度的统计量，从主观层面对评价对象进行差异分析[335]。变异系数越大，表明样本观测值偏离程度越大，反之亦然。其表达式如下：

$$CV = \frac{SD}{\overline{X}} = \frac{\sqrt{\sum (X_i - \overline{X})/n}}{\overline{X}} \tag{5-9}$$

式中，CV 为变异系数；SD 为标准差；n 为地区总数；X_i为第 i 个地区指标值；$\overline{X}$ 为 X_i的平均值。

2. 泰尔指数

泰尔指数最早用于研究区域居民收入差异领域，后被广泛运用于经济发展、社会进步的差异性分析[336]。它具有可分解的特性，不仅能评判总体差异水平，还可以将地区总差异分解为几大地区间差异与地区内差异，将泰尔指数法用于本章有助于深入分析省域循环经济发展水平和创新能力的地区差异性。泰尔指数越接近 0，说明差异化程度越小。设总样本中所含地区数为 n，共分为 K 个组，第 i 个组含 n_i个地区，则 $n=n_1+n_2+\cdots+n_k$。第 i 个组指标 y 的泰尔指数计算公式如下：

$$T_i = \frac{1}{n_i}\sum_{j=1}^{n_i} \ln\left(\frac{\overline{y}_i}{y_{ij}}\right) \tag{5-10}$$

式中，$\overline{y}_i$为第 i 个组指标 y 的平均值；y_{ij} 为第 i 个子样本中第 j 个地区的指标 y 值；

可将式（5-10）的泰尔系数分解为地区内差异和地区间差异：

$$T = \sum_{i=1}^{k} \frac{n_i}{n} \times T_i + \sum_{i=1}^{k} \frac{n_i}{n}\ln\left(\frac{\overline{y}}{\overline{y}_i}\right) = T_w + T_b \tag{5-11}$$

式中，$\overline{y}$ 为总样本指标 y 的平均值；T_w为地区内指标 y 的差异；T_b为地区间指标 y 的差异；T 为指标 y 的总体差异[337]。

（三）探索性空间数据分析方法

传统计量经济学在研究过程中以事物间是相互独立存在为假设前提，但美国地理学家 Tobler 提出地理学第一定律，认为任何事物在空间上是相互关联的，距离越近关联程度越强，距离越远关联程度越弱[338]。Getis 和 Ord 也认为在现实生活中，并非普遍存在独立观测值[339]。因此，采用传统计量经济方法得出的研究结果可能存在较大偏差。随着一批学者对空间数据的关注和研究，空间数据分析方法已成为计量经济学的一个新兴分支。空间数据分析是一种研究地理对象空间效应的数据分析技术，用来发现隐藏在数据背后的重要信息或规律，分为探索性空间数据分析（exploratory spatial data analysis，ESDA）和确认性空间数据分析（又称空间计量经济学）两大类[340]。空间数据分析的一般程序是先采用 ESDA 方法直观地描述空间数据，发现问题，再用空间计量经济方法研究所发现的问题，揭示存在问题的深层次原因。本章重点采用 ESDA 方法探索省域循环经济发展、创新与循环经济协调发展的空间分布特征，目的在于发现省域循环经济的空间效应，为后续章节研究提供现实基础。

1. 空间依赖性和空间异质性

空间计量经济学与传统计量经济学本质的区别在于将空间依赖性和空间异质性纳入研究视角。空间依赖性是指在一组观测的空间数据中，观测值缺乏独立性，与其位置密切相关，即空间观测值的强度（大小）及模式（性质）由其绝对位置（格局）和相对位置（距离）共同决定。当相邻地区观测对象的高值或低值在空间上呈现集聚现象时表现为正的空间自相关，当某一区域倾向于被相异值的邻近区域包围时表现为负的空间自相关。空间依赖性存在真实和干扰空间依赖性。真实的空间依赖性是区域之间存在空间交互作用的结果，这些交互方式包括区域之间生产要素的流动、知识创新溢出效应、技术扩散效应以及模仿学习等。干扰空间依赖性则可能来自于测量误差，即测量过程中研究者不能准确地识别研究问题的实际边界，或者研究问题的实际边界与假设空间单位不一致所导致的[341]。对于真实和干扰空间依赖性的存在，Anselin 分别给出了两种空间计量模型：如果空间相关性由空间交互作用引起，则选择空间滞后模型分析变量间的关系；如果空间相关性由干扰因素引起，则选择空间误差模型[342]。

空间异质性是空间效应识别的第二个来源。空间异质性是指每一个空间区位上的事物和现象都具有区别于其他区位上事物和现象的特点，也成为空间差异性。空间异质性的产生主要由两个因素引起，一个因素是各种事物和现象本身在空间上缺乏平稳的结构，如总体上东部地区在技术创新、人力资源、外商投资、产业结构、生态环境等方面优于西部地区，导致东部地区经济社会发展水平高于西部。另一个因素是空间单元本身不是均质的，在面积、形状、位置等方面存在很大差异。

2. 空间权重矩阵

空间邻近性界定了研究地区之间的“距离”关系，这种“距离”是对空间相互作用程度的描述，是探索性空间数据分析的基础。如何科学合理地量化表达地理空间结构和地理位置，是空间计量经济学的重点和难度，也是与传统计量经济学的差别所在。一般用空间权重矩阵 W 来衡量空间地理结构和位置关系。假设样本中有 n 个个体，则 W 为 $n \times n$ 的对称方阵矩阵，并根据样本间的地理位置关系来设定 W 中的取值。目前，量化设定空间单元位置的方法主要有空间距离和经济距离，但没有统一标准评判设定方法的好坏，通常采用邻接标准或距离标准来表达空间对象之间的邻接关系。本书选取最常用的邻接标准，当地区 i 与地区 j 之间存在共同边界则 $w_{ij}=1$，表示地区 i 和地区 j 是空间邻接的，否则 $w_{ij}=0$。

3. 全局空间自相关

ESDA 方法除了涉及空间权重矩阵设定外，还涉及全局空间自相关和局域空间自相关识别。空间自相关是指地理事物分布空间位置的某一属性值之间的统计相关性，是检验某一现象是否显著地与其相邻空间单元的现象相关联的重要指标[343]。全局空间自相关主要用于检验某种现象在整个眼睛区域内是否存在空间集聚，一般用 Moran' s I 进行测量。计算公式如下：

$$\text{Moran's } I = \frac{n\sum_{i=1}^{n}\sum_{j=1}^{n}w_{ij}(y_i - \bar{y})(y_i - \bar{y})}{\sum_{i=1}^{n}\sum_{j=1}^{n}w_{ij}\sum_{i=1}^{n}(y_i - \bar{y})^2} = \frac{\sum_{i=1}^{n}\sum_{j=1}^{n}w_{ij}(y_i - \bar{y})(y_i - \bar{y})}{S^2\sum_{i=1}^{n}\sum_{j=1}^{n}w_{ij}} \tag{5-12}$$

式中，n 为样本中研究地区的总数 30；y_i 为地区 i 的指标值，本书中代表循环经济发展综合得分；w_{ij} 为地区 i 和地区 j 的空间邻接关系，本书采用邻接标准（0，1）来设定空间权重矩阵，即若区域 i 和 j 相邻，则 $w_{ij}=1$，否则 $w_{ij}=0$；$\bar{y}=\frac{1}{n}\sum_{i=1}^{n}y_i$ 为观测值 y_i 的平均值；$S^2=\frac{1}{n}\sum_{i=1}^{n}(y_i-\bar{y})^2$ 是 y_i 的方差。

在给定显著性水平条件下，Moran's I 的取值范围为［-1，1］。当 Moran' s I 大于 0 且检验显著时，表明样本观测值存在正的空间自相关性，值越接近 1，总体空间差异越小，越趋向于空间集聚分布；当 Moran' s I 小于 0 且检验显著时，表明样本观测值存在负的空间自相关，值越接近-1，越趋向于离散分布；当 Moran' s I 接近或等于 0 且检验显著时，表明样本不存在空间自相关，空间单元观测值呈随机分布[344]。

此外，用以推断的空间模式 Moran' s I 必须与空间随机模式（任意位置上的观测的属性值不依赖邻接位置的属性值）的 Moran' s I 进行比较，并根据随机模式中 Moran' s I 理论值构造服从正态分布的 Z 统计量，用以验证空间依赖的显著性。Z 的计算公式为

$$Z(d) = \frac{\text{Moran's } I - E(\text{Moran's } I)}{\sqrt{\text{Var}(\text{Moran's } I)}} \tag{5-13}$$

式中，d 代表显著水平，是随机模式中 Moran' s I 的期望，为随机模式中 Moran' s I 的方差。当 Moran' s I 取值较大时（一般大于 0.4），且统计量 Z 值大于正态分布函数在 0.01（或 0.05）水平下的临界值 1.96（或 1.65），则表明样本观测值在空间分布上具有显著的空间依赖性。

4. *局域空间自相关*

通过全局 Moran' s I 可以从总体上揭示整个地区的空间相关性，但它可能平均化了地区间的差异，不能识别局部地区空间依赖性情况，因此需要采用局域空间关联指标（local indicators of spatial association，LISA）来检验局部地区是否存

在相似或相异值聚集在一起。Local Moran's I 统计量的计算公式如下：

$$I_i = z_i \sum_{j \neq i}^{n} w_{ij} z_j \tag{5-14}$$

式中，z_i 和 z_j 分别为 i 省份和 j 省份样本观测的标准化值，$\sum_{j \neq i}^{n} w_{ij} z_j$ 为相邻省份观测值的加权平均，又称为空间滞后向量。Local Moran's I 统计量可以深入揭示各省份与相邻省份之间可能存在的空间关联类型。式（5-14）可分为 z_i 和 $\sum_{j \neq i}^{n} w_{ij} z_j$ 两部分，z_i 代表 i 省份样本观测的标准化值，$\sum_{j \neq i}^{n} w_{ij} z_j$ 代表相邻省份的空间滞后向量。因两部分的值可取正、负和零，因此可以得到四种组合关系，即（+，+）、（+，-）、（-，+）、（-，-）。横轴对应变量 z 的所有观测值，纵轴对应空间滞后向量的所有取值，构成高-高区（HH 型）、高-低区（HL 型）、低-低区（LL 型）、低-高区（LH 型）四个象限（图 5-2），表明各省份与周边省份观测值的空间关联形态[345]。

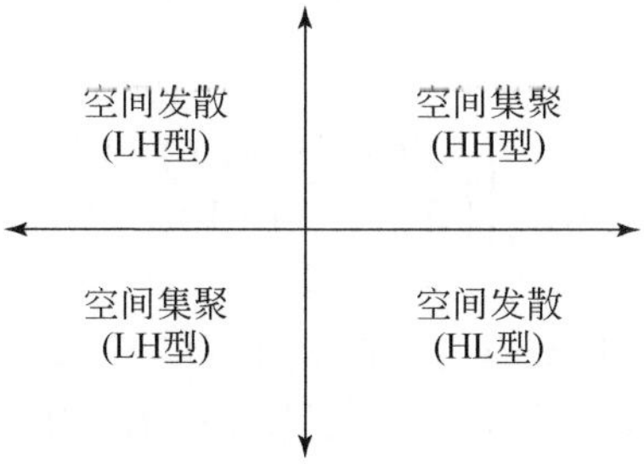

图 5-2　Local Moran's I 空间自相关四象限图

HH 型表明区域自身及周边地区发展水平都较高，形成集聚态势，空间差异程度较小。

HL 型表明区域自身发展水平较高，但周边地区发展水平较低，空间差异程度较大。

LL 型表明区域自身及周边地区发展水平都较低，空间差异程度较小。

LH 型表明区域自身发展水平较低，但周边地区发展水平较高，空间差异程度较大。

（四）协调发展评价模型

协调发展是由“协调”和“发展”两个概念构成的。协调是系统内部各要素关联形态的描述，表现出系统的影响机理和运行机制；发展是系统演变和运行的轨迹，是系统协调的最终目的。协调发展体现出系统的内在性、均衡性和整体性的融合发展，强调在遵循自然生态和经济社会发展规律的前提下，多系统或各要素在有益的激励和约束机制下的综合发展[346]。而协调发展度是系统协调发展的定量化表达，一般在系统协调度评价的基础上构建协调发展评价模型。

1. 协调度评价

根据本书实际研究需要，省域创新与循环经济协调度是指各省循环经济与创新两大子系统之间融合发展程度。根据协调度的定义，在定量评价循环经济发展水平与创新能力的前提下，循环经济与创新的离差越小，系统之间的协调度越好。因此，假设 $F(X)$ 为省域循环经济发展水平，$F(Y)$ 为省域创新能力，$F(X)$ 和 $F(Y)$ 的离差表达式为

$$C_v = \frac{S}{\frac{1}{2}[F(X)+F(Y)]} = \sqrt{2\left\{1-\frac{F(X)\times F(Y)}{\left[\frac{F(X)+F(Y)}{2}\right]^2}\right\}} \tag{5-15}$$

要使 C_v 越小越好的充要条件是 $\frac{F(X)\times F(Y)}{\left[\frac{F(X)+F(Y)}{2}\right]^2}$ 越大越好，因此定义协调度 C 的表达式为

$$C = \left\{\frac{F(X)\times F(Y)}{\left[\frac{F(X)+F(Y)}{2}\right]^2}\right\}^k \tag{5-16}$$

式中，k 为调节系数，令 $k\geqslant 2$；C 为系统协调度，取值范围为 $[0, 1]$。C 的值越接近于1，表明创新与循环经济协调度越好；C 的值越接近于0，说明创新与循环经济协调度越差。从数学的角度考虑，当 $F(X)=F(Y)$ 时，C 的值将等于1，此时二者是最协调的。

2. 协调发展度评价

省域创新与循环经济协调度 C 是量化循环经济与创新两大子系统协调关系程度，但不能体现系统协调发展中“发展”的概念，很难量化反映系统循环经济和创新对经济社会发展的贡献程度，有可能出现两个或多个城市协调度水平相近，但循环经济和创新能力相差较大的现象。因此要将创新能力与循环经济发展水平的高低纳入协调发展度评价模型中，以综合反映循环经济与创新的整体协调效应和贡献。系统协调发展度可以分为静态协调发展度和动态协调发展度两种。静态协调发展度侧重于表达同一时期内不同省份之间创新与循环经济的协调状况，动态协调发展度侧重于体现不同时期内同一省份创新与循环经济的协调状况。

静态协调发展度的计算公式如下：

$$D_s = \sqrt{C \times T} \tag{5-17}$$

$$T = aF(X) + bF(Y) \tag{5-18}$$

式（5-17）和式（5-18）中，D_s为系统静态协调发展度；C 为式（5-16）中的协调度；T 为创新与循环经济综合评价指数；a 和 b 为待定权重系数。在实际操作中，一般使 T 的取值范围在［0，1］，这一可以保证 D 的取值范围在［0，1］，便于比较和分析。

动态协调发展度 D_d的计算公式如下：

$$D_d = \frac{D_s(t)}{D_s(t-1)} \tag{5-19}$$

式中，D_s（t）和 D_s（t-1）分别为 t 时刻和 t-1 时刻的静态协调发展度。当 D_d>1 时，说明系统处于持续协调发展阶段；当 D_d<1 时，说明系统处于协调发展减缓阶段；当 D_d=1 时，说明系统处于维持协调发展阶段。

二、指标体系构建

（一）指标选取的原则与流程

指标体系构建是由定性分析向定量分析转移的重要途径。指标选取是否科学合理关系到能否客观准确地定量评价省域循环经济发展水平、创新能力及创新与循环经济协调发展水平。因此，必须遵循一定的原则。

第一，科学合理性原则。科学合理性原则首先要求衡量区域循环经济发展水平和创新能力的指标体系能够准确反映循环经济和创新驱动的实质和内涵，具体指标能够充分说明区域循环经济和创新驱动现状的某一方面的真实情况；其次应该选取信息量大、概括性强的具有代表性的综合指标和重点指标，从而避免指标体系的臃肿。同时也要考虑指标的可操作性，充分考虑指标量化难易程度及数据的可获得性。

第二，系统层次性原则。考虑到省域循环经济创新驱动系统的特征，所有具体指标应该是一个紧密联系的有机整体，能够客观、真实地对区域循环经济创新驱动系统的总体特征进行度量，同时又需要将具体指标分解到各个子系统中，体现区域循环经济和创新驱动所包含的子系统特征。因此在设计指标体系时应自下而上能综合，且各项指标之间不存在直接相关性或相互包涵，避免指标重复出现。同时在指标选取过程中应选择主要的、具代表性的典型指标作为量化计算指标，以确保所构建的指标体系既科学全面又简明合理。

第三，动态可比性原则。评价指标体系的设计应考虑到系统可能出现的动态变化，所选的指标应该能够反映区域创新驱动循环经济发展体系的动态发展过程，较好地刻画区域循环经济和创新驱动的发展趋势；且所选指标应该在不同地区的含义相同、统计口径一致，并优先选用适宜所有评价地区的通用指标。

遵循指标选取三大原则，结合创新驱动循环经济发展体系中创新要素模块和循环效应模块的相关内容，在归纳梳理和综合分析我国循环经济发展的概念、内涵、特征、原则和创新的概念、内涵、特征以及创新驱动循环经济发展的机理基础上，借鉴第二章中已阐述的国内外评价循环经济和创新能力的代表性文献，参考目前已有的指标体系框架，并征询有关专家意见，分别构建起省域循环经济发展水平和创新能力的评价指标体系。图 5-3 为指标选取方法和流程。

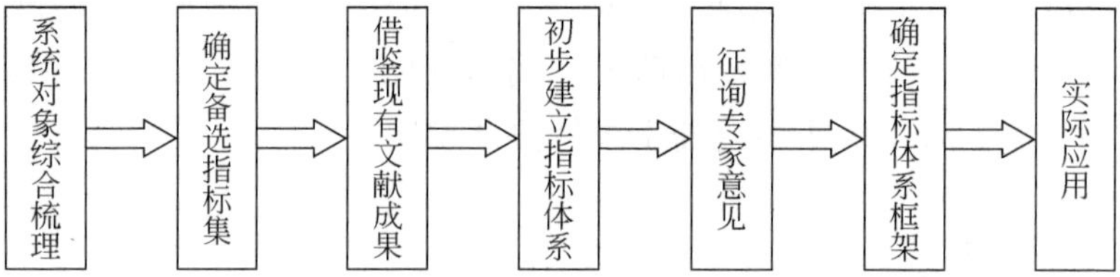

图 5-3　指标选取方法和流程

（二）循环经济发展水平评价指标

根据创新驱动循环经济发展理论体系中循环效应模块包含的资源减量、循环利用、防污减排、经济发展的内容，结合我国循环经济发展的现实情况和中央政府约束地方政府绩效考核管理办法，并充分考虑我国现行统计制度下数据可获得性，构建起由资源减量、循环利用、防污减排和经济发展四大类的评价指标体系（表 5-1）。

表 5-1　循环经济发展水平评价指标体系

类型	指标名称	单位	数据来源	属性
资源减量	万元 GDP 能耗（X_1）	吨标煤/万元	《中国环境统计年鉴》	负
	万元 GDP 水耗（X_2）	立方米/万元	《中国环境统计年鉴》	负
	节水灌溉面积比重（X_3）	%	《中国环境统计年鉴》	正
循环利用	工业用水重复利用率（X_4）	%	《中国统计年鉴》	正
	工业固体废物综合利用率（X_5）	%	《中国统计年鉴》	正
	工业危险固废综合利用率（X_6）	%	《中国环境统计年鉴》	正
	农村沼气每人拥有量（X_7）	标立方米/人	《中国环境统计年鉴》	正

续表

类型	指标名称	单位	数据来源	属性
防污减排	万元工业产值废水排放量（X_8）	立方米/万元	《中国统计年鉴》	负
	万元工业产值废气排放量（X_9）	标立方米/万元	《中国统计年鉴》	负
	二氧化硫排放强度（X_{10}）	千克/万元	《中国统计年鉴》	负
	化学需氧量排放强度（X_{11}）	千克/万元	《中国统计年鉴》	负
经济发展	人均地区生产总值（X_{12}）	元/人	《中国统计年鉴》	正
	人均农民纯收入（X_{13}）	元/人	《中国统计年鉴》	正
	人均城镇居民可支配收入（X_{14}）	元/人	《中国统计年鉴》	正
	第三产业增加值占 GDP 比重（X_{15}）	%	《中国统计年鉴》	正

其中，资源减量类型的指标涉及经济发展中能源消耗、水资源消耗的情况，以及农业种植领域水资源节约集约使用情况，充分反映循环经济发展的“减量化”原则；循环利用类型的指标主要包括工业固体废物、工业废水、危险固废以及农村种植养殖过程中产生的秸秆、畜禽粪便等废物资源的综合利用，体现循环经济发展的“再利用和资源化”原则；防污减排类型的指标包括工业废水、工业废气等污染物排放情况，以及 2005 年以来纳入地方政府强制性绩效考核的二氧化硫、化学需要量排放指标，这些指标基本能反映循环经济发展原则中“减量化优先”的要求。而经济发展是循环经济发展的基础性指标，一方面循环经济发展的目的是为了实现经济社会的可持续发展，另一方面经济发展也为循环经济发展提供重要支撑。因此，循环经济评价指标体系中也将地区生产总值、收入水平、第三产业发展等经济发展指标纳入其中，以全面反映循环经济发展成效。

（三）创新能力评价指标

根据创新驱动循环经济发展理论体系中创新要素模块包括知识与科技创新、资源与技术集成、产品与产业创新、文化与政策创新的内容，充分考虑 2005 年以来部分工业和科技统计口径的变化影响数据一致性和可得性等要素，构建涵盖知识与科技创新、资源与技术集成、产品与产业创新、文化与政策创新四大类共 21 个指标的创新能力评价指标体系（表 5-2）。其中，知识与科技创新类型的指标不仅包括高等学院、科研院所等知识与科技创新主体承担科技研发课题数、专家学者在国内外发表论文情况等知识创造内容，还涉及专利授权、专利产出效率以及科技成果转化等科技创新内容。资源与技术集成类型的指标包括人力资源、外商资金、金融资金、基础设施建设等资源投入，以及企业开展工业技术改造、技术引进的活动。产品与产业创新包括新产品销售情况、高技术企业发展情况、高新技术产业和第三产业发展情况。文化与政策创新类型的指标包括网络媒体和报纸媒体宣传报道情况以及政府对文化教育、科技创新的政策支持力度。

表 5-2 创新能力评价指标体系

类型	指标名称	单位	数据来源	属性
知识与科技创新	高等学校 R&D 课题数（Y_1）	个	《中国科技统计年鉴》	正
	研究与开发机构科技活动课题数（Y_2）	个	《中国科技统计年鉴》	正
	每十万人平均发表的国内外论文数（Y_3）	篇/万人	《中国科技论文统计与分析》	正
	三种专利授权数（Y_4）	个	《中国科技统计年鉴》	正
	每亿元研发经费内部支出产生的发明专利授权数（Y_5）	件/亿元	《中国科技统计年鉴》	正
	技术市场交易金额（按流向）（Y_6）	万元	《中国科技统计年鉴》	正
资源与技术集成	R&D 人员全时当量（Y_7）	人年	《中国科技统计年鉴》	正
	实际利用外商直接投资额（Y_8）	亿元	《中国统计年鉴》	正
	规模以上工业企业科技活动获得金融机构贷款额（Y_9）	万元	《中国科技统计年鉴》	正
	移动电话用户数（Y_{10}）	万户	《中国统计年鉴》	正
	规模以上工业企业技术改造的投入额（Y_{11}）	万元	《中国科技统计年鉴》	正
	规模以上工业企业国外技术引进金额（Y_{12}）	万元	《中国科技统计年鉴》	正
产品与产业创新	企业新产品产值占工业总产值比重（Y_{13}）	%	《工业企业科技活动统计年鉴》	正
	高新技术产业产值占工业总产值比重（Y_{14}）	%	《中国科技统计年鉴》《中国工业统计年鉴》	正
	高技术企业增长率（Y_{15}）	%	《中国科技统计年鉴》	正
	第三产业增加值增长率（Y_{16}）	%	《中国统计年鉴》	正
文化与政策创新	每百人平均互联网上网人数（Y_{17}）	人	《中国统计年鉴》	正
	报纸出版总印数（Y_{18}）	万份	《中国文化及相关产业统计年鉴》	正
	人均公共财政教育支出（Y_{19}）	元/人	《中国统计年鉴》	正
	国家创新基金获得资金（Y_{20}）	万元	国家科技型中小企业创新基金	正
	政府科技投入占财政支出比重（Y_{21}）	%	《中国统计年鉴》	正

三、样本确定与数据收集

2005年国务院出台《关于加快发展循环经济的若干意见》（国发〔2005〕22号），标志着我国正式开展循环经济实践工作。因此，本章以2005～2013年为研究时间段，根据构建的省域循环经济发展水平和创新能力评价指标体系的具体指标，通过查找2006～2014年的《中国统计年鉴》《中国环境统计年鉴》《中国科技统计年鉴》《中国科技论文统计与分析》《工业企业科技活动统计年鉴》《中国工业统计年鉴》《中国文化及相关产业统计年鉴》和各省市统计年鉴，以及国家科技型中小企业创新基金获取全国各省（自治区、直辖市）循环经济发展水平的15个指标数据和创新能力的21个指标数据。为消除价格因素影响，本章对地区生产总值、工业生产总值等指标的名义值均通过价格指数进行预处理，调整为以2005年为基准年的实际值。

数据收集过程中，西藏、香港、澳门和台湾在循环经济与创新评价指标体系中缺少大部分指标的原始数据，因此受数据可得性因素的制约，本书研究样本确定为除西藏、香港、澳门和台湾外的我国30个省（自治区、直辖市）。

第二节　循环经济发展评价与空间效应检验

我国循环经济发展经历了自发探索、理论推进、试点带动和全面建设四个阶段，循环经济已经成为调整优化产业结构、推进经济转型升级和建设生态文明的重要力量。但我国地域面积辽阔，各省在经济发展、产业结构、资源环境、政策支持等方面存在较大差异，地理位置相近也会导致空间溢出效应的存在。因此，有必要运用全局主成分分析方法研究近几年我国循环经济发展成效以及省域循环经济发展的差异，并采用ESDA方法深入探讨省域循环经济发展的空间集聚性和空间异质性。

一、综合评价过程与结果

根据构建的循环经济发展水平评价指标体系，将收集到的2005～2013年（共9年）除西藏、香港、澳门、台湾外的30个省（自治区、直辖市）的15个指标数据按照时间顺序排列，构成（30×15）×9的全局样本数据表，对万元GDP能耗、万元GDP水耗等6个逆向指标按照倒数形式进行正向化处理，并对全部样本数据进行Z-score标准化处理，得到标准化数据表。然后，利用多元统计分析软件 SPSS19. 0 对标准化后的数据进行 KMO 和 Bartlett 球形假设检验，查验样本是否适合全局主成分分析。结果显示（表 5-3）：变量间偏相关性的 KMO 统计量数值为 0. 864>0. 5，Bartlett 球形假设检验结果显著性水平为 0. 000<0. 01，说明样本数据适合全局主成分分析。表 5-4 为总方差解释表。

表 5-3　KMO 检验和 Bartlett 球形检验结果表

KMO 值		0. 864
Bartlett 球形检验	卡方统计值	4.402×10^3
	自由度	105
	显著性水平	0. 000

表 5-4　总方差解释表

成分	初始特征值			提取平方和载入		
	合计	方差的%	累积的%	合计	方差的%	合计的%
1	7. 822	52. 148	52. 148	7. 822	52. 148	52. 148
2	1. 818	12. 123	64. 271	1. 818	12. 123	64. 271
3	1. 245	8. 300	72. 570	1. 245	8. 300	72. 570
4	1. 067	7. 113	79. 684	1. 067	7. 113	79. 684
5	0. 696	4. 640	84. 324			
6	0. 595	3. 964	88. 288			
7	0. 501	3. 337	91. 625			
8	0. 429	2. 861	94. 486			
9	0. 332	2. 211	96. 697			
10	0. 172	1. 143	97. 840			
11	0. 114	0. 761	98. 601			
12	0. 073	0. 485	99. 086			
13	0. 063	0. 418	99. 504			
14	0. 054	0. 362	99. 866			
15	0. 020	0. 134	100. 000			

按照全局主成分分析评价步骤，以主成分特征值大于 1 为选取原则，根据累积贡献率计算结果，提取前 4 个全局主成分作为新的综合变量分别用 F_1、F_2、F_3、F_4表示，以代替原有 15 个指标，减少了 11 个指标变量，降维幅度达 73. 33%，降维效果较好。同时，前 4 个主成分累积贡献率达 79. 684%，能解释近 80% 的指标信息，也基本能满足累积贡献率大于 80% 的要求。将前 4 个主成

分进行归一化处理（单个主成分贡献率/累积贡献率），得到每个主成分对综合得分的影响权重，F_1、F_2、F_3、F_4的权重分别为0.654、0.152、0.104、0.089。从而得到省域循环经济发展综合得分与各主成分之间的关系表达式

$$F_{总} = 0.654 F_1 + 0.152 F_2 + 0.104 F_3 + 0.089 F_4 \tag{5-20}$$

根据初始因子载荷矩阵（表5-5）和4个全局主成分的特征值，可计算出各全局主成分系数矩阵，见表5-6。

表5-5 初始因子载荷矩阵

原始变量	主成分			
	F_1	F_2	F_3	F_4
ZX_1	0.811	0.369	-0.276	0.024
ZX_2	0.831	-0.131	0.246	0.008
ZX_3	0.421	-0.611	0.407	0.055
ZX_4	0.167	0.307	0.606	0.565
ZX_5	0.589	0.574	-0.036	-0.038
ZX_6	-0.081	0.686	0.327	0.039
ZX_7	-0.149	-0.127	-0.530	0.775
ZX_8	0.834	-0.352	0.097	-0.010
ZX_9	0.734	0.387	-0.221	-0.263
ZX_{10}	0.871	-0.079	-0.275	0.040
ZX_{11}	0.950	-0.123	0.090	-0.006
ZX_{12}	0.936	0.026	0.145	-0.025
ZX_{13}	0.921	0.061	-0.024	0.101
ZX_{14}	0.859	0.041	-0.079	0.214
ZX_{15}	0.733	-0.282	-0.128	-0.115

表5-6 全局主成分系数矩阵

原始变量	主成分			
	F_1	F_2	F_3	F_4
ZX_1	0.290	0.274	-0.248	0.023
ZX_2	0.297	-0.097	0.220	0.007
ZX_3	0.151	-0.453	0.365	0.053
ZX_4	0.060	0.228	0.543	0.547
ZX_5	0.211	0.426	-0.033	-0.037
ZX_6	-0.029	0.509	0.293	0.038

续表

原始变量	主成分			
	F_1	F_2	F_3	F_4
ZX_7	-0.053	-0.094	-0.475	0.750
ZX_8	0.298	-0.261	0.087	-0.010
ZX_9	0.262	0.287	-0.198	-0.255
ZX_{10}	0.311	-0.059	-0.246	0.039
ZX_{11}	0.340	-0.091	0.080	-0.006
ZX_{12}	0.335	0.020	0.130	-0.025
ZX_{13}	0.329	0.045	-0.022	0.098
ZX_{14}	0.307	0.031	-0.071	0.208
ZX_{15}	0.262	-0.209	-0.114	-0.111

根据全局主成分系数矩阵，可得出前四主成分与标准化变量之间的表达式，其中，ZX_i为指标X_i经标准化后的指标值，$i=1, 2, \cdots, 15$。

$$F_1=0.29\,ZX_1+0.297\,ZX_2+0.151\,ZX_3+0.06\,ZX_4+0.211\,ZX_5-0.029\,ZX_6-0.053\,ZX_7+0.298\,ZX_8+0.262\,ZX_9+0.311\,ZX_{10}+0.34\,ZX_{11}+0.335\,ZX_{12}+0.329\,ZX_{13}+0.307\,ZX_{14}+0.262\,ZX_{15}$$

$$F_2=0.274\,ZX_1-0.097\,ZX_2-0.453\,ZX_3+0.228\,ZX_4+0.426\,ZX_5+0.509\,ZX_6-0.094\,ZX_7-0.261\,ZX_8+0.287\,ZX_9-0.059\,ZX_{10}-0.091\,ZX_{11}+0.02\,ZX_{12}+0.045\,ZX_{13}+0.031\,ZX_{14}-0.209\,ZX_{15}$$

$$F_3=-0.248\,ZX_1+0.22\,ZX_2+0.365\,ZX_3+0.543\,ZX_4-0.033\,ZX_5+0.293\,ZX_6-0.475\,ZX_7+0.087\,ZX_8-0.198\,ZX_9-0.246\,ZX_{10}+0.08\,ZX_{11}+0.13\,ZX_{12}-0.022\,ZX_{13}-0.071\,ZX_{14}-0.114\,ZX_{15}$$

$$F_4=0.023\,ZX_1+0.007\,ZX_2+0.053\,ZX_3+0.547\,ZX_4-0.037\,ZX_5+0.038\,ZX_6+0.75\,ZX_7-0.01\,ZX_8-0.255\,ZX_9+0.039\,ZX_{10}-0.006\,ZX_{11}-0.025\,ZX_{12}+0.098\,ZX_{13}+0.208\,ZX_{14}-0.111\,ZX_{15}$$

将F_1、F_2、F_3、F_4的数值代入式（5-20）中，可计算出2005～2013年我国30个省（自治区、直辖市）循环经济发展水平的综合得分，见表5-7。

表5-7　我国省域循环经济发展水平综合得分

省(自治区、直辖市)	2005年	2006年	2007年	2008年	2009年	2010年	2011年	2012年	2013年	得分变化	排名变化	综合排名
北京	2.538	3.094	3.630	4.075	5.116	5.506	6.153	7.256	8.178	5.641	1→1	1
上海	1.500	1.786	2.242	2.610	3.189	3.832	4.458	5.179	5.794	4.295	2↓3	2
天津	0.938	1.217	1.732	2.247	2.832	3.572	4.469	5.398	6.228	5.290	3↑2	3
浙江	0.508	0.578	0.940	1.305	1.631	2.183	2.419	2.998	3.538	3.029	4→4	4

续表

省(自治区、直辖市)	2005 年	2006 年	2007 年	2008 年	2009 年	2010 年	2011 年	2012 年	2013 年	得分变化	排名变化	综合排名
广东	0.427	0.796	0.798	1.142	1.500	2.095	2.247	2.909	3.413	2.985	5→5	5
江苏	−0.159	0.094	0.518	0.961	1.311	1.766	2.012	2.577	3.162	3.321	6→6	6
山东	−0.307	0.009	0.300	0.623	0.992	1.465	1.790	2.441	2.952	3.258	7→7	7
福建	−0.415	−0.137	0.074	0.381	0.620	0.948	1.124	1.923	2.288	2.703	8→8	8
河南	−1.131	−0.972	−0.789	−0.671	−0.350	0.138	0.260	0.710	0.977	2.109	11→11	9
辽宁	−1.477	−1.327	−0.912	−0.838	−0.383	0.132	0.450	0.931	1.416	2.894	17↑9	10
海南	−1.024	−0.764	−0.475	−0.357	−0.176	0.198	−0.173	0.318	0.308	1.332	9↓21	11
黑龙江	−1.122	−0.916	−0.739	−0.396	−0.580	−0.113	0.211	0.474	0.693	1.815	10↓15	12
吉林	−1.370	−1.222	−1.001	−0.839	−0.518	−0.110	0.103	0.720	1.127	2.496	15↑10	13
安徽	−1.228	−0.981	−0.886	−0.743	−0.477	−0.140	0.016	0.391	0.749	1.977	13↓14	14
湖北	−1.168	−1.082	−0.848	−0.652	−0.455	−0.193	−0.026	0.363	0.658	1.826	12↓17	15
河北	−1.364	−1.073	−0.957	−0.744	−0.500	−0.329	−0.141	0.189	0.595	1.959	14↓18	16
重庆	−1.638	−0.964	−0.999	−0.922	−1.194	−0.694	−0.286	0.588	0.967	2.604	19↑12	17
山西	−1.418	−1.254	−1.060	−0.860	−0.688	−0.450	−0.252	0.082	0.317	1.734	16↓20	18
陕西	−1.786	−1.607	−1.300	−1.121	−0.637	−0.307	−0.023	0.346	0.677	2.462	23↑16	19
内蒙古	−1.859	−1.681	−1.222	−1.159	−0.713	−0.290	−0.239	0.513	0.809	2.668	24↑13	20
江西	−1.743	−1.409	−1.285	−1.113	−0.940	−0.472	−0.504	0.117	0.081	1.824	21↓24	21
四川	−1.480	−1.472	−1.533	−1.162	−1.273	−0.736	−0.354	0.061	0.389	1.869	18↓19	22
湖南	−1.752	−1.560	−1.446	−1.266	−0.878	−0.488	−0.436	−0.114	0.258	2.010	22→22	23
广西	−1.707	−1.635	−1.490	−1.278	−0.985	−0.690	−0.732	−0.251	0.159	1.866	20↓23	24
宁夏	−2.014	−1.926	−1.785	−1.673	−1.597	−1.319	−0.960	−0.730	−0.553	1.461	26↑25	25
甘肃	−1.866	−1.933	−1.577	−1.698	−1.621	−1.440	−1.100	−0.792	−0.622	1.244	25↓26	26
云南	−2.515	−2.032	−2.117	−1.979	−1.531	−1.189	−0.897	−1.053	−0.670	1.845	29↓27	27
贵州	−2.447	−2.465	−2.208	−2.073	−1.731	−1.486	−1.165	−0.903	−0.728	1.720	28→28	28
新疆	−2.299	−2.129	−1.944	−1.835	−1.885	−1.540	−1.656	−1.415	−1.374	0.925	27↓30	29
青海	−2.757	−2.652	−2.596	−2.502	−2.287	−1.970	−1.678	−1.421	−1.126	1.631	30↑29	30
全国平均	−1.071	−0.854	−0.631	−0.418	−0.140	0.263	0.503	0.993	1.355	2.426	—	—

注：得分变化为各省（自治区、直辖市）2013 年与2005 年循环经济发展水平的得分差值；排名变化是指各省（自治区、直辖市）2005 年循环经济发展水平的排名演变为 2013 年的排名；综合排名是根据各省（自治区、直辖市）9 年循环经济发展水平得分的平均值进行排序。

二、时序演变与地区差异

我国地域面积辽阔，根据 2011 年国家统计局的最新区域划分办法，可将我国行政区域划分为东部、东北、中部和西部地区，分别包括 10 个、3 个、6 个和 11 个省（自治区、直辖市）（表 5-8）。各省（自治区、直辖市）在经济发展水平、政策支持力度、自然生态环境、产业结构调整等方面各有差距，循环经济发展也存在较强的地区差异。根据 2005 ~ 2013 年我国省域循环经济发展水平的综合评价结果，可从时序演变和地区差异的角度分析我国循环经济的演进特征。

表 5-8　我国行政区域划分

地区	省（自治区、直辖市）
东部地区（10 个）	北京、天津、上海、河北、山东、江苏、浙江、福建、广东、海南
东北地区（3 个）	黑龙江、吉林、辽宁
中部地区（6 个）	山西、河南、湖北、安徽、湖南、江西
西部地区（11 个）	内蒙古、新疆、宁夏、陕西、甘肃、青海、重庆、四川、广西、贵州、云南

注：西藏、香港、澳门、台湾未纳入本研究范围，不在表中显示。

（一）时序演变轨迹

1. 全局层面循环经济时序演变

从表 5-7 和省域循环经济发展综合评价结果显示，自 2005 年国家层面提倡发展循环经济以来，我国各省（自治区、直辖市）循环经济发展水平均有不同程度提升，全国循环经济发展的平均水平从 2005 年的-1.071 提升至 2013 年的 1.355，反映出我国各级政府节能减排约束指标考核制度、资源综合利用税收优惠等一系列政策的实施成效，以及各工业园区、企业积极开展节能技术改造、集中供热、固体废物综合利用、污染治理设施建设、中水回用等项目的综合效果。2010 年和 2012 年全国循环经济发展水平较上一年分别增长 0.403 和 0.490，增长幅度高于其他年份，体现出 2010 年各地区为完成国家“十一五”节能减排约束性指标任务做出的努力，以及为党十八大提出“将生态文明建设放在突出位置”的战略布局提供重要基础。

根据图 5-4 显示，2005 ~ 2013 年我国东部、东北、中部和西部地区循环经济发展水平稳步上升，演变轨迹趋势基本相似，但存在一定的地区差异。地区间循环经济发展基本呈现“东部发展水平相对较高、东北和中部次之、西部发展水平相对较差”的分布形态，这与国内其他学者（如王小艳、樊元等）的研究结果基本一致，反映出东部、东北部、中部、西部地区间经济发展、地理区位、交通条件、产业结构、财政收入、生态环境等方面的差异性。东部地区经济发展和产业结构相对较好、交通条件较为便利、政府政策支持力度较大，循环经济发展水平明显高于其他地区，为推动全国循环经济发展起着模范带头作用；同时，四大地区中只有东部地区发展水平高于全国平均水平，一定程度反映出我国地区间循环经济发展差异性较强；从图 5-4 可以看出 2005 ~ 2011 年东部地区与其他地区的循环经济发展水平增长幅度基本相同，2012 年和 2013 年东部地区增长幅度明显高于其他地区，发展差距不断扩大。东北地区循环经济发展水平与全国平均水平较为接近，每年发展差距都在 0. 3 以内，发展轨迹线也基本趋同，能够代表全国循环经济发展状况。中部地区 2005～2009 年循环经济发展水平接近东北地区，但 2009 年开始与东北地区的发展差距逐步拉大，发展差异从 2009 年的−0. 14 扩大到 2013 年的−0. 57。西部地区经济社会发展的基础较为薄弱，生态环境相对脆弱，循环经济发展水平相对较低。但从演变趋势来看，西部地区与东北、中部地区循环经济发展差异基本处于稳定状态，发展差距并未拉大，与全国平均水平差距维持在−1. 55～−1. 3，与中部地区发展差距有所减少。

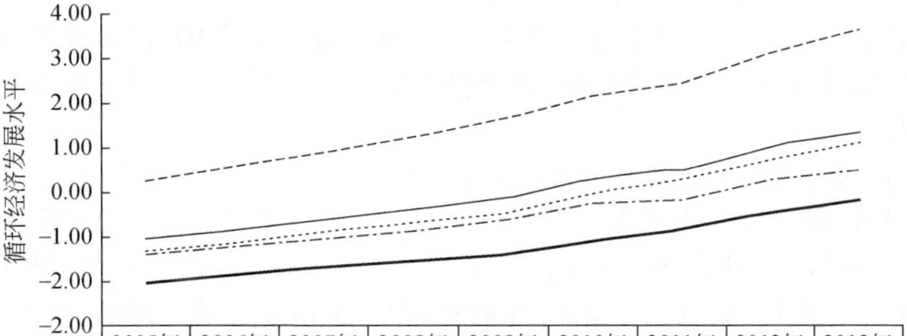

	2005年	2006年	2007年	2008年	2009年	2010年	2011年	2012年	2013年
—— 全国平均	−1.07	−0.85	−0.63	−0.42	−0.14	0.26	0.50	0.99	1.36
- - - - 东部地区	0.26	0.56	0.88	1.22	1.65	2.12	2.44	3.12	3.65
······ 东北地区	−1.32	−1.16	−0.88	−0.69	−0.49	−0.03	0.25	0.71	1.08
-·-·- 中部地区	−1.41	−1.21	−1.05	−0.88	−0.63	−0.27	−0.16	0.26	0.51
—— 西部地区	−2.03	−1.86	−1.71	−1.58	−1.40	−1.06	−0.83	−0.46	−0.19

图 5-4　全国与四大地区循环经济发展趋势图

2. *省域层面循环经济时序演变*

在省域层面，评价期内全国 30 个省（自治区、直辖市）循环经济发展水平均有不同程度的提升。从得分变化上看，北京、天津、上海、浙江、江苏和广东等省（自治区、直辖市）循环经济发展相对较快，2013 年与 2005 年相比得分提高 3 以上，北京、天津和上海循环经济快速发展，得分分别提高了 5. 644、5. 29 和 4. 294；海南、宁夏、甘肃和新疆循环经济发展相对较慢，得分提高幅度在 1. 5 以下，新疆循环经济发展最慢，得分仅提高 0. 925。从排名上看，北京、上海、天津、浙江、广东、江苏、山东、福建稳定位居前 8 名，且均为东部地区省（自治区、直辖市）；综合排名后 8 位的湖南、广西、宁夏、甘肃、云南、贵州、新疆、青海排名变化不大、相对稳定，除湖南属于中部地区外，其余省（自治区、直辖市）都位于西部地区，一定程度上反映出东西部地区循环经济发展差异；排名 9～22 的省（自治区、直辖市）变化相对较为复杂。排名变动幅度上，大部分省（自治区、直辖市）2013 年与 2005 年相比排名上下浮动在 3 及以内；内蒙古、辽宁、重庆、陕西、吉林排名上升幅度较大，分别提高了 11、8、7、7、5 个位次；海南、黑龙江、湖北、河北、山西排名下降幅度较大，分别下降 12、5、5、4、4 个位次。

（二）地区差异分析

通过表 5-7 和图 5-4 分析我国省域循环经济的时序演变轨迹，可以得出我国东部、东北、中部和西部地区之间循环经济存在明显的差异性，但不能量化表示 2005～2013 年地区差异的演变轨迹以及差异性大小。因此，采用变异系数和泰尔指数法深入分析地区差异。因经全局主成分分析评价得出的综合得分有部分数值为负，因此将所有数据按照极值标准化法进行处理，为分析地区差异提高数据支撑。

1. 基于变异系数的地区差异分析

根据式（5-9）依次计算全国、东部、东北、中部、西部地区循环经济发展的变异系数。根据图 5-5 显示，总体上我国循环经济发展差异呈不断扩大趋势，从 2005 年的 0.726 上升到 2013 年的 0.821。分阶段上看，2005～2007 年发展差异有小幅缩减；2007～2011 年差异程度不断上升，2011 年变异系数达到最大值（0.856）；2011～2013 年差异程度小幅下降。

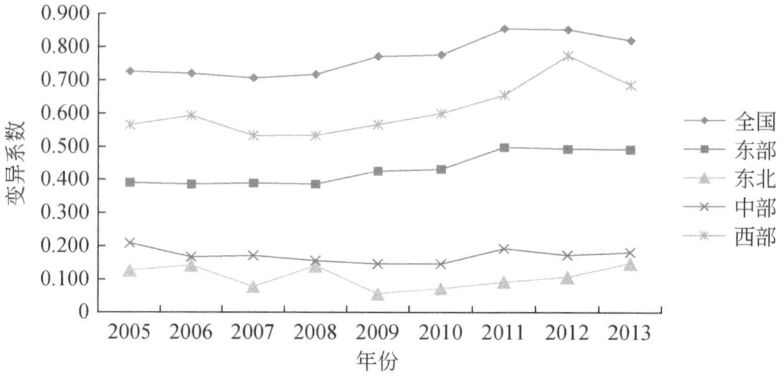

图 5-5　全国及四大地区循环经济发展水平的变异系数时序变化趋势图

四大地区内发展差异上，西部地区循环经济变异系数最大，平均值达 0.613，且差异程度不断扩大，说明西部地区在循环经济发展水平最低的情况下，也存在着地区内省域间发展不平衡加剧的情况。东部地区循环经济发展的相对差异位列第二，平均值达 0.432，2005～2008 年和 2011～2013 年两个时间段变异系数基本处于平稳状态，仅在 2008～2011 年有小幅增长，反映东部地区在省域间循环经济发展具有一定差异的情况下，基本能够维持均衡发展态势。中部地区循环经济发展差异相对较小，基本在 0.14～0.2 徘徊。东北地区循环经济发展差异最小，平均值为 0.107，变动曲线呈无规律波动态势。

2. 基于泰尔系数的地区差异分析

根据式（5-10）计算出全国泰尔指数（T）并分解为组内差异（T_w）和组间差异（T_b）。

对比图 5-5 和图 5-6，发现 2005～2011 年全国循环经济发展差异的变异系数和泰尔指数变化趋势基本相同，但 2011～2013 年的变化趋势有些不同：泰尔指数在 2012 年继续上升并达到最大值（0.568），而变异系数在 2011 年达到最大值，2012 年开始有小幅下降；同时，2013 年的泰尔指数大幅下降，接近 2005 年的差异水平，而变异系数在 2013 年只有小幅下降。

根据泰尔指数组内差异和组间差异的分解（图 5-6 和表 5-9），从变化差异的贡献情况来看，除 2009 年外，组内差异贡献率均略高于组间差异贡献率，组内差异贡献率在 2012 年达到最大值，比组间差异贡献率高 25.334%；而组间差异在 2009 年达到最大值，但仅比组内差异高 1.456%。从演变趋势图上看，组内差异（T_w）的演变趋势与全国泰尔系数走势基本一致，在 2010～2012 年有明显上升趋势，2012～2013 年明显下降。组间差异（T_b）的演变趋势图较为平稳，沿着 0.2 的差异系数上下波动。总体看来，2005～2013 年我国循环经济发展的地区差异变化不大，但区间内波动幅度较大，主要体现在 2010～2013 年的时间段上，波动幅度较大的原因在于四个地区内部的发展差异；在总差异的贡献率上，四个地区内部差异和地区间差异对循环经济发展总差异都有较高贡献，地区内部的发展差异略高于地区间的发展差异。

图 5-6　我国地区循环经济组内差异和组间差异泰尔指数变化趋势图

表 5-9　我国地区循环经济组内差异与组间差异的泰尔指数及贡献率

年份	泰尔指数（T）	组内差异（T_w）	组间差异（T_b）	组内差异贡献率（%）	组间差异贡献率（%）
2005	0.378	0.202	0.176	53.372	46.628
2006	0.373	0.202	0.171	54.089	45.911
2007	0.351	0.188	0.162	53.721	46.279
2008	0.358	0.187	0.171	52.312	47.688
2009	0.381	0.188	0.194	49.272	50.728
2010	0.394	0.199	0.195	50.475	49.525
2011	0.506	0.288	0.217	57.026	42.974
2012	0.568	0.356	0.212	62.667	37.333
2013	0.428	0.240	0.188	56.148	43.852

三、空间格局演变

以我国省域循环经济发展的综合评价得分（表 5-7）为数据来源，选取 2005 年、2009 年、2013 年和评价期平均得分为观测值，应用 ArcGIS 和 Geode 软件，采用四分位分类法将 30 个省（自治区、直辖市）分为四个梯队，分别以发展水平最高、较高、较低、最低的次序排列，并在地图中进行可视化标示，以揭示我国省域循环经济发展的空间格局演变态势。

（一）省域循环经济的空间分布

根据图 5-7 显示，2005 年我国省域循环经济第一梯队集中分布于东部沿海地区，形成领先型循环经济发展带；第二梯队的空间分布较为集中于东北板块和“冀-豫-鄂-皖”区域，海南的区位分布相对独立；第三梯队除辽宁分布较为独立外，其余省（自治区、直辖市）形成“晋-陕-川-渝-湘-赣-桂”的 Z 字形发展区；第四梯队的空间分布集中位于我国西部地区，形成“内蒙古-甘-宁-青-新”和“云-贵”两个区域。总体上看，2005 年我国循环经济发展初步形成空间集聚特性，除海南和辽宁相对独立外，其余 28 个省（自治区、直辖市）的空间分布都位于集聚区或集聚带上。

根据图 5-8 显示，2009 年我国省域循环经济发展的空间集聚效应更为明显。第一梯队没有变化，依然集中分布于东部沿海的领先型经济带；第二梯队中海南的分布依旧较为独立，其余省（自治区、直辖市）通过河北这一桥梁将东北板块和中部板块连接在一起，形成“吉-辽-冀-豫-鄂-皖”集聚带；第三梯队的空

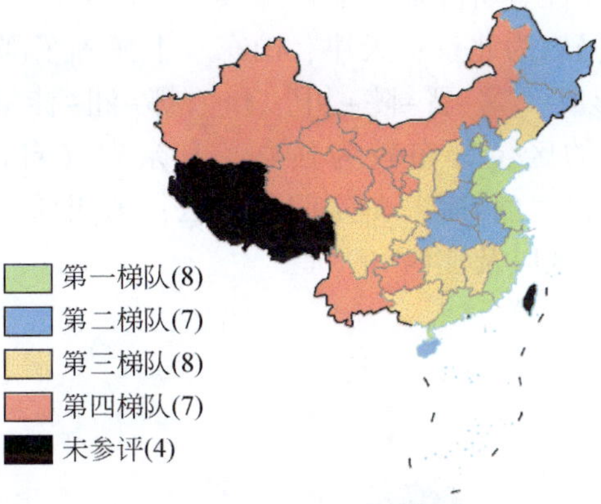

图 5-7　2005 年我国省域循环经济发展水平空间分布图（编号：8042056540）

间分布格局与 2005 年有些变化，内蒙古和辽宁分别由第四、第三梯队上升到第三、第二梯队，黑龙江和四川分别由第二、第三梯队滑落至第三、第四梯队，第三梯队的空间分布通过重庆连接南北两大区域，形成“黑-蒙-晋-陕-渝-湘-赣-桂”的空间集聚区；因内蒙古晋升到第三梯队、四川滑落至第四梯队，使得第四梯队的空间分布更加集聚，形成“新-青-甘-宁-川-云-桂”集聚区域。总体上看，2009 年我国省域循环经济空间格局较 2005 年相比集聚性更加显著，除海南较为独立外，其余省（自治区、直辖市）均分布于空间集聚带或集聚区中。

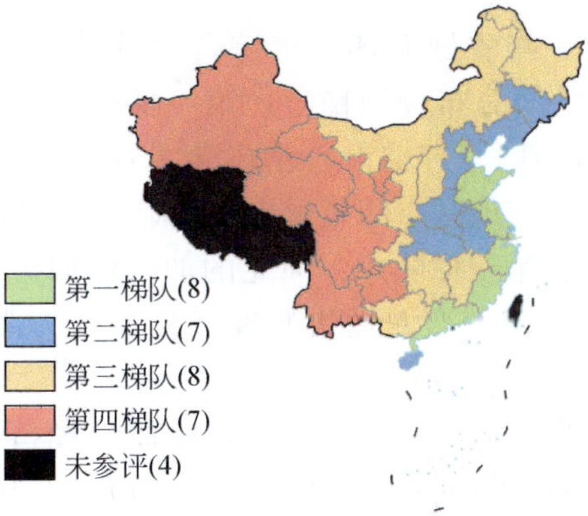

图 5-8　2009 年我国省域循环经济发展水平空间分布图（编号：8042067026）

根据图 5-9 显示，2013 年我国省域循环经济空间分布中第二梯队和第三梯队的变化较大。2009 年位于第三梯队的黑龙江、内蒙古、重庆上升至第二梯队；位于第三梯队的江西滑落至第四梯队；位于第二梯队的河北、湖北、海南滑落至第三梯队；位于第四梯队的四川上升至第三梯队。由此形成的空间分布格局较为复杂，空间分布的集聚性有所降低，但依然具有空间集聚性的特点。第一梯队的空间分布没有变化，仍然为北京、天津、山东、上海等东部沿海省（自治区、直辖市）；第三第梯队形成“冀–晋–陕–川”和“鄂–湘–桂–琼”的人字形分布格局；第二梯队中重庆的区位分布较为独立，其余省（自治区、直辖市）形成“东北三省+内蒙古”和“豫+皖”的空间集聚区；第四梯队分布于“新–青–甘–宁”和“云–贵”集聚区以及江西。

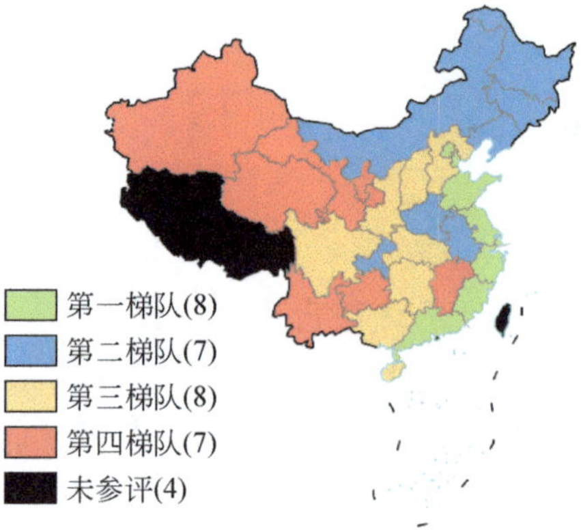

图 5-9　2013 年我国省域循环经济发展水平空间分布图（编号：8042077785）

（二）省域循环经济空间格局演变

对比 2005 年和 2013 年省域循环经济综合得分的空间分布格局，大部分省（自治区、直辖市）的空间分布较为稳定。第一梯队的空间分布没有任何变化；位于第四梯队的省（自治区、直辖市）由内蒙古演变为江西；第二梯队中，内蒙古和辽宁的加入使得东北地区空间集聚更加突显，而河北的淡出切断了第二梯队与河南、安徽的连接；第三梯队中，河北的加入更加突显了“冀–晋–陕–川”的空间集聚性，而连接湖南和广西板块的省（自治区、直辖市）由重庆演变为湖北。

综合 2005 年、2009 年和 2013 年我国省域循环经济空间梯队格局（表 5-10），空间分布具有演变特性的省（自治区、直辖市）共 9 个，占总数 30%，包括东部地区的河北、海南，东北地区的辽宁、黑龙江，中部地区的湖北、江西以及西部地区的内蒙古、四川、重庆。其中，内蒙古的演变轨迹最为突出，随着循环经济发展水平的不断提高，逐渐从第四梯队上升到了第二梯队；辽宁和重庆循环经济发展水平分别在不同时间段提高，空间格局演变趋势不断转好，由第三梯队上升至第二梯队；四川的总体演变趋势较为稳定，在循环经济发展中期有所起伏；湖北、海南和河北三省的循环经济空间演变轨迹基本相同，都由 2005 年和

2009 年的第二梯队下降到 2013 年的第三梯队；而江西由 2005 年和 2009 年的第三梯队下降到 2013 年的第四梯队。

表 5-10　省域循环经济空间格局演变轨迹

省份	演变轨迹	省份	演变轨迹
内蒙古	4—3—2	湖北	2—2—3
辽宁	3—2—2	海南	2—2—3
重庆	3—3—2	河北	2—2—3
黑龙江	2—3—2	江西	3—3—4
四川	3—4—3		

注：数字为所属梯队的序号。

总而言之，无论部分省份循环经济空间格局演变趋势如何，2005 年、2009 年和 2013 年我国省域循环经济空间分布都呈现出较强的空间集聚性，从空间分布图上可以看出 2009 年的空间集聚性比 2005 年和 2013 年更为显著。同时，从我国省域循环经济发展综合得分平均值的空间分布图（图 5-10）中，也可以看出省域循环经济空间分布呈现较强的集聚现象。因此，有必要从空间数据分析的角度入手，深入研究我国省域循环经济发展的空间效应。

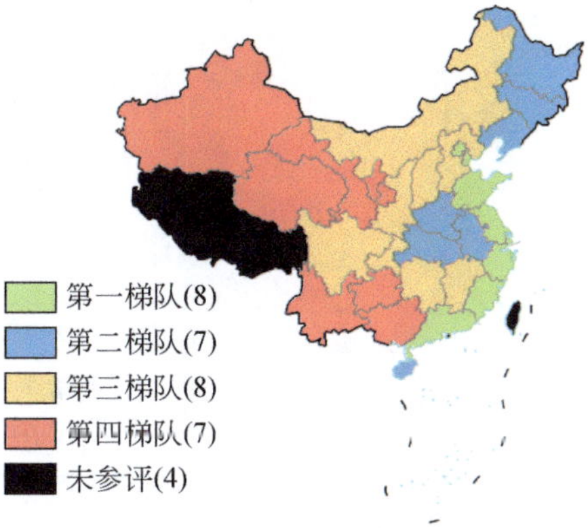

图 5-10　我国省域循环经济发展综合得分平均水平的空间分布图（编号：8042090018）

四、空间效应检验

通过 2005～2013 年我国省域循环经济发展空间分布图的可视化描述，发现省域循环经济发展具有一定的空间集聚性，且 2009 年的空间集聚性比 2005 年和 2013 年更为明显。为深入研究省域循环经济空间效应的变化轨迹，采用全局空间自相关和局域空间自相关及其检验的方法探索空间效应强弱。

（一）全局空间自相关检验

根据式（5-12）和式（5-13）Moran's *I* 的计算方法和检验方法，采用的一阶 rook 邻接矩阵，利用 Geode 软件得出 2005～2013 年我国循环经济发展空间相关的 Moran's *I* 值及其正态统计量（表 5-11）。表 5-11 列出 2005～2013 年我国循环经济发展综合得分的 Moran's *I* 情况，其中 *E*（Moran's *I*）为 999 次空间随机模式下 Moran's I 期望，Std（Moran's *I*）为 999 次空间随机模式下的 Moran's *I* 的标准差。在 9 年的评价期中，我国循环经济发展的 Moran's *I* 值都大于 0.45，且正态统计量 *Z* 值远大于正态分布函数在置信水平为 1% 下的临界值 1.96，说明 2005～2013 年我国循环经济发展呈现出显著的正的空间自相关性，即循环经济发展水平较高的省（自治区、直辖市），其周边省（自治区、直辖市）发展水平也较高；循环经济发展水平较低的省（自治区、直辖市），其周边省（自治区、直辖市）发展水平也较低。

表 5-11　我国循环经济空间相关性 Moran's *I* 及检验

年份	Moran's *I*	*E*（Moran's *I*）	Std（Moran's *I*）	*Z* 值
2005	0.471	−0.0345	0.1194	4.194
2006	0.482		0.1145	4.493
2007	0.490		0.1113	4.710
2008	0.505		0.1165	4.567
2009	0.503		0.1128	4.758
2010	0.493		0.1128	4.734
2011	0.476		0.1095	4.647
2012	0.468		0.1075	4.704
2013	0.469		0.1096	4.569

将评价期内我国循环经济发展的 Moran's *I* 画成发展趋势图（图 5-11），可以发现 2005～2008 年 Moran's *I* 值不断上升，循环经济发展的正空间相关性不断增强，并在 2008 年达到最大值 0.505；2008～2012 年 Moran's *I* 值不断下降，到 2012 年达到最小值 0.468，基本相当于 2005 年的水平；2012～2013 年又有小幅上升。省域循环经济空间自相关性或空间依赖性的存在，一定程度上反映了传统计量经济学将样本作为独立个体的假设容易造成结果有所误差，一个省域循环经济发展不仅受到自身经济水平、资源环境、产业结构、人口压力等因素影响，还会受周边省（自治区、直辖市）资源能源利用效率、污染治理能力、经济社会

发展等要素的影响，选取空间计量模型分析省域循环经济发展问题具有较好的解释性。

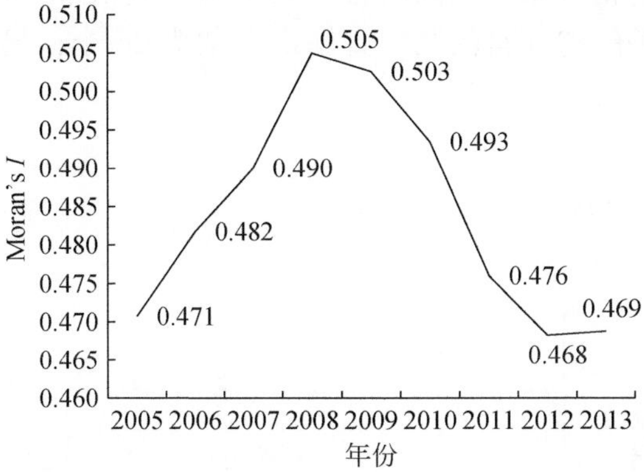

图 5-11　我国循环经济发展水平的 Moran' s *I* 发展趋势图

（二）局域 Moran's *I* 散点图分析

虽然全局 Moran' s *I* 揭示了我国循环经济发展呈现显著的空间集聚性，但不能表明各个省（自治区、直辖市）与其周边邻近省（自治区、直辖市）之间的空间关联关系，因此需要结合局部空间自相关指数来进行验证。局域空间自相关检验方法主要采用 Moran's *I* 散点图进行分析。

根据 Moran's *I* 散点图的四个象限将省域循环经济发展水平的综合得分空间集聚模式划分成四类：位于第一象限是高-高区（HH 型），表示循环经济发展相对较好的省（自治区、直辖市）被循环经济发展的相对较好的省（自治区、直辖市）包围；位于第二象限是低-高区（LH 型），表示循环经济发展相对较差的省（自治区、直辖市）被循环经济发展的相对较好的省（自治区、直辖市）包围；位于第三象限是低-低区（LL 型），表示循环经济发展相对较差的省（自治区、直辖市）被循环经济发展相对较差的省（自治区、直辖市）包围；位于第四象限是高-低区（HL 型），表示循环经济发展相对较好的省（自治区、直辖市）被循环经济发展相对较差的省（自治区、直辖市）包围，其中 HH 型和 LL 型表明是相似观测值的正的空间相关，LH 型和 HL 型则表明是不同的观测值的负的空间相关。

图 5-12 ~ 图 5-14 分别展示 2005 年、2009 年和 2013 年省域循环经济发展指数的 Moran's *I* 散点图。通过 Moran's *I* 散点图的象限分布情况，可以发现大多数省（自治区、直辖市）都落入第一、第三象限。其中，2005 年落入第一象限的省（自治区、直辖市）有 8 个，落入第三象限的省（自治区、直辖市）有 18

个，省域循环经济发展呈空间正相关的省（自治区、直辖市）占总数的86.67%，局部空间集聚性明显。2009年和2013年落入第一象限的省（自治区、直辖市）均为7个，落入第三象限的省（自治区、直辖市）均为19个，省域循环经济发展呈正相关的省（自治区、直辖市）数为26个，局部空间集聚性依然很明显。

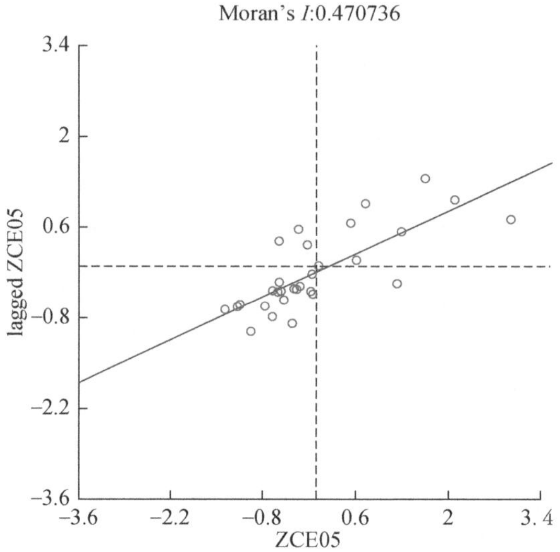

图5-12　2005年我国省域循环经济发展的Moran's I 散点图

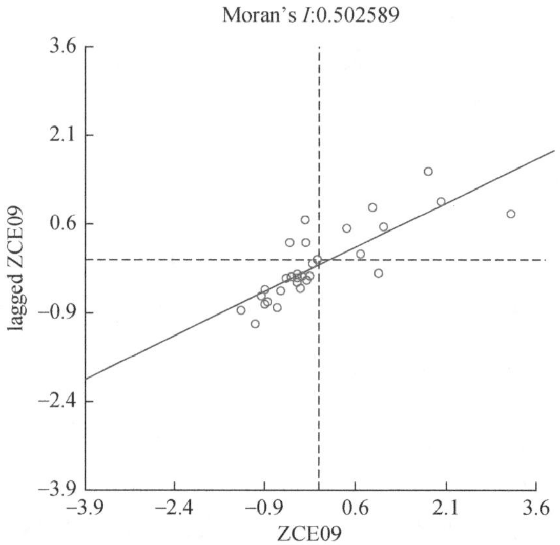

图5-13　2009年我国省域循环经济发展的Moran's I 散点图

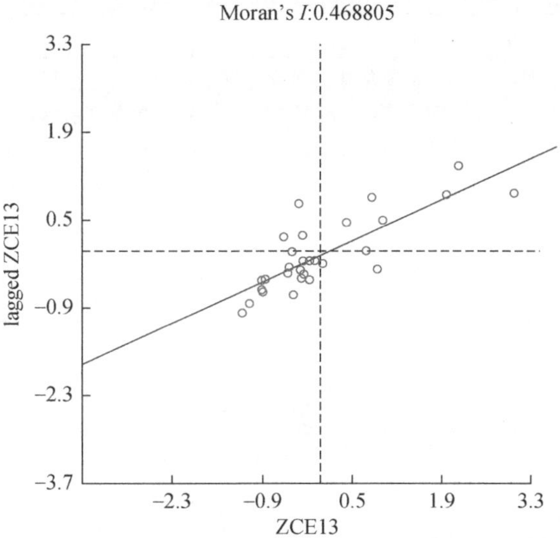

图 5-14　2013 年我国省域循环经济发展的 Moran's *I* 散点图

通过省域循环经济发展的 Moran's *I* 散点图年际变化表（表 5-12），可以发现只有海南在 2005～2009 年由高-高区向低-低区转移，其余省份的象限分布都没有任何变化，循环经济发展表现出高度的路径依赖性。2013 年，位于高-高区的省（自治区、直辖市）有北京、天津、上海、江苏、浙江、福建和山东 7 个，位于低-低区的省（自治区、直辖市）有黑龙江、河南、湖北、吉林、山西、辽宁、四川、重庆、广西、湖南、陕西、内蒙古、甘肃、宁夏、新疆、贵州、云南、青海、海南，这些省（自治区、直辖市）都体现出正的空间相关性。位于低-高区的省（自治区、直辖市）有河北、江西和安徽，这 3 个省（自治区、直辖市）相对于周边省（自治区、直辖市）而言，循环经济发展水平较低；位于高-低区的省（自治区、直辖市）只有广东，相对于周边省（自治区、直辖市）其循环经济发展水平较高。

表 5-12　我国省域循环经济发展的 Moran's *I* 散点图年际变化表

象限	2005 年	2009 年	2013 年
高-高区	北京、天津、上海、江苏、浙江、福建、山东、海南	北京、天津、上海、江苏、浙江、福建、山东	北京、天津、上海、江苏、浙江、福建、山东
低-高区	河北、江西、安徽	河北、江西、安徽	河北、江西、安徽

续表

象限	2005 年	2009 年	2013 年
低-低区	黑龙江、河南、湖北、吉林、山西、辽宁、四川、重庆、广西、湖南、陕西、内蒙古、甘肃、宁夏、新疆、贵州、云南、青海	黑龙江、河南、湖北、吉林、山西、辽宁、四川、重庆、广西、湖南、陕西、内蒙古、甘肃、宁夏、新疆、贵州、云南、青海、海南	黑龙江、河南、湖北、吉林、山西、辽宁、四川、重庆、广西、湖南、陕西、内蒙古、甘肃、宁夏、新疆、贵州、云南、青海、海南
高-低区	广东	广东	广东

第三节　创新能力评价

一、综合评价过程与结果

根据构建起的省域创新能力评价指标体系（表 5-2），将收集到的 2005 ~ 2013 年除西藏、香港、澳门、台湾外的 30 个省（自治区、直辖市）的 21 个指标数据按照时间顺序排列，构成（30×21）×9 的全局样本数据表，并对样本数据进行 *Z*-score 标准化处理。将标准化处理后的数据进行 KMO 和 Bartlett 球形假设检验，结果显示变量间偏相关性的 KMO 统计量数值为 0. 876>0. 5，Bartlett 球形假设检验结果显著性水平为 0. 000<0. 01，说明样本数据适合做全局因子分析。

按照特征值大于 1 的选取原则，从方差分解因子提取分析表（表 5-13）可知：前 4 个因子特征值都大于 1，并能够解释 75% 以上的指标信息，能较为充分地反映原始数据的大部分信息，解释效果较好；同时，用四个因子代替原有 21 个指标，减少了 17 个指标变量，降维幅度达 80. 95%，降维效果较好。因此提取前四个因子作为新的综合变量，分别用 F_1、F_2、F_3、F_4 表示。

表 5-13　省域创新能力方差分解因子提取分析表

成分	初始特征值			提取平方和载入			旋转载荷		
	合计	方差的%	累积的%	合计	方差的%	累积的%	合计	方差的%	累积的%
1	9. 291	44. 243	44. 243	9. 291	44. 243	44. 243	4. 973	23. 679	23. 679
2	3. 078	14. 657	58. 900	3. 078	14. 657	58. 900	4. 917	23. 417	47. 095
3	2. 480	11. 809	70. 709	2. 480	11. 809	70. 709	3. 789	18. 041	65. 136
4	1. 027	4. 890	75. 598	1. 027	4. 890	75. 598	2. 197	10. 462	75. 598
5	0. 933	4. 442	80. 040						

续表

成分	初始特征值			提取平方和载入			旋转载荷		
	合计	方差的%	累积的%	合计	方差的%	累积的%	合计	方差的%	累积的%
6	0.814	3.877	83.917						
7	0.715	3.405	87.322						
8	0.601	2.860	90.182						
9	0.427	2.034	92.216						
10	0.297	1.412	93.629						
11	0.247	1.178	94.807						
12	0.208	0.989	95.796						
13	0.206	0.980	96.775						
14	0.177	0.845	97.620						
15	0.135	0.645	98.265						
16	0.109	0.518	98.783						
17	0.079	0.378	99.161						
18	0.061	0.291	99.452						
19	0.057	0.272	99.724						
20	0.039	0.184	99.908						
21	0.019	0.092	100.000						

为更有效地提取并方便解释因子，便于更好对各创新因子进行命名，因此对载荷矩阵方差最大化正交旋转[347]，以降低省域创新能力各因子的载荷，并得到创新能力因子载荷矩阵（表5-14）。

表5-14　省域创新能力正交旋转后因子载荷矩阵

原始变量	因子			
	F_1	F_2	F_3	F_4
ZY_1	0.590	0.648	0.293	0.195
ZY_2	0.075	0.951	0.099	0.141
ZY_3	-0.036	0.924	0.223	0.259
ZY_4	0.164	0.942	0.155	0.075
ZY_5	0.388	0.597	0.168	0.512
ZY_6	0.327	0.735	0.393	0.230
ZY_7	0.818	0.342	0.200	0.217
ZY_8	0.833	0.155	0.010	0.328

续表

原始变量	因子			
	F_1	F_2	F_3	F_4
ZY_9	0.588	0.126	-0.506	0.076
ZY_{10}	0.861	0.018	0.245	-0.008
ZY_{11}	0.876	0.060	-0.013	-0.077
ZY_{12}	0.643	0.172	-0.003	0.558
ZY_{13}	0.080	0.328	0.096	0.748
ZY_{14}	0.337	0.531	-0.035	0.645
ZY_{15}	0.127	-0.019	0.100	-0.343
ZY_{16}	-0.214	-0.086	-0.360	0.387
ZY_{17}	0.335	0.318	0.792	0.228
ZY_{18}	-0.131	-0.345	-0.587	-0.022
ZY_{19}	0.053	0.344	0.813	0.123
ZY_{20}	0.599	0.168	0.617	0.147
ZY_{21}	0.087	0.035	0.774	0.220

注：旋转方法为方差最大化正交旋转（经5次迭代）。

从正交旋转后因子载荷矩阵（表5-14）可以看出，第一个因子 F_1 在R&D人员全时当量（ZY_7）、实际利用外商直接投资额（ZY_8）、规模以上工业企业科技活动获得金融机构贷款额（ZY_9）、移动电话用户数（ZY_{10}）、规模以上工业企业技术改造投入额（ZY_{11}）、规模以上工业企业国外技术引进金额（ZY_{12}）6个指标上载荷较高，这些指标主要反映人力、资金、信息等资源投入和工业企业技术改造、技术引进力度，因此将其命名为“资源与技术集成因子”。

第二个因子 F_2 在高等学院R&D课题数（ZY_1）、研究与开发机构科技活动课题数（ZY_2）、每十万人平均发表的国内外论文数（ZY_3）、三种专利授权数（ZY_4）、每亿元研发经费内部支出产生的发明专利授权数（ZY_5）、技术市场交易金额（按流向）（ZY_6）6个指标上载荷较高，这些指标主要解释知识创造和科技研发课题投入、成果产出、成果扩散等信息，因此将其命名为“知识与科技创新因子”。

第三个因子 F_3 在每百人平均互联网上网人数（ZY_{17}）、报纸出版总印数（ZY_{18}）、人均公共财政教育支出（ZY_{19}）、国家创新基金获得资金（ZY_{20}）、政府科技投入占财政支出比重（ZY_{21}）5个指标上载荷较高，这些指标一方面反映文化交流传播的报纸渠道和网络渠道的规模，另一方面反映政府对教育、科技的财政资金投入以及对科技企业创新行为的政策扶持力度，因此将其命名为“文化与政策创新因子”。

第四个因子在企业新产品产值占工业总产值比重（ZY_{13}）、高新技术产业产值占工业总产值比重（ZY_{14}）、高技术企业增长率（ZY_{15}）、第三产业增加值增长率（ZY_{16}）4个指标上载荷较高，主要解释新产品销售、高新技术企业和产业发展、第三产业增长等信息，因此将其命名为“产品与产业创新因子”。

根据正交旋转后的因子载荷矩阵，运用SPSS软件中的“factor—>score—>regression”因子分析回归法计算求得F_1、F_2、F_3、F_4 4个因子的得分；将前4个因子进行归一化处理，得到每个因子对综合得分的影响权重：F_1、F_2、F_3、F_4的权重分别为0.3132、0.3098、0.2386、0.1384，以每个因子的权重和得分可得到省域创新能力综合得分的计算公式：

$$F_{总} = 0.3132\,F_1 + 0.3098\,F_2 + 0.2386\,F_3 + 0.1384\,F_4 \tag{5-21}$$

式中，$F_{总}$为省域创新能力的综合得分，F_1、F_2、F_3、F_4分别为资源与技术集成因子、知识与科技创新因子、文化与政策创新因子、产品与产业创新因子的得分，见附录A。把四个因子得分代入式（5-21），可计算出2005～2013年我国30个省（自治区、直辖市）创新能力的综合得分，见表5-15。

表5-15　我国省域创新能力综合得分

省(自治区、直辖市)	2005年	2006年	2007年	2008年	2009年	2010年	2011年	2012年	2013年	得分变化	排名变化	综合排名
北京	0.567	0.843	1.101	1.255	1.343	1.531	1.714	1.948	2.183	1.616	1→1	1
上海	0.157	0.302	0.474	0.707	0.916	1.055	1.124	1.251	1.380	1.223	2↓4	2
江苏	−0.015	0.218	0.347	0.591	0.771	0.962	1.179	1.493	1.762	1.777	5↑2	3
广东	0.074	0.207	0.393	0.614	0.785	0.976	1.078	1.275	1.396	1.322	3→3	4
浙江	−0.003	0.066	0.197	0.334	0.490	0.660	0.764	0.875	1.049	1.052	4↓5	5
山东	−0.260	−0.029	0.022	0.171	0.292	0.380	0.508	0.642	0.773	1.034	7↑6	6
天津	−0.259	−0.110	0.016	0.126	0.187	0.304	0.339	0.456	0.577	0.836	6↓8	7
辽宁	−0.271	−0.131	−0.072	0.070	0.163	0.247	0.363	0.567	0.598	0.868	8↑7	8
湖北	−0.365	−0.271	−0.221	−0.062	0.053	0.179	0.272	0.359	0.475	0.840	11↑9	9
四川	−0.348	−0.321	−0.207	−0.148	−0.022	0.150	0.235	0.346	0.471	0.819	9↓10	10
福建	−0.359	−0.341	−0.220	−0.095	−0.077	0.086	0.198	0.312	0.415	0.774	10↓11	11
湖南	−0.518	−0.325	−0.288	−0.211	−0.068	0.123	0.208	0.297	0.404	0.922	17↑12	12
陕西	−0.518	−0.352	−0.295	−0.192	−0.089	0.070	0.147	0.297	0.402	0.920	16↑13	13
河北	−0.509	−0.399	−0.327	−0.167	−0.117	−0.054	0.082	0.141	0.214	0.722	15↓16	14
安徽	−0.438	−0.465	−0.369	−0.245	−0.190	−0.075	0.018	0.198	0.329	0.767	13↓14	15

续表

省(自治区、直辖市)	2005 年	2006 年	2007 年	2008 年	2009 年	2010 年	2011 年	2012 年	2013 年	得分变化	排名变化	综合排名
河南	-0. 542	-0. 425	-0. 331	-0. 217	-0. 181	-0. 073	-0. 004	0. 135	0. 241	0. 784	21↑15	16
黑龙江	-0. 374	-0. 372	-0. 328	-0. 236	-0. 209	-0. 115	-0. 057	0. 040	0. 127	0. 501	12↓18	17
吉林	-0. 443	-0. 410	-0. 352	-0. 275	-0. 195	-0. 116	-0. 046	0. 048	0. 111	0. 555	14↓19	18
重庆	-0. 545	-0. 400	-0. 364	-0. 297	-0. 268	-0. 129	-0. 010	0. 065	0. 205	0. 750	22↑17	19
山西	-0. 538	-0. 422	-0. 386	-0. 294	-0. 228	-0. 192	-0. 123	-0. 040	0. 083	0. 622	20↑20	20
江西	-0. 533	-0. 433	-0. 376	-0. 335	-0. 311	-0. 256	-0. 199	-0. 108	-0. 025	0. 508	19↓22	21
新疆	-0. 524	-0. 557	-0. 486	-0. 342	-0. 315	-0. 261	-0. 226	-0. 120	-0. 030	0. 493	18↓23	22
广西	-0. 554	-0. 499	-0. 483	-0. 384	-0. 363	-0. 233	-0. 204	-0. 120	-0. 053	0. 500	24↓26	23
内蒙古	-0. 605	-0. 541	-0. 467	-0. 406	-0. 347	-0. 261	-0. 179	-0. 128	0. 006	0. 611	29↑21	24
云南	-0. 548	-0. 466	-0. 440	-0. 418	-0. 406	-0. 286	-0. 216	-0. 120	-0. 053	0. 495	23↓25	25
甘肃	-0. 599	-0. 536	-0. 492	-0. 436	-0. 403	-0. 295	-0. 285	-0. 214	-0. 066	0. 533	27→27	26
海南	-0. 593	-0. 584	-0. 596	-0. 535	-0. 483	-0. 420	-0. 220	-0. 126	-0. 047	0. 546	25↑24	27
宁夏	-0. 594	-0. 564	-0. 500	-0. 515	-0. 425	-0. 408	-0. 298	-0. 283	-0. 222	0. 372	26↓29	28
贵州	-0. 703	-0. 578	-0. 582	-0. 492	-0. 442	-0. 344	-0. 332	-0. 211	-0. 129	0. 574	30↑28	29
青海	-0. 604	-0. 619	-0. 590	-0. 512	-0. 445	-0. 424	-0. 330	-0. 257	-0. 246	0. 358	28↓30	30
全国平均	-0. 379	-0. 284	-0. 207	-0. 098	-0. 019	0. 093	0. 183	0. 301	0. 411	0. 790	—	—

注：得分变化为各省（自治区、直辖市）2013 年与 2005 年创新能力的得分差值；排名变化是指各省（自治区、直辖市）2005 年创新能力的排名演变为 2013 年的排名；综合排名是根据各省（自治区、直辖市）9 年创新能力得分的平均值进行排序。

二、时序演变轨迹

（一）全局层面创新能力的时序演变

通过我国省域创新能力综合评价得分（表 5-15），可以看出 2005～2013 年我国各省创新能力均有不同程度提升，全国平均水平从 2005 年的-0. 379 提升到 2013 年的 0. 411，提高幅度达 0. 79，反映出我国通过加强科技人才培养、优化创新环境、建设创新型省市等手段，不断提高了各省（自治区、直辖市）的原始创新、集成创新和引进消化吸收再创新能力，为经济社会发展提供重要支撑。

在地区间创新能力的时序演变上，根据图 5-15 显示，我国东部、东北、中部和西部地区的创新能力都呈不断上升趋势，并总体上呈现“东部地区创新能力相对较高、东北和中部地区次之、西部地区相对较弱”的布局形态，这一分布形态基本与我国循环经济发展的布局态势相一致。在地区间发展差异上，东部地区创新能力高于全国平均水平，东北、中部和西部地区都低于全国平均水平，且东北、中部和西部地区创新能力差异不大，反映出我国创新呈现东部地区和其他地区两极分化的发展态势。同时，东部地区与东北、中部、西部地区的差异程度分别从 2005 年的 0. 243、0. 369、0. 438 提高到 2013 年的 0. 691、0. 719、0. 944，东部地区与其他地区的发展差异在不断扩大；而东北地区和中部地区发展差异有所缩小，西部地区与东北和中部地区的发展差异基本保持稳定。

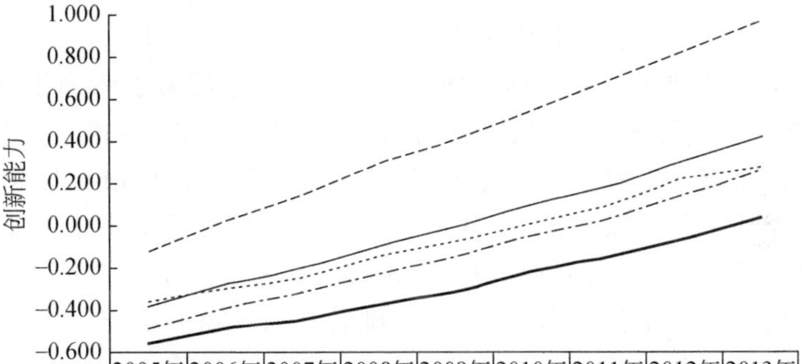

	2005年	2006年	2007年	2008年	2009年	2010年	2011年	2012年	2013年
—— 全国平均	−0.379	−0.284	−0.207	−0.098	−0.019	0.093	0.183	0.301	0.411
----- 东部地区	−0.120	0.017	0.141	0.300	0.411	0.548	0.677	0.827	0.970
······· 东北地区	−0.363	−0.307	−0.250	−0.147	−0.080	0.006	0.087	0.218	0.279
-·-·- 中部地区	−0.489	−0.390	−0.328	−0.227	−0.154	−0.049	0.029	0.140	0.251
—— 西部地区	−0.558	−0.494	−0.446	−0.377	−0.320	−0.220	−0.154	−0.068	0.026

图 5-15　全国及四大地区创新能力时序演变趋势图

（二）省域层面创新能力的时序演变

根据表 5-15，可将我国省域创新能力分布格局分为三个梯队：第一梯队为综合排名前 11 名的省（自治区、直辖市），包括北京、上海、江苏、广东、浙江、山东、天津、辽宁、湖北、四川和福建，这些省（自治区、直辖市）历年排名基本处于前列，大多属于沿海经济发达省份，经济发展相对较好，科技研发力量雄厚，与国外技术交流广泛，发展环境优越；同时，除湖北和四川外，其余 9 个省（自治区、直辖市）都位于循环经济发展水平综合排名的前 11 名。第二梯队为综合排名 12 ~ 20 的省（自治区、直辖市），包括湖南、陕西、河北、安徽、河南、黑龙江、吉林、重庆、山西，从排位上这些省（自治区、直辖市）虽然有些上下起伏，但发展水平基本位于中间层次。第三梯队为综合排名 21 ~ 30 的省

(自治区、直辖市),包括江西、新疆、广西、内蒙古、云南、甘肃、海南、宁夏、贵州、青海,这些省(自治区、直辖市)排位也基本稳定,除江西和海南外,其余省(自治区、直辖市)都位于我国西部地区。

从三个梯队得分变化情况可以看出,三个梯队不仅在创新能力上有所差距,而且这种差距在不断拉大,第一梯队省(自治区、直辖市)2013年比2005年得分的提高幅度平均值为1.11,第二和第三梯队省(自治区、直辖市)得分提高幅度平均值分别为0.73和0.450,因此第三梯队地区创新能力的提升对于加快实施创新驱动发展战略至关重要。

在省域得分变化上,2013年我国省域创新能力比2005年提高0.79,北京、上海、江苏、广东、浙江和山东得分的提高幅度都在1以上,江苏和北京创新能力最强最快,分别达1.77和1.616;新疆、云南、宁夏、青海得分提高幅度低于0.5,创新能力增强速度较慢,其中青海增长最慢,仅0.358。在省域创新能力排名变化上,北京、上海、江苏等23个省(自治区、直辖市)属于稳定型(排名变化上下浮动3名及以内);内蒙古、河南、湖南和重庆属于快速发展型(排名上浮4名及以上),排名分别上升8、6、5、5名;黑龙江、吉林和安徽新疆属于缓慢成长型(排名下浮4名及以上),排名分别下降了6、5、5名。

三、动态差异分析

通过我国全局和省域层面创新能力时序演变分析,容易看出东部、东北、中部和西部地区间创新能力有明显差异,因此采用变异系数和泰尔指数深入分析地区间动态差异演进。

(一)基于变异系数的地区差异分析

根据图5-16显示,总体来看,2005年以来全国创新能力差异性变化不大:2005~2006年我国创新能力的变异系数显著提高;2006~2011年全国变异系数变化基本平稳,呈小幅上升趋势;2011~2013年差异性显著下降。虽然总体上全国创新的差异性变化不大,但在四大地区内部,变异系数变化幅度较为明显。综合来看,各地区总体呈现西部地区发展差异最大、东部地区次之、东北地区和中部地区较小的分布形态;相对而言,东部地区创新能力的变异系数变动趋势较为平稳,西部、东北和中部地区在2005~2011年变异系数显著上升,2011~2013年有小幅下降。

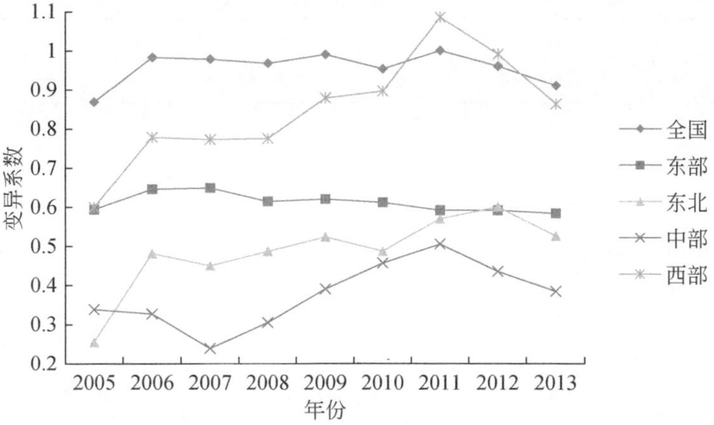

图 5-16　全国及四大地区创新能力的变异系数时序变化趋势图

（二）基于泰尔指数的地区差异分析

根据式（5-11）可计算出全国泰尔指数（T）并分解为组内差异（T_w）和组间差异（T_b）。对比图 5-16 和图 5-17，总体上全国变异系数和泰尔指数变化趋势大体相同，泰尔指数在 2005～2011 年也呈现不断上升趋势，2011～2013 年显著下降。在组内差异和组间差异变化上，T_b的变化趋势基本围绕 0.2 水平线上波动，变化幅度不大；而 T_w的变化趋势基本与全国泰尔指数变化趋势一致。根据表 5-16 泰尔指数分解表可以看出，我国创新能力的地区内部差异占比达 60% 左右，地区间差异占比在 40% 左右，地区内部差异略高于地区间差异，说明 2005～2013 年我国创新能力总体差异波动的影响主要来源于地区内部发展差异，地区间差异的贡献程度相对较小。

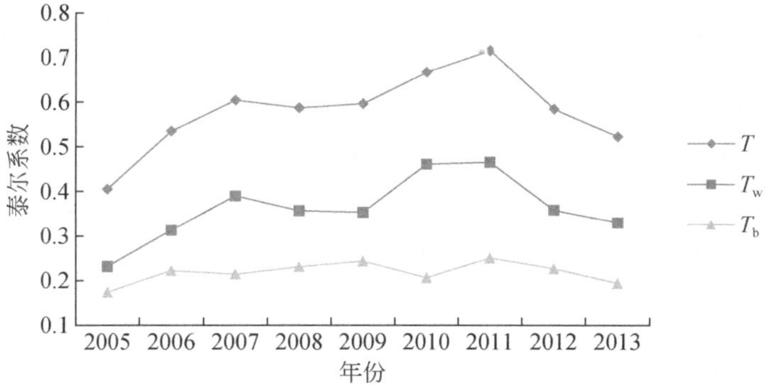

图 5-17　我国地区创新能力组内差异和组间差异泰尔指数变化趋势图

表 5-16　我国地区创新能力组内差异与组间差异的泰尔指数及贡献率

年份	T	T_w	T_b	组内差异贡献率（%）	组间差异贡献率（%）
2005	0.405	0.231	0.174	57.14	42.86
2006	0.535	0.313	0.222	58.49	41.51
2007	0.604	0.390	0.214	64.57	35.43
2008	0.587	0.356	0.230	60.73	39.27
2009	0.596	0.353	0.243	59.20	40.80
2010	0.667	0.461	0.206	69.11	30.89
2011	0.715	0.465	0.250	65.04	34.96
2012	0.584	0.358	0.226	61.24	38.76
2013	0.522	0.329	0.193	63.01	36.99

四、各创新因子评价

前面通过全局因子法将创新能力分解为资源与技术集成、知识与科技创新、文化与政策创新、产品与产业创新四大因子，同时计算得出四个创新因子的综合得分，具体见附录 A 中的附表 A1 ~ 附表 A4。

（一）资源与技术集成因子评价

总体上，我国省域资源与技术集成能力总体上呈不断增强趋势，平均得分从 2005 年的−0.496提升到 2013 年的 0.319，但在 2010 和 2011 年综合得分出现小幅下降，主要由于这两年受金融危机影响，工业企业正处于复苏阶段，规模以上工业企业技术改造投入额和科技活动获得金融机构贷款额相对往年下降较为明显。省域上，江苏、广东、山东、浙江、辽宁、四川、河南的资源与技术集成能力较强；而甘肃、贵州、新疆、吉林、北京、宁夏、青海、海南的资源与技术集成能力较弱。从得分变化上看，江苏、广东、山东、浙江、辽宁、四川、河南、河北、湖南、天津的综合得分提升幅度大于 1，新疆、青海、海南 2013 年的综合得分较 2005 年的有小幅下滑。从排名变化上看，相对于 2005 年，2013 年河南、湖南、山西、天津的排名上升了 7 位及以上，而黑龙江、新疆、青海的排名下降了 7 位及以上。

（二）知识与科技创新因子评价

从全局层面上看，我国知识与科技创新能力总体上呈不断增强趋势，平均得分从2005年的-0.135提升到2013年的0.012，但2010年综合得分明显下降，之后知识与科技创新能力逐步增强。从省域发展水平上看，北京、上海、陕西、江苏、四川、湖北、辽宁、山东、浙江、黑龙江的知识创造、科技产出以及技术流动能力较强，河南、福建、青海、吉林、湖南、云南、宁夏、贵州、重庆和海南的知识与科技创新能力较弱。从得分变化上看，北京地区依托众多高校和科研院所支撑，2005年以来知识与科技创新能力提升最为明显；浙江、黑龙江、安徽、甘肃、新疆、广西、河北、广东、江西、河南、福建、青海、湖南、云南、贵州、海南2013年的综合得分较2005年的有小幅下滑。从排名变化上看，相对于2005年，2013年山西、内蒙古、吉林的排名上升了7位及以上，而甘肃、新疆、青海和云南的排名下降了7位及以上。

（三）文化与政策创新因子评价

2005年以来我国文化与政策创新能力不断增强，平均得分从2005年的-1.122提升到2013年的1.332，2010年后提升幅度较之前更加明显。从省域发展水平上看，上海、天津、海南、新疆、北京、吉林、浙江、黑龙江的文化知识交流与传播、政府政策环境相对较好，广西、河南、山东、四川、江苏、安徽的文化与政策创新相对较弱。从得分变化上看，上海、浙江、陕西、广东、江苏的综合得分提升幅度大于3，青海、宁夏、甘肃、江西、广西、四川的综合得分提升幅度小于2。从排名变化上看，相对于其他创新因子，文化与政策创新能力在省域排名变动较大，天津、浙江、陕西、福建、广东、江苏的排名都上升了10位以上，而青海、宁夏、甘肃、江西、广西的排名下降了10位以上。

（四）产品与产业创新因子评价

2005年以来我国产品与产业创新能力呈不断下降趋势，平均得分从2005年的0.621下降到2013年的-0.077，主要受我国各省工业总产值快速增长，而新产品和高新技术产业产值增长幅度相对较慢等因素影响。从省域发展水平上看，上海、天津、重庆、广东、海南、福建、吉林、江苏的产品与产业创新能力相对较强；宁夏、甘肃、内蒙古、四川、山西、河南、青海、新疆、河北的产品与产业创新能力相对较弱。从得分变化上看，广东、海南、安徽、云南、甘肃、青海、新疆为少数2013年综合得分比2005年有所提升的省（自治区、直辖市），天津、江苏、山东、内蒙古2013年的综合得分较2005年的下降1.5以上。从排名变化上看，浙江、安徽、云南、黑龙江、甘肃、新疆等省份的排名上升了7位及以上，而吉林、陕西、内蒙古、河南等省份的排名下降了7位及以上。

第四节　省域创新与循环经济协调发展分析

基于以上省域循环经济发展水平和创新能力的综合评价、时序变化和地区差异分析，可以发现2005～2013年我国省域循环经济和创新的演变态势有相似之处：时序变化上各省域循环经济发展水平和创新能力都不断提高，地区间省域循环经济发展水平和创新能力都呈现“东部地区发展较好、东北和中部地区次之、西部地区发展较慢”的空间布局态势，地区间发展差异呈现不断增大的趋势。循环经济和创新作为新常态下经济转型升级和“五位一体”总体布局的重要组成部分，二者之间的协调发展关系到经济转型升级的速度、质量和生态文明建设绩效。因此，对省域创新与循环经济协调发展进行定量分析，有助于从全局上把握我国创新与循环经济的时序演变。

一、协调发展评价

（一）协调度评价

运用全局主成分分析方法分别对省域循环经济和创新能力进行综合评价，得到各省域循环经济发展水平和创新能力的相对值，因评价结果存在负值，因此在进行协调度和协调发展度评价之前，先对两者的综合评价值进行极值标准化处理[348]。经标准化处理后的数据，代入式（5-16）可计算出省域创新与循环经济的协调度C，公式（5-16）中调节系数k取值为2。二者协调度C越接近于1，说明创新与循环经济越协调；C的值越接近0，则二者越不协调。

表5-17显示出2005～2013年省域创新与循环经济协调度水平及年际变化情况。总体上，我国省域创新与循环经济的协调度较高，平均值接达0.82，有21个省（自治区、直辖市）协调度高于0.8水平，北京、浙江、上海、陕西、山东、广东、湖北、辽宁、湖南、河北、江苏、四川和重庆13个省（自治区、直辖市）的协调度甚至高于0.9，只有青海、宁夏、海南3个省（自治区、直辖市）的协调度低于0.5水平。这一研究结论与前面对省域循环经济发展水平和创新能力评价结果的年际变化、空间分布的分析结果基本一致，说明我国省域间存在循环经济发展水平较高的地区、创新能力也相对较高，循环经济发展水平较低的地区、创新能力也相对较弱的现象。在全国创新与循环经济协调度的年际变化上，2013年协调度的全国平均水平比2005年有小幅上升，上降幅度为0.012；省域变化上，有12个省（自治区、直辖市）的协调度呈下降趋势，其中江苏、

吉林、新疆、宁夏的下降幅度高于 0.1；河北、云南、河南、山西、甘肃、贵州、海南的 2013 年协调度比 2005 年上升 0.1 以上。

表 5-17　省域创新与循环经济协调度评价结果

省(自治区、直辖市)	2005 年	2006 年	2007 年	2008 年	2009 年	2010 年	2011 年	2012 年	2013 年	变化幅度	平均值	排名
北京	1.000	1.000	1.000	1.000	1.000	1.000	1.000	1.000	1.000	0.000	1.000	1
浙江	0.994	0.984	0.981	0.985	1.000	1.000	1.000	1.000	0.999	0.006	0.994	2
上海	0.985	0.979	0.979	0.994	0.999	1.000	0.995	0.995	0.994	0.008	0.991	3
陕西	0.973	1.000	0.987	0.996	0.999	0.992	0.995	0.971	0.977	0.004	0.988	4
山东	0.960	0.991	0.970	0.983	0.999	0.994	0.997	0.997	0.997	0.037	0.988	5
广东	1.000	0.998	0.998	0.989	0.954	0.963	0.951	0.945	0.956	-0.043	0.973	6
湖北	0.993	0.990	0.972	0.998	0.986	0.967	0.945	0.945	0.946	-0.047	0.971	7
辽宁	0.944	0.934	0.991	0.959	0.951	0.980	0.975	0.944	0.985	0.042	0.963	8
湖南	0.964	0.998	1.000	0.999	0.985	0.942	0.880	0.864	0.905	-0.060	0.949	9
河北	0.864	0.837	0.880	0.966	0.983	0.989	1.000	1.000	0.996	0.132	0.946	10
江苏	0.995	0.984	0.994	0.984	0.942	0.941	0.905	0.863	0.859	-0.136	0.941	11
四川	0.989	1.000	0.958	0.998	0.832	0.849	0.886	0.883	0.896	-0.093	0.921	12
重庆	0.868	0.801	0.823	0.842	0.975	0.992	0.993	0.925	0.962	0.094	0.909	13
安徽	0.948	0.609	0.775	0.882	0.915	0.952	0.973	0.999	0.998	0.050	0.895	14
黑龙江	0.985	0.846	0.819	0.812	0.913	0.904	0.846	0.920	0.943	-0.041	0.887	15
吉林	0.969	0.859	0.849	0.858	0.917	0.901	0.890	0.880	0.849	-0.120	0.886	16
云南	0.631	0.999	0.984	0.980	0.680	0.925	0.856	0.864	0.997	0.366	0.880	17
福建	0.887	0.714	0.807	0.847	0.852	0.923	0.950	0.935	0.943	0.056	0.873	18
河南	0.681	0.739	0.828	0.905	0.901	0.904	0.912	0.964	0.979	0.298	0.868	19
山西	0.802	0.841	0.792	0.828	0.909	0.865	0.849	0.898	0.965	0.164	0.861	20
江西	0.937	0.870	0.890	0.819	0.808	0.704	0.715	0.723	0.878	-0.059	0.816	21
天津	0.791	0.807	0.809	0.801	0.821	0.792	0.691	0.696	0.702	-0.089	0.768	22
广西	0.872	0.748	0.628	0.737	0.628	0.855	0.811	0.833	0.784	-0.088	0.766	23
甘肃	0.774	0.739	0.629	0.735	0.776	0.997	0.527	0.700	0.998	0.224	0.764	24
内蒙古	0.737	0.531	0.582	0.591	0.590	0.624	0.680	0.527	0.739	0.002	0.622	25
新疆	0.889	0.754	0.891	0.998	0.873	0.933	0.037	0.002	0.002	-0.888	0.598	26
贵州	0.004	0.989	0.159	0.613	0.503	0.902	0.004	0.829	0.946	0.942	0.550	27
青海	0.003	1.000	0.484	0.072	0.032	1.000	0.997	0.086	0.020	0.018	0.410	28

续表

省(自治区、直辖市)	2005年	2006年	2007年	2008年	2009年	2010年	2011年	2012年	2013年	变化幅度	平均值	排名
宁夏	0.884	0.497	0.713	0.090	0.569	0.093	0.273	0.002	0.136	-0.748	0.362	29
海南	0.437	0.063	0.000	0.000	0.000	0.001	0.479	0.591	0.752	0.315	0.258	30
全国平均	0.825	0.837	0.806	0.809	0.810	0.863	0.800	0.793	0.837	0.012	0.820	—

（二）协调发展度评价

省域创新与循环经济协调度反映各省创新与循环经济的协调状态，但这种状态并没有将循环经济和创新的发展水平高低纳入评价模型中，极易出现“二者发展水平都很低、但协调度很高”的评价误区，不能充分反映二者协调关系对推动经济发展和社会进步的作用。因此，有必要将二者的发展水平纳入评价模型中，在协调度 C 的评价结果基础上，根据式（5-18）计算省域创新与循环经济综合评价指数 T。其中，在创新与循环经济对协调发展的贡献水平上，本书认为创新与循环经济对二者协调发展的作用同等重要，因此式（5-18）中的 a 和 b 取同等值，均设定为0.5。根据协调度 C 和综合评价指数 T，根据式（5-17）可计算出省域创新驱动与循环经济静态协调发展度 D_s（表5-18），D_s 的取值范围为（0，1），越接近于1表明创新驱动与循环经济协调发展越好，反之亦然。

表5-18 省域创新与循环经济协调发展度评价结果

省(自治区、直辖市)	2005年	2006年	2007年	2008年	2009年	2010年	2011年	2012年	2013年	变化幅度	平均值	排名
北京	0.999	0.999	0.999	0.999	0.999	0.999	0.999	0.999	0.999	0.000	0.999	1
上海	0.854	0.829	0.830	0.855	0.867	0.875	0.863	0.849	0.840	-0.014	0.851	2
广东	0.779	0.762	0.750	0.769	0.759	0.779	0.752	0.752	0.750	-0.029	0.761	3
江苏	0.717	0.719	0.725	0.754	0.743	0.754	0.740	0.736	0.748	0.031	0.737	4
浙江	0.761	0.712	0.713	0.724	0.729	0.745	0.728	0.717	0.723	-0.038	0.728	5
山东	0.624	0.655	0.634	0.654	0.658	0.658	0.652	0.655	0.660	0.035	0.650	6
天津	0.644	0.642	0.653	0.661	0.659	0.664	0.620	0.624	0.631	-0.013	0.644	7
辽宁	0.524	0.513	0.536	0.532	0.539	0.553	0.546	0.555	0.561	0.037	0.540	8
福建	0.562	0.473	0.512	0.538	0.512	0.548	0.541	0.552	0.556	-0.006	0.533	9
湖北	0.530	0.503	0.494	0.522	0.516	0.514	0.489	0.483	0.491	-0.039	0.505	10
陕西	0.400	0.427	0.436	0.447	0.468	0.485	0.471	0.474	0.485	0.085	0.455	11
四川	0.507	0.452	0.437	0.458	0.402	0.441	0.445	0.447	0.464	-0.044	0.450	12

续表

省(自治区、直辖市)	2005 年	2006 年	2007 年	2008 年	2009 年	2010 年	2011 年	2012 年	2013 年	变化幅度	平均值	排名
河北	0.424	0.422	0.431	0.478	0.466	0.449	0.446	0.433	0.444	0.020	0.444	13
湖南	0.402	0.442	0.428	0.429	0.453	0.475	0.431	0.421	0.445	0.044	0.436	14
黑龙江	0.529	0.446	0.432	0.445	0.417	0.429	0.399	0.409	0.418	−0.111	0.436	15
安徽	0.485	0.347	0.398	0.435	0.430	0.449	0.434	0.461	0.478	−0.007	0.435	16
河南	0.384	0.396	0.430	0.454	0.439	0.457	0.431	0.457	0.468	0.084	0.435	17
吉林	0.475	0.410	0.412	0.413	0.426	0.428	0.404	0.417	0.417	−0.059	0.423	18
重庆	0.381	0.421	0.402	0.396	0.360	0.399	0.408	0.423	0.455	0.074	0.405	19
山西	0.391	0.399	0.383	0.399	0.402	0.373	0.348	0.356	0.388	−0.003	0.382	20
江西	0.390	0.386	0.389	0.364	0.334	0.317	0.277	0.304	0.327	−0.063	0.343	21
广西	0.371	0.311	0.277	0.316	0.275	0.339	0.273	0.294	0.307	−0.064	0.307	22
内蒙古	0.301	0.243	0.294	0.286	0.291	0.310	0.297	0.278	0.351	0.049	0.294	23
云南	0.230	0.326	0.288	0.266	0.221	0.284	0.259	0.223	0.276	0.047	0.264	24
甘肃	0.311	0.259	0.266	0.255	0.228	0.261	0.160	0.190	0.276	−0.035	0.245	25
新疆	0.318	0.224	0.275	0.323	0.253	0.256	0.032	0.008	0.009	−0.309	0.189	26
宁夏	0.316	0.202	0.258	0.079	0.188	0.066	0.122	0.010	0.081	−0.235	0.147	27
海南	0.301	0.106	0.005	0.005	0.005	0.009	0.243	0.283	0.312	0.011	0.141	28
贵州	0.011	0.173	0.075	0.165	0.157	0.218	0.011	0.195	0.234	0.223	0.138	29
青海	0.010	0.032	0.033	0.022	0.018	0.032	0.032	0.023	0.017	0.007	0.024	30
全国平均	0.464	0.441	0.440	0.448	0.441	0.452	0.428	0.434	0.454	−0.011	0.445	—

从时序动态变化上看，2013 年我国创新与循环经济的协调发展水平比 2005 年有小幅下降，下降幅度为 0.011，这与协调度评价中得出的“2013 年协调度的全国平均水平比 2005 年有小幅上升”的研究结论不一致，也进一步说明将二者发展水平纳入评价模型的必要性；我国创新与循环经济协调发展程度在 2005 年达到最高、2013 年次之，2011 年达到最低。在省域上，江苏、山东、辽宁、陕西、河北、湖南、河南、重庆、内蒙古、云南、海南、贵州、青海的协调发展水平有所提高，其余省市协调发展水平处于维持或降低态势。与省域创新与循环经济的较高水平协调度相比，静态协调发展度 D_s 的省域间差异性更为明显，且呈现较低水平协调发展的特征，协调发展度大于 0.5 的只有北京、上海、广东、江苏、浙江、山东、天津、辽宁、福建和湖北，其余 21 省（自治区、直辖市）都处于 0.5 水平下的濒临失调和严重失调状态，甘肃、新疆、宁夏、海南、贵州和

青海协调发展度低于0.25，这些省（自治区、直辖市）基本位于我国西部地区，不仅存在循环经济发展水平与创新能力都较弱的问题，还面临创新与循环经济严重失调的严峻挑战。

二、类型划分与空间演进

（一）类型评判标准

根据协调发展度评价结果，科学评判某一地区协调发展程度是属于协调还是失调，需要制定一系列评判标准。因协调发展度评价值为0～1，目前现有研究成果的评判标准大致可分为细分法和粗分法两种。细分法以0.1的尺度标准将0～1的协调发展指数分为优质协调发展、良好协调发展、中级协调发展、勉强协调发展、濒临失调衰退、轻度失调衰退、中度失调衰退、严重失调衰退、极度失调衰退十类[349]。粗分法以0.2～0.4的不规则尺度将0～1的指数分为4～6类，如有的以0.2为标准尺度分为良好协调、中度协调、勉强协调、中度失调、严重失调五个等级[350]；有的将协调发展指数值大于0.7的划分为协调发展、0.5～0.6的划分为勉强协调发展、0.4～0.5的划分为濒临失调发展、0.4以下的划分为失调发展四大类[351]；有的将0.4水平以下的分为低水平协调，0.4～1的值以0.2为尺度分别划分为较低水平协调、较高水平协调、高水平协调[352]。同时，协调发展涉及两个或多个子系统之间的互动关系，不管是细分法还是粗分法，都需将两个或多个子系统的综合评价指数进行对比，分析在协调发展中哪个系统是相对滞后的，为优化系统协调发展提供依据。

按照何种尺度将协调发展度分为几种类型没有统一的评判标准。本书借鉴已有的研究成果，从便于研究的角度出发，以0.25为标准尺度将创新与循环经济协调发展分为良好协调发展、勉强协调发展、濒临失调发展和严重失调发展四个等级，并以0.05为标准尺度对比循环经济发展水平和创新能力的标准化数值，将每个协调发展类划分为同步型、循环经济滞后型、创新滞后型（表5-19）。

表5-19　创新与循环经济协调发展分类的评判标准

等级	D_s	$f(x)$ 与 $g(y)$ 的对比	对比类型
良好协调发展	0.76～1.00	$f(x)-g(y)>0.05$	良好协调发展类创新滞后型
		$0\leq\lvert f(x)-g(y)\rvert\leq 0.05$	良好协调发展类同步型
		$g(y)-f(x)>0.05$	良好协调发展类循环经济滞后型

续表

等级	D_s	$f(x)$ 与 $g(y)$ 的对比	对比类型
勉强协调发展	0.51～0.75	$f(x)-g(y)>0.05$	勉强协调发展类创新滞后型
		$0\leq\|f(x)-g(y)\|\leq0.05$	勉强协调发展类同步型
		$g(y)-f(x)>0.05$	勉强协调发展类循环经济滞后型
濒临失调发展	0.26～0.5	$f(x)-g(y)>0.05$	濒临失调发展类创新滞后型
		$0\leq\|f(x)-g(y)\|\leq0.05$	濒临失调发展类同步型
		$g(y)-f(x)>0.05$	濒临失调发展类循环经济滞后型
严重失调发展	0.00～0.25	$f(x)-g(y)>0.05$	严重失调发展类创新滞后型
		$0\leq\|f(x)-g(y)\|\leq0.05$	严重失调发展类同步型
		$g(y)-f(x)>0.05$	严重失调发展类循环经济滞后型

注：$f(x)$ 为循环经济发展水平评价得分标准化值，$g(y)$ 为创新能力评价得分标准化值。

（二）空间格局演变

根据创新与循环经济协调发展分类的评判标准，选取 2005 年、2009 年、2013 年二者协调发展度和标准化后的省域循环经济发展水平评价值、创新能力评价值为基础数据，对全国 30 个省（自治区、直辖市）创新与循环经济协调发展水平进行划分，应用 ArcGIS 和 Geode 软件，在地图中对良好协调发展、勉强协调发展、濒临失调发展和严重失调发展四大类型进行可视化描述，探索省域创新与循环经济协调发展的空间格局演变过程以及形成的空间分布格局。

1. 2005 年省域创新与循环经济协调发展的空间分布

虽然 2005 年我国省域创新与循环经济协调发展度的全国平均值为评价期最高值，但总体上处于良好协调发展和勉强协调发展类型的省份数量不多，大多位于濒临失调发展类型。良好协调发展类型的省（自治区、直辖市）为北京、上海、广东和浙江，这些省份位于东部沿海发达地区，属于我国政治、文化、经济或金融中心，优良的地理区位、经济基础、产业结构、科技人才、政策环境和历史文化为循环经济发展和创新能力提升提供了重要保障。勉强协调发展类型的省（自治区、直辖市）位于或邻近沿海发达地区，经济基础相对较好，地理区位优势有利于吸收和利用经济发达省份的技术溢出效应并把握外商投资机会；同时这些省（自治区、直辖市）的资源环境基础较好，生态保护力度较强，创新与循环经济能够达到勉强协调发展状态。濒临失调发展类型的省份数量达 15 个，广泛分布于我国中部和西部地区，这些省（自治区、直辖市）资金、技术、人才等创新资源相对薄弱，自然生态环境较为脆弱，循环经济发展水平和创新能力相对较低，二者协调发展有待进一步完善。严重失调发展类型的省（自治区、直辖市）为青海、贵州和云南，循环经济发展水平和创新能力都属于全国最低水平，制约了二者的协调发展（图 5-18）。

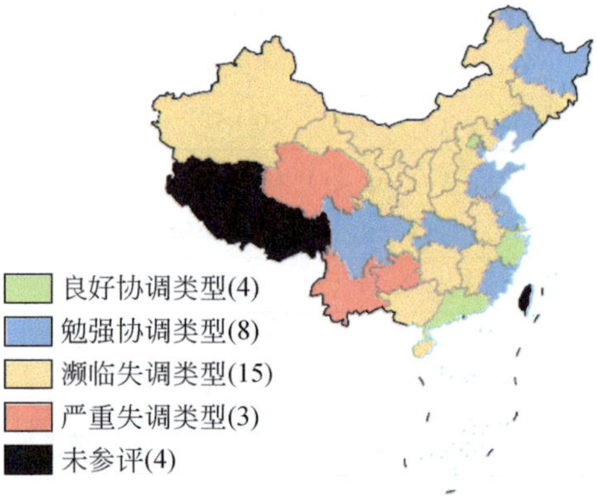

图 5-18　2005 年省域创新与循环经济协调发展的空间分布图（编号：8042027875）

2. 2009 年省域创新与循环经济协调发展的空间分布

相对于 2005 年，2009 年我国省域创新与循环经济协调发展类型的空间分布有些变化。第一，良好协调发展和勉强协调发展类型逐步向我国沿海经济发达省份聚集，但浙江由良好协调发展类退居至勉强协调发展类。第二，濒临失调发展类型中，黑龙江和四川从勉强协调发展类型退居至濒临失调发展类型，而原本属于濒临失调发展类的甘肃、宁夏和海南省，则退居至严重失调发展类型中，其余省（自治区、直辖市）在 2005 年同样归属于濒临失调发展类型。第三，严重失调发展类型省份比 2005 年增加了 3 个，为甘肃、宁夏和海南。其中，宁夏和海南省属于濒临失调发展类创新滞后型，创新能力较弱影响了二者协调发展；甘肃属于濒临失调发展类循环经济和创新同步型，说明该省的创新能力和循环经济发展水平都面临严峻考验（图 5-19）。

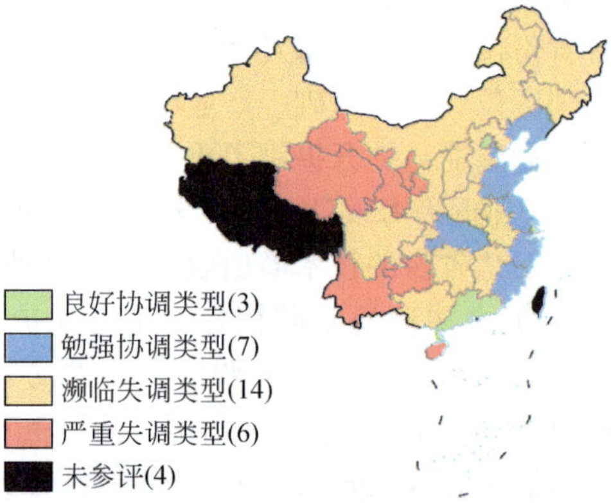

图 5-19　2009 年省域创新与循环经济协调发展的空间分布图（编号：8042068939）

3. 2013 年省域创新与循环经济协调发展的空间分布

通过图 5-18 ~ 图 5-20 的对比，可以看出 2013 年我国省域创新与循环经济协调发展类型的空间分布更趋向于集聚特征。良好协调发展类型省份没有变化，湖北退出了勉强协调发展类型，由此良好协调发展和勉强协调发展的 9 个省（自治区、直辖市）都位于沿海经济发达地区，构成我国创新与循环经济协调发展经济带。濒临失调发展类型的省份变化较大，除湖北从勉强协调发展类型退居濒临失调发展类型外，海南、甘肃、云南则由严重失调发展类型上升至濒临失调发展类型，而新疆则演变为严重失调发展类型，由此使得濒临失调类地区较为集中地分布于我国中部及周边地区和东北地区。

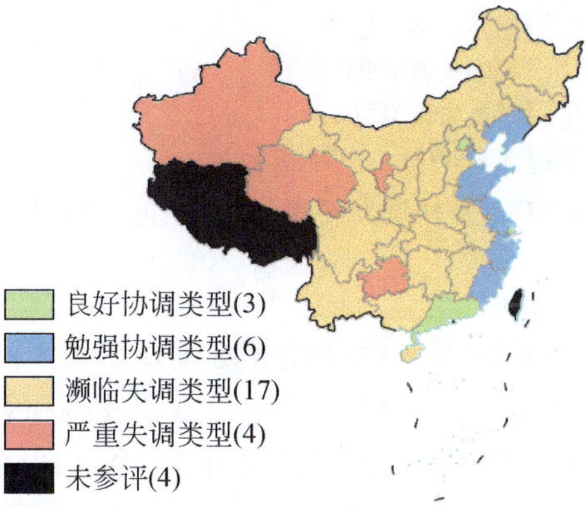

图 5-20　2013 年省域创新与循环经济协调发展的空间分布图（编号：8042071586）

（三）空间演进特征

1. 空间分布呈现集聚性

从 2005 年、2009 年和 2013 年省域创新与循环经济协调发展类型空间分布示意图，可以看出空间集聚性的特征越来越明显。为更好地揭示空间集聚特征分布情况，以 2005 ~ 2013 年省域创新与循环经济协调发展度的平均值为数据来源，形成图 5-21 的空间分布形态。图中，良好协调发展类型分布在北上广三大经济发展区域；勉强协调发展类型集中分布于沿海经济发达地区和湖北，与北上广组成我国创新与循环经济协调发展示范区域。濒临失调发展类型是协调发展和失调发展的过渡地带，位于这一类型的省份较多，10 个省（自治区、直辖市）集中分布于我国东北、中部及部分西部地区。严重失调发展类型的省份在循环经济发展水平和创新能力上都相对较弱，在发展水平较低的情况下难以实现系统间的协调发展，而属于这类型的省（自治区、直辖市）有 6 个，大多位于我国西部地区，并形成“新-青-甘-宁”的西北片区和贵州、海南，空间分布集聚性较为显著。因此，从总体上看，我国创新与循环经济协调发展的四大类型在空间分布上都呈现出明显的集聚性特征。基于此，有必要运用空间计量经济学的研究方法从全局和局部上深入分析空间集聚特征。

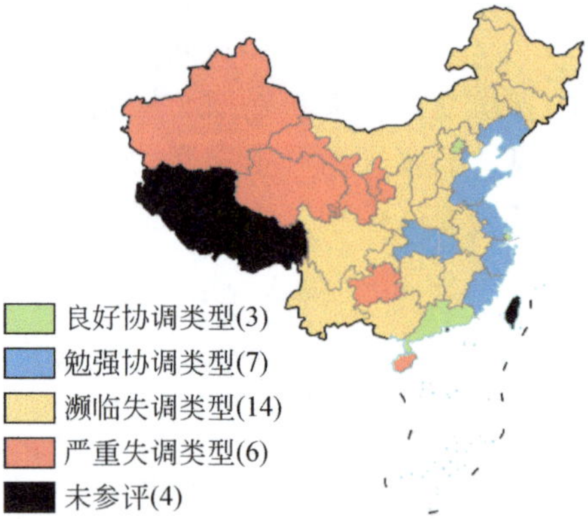

图 5-21　省域创新与循环经济协调发展综合类型空间分布图（编号：8042097709）

2. 协调发展趋向失调性

第一，总体上我国省域创新与循环经济协调发展处于濒临失调和严重失调类型的省份占大多数，处于 0.5 水平以上的良好协调发展和勉强协调发展类型的省份不多，2005 年、2009 年和 2013 年分别仅有 12 个、10 个、9 个，占总数比例不超过 40%。第二，处于良好协调发展和勉强协调发展类型的省份数量呈下降趋势，2013 年位于良好协调发展和勉强协调发展类型的省份比 2005 年都减少了 3 个；并且处于这些类型的大部分省份 2013 年协调发展度都比 2005 年有所下降。

3. 创新能力相对滞后成为二者失调主要因素

根据创新与循环经济协调发展类型的评判标准，对比标准化后的省域循环经济发展水平和创新能力综合评价值，可以将四大类型分别细分为创新滞后型、同步型和循环经济滞后型。从协调发展度计算公式上看，协调发展度的高低一方面取决于两个子系统综合评价值绝对数的大小，另一方面取决于两个子系统综合评价值的差距。2005 年、2009 和 2013 年四大类型中属于创新滞后型的总数分别为 18 个、14 个、11 个，而属于循环经济滞后型的总数分别为 5 个、4 个、9 个；对比二者历年平均值，创新滞后型省份为 17 个，创新滞后型的数量明显高于循环经济滞后型数量。同时，在濒临失调发展和严重失调发展类中，创新滞后型的省份数量占大多数。因此，综合来看创新能力提升是我国大多数省份创新与循环经济协调发展的重要影响因素（表 5-20）。

表 5-20　我国省域创新与循环经济协调发展类型演变

等级	对比类型	2005 年	2009 年	2013 年	综合平均
良好协调发展	创新滞后型	上海、浙江	—	上海	上海
	同步型	北京、广东	北京、上海	北京	北京
	循环经济滞后型	—	广东	广东	广东
勉强协调发展	创新滞后型	福建、天津、山东	福建、天津	福建、天津	福建、天津、山东
	同步型	四川、湖北、黑龙江	浙江、山东、湖北	浙江、山东	浙江、湖北
	循环经济滞后型	江苏、辽宁	江苏、辽宁	江苏、辽宁	江苏、辽宁
濒临失调发展	创新滞后型	安徽、吉林、河北、山西、江西、河南、重庆、广西、宁夏、甘肃、内蒙古、海南	河南、安徽、吉林、黑龙江、山西、江西、内蒙古、广西	重庆、黑龙江、吉林、内蒙古、江西、海南、广西	河北、黑龙江、安徽、河南、吉林、重庆、山西、江西、广西、内蒙古
	同步型	湖南、陕西	陕西、河北、湖南、重庆、新疆	河南、河北、山西、云南、甘肃	陕西、湖南、云南
	循环经济滞后型	新疆	四川	湖北、陕西、安徽、四川、湖南	四川
严重失调发展	创新滞后型	贵州	云南、宁夏、贵州、海南	宁夏	甘肃、宁夏、海南
	同步型	—	甘肃、青海	贵州、青海	新疆、青海、贵州
	循环经济滞后型	云南、青海	—	新疆	—

三、空间效应检验

从 2005 ~2013 年我国省域创新与循环经济协调发展的空间格局分布图上可以明显看出协调发展呈现空间集聚性的特点，运用全局空间自相关和局域空间自相关检验的方法可以测量协调发展空间集聚性的强弱，以及探索发挥空间集聚效应的核心区域。

（一）全局空间自相关检验

采用一阶 rook 邻接矩阵计算我国创新与循环经济协调发展空间相关的 Moran's I 及正态统计量，显示2005～2013年 Moran's I 逐步提高，平均值达0.39，其中2009年、2011年、2012年和2013年均达到0.4水平以上，且每年的正态统计量 Z 值远大于正态分布函数在置信水平为1%下的临界值1.96，说明2005～2013年我国创新与循环经济协调发展呈现出显著的正空间自相关性，明显存在协调发展水平高的省份组团或环状地集中分布于某一区域，协调发展水平低的省份组团或环状地集中于某一区域的现象（表5-21）。我国创新与循环经济协调发展空间自相关性或空间依赖性的存在，反映出要推动创新与循环经济协调发展不仅受各个省内部的资源配置、生态环境、技术研发推广、政策环境的影响，还与周边省份创新与循环经济协调发展水平密切相关，因此后面选取空间计量模型分析创新驱动循环经济发展的效应具有较好的解释性。

表5-21 创新与循环经济协调发展的空间相关性 Moran's I 及检验

年份	Moran's I	E（Moran's I）	Std（Moran's I）	Z值
2005	0.362	-0.0345	0.120	3.314
2006	0.355		0.118	3.261
2007	0.357		0.117	3.334
2008	0.369		0.117	3.452
2009	0.400		0.120	3.522
2010	0.362		0.115	3.439
2011	0.435		0.119	3.946
2012	0.444		0.120	4.030
2013	0.428		0.119	3.907

注：E（Moran's I）和 Std（Moran's I）为999次空间随机模式下的水平。

（二）局域空间自相关检验

为了更清楚地判断我国省域创新与循环经济协调发展的时空变化格局，运用 Moran's 散点图从局域角度对2005年、2009年和2013年的协调发展水平进行分析。

通过将2005年、2009年和2013年省域创新与循环经济协调发展 Moran's 散点图转化为象限分布表（表5-22），可以发现2005年、2009年和2013年分布于“高-高”区和“低-低”区的省份分别有20个、21个和22个，占总数比例均高于66.66%，反映空间分散特征的“低–高”区和“高–低”区所属省份较少，说明我国省域创新与循环经济协调发展呈现高水平与高水平省份集聚、低水平与低水平省份集聚的空间分布特性。江西始终位于“低–高”区，相对于周边省份而言，江西的协调发展水平较低，形成我国创新与循环经济协调发展的洼地；辽宁、湖北、广东始终位于“高–低”区，相对于周边省份这3个省协调发展水平较高，形成我国创新与循环经济协调发展的高地。

在省域空间演变上，大部分省市协调发展水平的空间分布相对稳定。2005～2009年，相对周边较高的协调发展水平而言，安徽协调发展水平下降明显，由“高–高”区转移到“低–高”区，而河北协调发展水平明显提高，跻身至“高–高”区行列；相对于周边较低的协调发展水平，吉林和黑龙江的协调发展水平逐步降低，由“高–低”区演变为“低–低”区行列，而湖南和陕西协调发展食品明显提高，从“低–低”区演变至“高–低”区。2009～2013年，随着“高–高”区省份的空间溢出效应不断增强，安徽和河南的协调发展水平不断提高，跨入“高–高”区行列，而河北受自身因素影响，协调发展水平明显下降，退出“高–高”区行列；随着“低–低”区省份空间效应不断增强，海南和湖南分别由“低–高”区和“高–低”区迈进“低–低”区，而四川和重庆逐渐摆脱低程度协调发展水平的空间溢出效应，不断推进创新与循环经济协调发展，由“低–低”区转移到“高–低”区。

表5-22　我国省域创新与循环经济协调发展的Moran's *I* 散点图象限分布表

象限	2005年	2009年	2013年
高–高区	北京、上海、天津、江苏、浙江、山东、安徽、福建	北京、上海、天津、江苏、浙江、山东、福建、河北	北京、上海、天津、江苏、浙江、山东、安徽、福建、河南
低–高区	河北、江西、河南、海南	江西、河南、海南、安徽	河北、江西
低–低区	山西、重庆、广西、湖南、陕西、内蒙古、甘肃、宁夏、新疆、贵州、云南、青海	山西、重庆、广西、内蒙古、吉林、甘肃、宁夏、新疆、贵州、云南、青海、黑龙江、四川	海南、山西、广西、内蒙古、吉林、甘肃、宁夏、新疆、贵州、云南、青海、黑龙江、湖南
高–低区	黑龙江、辽宁、吉林、四川、湖北、广东	辽宁、湖北、广东、湖南、陕西	辽宁、湖北、广东、陕西、四川、重庆

第六章　创新驱动循环经济发展效应分析

空间计量经济学是从一般计量经济学模型的基础上进行扩展和延伸，并对一般经济学模型的"样本之间是相互独立"的假设前提进行修正。随着区域经济一体化、交通运输便捷化、社会发展综合化进程的不断加快，变量之间的空间交互作用越来越明显，可通过引入空间效应的方式将一般计量经济模型转变成空间计量经济学模型，并对变量之间的空间效应进行研究[353]。空间数据分析共分为两大类：探索性空间数据分析（ESDA）和确认性空间数据分析（confirmatory spatial data analysis，CSDA）。ESDA 分析方法侧重于从直观层面描述空间数据，主要目的是发现问题；而确认性空间数据分析（又称为空间计量经济学）侧重于运用空间计量经济方法深入分析所发现的问题，为相关理论提供经验证据。第五章在探索性空间数据分析方法中已对空间依赖性、空间异质性、空间权重矩阵构建以及空间相关性检验方法等进行了介绍，并通过对 2005～2013 年我国 30 个省（自治区、直辖市）创新与循环经济协调发展进行分析，研究结果表明我国省域循环经济发展呈现出显著的正的空间自相关性或空间依赖性，同时我国省域创新与循环经济协调发展也呈现出显著的正的空间自相关性，因此有必要运用空间计量模型分析创新驱动循环经济发展的效应，避免传统计量分析得出结果存在偏差。本章的研究内容主要集中在两部分：第一部分是构建空间面板数据模型，从全国层面分析知识与科技创新、资源与技术集成、产品与产业创新、文化与政策创新等创新因子对循环经济发展的影响效应；第二部分是构建地理加权回归模型，分析 2005～2013 年各创新因子对循环经济发展影响效应的空间差异及演变历程，探索创新驱动循环经济发展的规律，为有针对性地提出创新驱动循环经济发展的对策建议奠定基础。

第一节　空间计量经济学模型

空间计量经济学是计量经济学的一个分支，主要研究思路是将空间效应通过空间滞后变量引入传统模型中，并对新模型建立一套估计、检验和推断的理论。本书使用的空间计量经济学模型是纳入了空间效应的空间常系数回归模型，包括空间滞后模型（spatial lag model，SLM）、空间误差模型（spatial error model，

SEM)、空间杜宾模型（spatial Dubin model，SDM)，以及空间变系数回归模型—地理加权回归（geographical weighted regression，GWR）模型[354]。

一、空间面板模型

空间效应的识别主要体现为空间实质相关和空间扰动相关两个方面。实质相关反映现实中存在的空间交互作用，如创新扩散、经济要素流动等，是区域创新或经济发展差异演变过程中的真实成分，是确实存在的空间交互影响；扰动相关是由归入随机干扰项的、没有作为解释变量的影响因素的空间相关性所引起的。当被解释变量之间的空间依赖性对模型显得非常关键而导致了空间相关时，即为空间滞后模型，也称为空间自回归模型（spatial autoregression model，SAR)；当模型误差项在空间上相关时，即为空间误差模型[355]。空间滞后模型和空间误差模型是空间计量经济学的基本类型。相对来说，空间杜宾模型是更为广泛的模型，既考虑了因变量的空间相关性，又考虑了误差项的空间自相关，还将自变量对因变量的空间交互影响纳入研究范畴中[356]。近年来，随着空间计量经济学的快速发展，Anselin[357]、Elhorst[358]等将空间计量方法拓展到面板数据中，建立了空间面板自回归模型（spatial panel autoregression model，SPAR)、空间面板误差模型（spatial panel error model，SPEM)、空间面板杜宾模型（spatial panel Dubin model，SPDM)，具有比横截面空间计量模型更高的估计精确度和自由度、减少共线性等特点。

（一）空间面板自回归模型

基于固定效应的空间面板自回归模型的表达形式为

$$Y_{it} = \rho \sum_{j=1}^{n} W_{ij} Y_{jt} + \alpha + X_{it}\beta + \mu_i + \lambda_t + \varepsilon_{it} \tag{6-1}$$

式中，$i = 1, 2, \cdots, N$，$t = 1, 2, \cdots, T$，Y_{it}为第 t 个时间点因变量的观测值，X_{it}为第 t 个时间点自变量的观测值；ρ 为空间回归系数，W_{ij}为 $N\times N$ 阶空间权重矩阵，$\sum_{j=1}^{n} W_{ij} Y_{jt}$ 为因变量 Y_{it}与相邻地区因变量 Y_{jt}之间的空间交互作用，用于揭示因变量是否有空间溢出效应；β 为自变量 X_{it}的回归系数，体现自变量对因变量的影响程度和方向；α 为常数项；μ_i 为地区固定效应；λ_t 为时间固定效应；ε_{it} 为随机误差项，服从期望为 0、方差为 σ^2 的标准正态分布。

在固定效应的空间面板自回归模型估计上，Anselin 认为 $\sum_{j=1}^{n} W_{ij} Y_{jt}$ 的内生性违背了标准回归模型要求 $E[(\sum_{j=1}^{n} W_{ij} Y_{jt})\varepsilon_{it}]=0$ 的假定，这一问题必须在估计的时候进行很好的处理，同时每个观测点的空间依赖性会对固定效应的估计产生影响[359]。Elhorst 推导出考虑 $\sum_{j=1}^{n} W_{ij} Y_{jt}$ 内生条件下的对数极大似然函数[360]：

$$\ln L = -\frac{n}{2}\log(2\pi\sigma^2) + T\log|I_n - \rho W| - \frac{1}{2\sigma^2}\sum_{i=1}^{n}\sum_{t=1}^{t}\left\{Y_{it}^* - \rho\left[\sum_{j=1}^{n} w_{ij} Y_{jt}\right]^* - X_{it}^*\beta\right\}^2 \tag{6-2}$$

极大化对数似然函数值可以获取估计值 β、ρ、σ^2，参数的渐近方差矩阵为

$$\text{Asy. Var}(\beta, \rho, \sigma^2) = \begin{bmatrix} \frac{1}{\sigma^2}X^{*\mathrm{T}}X^* & & \\ \frac{1}{\sigma^2}X^{*\prime}(I_T\otimes\widetilde{W})X^*\beta & T\times\operatorname{tr}(\widetilde{W}\widetilde{W}+\widetilde{W}^{\mathrm{T}}\widetilde{W})+\frac{1}{\sigma^2}B^{\mathrm{T}}X^{*\mathrm{T}}(I_T\otimes\widetilde{W}^{\mathrm{T}}\widetilde{W})X^*\beta & \\ 0 & \frac{T}{\sigma^2}\operatorname{tr}(\widetilde{W}) & \frac{NT}{2\sigma^2} \end{bmatrix} \tag{6-3}$$

其中，$\widetilde{W} = W(I_N - \rho W)^{-1}$；tr 指一个矩阵的迹。

（二）空间面板误差模型

基于固定效应的空间面板误差模型的表达式为

$$Y_{it} = \alpha + X_{it}\beta + \mu_i + \lambda_t + \varphi_{it}$$

$$\varphi_{it} = \rho\sum_{j=1}^{n} W_{ij}\varphi_{jt} + \varepsilon_{it} \tag{6-4}$$

式中，φ_{it} 为随机误差项；ρ 为空间误差系数，用于衡量因变量的空间依赖作用，即相邻地区的因变量对本地区因变量的影响程度；其余变量含义与式（6-1）相同。

在固定效应的空间面板误差模型估计上，Anselin 和 Hudak 提出了空间误差计量模型的参数 β、ρ、σ^2 的极大似然函数估计方法。与固定效应的空间滞后模型估计方法类似，固定效应空间面板误差模型的对数极大似然函数为[361]

$$\ln L = -\frac{nt}{2}\log(2\pi\sigma^2) + T\log|I_n - \rho W| - \frac{1}{2\sigma^2}\sum_{i=1}^{n}\sum_{t=1}^{t}\left\{Y_{it}^* - \rho\left[\sum_{j=1}^{n} w_{ij} Y_{jt}\right]^* - \left(X_{it}^* - \rho\left[\sum_{j=1}^{n} W_{ij} X_{jt}\right]^*\right)\beta\right\}^2 \tag{6-5}$$

给定ρ，极大化上述对数似然函数可获得β和σ^2的 ML 估计值。

$$\beta=\{[X^*-\rho(I_T\otimes W)X^*]^{\mathrm{T}}[X^*-\rho(I_T\otimes W)X^*]\}^{-1}$$
$$\times\{[X^*-\rho(I_T\otimes W)X^*]^{\mathrm{T}}[Y^*-\rho(I_T\otimes W)Y^*]\} \tag{6-6}$$

$$\sigma^2=\frac{e(\rho)^Te(\rho)}{NT} \tag{6-7}$$

其中，$e(\rho)=Y^*-\lambda(I_T\otimes W)Y^*-[X^*-\lambda(I_T\otimes W)X^*]\beta$

同时，可以获得渐近方差矩阵：

$$\mathrm{Asy.\,Var}(\beta,\ \rho,\ \sigma^2)=\begin{bmatrix}\frac{1}{\sigma^2}X^{*T}X^* & & \\ 0 & T\times\mathrm{tr}(\widetilde{\widetilde{W}}\widetilde{\widetilde{W}}+\widetilde{\widetilde{W}}^T\widetilde{\widetilde{W}}) & \\ 0 & \frac{T}{\sigma^2}\mathrm{tr}(\widetilde{\widetilde{W}}) & \frac{NT}{2\sigma^2}\end{bmatrix} \tag{6-8}$$

其中，$\widetilde{\widetilde{W}}=W(I_N-\rho W)^{-1}$。

（三）空间面板杜宾模型

基于固定效应的空间面板杜宾模型的表达形式为

$$Y_{it}=\rho\sum_{j=1}^{n}W_{ij}Y_{jt}+\alpha+X_{it}\beta+\sum_{j=1}^{n}W_{it}X_{jt}\theta+\mu_i+\lambda_t+\varepsilon_{it} \tag{6-9}$$

式中，$i=1,2,\cdots,N$；$t=1,2,\cdots,T$；Y_{it}为第t个时间点因变量的观测值；X_{it}为第t个时间点自变量的观测值；ρ为空间回归系数；W_{ij}为$N\times N$阶空间权重矩阵；$\sum_{j=1}^{n}W_{ij}Y_{jt}$为因变量$Y_{it}$与相邻地区因变量$Y_{jt}$之间的空间交互作用，用于揭示因变量是否有空间溢出效应；β为自变量X_{it}的回归系数，体现自变量对因变量的影响程度和方向；θ为$K\times1$阶参数向量，体现邻近地区的自变量对本地区因变量的影响和程度；α为常数项；μ_i为地区固定效应；λ_t为时间固定效应，ε_{it}为随机误差项，服从期望为0、方差为σ^2的标准正态分布。空间面板杜宾模型与空间面板自回归、空间面板误差模型的最大差别在于它不仅能反映一个地区因变量受本地区自变量的影响程度，还能反映本地区因变量受相邻地区自变量的影响作用。

对于固定效应的空间面板杜宾模型估计，Debarsy 给出了运用 ML 方法估计模型[362]，似然函数为

$$\ln L=-\frac{NT}{2}\ln(2\pi)-\frac{1}{2}ln|\Omega|+T\ln|I_N-\delta W|-\frac{1}{2}U^T\Omega^{-1}U \tag{6-10}$$

其中，$U=Y_{it}-\delta\sum_{j=1}^{N}W_{ij}Y_{it}-X_{it}\beta-\sum_{j=1}^{N}W_{ij}X_{jt}\gamma-P_\mu X_{it}\pi-P_\mu\sum_{j=1}^{N}W_{ij}X_{jt}\gamma$；

$$\Omega = (T\sigma_{jt}^2 + \sigma^2)\left(\frac{1}{T}\iota_T \iota_T^T \otimes I_N\right) + \sigma^2\left(I_T - \frac{1}{T}\iota_T \iota_T^T \otimes I_N\right);$$

$$P_\mu = (\bar{J}_T \otimes I_N);$$

$$\bar{J}_T = \frac{\iota_T \iota_T^T}{T}。$$

关于解释变量影响的测度，根据 SPDM 模型估计的参数测度其影响程度是不准确的，要利用偏导函数才能解释空间溢出效应。因此，将空间杜宾模型转换为一般形式：

$$Y_t = (I - \rho W)^{-1}\alpha_t \iota_N + (I - \rho W)^{-1}(X_t\beta + WX\theta) + (I - \rho W)^{-1}\varepsilon \quad (6\text{-}11)$$

这里 ι_N 表示元素为 1 的列向量。因变量关于第 K 个解释变量的偏微方程矩阵如下：

$$\left[\frac{\partial Y}{\partial X_{1K}} \cdots \frac{\partial Y}{\partial X_{NK}}\right] = \begin{bmatrix} \frac{\partial Y_1}{\partial X_{1K}} & \cdots & \frac{\partial Y_1}{\partial X_{NK}} \\ \vdots & \vdots & \vdots \\ \frac{\partial Y_N}{\partial X_{1K}} & \cdots & \frac{\partial Y_N}{\partial X_{NK}} \end{bmatrix}$$

$$= (I - \rho W)^{-1}\begin{bmatrix} \beta_K & W_{12}\theta_K & \cdots & W_{1N}\theta_K \\ W_{21}\theta_K & \beta_K & \cdots & W_{2N}\theta_K \\ \vdots & \vdots & \vdots & \vdots \\ W_{N1}\theta_K & W_{N2}\theta_K & \cdots & \beta_K \end{bmatrix} \quad (6\text{-}12)$$

根据上述公式可以获得直接效应、间接效应和总效应。其中，对角线元素的平均值为直接效应，反映区域自变量对因变量的影响；非对角线元素的平均值为间接效应，反映其他地区自变量对本地区因变量的影响。直接效应与间接效应之和为总效应。

（四）模型选取

基于面板数据的空间计量模型种类主要有空间滞后、空间误差和空间杜宾模型，而面板数据模型又分固定效应模型和随机效应模型，固定效应模型进一步又可分为空间固定、时间固定、空间时间双固定效应。因此，如何选取合适的模型开展计量分析有相关的评判标准。

第一，在非空间面板模型基础上，构建模型残差的 LM（lagrange multiplier）和稳健（Robust）LM 统计量，对面板数据进行空间自相关性检验[363]。如果空间自相关性存在，则表明传统计量模型不符合研究需要，估计的结果可能存在偏差，因此要考虑空间面板模型。

第二，如果通过空间自相关检验，Elhorst 给出了 SPDM 模型是否能够简化为 SPAR 模型或者 SPEM 模型的检验方法，通过 Wald 检验和 LR 检验对 SPDM 模型的两个假设 H_0：$\theta=0$ 和 H_0：$\theta+\rho\beta=0$ 进行检验。如果两个假设都被拒绝，或者 LM 统计量和 Wald 或 LR 统计量指向的模型不一致，则选择空间面板杜宾模型；如果第一个假设不能被拒绝，并且 LM 检验以及稳健的 LM 检验显示因变量存在空间相关性，则应选择空间面板滞后模型；如果第二个假设不能被拒绝，并且 LM 检验以及稳健的 LM 检验显示残差项存在空间自相关，则应选择空间面板误差模型[364]。

第三，在面板数据固定效应和随机效应选取上，目前通用的做法主要有两种。第一种是先用随机效应的计量模型估计，然后进行 Hausman 检验，若检验统计量 P 值大于 0.05，则接受选择随机效应模型。第二种是先用固定效应计量模型估计，然后进行 LR 检验，如果 LR 检验统计量的 P 值大于 0.05，则选择固定效应模型[365]。

此外，常用的检验准则还有：拟合优度 R^2、自然对数似然函数（$\ln L$）、赤池信息准则（AIC）、施瓦茨准则（SC），$\ln L$ 的值越大、AIC 和 SC 的值越小，模型拟合效果越好。图 6-1 为空间常系数回归模型选取流程。

二、地理加权回归模型

运用横截面数据建立的传统计量经济学模型没有考虑数据在空间上的依赖性、异质性等特征。而我国地域辽阔，各省域在资源禀赋、自然生态、经济发展、社会事业、科技实力等方面都存在较大差异；同时，通过第五章的分析，可以看出我国各省域在循环经济发展水平、创新能力、创新与循环经济协调发展水平等方面都有较大差异性，空间非平稳特征较为明显，因此使用传统线性回归模型来分析自变量对因变量的关系无法反映空间非平稳特征，可能导致估计有偏。Fortheringham 等[366]、Brunsdon 等[367]提出的地理加权回归（GWR）模型将数据的地理位置嵌入回归参数中，充分考虑了空间非平稳特征，可以在局部空间上对每个参数进行局域性的而非全域性的参数估计，使得变量间的关系可以随着空间位置的不同而变化，切实反映各省域的客观实际情况。地理加权回归模型比较常用于截面数据分析。

经典的线性回归模型表达式为

$$y_i=\beta_0+\sum_{j=1}^{n}x_{ij}\beta_j+\varepsilon_i \qquad i=1,\ 2,\ \cdots,\ m \tag{6-13}$$

模型中，ε 为回归模型的随机误差项，满足球形扰动假设；回归系数 β 被假定为一个常数，参数 β_j 的估计一般采用最小二乘法。

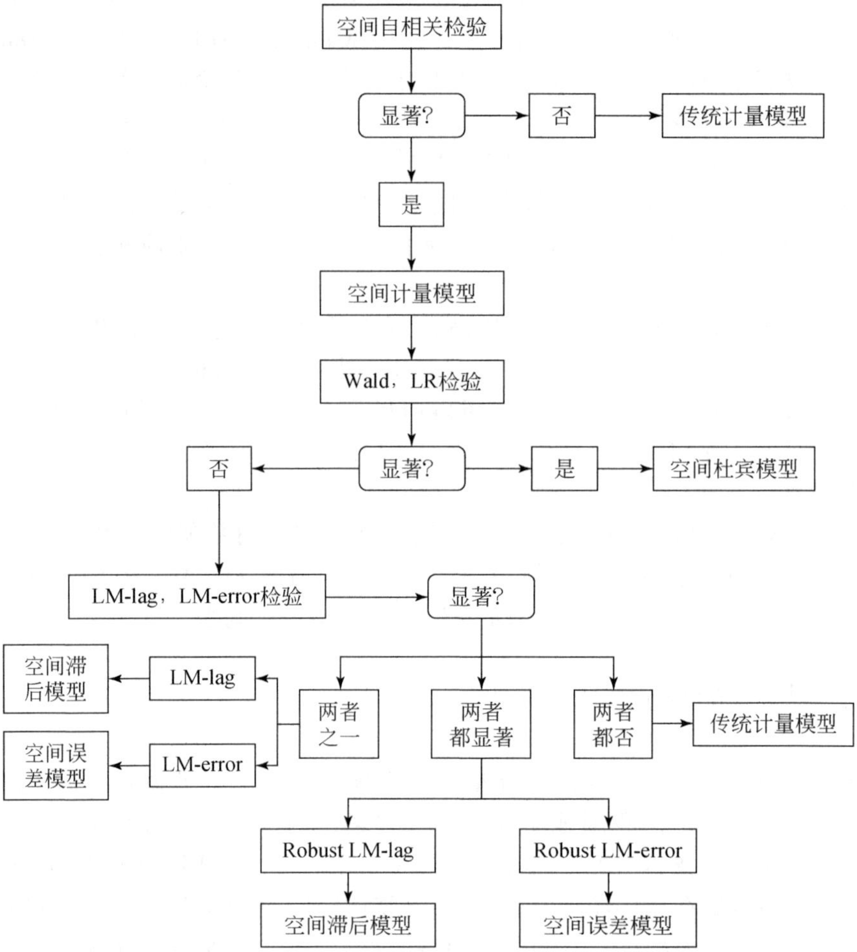

图 6-1　空间常系数回归模型选取流程图

地理加权回归模型是在经典线性回归模型基础上进行扩展，模型表达式为

$$y_i = \beta_0(u_i, v_i) + \sum_{j=1}^{n} x_{ij}\beta_j(u_i, v_i) + \varepsilon_i \tag{6-14}$$

式中，(u_i, v_i) 为第 i 个样本的空间坐标；$\beta_0(u_i, v_i)$ 和 $\beta_j(u_i, v_i)$ 分别为第 i 个样本点的常数项估计值和系数估计值。特定区位 i 的回归系数不再是采用经典回归模型中利用全部信息获得的假定系数 β，而是利用邻近观测值的子样本数据进行局域回归估计而得。GWR 模型一般采用加权最小二乘法对系数进行估计：

$$\beta_j = (X^T W_i X)^{-1}(X^T W_i Y) \tag{6-15}$$

式中，W_i 为 $n\times n$ 的空间权重矩阵，非对角线上的元素为 0，对角线上的每个元素都是关于观测值所在位置 j 与回归点 i 的位置之间距离的函数。W_i 的计算主要有三种。

第一种是高斯距离（Gaussian distance）：

$$W_i = \varnothing \ (d_i/\sigma\theta) \tag{6-16}$$

第二种是指数距离权值（exponential distance）：

$$W_i = \sqrt{\exp \ (-d_i/\theta)} \tag{6-17}$$

第三种是三次方距离（tricube distance）：

$$W_i = [1-(d_i/q_i)^3]^3 \tag{6-18}$$

式中，d_i 为距离向量；θ 为带宽，即距离衰减函数；$\varnothing$ 为标准状态密度；σ 为距离向量的标准差；q_i 为第 q 个最近邻居与区域 i 之间的距离。

通常情况下，采用第一种高斯函数对空间权重矩阵进行计算，带宽的确定普遍采用 Cleveland 提出的局域回归分析交叉验证方法（cross-vali-dation，CV）：

$$CV = \sum_{i=1}^{n} [y_i - \widehat{y}_{\neq i}(\theta)]^2 \tag{6-19}$$

式中，$\widehat{y}_{\neq i}(\theta)$ 为 y_i 的拟合值。应用时，当 CV 达到最小值时，对应的 θ 就是最优带宽。

最优带宽的另一种计算方法是使 GWR 模型的 AIC 最小[368]，计算公式为

$$AIC = 2n\ln(\widehat{\sigma}) + n\ln(2\pi) + n\left[\frac{n + tr(S)}{n - 2 - tr(S)}\right] \tag{6-20}$$

式中，n 为样本的大小，tr（S）为地理加权回归的投影矩阵 S 的迹，为带宽的函数；$\widehat{\sigma}$ 为误差项的标准利差：

$$\widehat{\sigma} = \sum_i \frac{(y_i - \widehat{y}_i)^2}{n - 2tr(S) + tr(S^T S)} \tag{6-21}$$

第二节　全局层面的创新驱动循环经济发展效应

一、变量选取与模型构建

本章以我国省域创新因子对循环经济发展的影响为研究对象，以第四章创新驱动循环经济的机理分析为研究假设，以第五章循环经济发展水平和创新能力评价的分析结果作为数据来源，开展实证分析。采用我国 30 个省（自治区、直辖市）(除西藏、香港、澳门和台湾）的循环经济发展水平（XH）综合得分为因变量，时间跨度为 2005～2013 年，数据来源于第五章对我国省域循环经济发展水

平的综合评价得分值（表5-7）；自变量的选取以第四章创新驱动循环经济发展的机理分析为基础，结合第五章采用全局因子法正交旋转后所命名的各创新因子，提取知识与科技创新、资源与技术集成、产品与产业创新和文化与政策创新作为自变量，数据来源于各创新因子综合评价得分值（分别见附录A中的附表A.1～附表A.4）。同时，对创新驱动循环经济发展的机理进行归纳总结，设定各创新因子对循环经济发展的影响路径。

（1）知识与科技创新（ZSKJ）：知识与科技创新是推动循环经济发展的基础。高校、科研院所、企业作为知识与科技创新主体，通过持续开展知识创造和科技研发项目，创造出一批以专利为表现形态的新工艺、新技术和新产品，并逐步推广应用，有利于不断降低资源能源消耗，推动循环经济的高值化、规模化和生态化发展。在省域创新能力评价过程中，高等学院R&D课题数、研究与开发机构科技活动课题数、每十万人平均发表的国内外论文数、三种专利授权数、每亿元研发经费内部支出产生的发明专利授权数、技术市场交易金额（按流向）6个指标在正交旋转后的因子载荷矩阵中载荷较高，基本可以反映知识与科技创新内容。

（2）资源与技术集成（ZYJS）：资源与技术集成是推动循环经济发展的重要手段。其中，资源集成涉及人、财、物、信息的综合集成运转，技术集成主要体现为以工业企业为代表的集成主体不断开展先进适用技术的引进和改造的力度。在省域创新能力评价过程中，R&D人员全时当量、实际利用外商直接投资额、规模以上工业企业科技活动获得金融机构贷款额、移动电话用户数、规模以上工业企业技术改造投入额、规模以上工业企业国外技术引进金额6个指标在正交旋转后的因子载荷矩阵中载荷较高，能够较好地解释资源与技术集成的主要内容。

（3）产品与产业创新（CPCY）：产品与产业创新是推动循环经济发展的重要表现形式。第一，节能环保产品、再制造产品、资源再生产品、智能化产品等一批新产品的推广使用，能够从源头上降低资源能源消耗，提高产品附加值；第二，以节能环保、新能源、新材料产业为代表的高新技术企业和产业的发展，有助于加快工业绿色转型升级步伐；第三，第三产业的快速发展能够从源头上减少资源能源消耗和废水、废气、废物产生。在省域创新能力评价过程中，企业新产品产值占工业总产值比重、高技术企业增长率、高新技术产业产值占工业总产值比重、第三产业增加值增长率4个指标在正交旋转后的因子载荷矩阵上载荷较高，充分体现产品与产业创新的内容。

（4）文化与政策创新（WHZC）：在推动循环经济发展过程中，文化创新是灵魂，而政策创新是保障。在全社会树立节约利用、环境保护、尊敬自然的生态价值观念，能够推动绿色生产方式和生活方式的形成，从根源上推动循环经济发展和生态文明建设；制定完善的激励性政策和约束性政策，可以有效激发市场主体循环经济发展积极性，为循环经济市场健康发展提供保障。文化与政策创新包含的内容相对宽泛，较难用定量化的指标进行描述。在省域创新能力评价过程中，报纸出版总印数、每百人平均互联网上网人数、人均公共财政教育支出、政府科技投入占财政支出比重、国家创新基金获得资金 5 个指标在正交旋转后的因子载荷矩阵上载荷较高，这些指标一方面反映文化交流传播的报纸渠道和网络渠道的规模，另一方面反映政府对教育、科技的财政资金投入以及对科技企业创新行为的政策扶持力度，对于文化与政策创新的解释性相对较强。

根据固定效应的 SPAR、SPEM、SPDM 模型的基本公式［式（6-1）、式（6-4）、式（6-9）］，以省域循环经济发展水平为因变量，知识与科技创新、资源与技术集成、产品与产业创新、文化与政策创新为自变量，分别构建创新驱动循环经济发展效应的三种空间面板模型。

空间面板自回归模型的表达式为

$$\begin{aligned}\mathrm{XH}_{it} = &\rho \sum_{j=1}^{n} W_{ij}\,\mathrm{XH}_{jt} + \alpha + \beta_1\,\mathrm{ZSKJ}_{it} + \beta_2\,\mathrm{ZYJS}_{it} + \beta_3\,\mathrm{CPCY}_{it} \\ &+ \beta_4\,\mathrm{WHZC}_{it} + \mu_i + \lambda_t + \varepsilon_{it}\end{aligned} \tag{6-22}$$

空间面板误差模型的表达式为

$$\mathrm{XH}_{it} = \alpha + \beta_1\,\mathrm{ZSKJ}_{it} + \beta_2\,\mathrm{ZYJS}_{it} + \beta_3\,\mathrm{CPCY}_{it} + \beta_4\,\mathrm{WHZC}_{it} + \mu_i + \lambda_t + \varphi_{it}$$

$$\varphi_{it} = \rho \sum_{j=1}^{n} W_{ij}\,\varphi_{jt} + \varepsilon_{it} \tag{6-23}$$

空间面板杜宾模型的表达式为

$$\begin{aligned}\mathrm{XH}_{it} = &\rho \sum_{j=1}^{n} W_{ij}\,\mathrm{XH}_{jt} + \alpha + \beta_1\,\mathrm{ZSKJ}_{it} + \beta_2\,\mathrm{ZYJS}_{it} + \beta_3\,\mathrm{CPCY}_{it} + \beta_4\,\mathrm{WHZC}_{it} \\ &+ \theta_1 \sum_{j=1}^{n} W_{ij}\,\mathrm{ZSKJ}_{jt} + \theta_2 \sum_{j=1}^{n} W_{ij}\,\mathrm{ZYJS}_{jt} + \theta_3 \sum_{j=1}^{n} W_{ij}\,\mathrm{CPCY}_{jt} \\ &+ \theta_4 \sum_{j=1}^{n} W_{ij}\,\mathrm{WHZC}_{jt} + \mu_i + \lambda_t + \varepsilon_{it}\end{aligned} \tag{6-24}$$

二、模型选择

在模型的选取上，根据图 6-1 的模型选取步骤，依次对面板模型进行检验，以确定是否需要构建空间计量模型，即判断四个创新因子对循环经济发展的影响效应是否存在空间相关性；如果存在，在空间面板自回归、空间面板滞后和空间面板杜宾模型中，选取哪种模型相对合适。

第一阶段，在不考虑空间效应的前提下建立传统面板模型，并运用 MATLAB

R2015a 软件对模型进行估计及检验，结果如表 6-1 所示。在非空间面板模型的普通混合、空间固定、时间固定、时间和空间固定模型的估计检验中，四个模型的拟合优度 R^2 都大于 0.833，说明模型总体的拟合效果较好，解释性较强；同时，知识与科技创新、资源与技术集成、产品与产业创新、文化与政策创新四个变量在普通混合、空间固定、时间固定、时间和空间固定模型中的回归系数都通过 5% 水平的显著性检验，回归系数值都为正，说明知识与科技创新、资源与技术集成、产品与产业创新、文化与政策创新对省域循环经济发展具有显著地推动作用。在传统面板模型中，空间固定效应面板模型的拟合优度相对较高，并且极大似然值（log L）最高，表明在传统面板模型中空间固定效应面板模型能够更好地反映创新因子对循环经济发展的影响效应：知识与科技创新驱动因子是推动循环经济发展的核心力量，回归系数达 1.0496，在四个驱动因子中排名第一；文化与政策创新驱动因子的回归系数达 0.8159，在推动循环经济发展方面起着重要作用；资源与技术集成有着明显促进作用，回归系数达 0.4102；产品与产业创新对推动循环经济发展也起着一定的促进作用，回归系数达 0.1478。

表 6-1　不考虑空间效应时面板模型的估计结果

变量	普通混合模型	空间固定效应	时间固定效应	时间空间固定效应
ZSKJ	1.0756*** (26.3426)	1.0496*** (11.9795)	1.0778*** (26.3230)	1.0756*** (26.3923)
ZYJS	0.7239*** (17.7292)	0.4102*** (5.4688)	0.6792*** (14.4025)	0.7239*** (17.7627)
CPCY	0.7220*** (18.9066)	0.1478** (2.4175)	0.8033*** (18.4468)	0.7720*** (18.9422)
WHZC	0.8339*** (20.4232)	0.8159*** (32.5628)	0.6851*** (6.7279)	0.8339*** (20.4617)
C	−0.00012 (−0.0003)			
R^2	0.8706	0.8893	0.8445	0.8339
log L	−272.3413	−48.4208	−269.7463	−276.3403
LM test no spatial lag	139.8169***	74.4336***	140.8290***	145.6131***
Robust LM test no spatial lag	119.9504***	82.1327***	119.2111***	126.6160***
LM test no spatial error	21.7084***	7.3116***	23.3956***	21.7084***
Robust LM test no spatial error	3.1773*	15.0107***	1.7786	2.7113*

注：括号内为 t 值；

***、**、* 分别表示 1%、5%、10% 的水平上显著。

虽然传统面板模型的估计效果较好、各变量的显著性也较高，但是模型估计的 Dubin-Watson 值仅为 1. 4538<2，说明残差存在序列相关性；残差序列检验的 Moran's *I* 为 0. 222，并通过 1% 水平的显著性检验，说明残差序列存在显著的空间自相关性，不考虑空间效应的传统面板模型遗漏了空间因素，模型估计的解释性存在缺陷。同时，运用 Elhorst 提供的 MATLAB 程序包，对传统面板模型估计的残差进行 LM 及 Robust LM 检验。在 LM-lag 和 LM-error 检验中，无论是普通混合模型、空间固定效应模型、时间固定效应模型还是时间空间固定效应模型，检验结果都在 1% 的水平上显著，说明空间自回归模型和空间误差模型都适合用于对样本数据进行分析。在 Robust LM-lag 和 Robust LM-error 检验中，四个模型的 Robust LM-lag test 值都在 1% 水平上显著；而 Robust LM-error 在空间固定效应模型中以 1% 的水平显著拒绝检验，在普通混合模型和时间空间固定效应模型中以 10% 的水平显著拒绝检验，在时间固定效应模型中接受检验。因此，LM 及 Robust LM 检验结果说明：在空间固定效应模型中，空间自回归模型和空间误差模型都能够较好地分析问题，因此要选取具有普遍形式的空间杜宾模型进行分析；在普通混合模型和时间空间固定效应模型中，Robust LM（lag）的检验结果比 Robust LM-error 的检验结果更为显著，空间自回归模型比空间误差模型更为有效；在时间固定效应上，选取空间自回归模型更为合适。

第二阶段，在空间模型选取上，除了 LM 及 Robust LM 检验外，还应该对空间杜宾模型的两个假设 H_0：$\theta=0$ 和 H_0：$\theta+\rho\beta=0$ 进行 Wald 和 LR 检验，检验结果见表 6-2。无论是随机效应、空间固定效应、时间固定效应还是时间空间固定效应模型，Wald 和 LR 检验都在 1% 水平上显著拒绝原假设。因此，无论是在随机效应或固定效应下，都应该选取空间杜宾模型对样本数据进行分析。

表 6-2 空间面板模型的 Wald 检验和 LR 检验

检验变量	随机效应	空间固定效应	时间固定效应	时间空间固定效应
Wald test spatial lag	28. 5448 ***	24. 0902 ***	33. 3058 ***	48. 0158 ***
LR test spatial lag	29. 7473 ***	28. 888 ***	34. 8769 ***	63. 4848 ***
Wald test spatial error	490. 7017 ***	331. 0519 ***	183. 6999 ***	147. 9029 ***
LR test spatial error	130. 1497 ***	126. 4589 ***	132. 6056 ***	119. 9985 ***

***、**、* 分别表示 1%、5%、10% 的水平上显著。

第三阶段，因本书选用的是面板数据，采用 Hausman 检验方法判定面板模型中是选取固定效应还是随机效应。通过对随机效应的计量模型进行检验，Hausman 统计值为 46. 3571，并通过 1% 水平的显著性检验，因此选择固定效应较为合适。

综合以上三个阶段的检验，可以确定从全局层面分析创新驱动循环经济发展效应的模型为：固定效应的空间面板杜宾模型。固定效应可分为空间固定效应、时间固定效应、时间空间双固定效应。空间固定效应衡量的是地区之间的地理空间特征，反映了变量之间的空间（截面）维度的相互作用；时间固定效应衡量省域循环经济发展中创新的阶段性特征，反映了变量间时间维度的相互作用；双固定效应则同时考虑了空间和时间维度[369]。

三、SPDM 模型估计

根据选定的固定效应空间面板杜宾模型，运用 MATLAB R2015a 软件对空间固定效应、时间固定效应、时间空间固定效应的 SPDM 模型进行估计。估计结果如表 6-3 所示，相对而言三种效应下的 SPDM 模型的拟合度 R^2 都达到 0. 94 以上，高于不考虑空间效应的传统面板模型；同时，三种效应下的 SPDM 模型的极大似然值也分别高于对应的传统面板模型，说明固定效应的 SPDM 模型具有更好的解释性，适合用于分析创新因子对循环经济发展的影响效应。

表 6-3　固定效应的 SPDM 模型估计

变量	空间固定效应	时间固定效应	时间空间固定效应
ZSKJ	0. 7591*** (9. 6119)	0. 9780*** (25. 4671)	0. 9084*** (11. 2058)
ZYJS	0. 1729*** (5. 4688)	0. 5199*** (14. 3428)	0. 1946*** (3. 0710)
CPCY	0. 0987* (1. 9167)	0. 5355*** (15. 3555)	0. 0530 (1. 0471)
WHZC	0. 3015*** (5. 6134)	0. 5822*** (8. 0887)	0. 3167*** (6. 2177)
W * ZSKJ	0. 4375*** (3. 6569)	0. 2694*** (3. 0787)	0. 7904*** (6. 0681)
W * ZYJS	0. 1099 (1. 1776)	0. 2312*** (3. 3383)	0. 1961** (1. 9996)
W * CPCY	0. 1936*** (2. 7290)	−0. 0940 (−1. 3202)	0. 0580 (0. 7461)
W * WHZC	0. 3120*** (4. 3049)	−0. 0168 (−0. 1376)	0. 4437*** (5. 1742)

续表

变量	空间固定效应	时间固定效应	时间空间固定效应
ρ	0.3310*** (5.2216)	0.2730*** (4.2414)	0.1386** (1.9864)
R^2	0.9881	0.9442	0.9856
Corrected R^2	0.9335	0.9273	0.6912
log L	49.6861	-161.9659	18.5185

注：括号内为 t 值；

***、**、*分别表示1%、5%、10%的水平上显著。

对于三种效应的SPDM模型，具体选取哪种模型进行分析还需要作进一步探讨。由于传统模型的 R^2 是基于残差平方和分解的，它已不再适用于具有空间效应模型的判断，如果仍然直接比较不同模型的 R^2 则是不科学的[370]。Elhorst认为：在含有空间滞后因变量的面板数据模型的对比中，Corrected R^2 比 R^2 指标更合理[371,372]。从表6-3可以看出，空间固定效应的SPDM模型的 R^2 为0.9881，Corrected R^2 为0.9335，二者相对都较高，表明模型拟合效果相当好，并且大部分解释变量都在1%水平下通过检验；时间固定效应的SPDM模型的 R^2 为0.9442，Corrected R^2 为0.9237，二者也相对较高，表明模型拟合效果较好，并且大部分解释变量都在1%水平下通过检验；时间空间固定效应的SPDM模型的 R^2 为0.9856，Corrected R^2 仅为0.6912，CPCY和W＊CPCY并没有通过显著性水平检验，表明模型设定存在不恰当之处，不能较好地解释创新对循环经济发展影响效应的相关问题。

进一步对比空间固定效应和时间固定效应的SPDM模型，相对来说空间固定效应SPDM模型的 R^2 和Corrected R^2 都比时间固定效应SPDM模型高，并且空间固定效应SPDM模型的极大似然值（log L）为49.6861，远高于时间固定效应SPDM模型的-161.9659，因此在统计检验上空间固定效应的SPDM模型更为可靠。从本研究的具体实际来看，研究时间段为2005～2013年，时间跨度相对较短，受时间变量的影响相对较小[373]；而研究对象为全国30个省（自治区、直辖市），涵盖我国东部、东北、中部和西部地区，各地区在经济发展水平、自然资源禀赋、产业结构情况等方面存在明显差异，并且通过研究发现各地区在循环经济发展水平和创新能力上也存在较大差异，所以在理论上也更适合采用空间固定效应模型[374]。

空间固定效应下的SPDM模型估计结果中，ρ 的系数为0.331，并且通过1%水平的显著性检验，表明我国省域循环经济发展存在显著的空间溢出效应，某一地区循环经济发展水平较高对推动邻近省份循环经济发展具有较强的促进作用。

这一现象存在的主要原因在于：

第一，区域经济一体化加速技术、资金、人才、信息等资源的流动。近年来，我国逐步实施长三角经济区、珠三角经济区、京津冀经济区、北部湾经济区、海峡西岸经济区、成渝经济区、中原经济区等发展战略，经济区的设立和发展逐步打破了行政区域界线，突破了“地方保护主义”枷锁，增强了区域内和区域间的高新技术、节能环保人才、金融资金和企业资金、信息等资源的流动速度和共享效应，便于区域内循环经济发展水平较低的省份吸收循环经济发展水平较高省份的经验做法和知识信息，引进节能环保技术、设备、人才开展传统产业改造升级工程，大力发展现代服务业优化产业结构，推动经济区内相关省份循环经济的协同发展[375]。

第二，交通运输便捷化推动了省域间再生资源回收利用产业规模化发展。物流运输成本是再生资源产业发展的主要制约因素。随着省域间高速公路、铁路等交通运输网络的建立与完善，省域间交通运输条件越来越便捷，再生资源的物流运输成本不断降低，某一省再生资源的来源渠道不单单仅限于本省，邻近及周边省份的再生资源也成为重要的原料来源渠道，不断推动当地再生资源产业规模化发展。以福建省仙游县为例，该县每年从广东、江西、浙江等地周边省份运回的当地加工利用的废塑料、废纸、废玻璃等再生资源量就达 40 万吨。某一省份再生资源产业的快速发展，有助于与周边省份共同形成规范化、规模化、定向化的再生资源回收体系，解决周边省份某几种再生资源的回收与利用困境，进而提高周边省份的生态环境质量，实现本省资源利用效率不断提高和周边省份生态环境质量逐步改善的双重效应。

第三，跨省域重大基础设施项目建设推进资源能源共享共用。能源资源利用效率是体现循环经济发展水平的重要内容。为缓解我国区域资源分布不均问题，我国陆续实施了“三峡工程”“南水北调”“西气东输”“西电东送”等举世瞩目的重大基础设施建设项目，对优化能源资源的科学调配、促进区域经济发展和社会进步起着重要作用，同时也进一步增强了省域间循环经济发展的空间溢出效应。以“西气东输”为例，长年以来我国中部地区和东部地区省份的能源消费结构中，煤炭基本占70% ~80%的比例，煤炭燃烧后产生的大量二氧化碳、二氧化硫等污染物排放对生态环境质量造成深远影响；而“西气东输”项目的建设运行为广大沿线地区提供了清洁能源的使用，进一步优化了沿线地区能源消费结构，减少了二氧化碳和二氧化硫等污染物排放，对改善区域生态环境质量具有积极的作用。

第四，循环经济示范试点项目建设促进了先进经验的交流与传播。国家层面于 2005 年开始倡导发展循环经济，之后“循环经济”这一新鲜事物逐渐被各级地方政府、产业界、学术界所热捧，国家发展和改革委员会、科学技术部等六部委也于2005年和2007年在重点行业、重点领域、产业园区和部分省市分别开展了两批循环经济示范试点工作，对示范试点单位的循环经济项目建设提供了配套资金支持和政策优惠。随着示范试点项目建设工作深入推进，一批试点省（自治区、直辖市）、产业园区和工业企业逐步探索适应各自发展特点的循环经济发展模式，并形成各具特色的循环经济先进经验和做法；同时，在国家的理念倡导和激励性政策的大力支持下，未开展循环经济示范试点工作的省（自治区、直辖市）、园区和企业陆续到先进地区开展经验交流活动，并根据自身产业发展情况模仿开展循环经济相关实践活动，使得一批成熟适用的循环经济发展模式在全国大部分地区得到推广应用，推动了省域循环经济协同发展。

四、空间效应分解

上面仅对因变量的空间溢出效应进行分析，并未对SPDM模型估计的ZSKJ、ZYJS、CPCY、WHZC等自变量的回归系数和W * ZSKJ、W * ZYJS、W * CPCY、W * WHZC等邻近地区自变量对本地区因变量的影响程度进行分析，原因在于：由于空间模型存在相邻区域的空间相关性，各变量间的关系并非独立存在[376]，导致自变量的系数不再具有传统模型的偏回归系数含义，使得模型的回归系数解释较为困难[377]。因此，表6-3的空间面板杜宾模型点估计不能作为各创新因子对循环经济发展影响是否具有外部性的依据；Lesage和Pace也指出点估计容易产生错误，建议从求解偏微分的角度计算一个区域的自变量发生变化时对相邻区域产生的平均溢出效应，并给出了利用均值来测度直接效应和间接效应以及总效应的方法[378]。按照式（6-12）可将空间效应分解为直接效应和间接效应，直接效应是指本地区的各创新因子对本地区循环经济发展的平均影响程度，间接效应（溢出效应）是指邻近地区的创新因子对本地区循环经济发展的平均影响，总效应是指各创新因子对所有地区循环经济发展的平均影响[379]。近年来，国内相关学者也采用该方法解释金融支持绿色发展的空间效应[380]、贸易开放对居民收入的空间溢出[381]、城市化发展的影响因素[382]等相关问题。因此，立足于纠正空间溢出效应解释的偏差，本书引进直接效应和间接效应对创新驱动循环经济发展效应进行分解。

在对空间固定效应下SPDM模型的直接效应和间接效应进行分解的同时，为方便比较分析，也对时间固定效应和时空固定效应SPDM模型的空间效应进行分解，结果如表6-4所示。相对来说，空间固定效应下的SPDM模型中各自变量的直接效应、间接效应和总效应都至少通过10%水平的显著性水平检验；而时间固定效应的 SPDM 模型中 CPCY 的间接效应和 WHZC 的间接效应并未通过显著性水平检验，时间空间固定效应下的 SPDM 模型中 CPCY 的直接效应、间接效应和总效应均未通过显著性水平检验。综合来看，空间固定效应下 SPDM 模型的空间效应分解情况相对较好，也进一步证实了选取空间固定效应 SPDM 模型分析创新驱动循环经济发展效应具有较好的可靠性和解释性。

表 6-4 固定效应的 SPDM 模型空间效应分解

模型	变量	直接效应	间接效应	总效应
空间固定效应	ZSKJ	0.8387*** (10.5893)	0.9488*** (7.0229)	1.7875*** (10.5435)
	ZYJS	0.1899*** (2.8881)	0.2291* (1.8894)	0.4190*** (3.0369)
	CPCY	0.1237** (2.3975)	0.3096*** (3.1678)	0.4333*** (3.6395)
	WHZC	0.3492*** (7.0737)	0.5691*** (9.5379)	0.9183*** (21.7907)
时间固定效应	ZSKJ	1.0270*** (31.3650)	0.6915*** (11.7754)	1.7185*** (24.8339)
	ZYJS	0.5544*** (16.3494)	0.4811*** (7.9064)	1.0355*** (15.0654)
	CPCY	0.5393*** (15.8302)	0.0653 (0.8982)	0.6046*** (7.4215)
	WHZC	0.5969*** (8.5204)	0.1831 (1.2947)	0.7800*** (5.0376)
时间空间固定效应	ZSKJ	0.9478*** (12.2455)	1.0281*** (8.2115)	1.9759*** (12.4799)
	ZYJS	0.2017*** (3.1226)	0.2533** (2.4007)	0.4550*** (3.8104)
	CPCY	0.0538 (1.0280)	0.0769 (0.8634)	0.1307 (1.1460)
	WHZC	0.3370*** (6.7030)	0.5449*** (6.5579)	0.8819*** (10.5693)

注：括号内为 t 值；

***、**、* 分别表示 1%、5%、10% 的水平上显著。

（一）直接效应分析

直接效应反映的是本地区创新因子对本地区循环经济发展的影响。空间固定效应 SPDM 模型的直接效应分解结果显示：知识与科技创新因子（ZSKJ）的直接效应为 0.8387，在各创新因子中系数值最大，并通过 1% 水平的显著性检验，说明知识与科技创新是推动本省份循环经济发展的核心力量，这也突出反映了近年来各省市纷纷开展节能环保、重要资源循环利用、生态园区建设等领域的课题研究和技术攻关所取得的显著成效。

文化与政策创新因子（WHZC）的直接效应为 0.3492，并通过 1% 水平的显著性检验，说明文化与政策创新是循环经济发展的重要手段，随着循环经济理念宣传的不断深入，公众循环经济发展意识不断提高，各级地方政府也大力实施推进节能降耗、资源综合利用、污染减排等各项约束性和激励性政策，对推动循环经济发展的效果相对较好。

资源与技术集成因子（ZYJS）的直接效应为 0.1899，并通过 1% 水平的显著性检验，说明人力、资金、信息等资源投入以及工业企业开展技术改造、技术引进等资源与技术集成活动对推动当地循环经济发展具有促进作用，但相对于知识与科技创新和文化与政策创新而言，其推动效果较小，一定程度上也反映出传统工业企业开展技术引进和技术改造的力度还不够大。

产品与产业创新因子（CPCY）的直接效应为 0.1237，并通过 5% 水平的显著性检验，表明新产品销售、高新技术企业发展和第三产业发展有助于推动循环经济发展，但产品与产业创新的推动作用在四个因子中相对较弱，一定程度上反映出我国产业绿色转型和结构调整步伐相对缓慢。

（二）间接效应分析

间接效应即空间溢出效应，反映邻近地区创新因子对本地区循环经济发展的影响。从空间固定效应 SPDM 模型的间接效应分解结果上看，四个创新因子的空间溢出效应都显著为正，反映出我国省域间创新驱动循环经济发展具有较强的空间溢出效应，但各创新因子的空间溢出效应及显著水平有所差异。

其中，知识与科技创新因子（ZSKJ）的空间溢出效应相对较强，系数为 0.9488，并通过 1% 水平的显著性检验，说明省域间通过知识传播、科技项目联合攻关、科技成果转移、协同创新中心建设等手段能够有效推动循环经济发展。

文化与政策创新因子（WHZC）的空间溢出效应为 0.5691，并通过 1% 水平的显著性检验，说明文化宣传教育与政府政策制定等促进循环经济发展的行为在省域间具有较强的示范效应，当邻近省份采取文化与政策创新方式推动循环经济发展时，由于操作方式简单、运行成本较低、效果相对显著，本省份也会效仿这种发展路径。

产品与产业创新因子（CPCY）的空间溢出效应为0.3096，并通过1%水平的显著性检验，说明新产品生产销售和高新技术产业、第三产业的发展在省域间具有一定的空间溢出效应，产品与产业创新推动循环经济发展的行为在省域间也具有一定的示范带动作用，但因其需要投入的资金、人力、技术、设备等资源较多，运作流程相对复杂，推动循环经济发展的空间滞后效应并没有文化与政策创新高。

资源与技术集成驱动因子（ZYJC）的空间溢出效应为0.2291，在四个创新因子中溢出效应相对较低，并且仅通过10%水平的显著性检验，说明邻近省份资源与技术集成对推动本省份循环经济发展具有直接推动作用，但这种影响并没有很显著；虽然邻近省份的技术改造、技术引进推动循环经济发展的行为较容易被本省份效仿，具有一定的空间溢出效应，但邻近省份资源的集聚与集成会吸收本省份的相应资源，弱化对本省份循环经济发展的推动作用。

（三）总效应分析

总效应是直接效应和间接效应之和，反映各创新因子对所有地区循环经济发展的影响。从空间固定效应SPDM模型的总效应结果可以看出，知识与科技创新（ZSKJ）、资源与技术集成（ZYJS）、产品与产业创新（CPCY）、文化与政策创新（WHZC）四个因子对我国循环经济发展的影响都为正，并都通过1%水平的显著性检验，说明我国省域循环经济发展是由知识与科技创新、资源与技术集成、产品与产业创新、文化与政策创新等共同推动的结果。从各创新因子的影响效应来看，知识与科技创新的影响效应（1.7875）最大，文化与政策创新（0.9183）次之，产品与产业创新（0.4333）、资源与技术集成（0.4190）的影响效应相对较弱，由此可以看出我国循环经济发展基本形成以知识与科技创新为核心、以文化与政策创新为支撑、以产品与产业创新和资源与技术集成为辅助的驱动结构。

从各创新因子的直接效应和间接效应大小上看，四个创新因子的间接效应都高于直接效应，即随着知识与科技创新、资源与技术集成、产品与产业创新、文化与政策创新水平的不断提高，这些创新因子对提高邻近省份循环经济发展水平的作用要大于对提高本省份循环经济发展水平的作用，说明空间溢出是推动我国省域循环经济发展的重要力量。呈现这一现象的主要原因可以从创新要素的流动特征以及循环经济的特有属性来进行解释。一方面，创新要素具有稀缺性、独立性和自由流动的特征，知识、技术、资金、资源和人才等创新要素要追求自身利益最大化，总会从边际收益率低的地区向边际收益率高的地区流动[383]，余泳泽和刘大勇的研究结果表明知识创新、科研创新和产品创新都存在明显的空间溢出效应[327]，国内其他相关学者也基本认同创新要素具有空间溢出特征[384-386]。另一方面，2005～2013年我国循环经济发展还处于自发探索和试点示范带动阶段，企业、高校、科研机构、政府、公众对于如何发展循环经济还较为陌生，急需一批先进成熟适用的理论知识、技术成果和发展模式予以指导，这为创新能力提升以及各创新要素的流动提供了广阔的市场空间；同时，国家层面提出了一揽子包括淘汰落后产能计划、节能改造支持行动、减排目标责任制、资源回收利用税收优惠的政策措施，这种倒逼和激励相协调的政策手段加速推进了创新要素在省域间的流动。以燃煤锅炉节能技术为例，当某一地区运用先进适用的节能技术对燃煤锅炉进行改造后，国家或地方政府会对这一节能行为进行适当的资金奖励或补贴，周边地区省份的相关企业一方面迫于完成各级政府的节能减排目标压力，另一方面开展节能技术改造行为既可以降低能源消耗、减少企业生产成本，又可以享受政府给予的资金补贴，相关企业在利益驱动下会主动联系并积极采用先进成熟的燃煤锅炉节能技术，这一行为也会激发技术供给厂商进一步对锅炉节能技术进行更新换代，节能效果也将不断提高，从而出现燃煤锅炉节能技术推广应用对提高邻近省份循环经济发展的效果要比提高本省循环经济发展的效果更明显的现象。因此，在研究创新驱动循环经济发展的相关问题时，不能忽略创新要素的空间溢出效应对推动循环经济发展的重要作用。今后在加快推进我国省域循环经济发展的过程中，不仅要关注省域内的创新要素，更要密切注意创新要素的空间溢出。

第三节　省域层面的创新驱动循环经济发展效应

前面在考虑空间相关性的基础上，选取空间杜宾面板模型分析创新驱动循环经济发展效应，有效克服了传统OLS模型的缺陷[387]；但是SPDM模型仍然是以空间平稳性为前提条件的，通过SPDM模型得出的各创新因子对省域循环经济发展影响的回归系数是相同的，不随空间样本个体实际的变动而变动，只能说明我国省域的平均水平[388]。然而，我国省域循环经济发展水平和创新能力都有明显差异，都呈现“东部地区水平相对较高、东北和中部地区次之、西部地区相对较弱”的空间分布格局。因此，SPDM模型回归结果的分析不能体现省域层面创新驱动循环经济发展效应的空间分异特征，即知识与科技创新、资源与技术集成、产品与产业创新、文化与政策创新等因子对不同省域循环经济发展的影响作用大小可能不同。地理加权回归模型（GWR）不仅考虑了要素投入的空间相关性，还考虑了不同地区要素产出弹性系数可能不同的特性[389]。近年来，李婉红[390]、宋帮英和苏方林[391]、胡艳兴等[392]、汤清和邓宝珠[393]、方远平和谢蔓[394]等国内学者通过构建GWR模型分别对排污费制度驱动绿色技术创新、碳排放的影响因素的时空演变、技术进步对能源效率影响的空间差异、创新要素对创新产出的空间影响差异等问题进行了分析，得出的研究结论都具有较强的解释性。因此，本书构建GWR模型分析省域层面创新驱动循环经济发展效应的空间异质性问题。

一、GWR模型构建

根据GWR模型的相关理论和基本公式［式（6-14)］，构建省域创新驱动循环经济发展效应的GWR模型。解释变量和被解释变量的选取与空间面板模型中的变量一致，被解释变量为我国30个省（自治区、直辖市)(除西藏、香港、澳门和台湾）循环经济发展水平（XH）综合得分，解释变量为知识与科技创新（ZSKJ)、资源与技术集成（ZYJS)、产品与产业创新（CPCY)、文化与政策创新（WHZC）四个创新因子，构建起的GWR模型为

$$XH_i = \beta_0(u_i, v_i) + \beta_1(u_i, v_i)\ ZSKJ_i + \beta_2(u_i, v_i)\ ZYJS_i + \beta_3(u_i, v_i)\ CPCY_i + \beta_4(u_i, v_i)\ WHZC_i + \varepsilon_i \tag{6-25}$$

式中，(u_i, v_i)为各省域的经纬度；i为第i个省域；β_1、β_2、β_3、β_4分别为知识与科技创新（ZSKJ)、资源与技术集成（ZYJS)、产品与产业创新（CPCY)、文化与政策创新（WHZC）的回归系数；β_0和ε_i分别代表常数项和随机误差项。

为了深入分析省域层面各创新因子对循环经济发展的影响，结合地理加权回归模型适用于分析截面数据的特征，试图从全评价周期、分阶段、年际变化三个角度全面把握省域层面创新驱动循环经济发展效应。第一，为了避免某个时间截面上数据的误差，运用上述解释变量和被解释变量2005～2013年9年数据的平均值作为基础数据并带入GWR模型中，从整个评价周期的全期视角进行分析；第二，本书第三章将我国循环经济发展分为自发探索（1998年以前)、理论推进(1998～2004年)、试点带动（2005～2010年)、全面建设（2011～2015年）四个阶段，而我国正式提出发展循环经济以及开展循环经济具体实践工作始于2005年，同时受2014年、2015年我国省域循环经济发展和创新能力评价指标原始数据收集的制约，因此从试点带动和全面建设两阶段分析省域创新因子对循环经济发展的影响效应，研究在这两个阶段上我国省域循环经济发展的动力结构有何差异，被解释变量和解释变量分别为2005～2010年和2011～2013年的循环经济发展水平、四个创新因子综合得分的平均值；第三，考虑到2005～2013年我国省域各创新因子的综合得分和循环经济发展水平都有较大变化，因此，分年度构建GWR模型研究知识与科技创新、资源与技术集成、产品与产业创新、文化与政

策创新对循环经济发展的影响，判断各创新因子影响效应的时空演变特征。

GWR 模型要求解释变量间不存在多重共线性关系，否则将导致构建的模型无法识别[395]。本书利用 SPSS19.0 软件的回归分析方法分别对全期、分阶段、年度变化等共 12 个 GWR 模型的变量进行共线性检验，检验结果显示所有模型解释变量的方差膨胀因子（VIF）都小于 10，所有模型都不存在共线性问题，可用于 GWR 模型分析[396]。

二、全期估计结果分析

（一）模型的有效性与分位估计结果

以 2005～2013 年我国省域循环经济发展水平综合得分的平均值作为被解释变量，以知识与科技创新、资源与技术集成、产品与产业创新、文化与政策创新能力综合得分的 9 年平均值作为解释变量，运用 SAM（Spatial Analysis in Macroecology）软件并采用常用的高斯权值函数方法和 AIC 值最小确定最优带宽方法对构建的 GWR 模型进行计算。估计结果显示 GWR 模型的 R^2 和 Adjusted R^2 分别达 0.911 和 0.895，均比 OLS 回归模型的 0.871 和 0.867 高，说明 GWR 模型的拟合效果高于 OLS 模型。此外，GWR 模型的 AIC 值为 59.927，比 OLS 模型的 AIC 值 64.785 小，根据 Fotheringham 提出的评价标准，如果两个模型的 AIC 值相差大于 3，则具有较低 AIC 值的模型被视为更佳的模型[397]，因此再次证明 GWR 模型的拟合效果优于 OLS 模型。

根据 GWR 模型的估计结果可以看出（表 6-5 和表 6-6），与 OLS 模型或 SPDM 等全局回归模型得出的只有一个“全局”或“平均”意义上的估计结果不同，GWR 模型是对每一个省域进行局部回归分析，每个省份的四个创新因子对循环经济发展影响的参数估计值都不一样。通过 GWR 模型的分位估计结果（表 6-5），即分别考虑最小值、1/4 分位数、中位数、3/4 分位数、最大值位置上各创新因子对循环经济发展的影响效应，可以较为直观地看出不同分位点上常数项、知识与科技创新、资源与技术集成、产品与产业创新、文化与政策创新等参数估计值是有差异的，GWR 模型能够分析各创新因子影响效应的空间差异性，同时也一定程度上说明了 OLS 模型和 SPDM 模型分析掩盖了空间异质性特征。

表 6-5　GWR 模型的分位估计结果

变量	最小值	1/4 分位数	中位数	3/4 分位数	最大值
C	−0.0286	−0.0060	0.0203	0.3272	0.0517

续表

变量	最小值	1/4 分位数	中位数	3/4 分位数	最大值
ZSKJ	1.0484	1.0531	1.0595	1.0677	1.0878
ZYJS	0.8450	0.8843	0.8942	0.9050	0.9297
CPCY	0.7150	0.7556	0.7846	0.8173	0.8845
WHZC	0.8467	1.0155	1.0825	1.1358	1.2018
R^2 = 0.911		Adjusted R^2 = 0.895		AIC = 59.927	

表 6-6 GWR 模型的省域估计结果

省（自治区、直辖市）	ZSKJ	ZYJS	CPCY	WHZC	Local R^2
北京	1.056 ***	0.883 ***	0.826 ***	1.005 **	0.900
天津	1.055 ***	0.883 ***	0.826 ***	1.012 **	0.899
上海	1.048 ***	0.883 ***	0.804 ***	1.095 **	0.888
河北	1.056 ***	0.884 ***	0.823 ***	1.015 **	0.898
山东	1.053 ***	0.884 ***	0.817 ***	1.045 **	0.895
江苏	1.052 ***	0.886 ***	0.805 ***	1.082 **	0.890
浙江	1.049 ***	0.886 ***	0.792 ***	1.119 **	0.885
福建	1.051 ***	0.889 ***	0.770 ***	1.155 **	0.880
广东	1.059 ***	0.894 ***	0.741 ***	1.183 **	0.874
海南	1.066 ***	0.895 ***	0.715 ***	1.202 **	0.867
黑龙江	1.052 ***	0.845 ***	0.884 ***	0.847 *	0.909
吉林	1.050 ***	0.860 ***	0.867 ***	0.922 *	0.905
辽宁	1.052 ***	0.872 ***	0.847 ***	0.973 **	0.901
山西	1.060 ***	0.894 ***	0.804 ***	1.044 **	0.896
河南	1.059 ***	0.896 ***	0.791 ***	1.083 **	0.891
湖北	1.060 ***	0.899 ***	0.775 ***	1.111 **	0.886
安徽	1.054 ***	0.890 ***	0.794 ***	1.096 **	0.888
湖南	1.062 ***	0.900 ***	0.756 ***	1.145 **	0.880
江西	1.055 ***	0.893 ***	0.769 ***	1.145 **	0.881
内蒙古	1.061 ***	0.881 ***	0.834 ***	0.953 **	0.906
新疆	1.088 ***	0.930 ***	0.765 ***	0.983 *	0.916
宁夏	1.068 ***	0.905 ***	0.785 ***	1.053 **	0.896
陕西	1.065 ***	0.903 ***	0.784 ***	1.069 **	0.893
甘肃	1.074 ***	0.913 ***	0.775 ***	1.045 **	0.898
青海	1.081 ***	0.921 ***	0.755 ***	1.053 **	0.898
重庆	1.067 ***	0.906 ***	0.758 ***	1.118 **	0.885

续表

省（自治区、直辖市）	ZSKJ	ZYJS	CPCY	WHZC	Local R^2
四川	1.074***	0.913***	0.746***	1.108**	0.886
广西	1.068***	0.902***	0.731***	1.166**	0.875
贵州	1.070***	0.907***	0.740***	1.141**	0.880
云南	1.079***	0.911***	0.721***	1.136**	0.879

注：括号内为 t 值；

***、**、* 分别表示 1%、5%、10% 的水平上显著。

（二）省域层面的回归结果分析

表 6-6 详细展示了全期评价视角下基于 GWR 模型的省域各创新因子驱动循环经济发展效应的估计和检验结果。从拟合效果来看，各省域创新驱动循环经济发展模型的局域拟合优度系数（Local R^2）在 0.867～0.916，说明四个解释变量对被解释变量具有较高的解释能力。从解释变量的显著性水平检验上看，四个变量也基本通过显著性水平检验：知识与科技创新、资源与技术集成、产品与产业创新三个解释变量在 30 个省（自治区、直辖市）都通过 1% 水平的显著性检验；文化与政策创新变量的显著性水平除了在黑龙江、吉林和新疆上仅通过 10% 水平的检验外，在其余的北京、天津、上海等 27 个省（自治区、直辖市）上都通过了 5% 水平的显著性水平检验。

从表 6-6 可以看出，四个创新因子对省域循环经济发展都有明显地促进作用，影响效应都高于 0.7 以上，说明我国省域循环经济发展是知识与科技创新、资源与技术集成、产品与产业创新、文化与政策创新共同推动的结果，这一结论与 SPDM 模型的分析结果一致。在创新驱动循环经济发展的结构上，知识与科技创新、文化与政策创新的影响效应相对较强，资源与技术集成、产品与产业创新的影响效应相对较弱，基本形成以知识与科技创新、文化与政策创新为主，资源与技术集成、产品与产业创新为辅的驱动结构，这一结论基本与 SPDM 模型得出的“我国创新驱动循环经济发展的结构是以知识与科技创新为核心、以文化与政策创新为支撑、以产品与产业创新和资源与技术集成为辅助”的研究结论相似，但 GWR 模型的研究结果发现文化与政策创新推动循环经济发展的作用在省域层面更强。

在省域创新驱动循环经济发展效应大小排序上，大体可将 30 个省（自治区、直辖市）分为四种类型。①知识与科技创新>文化与政策创新>资源与技术集成>产品与产业创新，属于这一类型的省（自治区、直辖市）包括北京、天津、河北、山东、辽宁、山西、内蒙古、新疆、宁夏、甘肃、青海，这些省（自治区、直辖市）都处于我国北方地区，依托北京、辽宁、山东等地众多知名高校、科研院所等资源和平台优势，不断开展循环经济相关理论学术研究和科研项目攻关，逐步强化知识与科技创新在循环经济发展中的重要作用。②文化与政策创新>知识与科技创新>资源与技术集成>产品与产业创新，属于这一类型的省（自治区、直辖市）包括上海、江苏、浙江、福建、广东、海南、河南、湖北、安徽、湖南、江西、陕西、重庆、四川、广西、贵州、云南，这些省（自治区、直辖市）大多位于我国南方地区，文化与政策创新在推动循环经济发展中发挥的作用更为显著。③知识与科技创新>文化与政策创新>产品与产业创新>资源与技术集成，属于这一类型的省（自治区、直辖市）为吉林。④知识与科技创新>产品与产业创新>文化与政策创新>资源与技术集成，属于这一类型的省（自治区、直辖市）为黑龙江。相对于第一和第二种类型，第三和第四种类型的差距在于产品与产业创新在推动吉林和黑龙江循环经济发展方面更加突出，这与 2003 年以来国家实施东北地区老工业基地振兴战略有密切关系。近年来，吉林和黑龙江省在国家振兴发展战略带动下，积极推动传统产业转型升级，大力发展现代服务业和高新技术产业，如黑龙江省第三产业增加值占 GDP 比重由 2005 年的 33.7% 提高到 2013 年的 41.4%，高新技术产业产值由 2005 年的 1027 亿元增加到 2013 年的超 6000 亿元，通过产业结构调整和产业转型升级实现了循环经济快速发展。

（三）回归系数的空间差异

结合表 6-6 中各创新变量的估计系数值，运用 ESDA 方法和 GeoDa 软件将四个解释变量的估计系数值在地图上予以展现（图 6-2），通过图表结合的形式能够更好分析各创新因子驱动省域循环经济发展效应的空间差异。

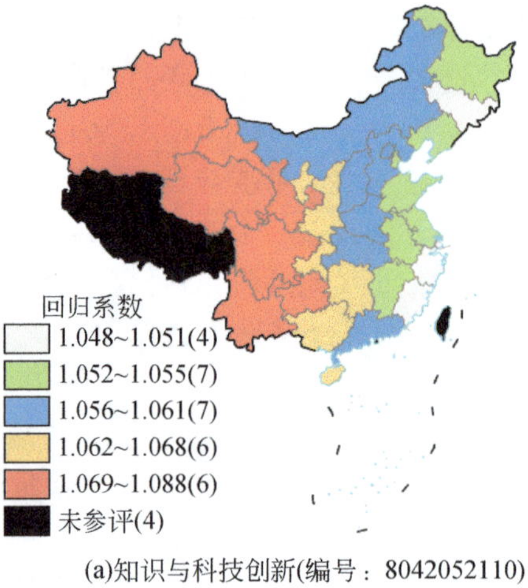

(a)知识与科技创新(编号：8042052110)

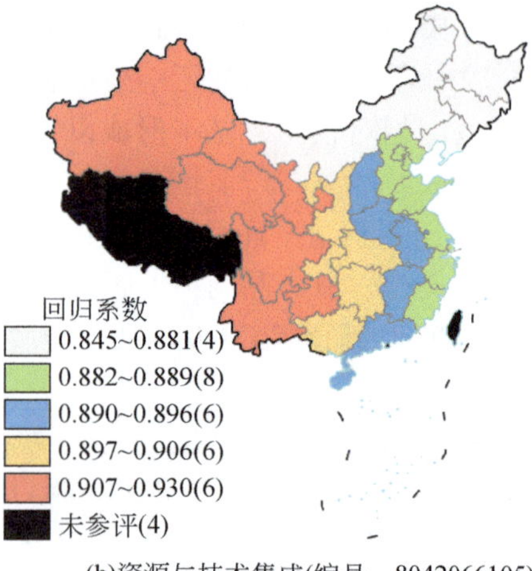

(b)资源与技术集成(编号：8042066105)

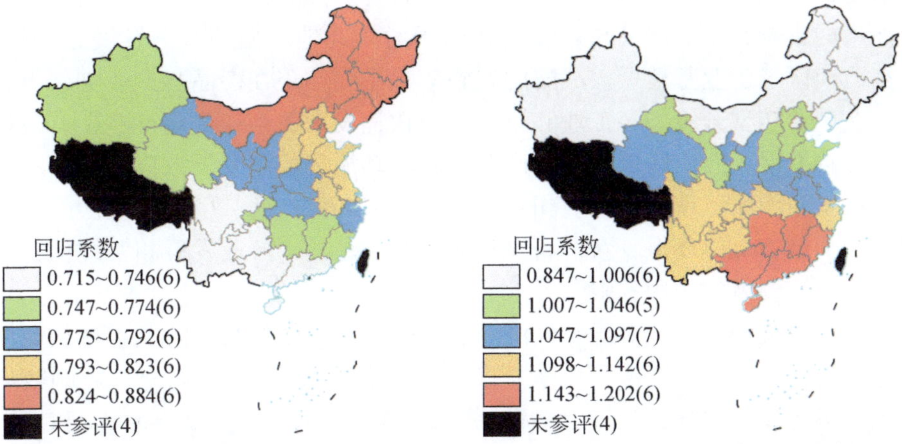

(c)产品与产业创新(编号：8042066105)　　(d)文化与政策创新(编号：8042092227)

图 6-2　GWR 模型中各创新因子回归系数的空间分布

知识与科技创新因子对循环经济发展影响的回归系数在空间上呈现从西到东依次递减的分布格局，新疆、青海、云南的回归系数相对较高，福建、浙江、上海、吉林的回归系数相对较低。但从总体上看，各省域知识与科技创新驱动循环经济发展效应的回归系数在 1.048 ~ 1.088，数值相对较高且相差不大，这也基本反映出我国各省域循环经济发展中基本形成以知识与科技创新为核心驱动力的现实情况。

资源与技术集成因子对循环经济发展影响的回归系数在空间上呈现从西向东再向东北区域依次递减的分布格局。新疆、青海、四川、甘肃的回归系数相对较高，内蒙古和黑龙江、吉林、辽宁的回归系数相对较低。虽然新疆、云南、广西、宁夏、四川、甘肃的资源与技术集成因子综合得分相对较低，但随着我国西部大开发战略的持续推进，带动了一批科技和管理人才扎根西部，中央财政资金、金融信贷、民间资本投入西部建设的力度大幅增加，一批水利、公路、铁路、电信等基础设施建设项目加快推进，对于改善西部地区生态环境质量、推动工业企业技术改造升级起到重要作用。相对来说，江苏、山东、浙江的资源与技术集成因子综合得分相对较高，但对于循环经济发展的推动作用不如西部地区，主要原因在于近年来东部地区资源与技术集成能力一直处于较高水平，各地区资源与技术存在过于激烈的竞争，并出现了边际效应递减的现象，对推动循环经济发展的作用不如西部地区。黑龙江、吉林、辽宁和内蒙古的回归系数相对较低，反映出国家实施的东北地区老工业基地振兴战略对于资源和技术的吸引作用相对有限。

产品与产业创新因子对循环经济发展影响的回归系数在空间上呈现从东北向

西南不断递减的阶梯状，对东北地区辽宁、吉林、黑龙江影响较大，对云南、广西、海南的影响较小。产品与产业创新因子对东北地区循环经济发展影响较大，说明东北地区老工业基地振兴战略的实施效果主要体现在产品与产业创新上，通过重工业产业转型升级、轻工业和第三产业快速发展等产业优化策略，有效推动了循环经济发展。西南区域产品与产业创新驱动循环经济发展效应相对较小，主要原因在于西南区域市场化程度相对较低，节能环保产品、生态绿色产品的推广应用较为困难，节能环保、新材料、新能源等高新技术产业发展相对缓慢，对于推动循环经济发展的作用有限。

文化与政策创新因子对循环经济发展影响的回归系数在空间上呈现从南向北依次递减的分布态势。海南、广东、广西的回归系数达 1.16 以上，影响效应相对较大；黑龙江、吉林、辽宁、内蒙古的回归系数低于 1，影响效应相对较小。南方区域影响效应相对较高，一方面反映出近年来南方区域不断优化文化环境，发展文化创意，增强了公众的生态环保意识理念。例如，广西启动“美丽广西、生态乡村”活动，大力普及生态文化理念；海南出台对省级文化创意产业园在建成三年内减免行政规费等政策，推动文化创意行为，激发公众文化创意积极性。另一方面也反映出南方区域在推动循环经济发展方面出台的激励性政策和约束性政策执行效果相对较好，基本都顺利完成了国家下达的“十一五”“十二五”节能减排目标任务。而北方区域影响效应相对较低，尤其是作为我国文化和政治中心的北京，文化与政策创新驱动循环经济发展效应处于相对较低水平，这与其重要的地位极不相符，一定程度上也反映出近年来北方区域在治理雾霾等环境污染问题上政策执行效果不佳、公众反映较为强烈等现象。

三、分阶段估计结果对比分析

我国自 2005 年倡导循环经济发展并开展相关实践以来，共经历试点带动（2005 ~ 2010 年）和全面建设（2011 ~ 2015 年）两个阶段。分别选取 2005 ~ 2010 年和 2011 ~ 2013 年的四个创新因子评价得分和循环经济发展水平综合得分的平均数据代表试点带动和全面建设两个阶段的数据特征，进行普通最小二乘回归和 GWR 模型估计，进一步研究这两个阶段上四个创新因子驱动省域循环经济发展效应是否显著、效应程度如何、效应的空间分布有何差异。

表 6-7 显示了分两阶段的 GWR 模型和 OLS 模型估计结果，其中最小值、中位数、最大值是 GWR 模型参数回归的分位数估计结果，OLS 全域是 OLS 模型的平均数估计结果。由表可知，试点带动阶段和全面建设阶段上 GWR 模型的 R^2 和 Adjusted R^2 都比 OLS 模型的要高，说明两阶段的 GWR 模型均有较好的拟合效果；

同时，两个阶段上 GWR 模型的 AIC 值均比 OLS 模型的小于 3 以上，也说明了 GWR 模型的拟合效果优于 OLS 模型。

表 6-7 分两阶段的 GWR 模型估计结果

变量	试点带动阶段（2005～2010 年）				全面建设阶段（2011～2013 年）			
	最小值	中位数	最大值	OLS 全域	最小值	中位数	最大值	OLS 全域
C	-0.0175	0.0325	0.0434	-0.036	-0.1404	0.0431	1.3445	0.186
ZSKJ	0.9972	1.0056	1.0352	1.008	1.0583	1.1116	1.2962	1.153
ZYJS	0.7704	0.8174	0.9239	0.783	0.3809	0.5292	0.7351	0.563
CPCY	0.7509	0.7741	0.8428	0.799	0.6972	0.8681	1.2961	0.928
WHZC	0.7458	0.8480	0.9043	0.765	-0.1690	0.8915	0.9889	0.723
R^2	0.896			0.884	0.898			0.845
Adjusted R^2	0.878			0.871	0.871			0.827
AIC	52.867			57.819	83.521			87.113

（一）两阶段的回归结果

我国省域循环经济发展两阶段中，创新因子影响效应的 GWR 模型估计系数值和显著性水平如表 6-8 所示。在试点带动阶段，各省域循环经济发展基本呈现以知识与科技创新为核心，资源与技术集成、产品与产业创新、文化与政策创新共同推进的发展态势。知识与科技创新是推动循环经济发展的核心力量，各省域的影响效应在 0.997～1.035，系数值在四个创新因子中最大，并且所有省域都通过 1% 水平的显著性检验，这与前面分析结果基本一致。资源与技术集成、产品与产业创新、文化与政策创新其余三个创新因子的估计系数值相差不大，在试点带动阶段对推动循环经济发展的作用都较为明显。其中，资源与技术集成驱动循环经济发展效应在 0.770～0.924，所有省域通过 1% 水平的显著性检验；产品与产业创新的影响效应在 0.750～0.843，30 个省域都通过 1% 水平的显著性检验；文化与政策创新的影响效应在 0.745～0.905，各省域的显著性水平检验结果有所差别，相对于其他创新因子，其显著性水平检验效果较弱：山西、河南、湖北、湖南、江西、内蒙古、宁夏、陕西、青海、甘肃、重庆、四川、贵州、云南通过 5% 水平的显著性检验，其余 16 个省（自治区、直辖市）仅通过 10% 水平的显著性检验。

表 6-8 分两阶段的 GWR 模型省域估计结果

省（自治区、直辖市）	试点带动阶段（2005～2010 年）				全面建设阶段（2011～2013 年）			
	ZSKJ	ZYJS	CPCY	WHZC	ZSKJ	ZYJS	CPCY	WHZC
北京	1.006***	0.820***	0.784***	0.840*	1.070***	0.482***	0.997***	0.853
天津	1.005***	0.816***	0.781***	0.836*	1.068***	0.475***	0.985***	0.854
上海	0.999***	0.790***	0.759***	0.820*	1.071***	0.462***	0.841***	0.953
河北	1.006***	0.819***	0.782***	0.840*	1.071***	0.482***	0.980***	0.866
山东	1.003***	0.807***	0.773***	0.832*	1.070***	0.469***	0.930***	0.889
江苏	1.002***	0.801***	0.764***	0.831*	1.076***	0.475***	0.868***	0.934
浙江	0.999***	0.790***	0.755***	0.826*	1.084***	0.477***	0.804***	0.977
福建	0.999***	0.787***	0.751***	0.832*	1.110***	0.501***	0.754***	0.989*
广东	1.000***	0.789***	0.752***	0.843*	1.150***	0.536***	0.722**	0.946
海南	0.997***	0.780***	0.755***	0.842*	1.183***	0.548***	0.697**	0.904
黑龙江	0.998***	0.770***	0.799***	0.746*	1.077***	0.381*	1.296***	0.191
吉林	0.999***	0.780***	0.787***	0.772*	1.061***	0.397*	1.157***	0.491
辽宁	1.001***	0.797***	0.783***	0.805*	1.058***	0.429**	1.058***	0.711
山西	1.009***	0.833***	0.782***	0.861**	1.090***	0.527***	0.930***	0.920
河南	1.007***	0.822***	0.771***	0.857**	1.098***	0.521***	0.868***	0.938*
湖北	1.007***	0.820***	0.767***	0.860**	1.114***	0.536***	0.824***	0.939*
安徽	1.003***	0.806***	0.764***	0.840*	1.087***	0.493***	0.846***	0.949
湖南	1.005***	0.810***	0.761***	0.857**	1.134***	0.544***	0.775***	0.931
江西	1.001***	0.797***	0.755***	0.842**	1.114***	0.513***	0.773***	0.968*
内蒙古	1.010***	0.841***	0.803***	0.853**	1.076***	0.532***	1.076***	0.829
新疆	1.035***	0.924***	0.843***	0.904*	1.296***	0.735**	1.007***	-0.169
宁夏	1.015***	0.855***	0.789***	0.885**	1.122***	0.594***	0.917***	0.894
陕西	1.013***	0.843***	0.782***	0.877**	1.116***	0.568***	0.890***	0.915
甘肃	1.021***	0.872***	0.799***	0.897**	1.153***	0.650***	0.934***	0.797
青海	1.025***	0.879***	0.803***	0.900**	1.187***	0.678***	0.921***	0.662
重庆	1.011***	0.830***	0.772***	0.872**	1.140***	0.571***	0.813***	0.897
四川	1.015***	0.843***	0.780***	0.882**	1.161***	0.605***	0.825***	0.827
广西	1.005***	0.805***	0.762***	0.857*	1.163***	0.561***	0.745***	0.887
贵州	1.009***	0.821***	0.768***	0.868**	1.157***	0.575***	0.779***	0.872
云南	1.012***	0.825***	0.776***	0.870**	1.177***	0.592***	0.782***	0.796

注：括号内为 t 值；

***、**、* 分别表示 1%、5%、10% 的水平上显著。

在全面建设阶段，大部分省域循环经济发展呈现以知识与科技创新为核心、产品与产业创新为支撑、资源与技术集成为辅助的驱动结构，黑龙江、辽宁、吉林、内蒙古、新疆呈现以知识与科技创新、产品与产业创新为重点，以资源与技术集成为补充的驱动结构，文化与政策创新因子在这一阶段的推动作用并不显著。在这一阶段，知识与科技创新仍然是推动循环经济发展的核心力量，影响效应在 1.058 ~ 1.297，并且所有省域都通过 1% 水平的显著性检验；资源与技术集成的影响效应有明显下降，回归系数值在 0.380 ~ 0.736，黑龙江和吉林仅通过 10% 水平的显著性检验，新疆和辽宁通过 5% 水平的显著性检验，其余 26 个省（自治区、直辖市）通过 1% 水平的显著性检验；产品与产业创新的影响效应有所增强，除广东和海南通过 5% 水平的显著性检验外，其余 28 个省（自治区、直辖市）都通过 1% 水平的显著性检验；而文化与政策创新在各省域间的影响效应有较大差别。文化与政策创新在新疆的影响效应为-0.169，说明在全面建设阶段文化与政策创新对新疆循环经济发展起着抑制作用；在黑龙江和吉林的影响效应仅为 0.191、0.491，与其余省份的影响效应值相差较大。综合来看，所有省域的文化与政策创新驱动循环经济发展效应都没有通过显著性检验，全面建设阶段我国循环经济发展过程中文化与政策创新存在一些问题。

（二）两阶段模型估计结果的对比分析

通过我国循环经济发展的试点带动和全面建设阶段上各创新因子影响效应的系数值和显著性水平分析，可以看出这两阶段上我国创新驱动省域循环经济发展的结构有相同之处，但也有所差别。呈现以下几个特征：

1. 知识与科技创新始终是推动循环经济发展的核心力量

这一研究结论基本上与前面在创新驱动循环经济发展的机理分析中提出“知识与科技创新是基础和核心”的假设基本一致。对于我国来说，循环经济发展还是一个相对新鲜和陌生的事物，在循环经济发展规律、科学研究、理论方法等方面有许多需要探索的地方，只有在理论、方法、科技、规律等方面取得一定突破，才有可能实现中后端的资源与技术集成、产品与产业创新，文化与政策创新功能作用才有更加广阔的发挥空间。我国各级地方政府、企业界、科学界等领域也深刻领悟到知识与科技创新在推动循环经济发展方面的重要作用，不断开展知识与科技创新研究。例如，“十一五”期间国家科学技术部组织高校、科研院所、企业等单位开展了包括“循环经济与清洁生产技术清单优选、技术政策与标准体系关键产品生态设计与集成技术、城市循环经济发展模式及示范”等 16 个《国家科技支撑计划“清洁生产与循环经济的关键技术与示范研究”重大项目课题研究》，循环经济科技研发也列入国家中长期科学和技术发展规划；

随着循环经济深入发展，“十二五”期间众多工业企业依托产学研合作模式在钢铁、有色金属、石油化工、建筑建材、轻工、节能环保、新能源、新材料等行业开展资源循环利用、节能减排、再生资源高值化利用等科技项目联合攻关，推动了汽车零部件再制造等一批循环经济科技达到国际先进水平，再生资源产业、节能与新能源产业技术创新联盟等一批循环经济领域的创新平台逐步建立，在推动我国节能减排、资源综合利用、清洁生产、生态环境质量改善等方面起着重要作用。

2. 资源与技术集成推动循环经济发展的作用明显下降

通过对比循环经济发展试点带动阶段和全面建设阶段中各省域资源与技术集成的影响效应数值，发现在全面建设阶段其影响效应比试点带动阶段平均下降0.289，下降幅度较为明显，反映出“十二五”期间我国省域资源与技术集成推动循环经济发展出现边际效应递减和实施效果不佳的问题。

一方面，在试点带动阶段，各级政府不断加大财政补贴、税收优惠、资金奖励等政策力度支持城市、工业园区、重点行业企业实施循环经济项目，以 BT[①]、BOT 等投融资形式建成的污水处理、垃圾焚烧发电、固废处置等基础设施建设大幅增加，一批成熟适用的水循环利用、余热余压利用、热电联产、废物再生循环使用、再生资源回收利用、清洁生产、生态制造等技术设备在钢铁、有色金属、电力、建材、石油化工、煤炭、造纸等重点行业普遍推广，节能减排和资源综合利用效果非常显著，对实现我国“十一五”单位 GDP 能耗下降 19.1%、二氧化硫排放量减少 14.29%、化学需要量排放量降低 12.45% 等成效起着至关重要作用。但在“十二五”期间，重点行业的循环经济发展空间和潜力进一步缩小，依托技术改造、基础设施建设、资金投入等手段所产生的循环经济效益不如以前，资源与技术集成出现边际效应递减现象。

另一方面，资源与技术集成推动农村、中小企业、服务业、社会领域循环经济发展的效果仍然不佳。“十一五”期间，我国循环经济发展的重点主要针对“高污染、高消耗、高排放”等重化工业的大型企业，在农村、中小企业、服务业、社会等层面实施的循环经济项目较少，资源投入相对不足，先进适用技术较少且较难推广；“十二五”期间，虽然我国循环经济进入全面建设阶段，但资源和技术在这些领域的投入仍然不足，农村、服务业、社会层面循环经济发展进程比较缓慢，农村领域的生活垃圾处理、农业面源污染、土壤板结等问题依然存在，中小企业污水废气偷排现象时有发生，餐厨废弃物处理、一次性用品过渡使用等问题较为相对严重，生活垃圾难以分类、废旧电池随意堆放、城市矿产资源

① BT（build transfer）是政府利用非政府资金来承建某些设施项目的一种投资方式。

低值利用等社会难题没有得到根本解决。因此要加大农业农村、中小企业、服务业、社会等领域的循环经济资源投入，加快推广一批先进适用技术设备。

3. 产品与产业创新推动循环经济发展的效果有所提高

产品与产业创新在全面建设阶段的影响效应比试点带动阶段有所提高，一定程度上说明产品与产业创新在推动循环经济发展方面存在时间滞后现象，这与前面在创新驱动循环经济发展体系中对产品与产业创新的定位假设是相符的。节能环保产品销售、高新技术产业发展、现代服务业发展等产品与产业创新方式对推动循环经济发展具有显而易见的效果，但其推动循环经济发展需要一个过程，不可能在短时间内就对循环经济发展具有很强的促进作用，只有在知识与科技创新达到一定程度的积累、资源与技术集成的强力推动、市场提供一定空间的条件下才得以快速发展。因此，虽然在试点带动阶段产品与产业创新的影响效应不如其他创新因子大，但在全面建设阶段以及后续发展过程中，产品与产业创新对循环经济发展的推动作用不可忽视。同时，国务院于2010年出台《关于加快培育和发展战略性新兴产业的决定》（国发〔2010〕32号），将节能环保产业、新能源产业、新材料产业、新能源汽车产业列为七大战略性新兴产业的重要组成部分，战略性新兴产业的快速发展在全面建设阶段对提升省域循环经济发展水平起着重要作用。2013年国务院颁布《关于加快发展节能环保产业的意见》(国发〔2013〕30号)，各省域掀起了一股发展节能环保产业的热潮，随着节能环保产品的推广使用、节能环保和资源循环利用技术装备推广应用以及节能环保服务业的快速发展，产品与产业创新将加速各省域循环经济发展步伐。因此，今后在推动循环经济发展过程中，要加大产品与产业创新力度，推动节能环保产业市场化进程，为产品与产业创新创造更加优越的市场、文化与政策环境。

4. 文化与政策创新推动循环经济发展具有不稳定特征

通过对比，发现：在试点带动阶段文化与政策创新驱动省域循环经济发展具有明显效果，而在全面建设阶段影响效应未通过显著性水平检验。这一定程度上说明文化与政策创新因子具有较强的不稳定性，同时也反映出文化与政策创新在循环经济发展的全面建设阶段出现的一些问题。

一方面，在试点带动阶段，循环经济是一个新鲜事物，全社会对于什么是循环经济、如何发展循环经济具有较高的兴趣，关注度相对更高，通过循环经济的宣传报道能够吸引公众注意力，并逐步培养循环型生活方式；但公众的行为具有较强随意性，在公众生态文化尚未根本树立的前提下，循环型的生产生活方式难以持续，公众生态文化理念的树立并在全社会形成循环清洁的生产方式和绿色低碳的生活方式是一个长期过程，要从幼儿教育、基础教育入手开始培养。

另一方面，目前我国循环经济发展的产业、投资、财税、金融等政策还有许多不完善之处。在试点带动阶段，我国各级地方政府纷纷出台推动循环经济发展的税收优惠、资金补助、产业引导、金融扶持等政策，对于激发企业发展循环经济的积极性、推进循环经济项目建设起到积极作用。但在全面推进阶段，出现政策体系不完善、部分政策执行力下降、政策稳定性和持续性降低等弊端凸显，推动循环经济发展的效果不明显。例如，2009 年以前我国再生资源回收实行增值税免征政策，但 2009 年财政部和国家税务总局发布的《关于再生资源增值税政策的通知》正式施行，从事再生资源回收的企业 2009 年享受退税 70%，2010 年享受退税 50%，2011 年不再享受退税优惠，即从 2011 年开始从事再生资源经营企业必须按增值税条例全额缴纳增值税，这一政策加重了原本利润微薄的再生资源回收企业的税费负担，极大制约了再生资源回收企业发展，一定程度上也影响了再生资源规模化、高值化利用的发展进程。因此，完善循环经济发展的政策体系迫在眉睫。

（三）两阶段各创新因子影响效应的空间分布对比

运用 ESDA 方法和 GeoDa 软件将试点带动和全面建设阶段上四个创新因子的估计系数值在地图上予以展示（图 6-3 和图 6-4），能够更好地对比分析两阶段上各解释变量影响效应的空间分布态势。从图中可以看出，不管是在我国循环经济发展的试点带动阶段，还是在全面建设阶段，影响效应相差不大的几个省份集聚在一起，空间分布都从某个地区向另外一个地区依次递减，说明四个创新因子的影响效应明显呈现出空间集聚性和空间差异性。

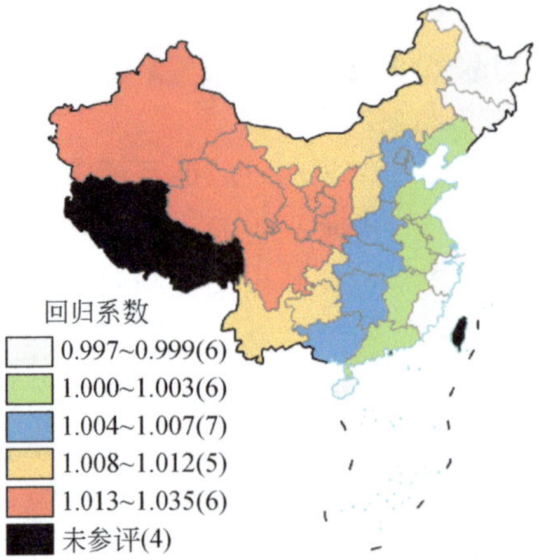

(a)知识与科技创新(编号：8042024695)

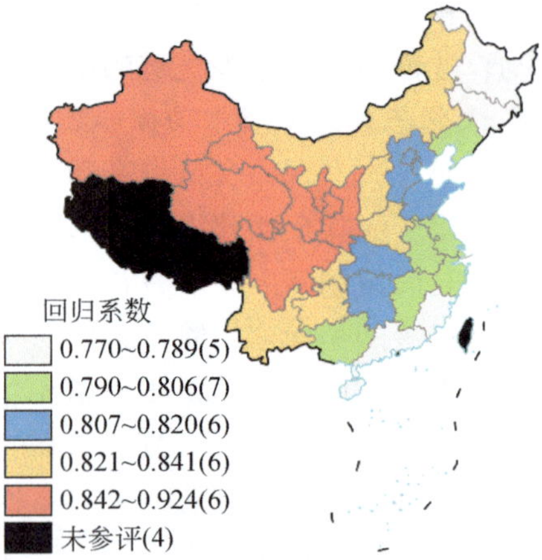

(b)资源与技术集成(编号：8042028448)

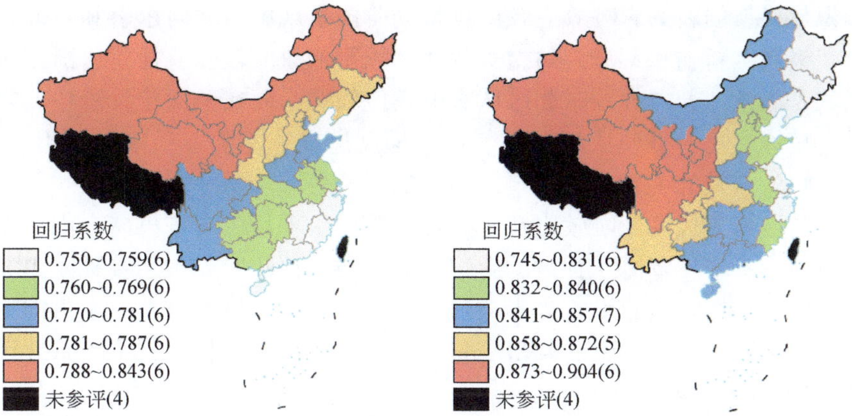

(c)产品与产业创新(编号：8042061961)　　(d)文化与政策创新(编号：8042086276)

图 6-3　试点带动阶段（2005～2010 年）各创新因子回归系数的空间分布

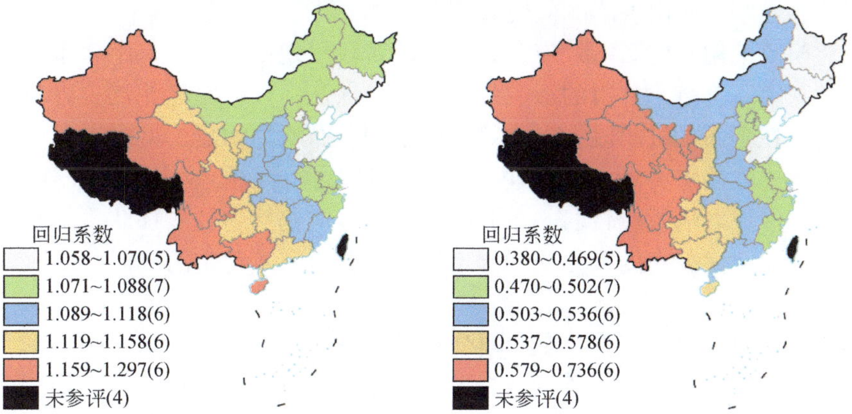

(a)知识与科技创新(编号：8042042829)　　(b)资源与技术集成(编号：8042069034)

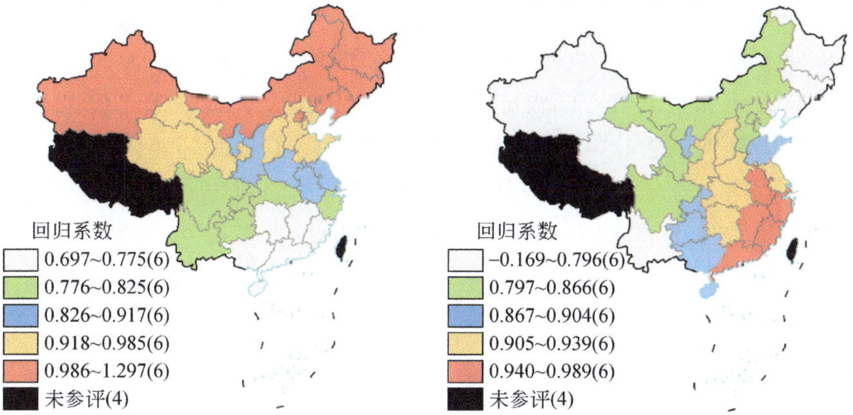

(c)产品与产业创新(编号：8042070510)　　(d)文化与政策创新(编号：8042076662)

图 6-4　全面建设阶段（2011～2013 年）各创新因子回归系数的空间分布

知识与科技创新的影响效应在试点带动阶段呈现由西北向东南和东北依次递减的分布格局，新疆、青海、甘肃等西北区域影响效应较强，福建、浙江等东南沿海区域和黑龙江、吉林等东北区域影响效应较弱；而在全面建设阶段，空间分布格局有稍许变化，呈现从西南至东北“梯度递减”态势，云南、四川、广西、青海的影响效应较强，吉林、辽宁、山东的影响效应较弱。

资源与技术集成的影响效应在试点带动阶段呈现从西向东再向东南、东北依次递减格局，新疆、青海、甘肃的影响效应较强，福建、广东、吉林、黑龙江的影响效应较弱；在全面建设阶段影响效应有细微变化，呈现由西向东再向东北依次递减态势，影响效应较强的省份变化不大，黑龙江、吉林、辽宁等东北区域是影响效应较弱的集聚区。

产品与产业创新的影响效应在试点带动阶段和全面建设阶段都呈现出由北向南依次递减的空间分布形态，新疆、内蒙古、黑龙江、吉林的影响效应较强，江西、福建、广东、海南的影响效应较弱。

文化与政策创新的影响效应在试点带动阶段呈现由西北向东南和东北依次递减态势，新疆、青海、甘肃的影响效应较强，浙江、江苏、黑龙江、吉林的影响效应较弱；在全面推进阶段，影响效应的空间分布格局相反，呈现由东南向西北和东北依次递减趋势，浙江、福建、广东等东南区域影响效应反而较强，新疆、青海等西北区域影响效应较弱，东北区域影响效应仍然为较弱梯队。文化与政策创新影响效应空间分布的剧烈变动，也反映出其具有不稳定的特征。

四、各创新因子影响效应的时空演变

上面通过两阶段 GWR 模型对比分析省域创新驱动循环经济发展效应，可以看出不仅知识与科技创新、资源与技术集成、产品与产业创新、文化与政策创新等解释变量对省域循环经济发展影响的回归系数值和显著性水平有些差别，而且在空间分布上也有明显变化。为了深入研究各创新因子影响效应的时空变化特征，分别以 2005～2013 年省域各创新因子和循环经济发展水平评价得分为基础数据，分年度分别构建 GWR 模型对各创新因子的影响效应进行估计。估计结果显示 9 年的 GWR 模型 R^2 和 Adjusted R^2 都比 OLS 模型的要高，AIC 值基本都比 OLS 模型的小于 3 以上，说明 GWR 模型的拟合效果优于 OLS 模型（表 6-9）。

表 6-9　分年度 GWR 模型和 OLS 模型结果比较

年份	GWR 模型			OLS 模型		
	R^2	Adjusted R^2	AIC	R^2	Adjusted R^2	AIC
2005	0.884	0.864	51.712	0.878	0.853	54.751
2006	0.864	0.841	59.617	0.856	0.835	63.064
2007	0.886	0.867	56.363	0.878	0.864	58.036
2008	0.872	0.847	65.337	0.858	0.842	68.742
2009	0.927	0.859	75.599	0.919	0.844	79.063
2010	0.937	0.879	69.859	0.927	0.863	74.942
2011	0.945	0.892	75.019	0.924	0.847	80.892
2012	0.936	0.876	80.969	0.927	0.859	84.456
2013	0.893	0.874	81.841	0.877	0.860	85.982

（一）知识与科技创新影响效应的时空演变

纵观 2005～2013 年我国省域知识与科技创新因子对循环经济发展的影响效应（附表 B1 和图 6-5），可以看出在 9 个年份 30 个省（自治区、直辖市）的知识与科技创新影响效应估计系数都在 0.8～1.3，影响效应相对较大并且相对稳定，除 2007 年和 2008 年估计系数值相对较低外，其余年份估计系数值基本都在 1 的水平线上。同时，从显著性水平上看，所有省份的知识与科技创新估计系数在 9 年时间里都通过 1% 水平的显著性检验，说明我国省域知识与科技创新对循环经济发展有明显稳定的推动作用，也充分反映出知识与科技创新是循环经济发展的核心力量。

通过运用 GeoDa 软件将 9 个年度的回归系数作空间可视化，发现 2005 年和 2006 年回归系数呈现从东北向外扩散性逐步减小，东三省、内蒙古和北京是影响效应高值集聚区，低值点分别出现在浙江、福建、广东等东南区域和新疆；2007 年和 2008 年高值集聚区逐步向西部区域转移，空间分布呈现从西向东梯度递减的态势，新疆、青海、甘肃、四川、云南的回归系数较大，黑龙江、吉林、福建、浙江回归系数较小；2009 年回归系数的高值集聚区出现了短暂性回流，黑龙江、内蒙古、新疆的回归系数较大，浙江、福建、广东等东南区域回归系数依然相对较小，空间分布呈现由北向南依次递减分布态势；经短暂回流后，2010 年开始回归系数高值区域逐渐向西、西南方向平缓过渡，并逐步向东、东北方向依次递减，从而在 2012 年和 2013 年基本形成由西南到东北依次递减的空间分布格局，2013 年回归系数的高值区域分布在广东、广西、云南、海南和新疆，低值区域集中在黑龙江、吉林、辽宁、河北、天津、北京。

综合来看，2005～2013年知识与科技创新对我国30个省域循环经济发展都具有明显地促进作用，各省域影响效应的回归系数值相差不大。时空演变上经历了从“东北向外扩散性减小”到“西南向东北梯度递减”的变化过程。东北区域由影响效应高值集聚区转化为低值集聚区，西部区域的影响效应逐步提高并成为高值集聚区，东南区域影响效应有一定程度提高，中部区域属于过渡地带，影响效应在全国层面处于中间位置。

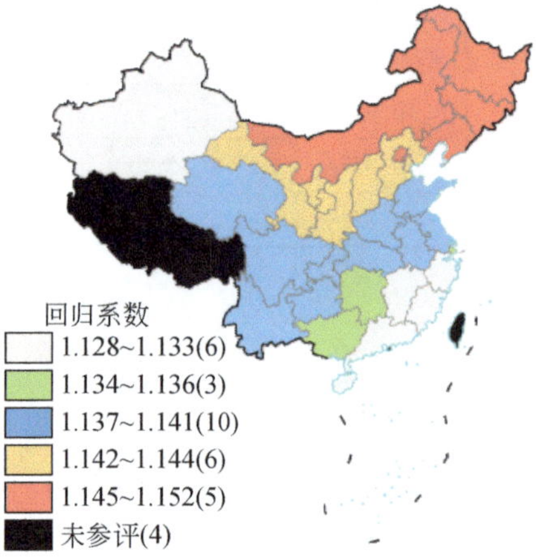

(a)2005年(编号：8042021507)

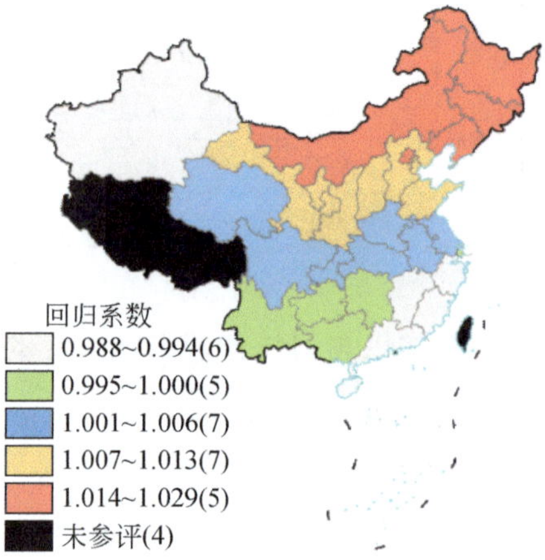

(b)2006年(编号：8042022839)

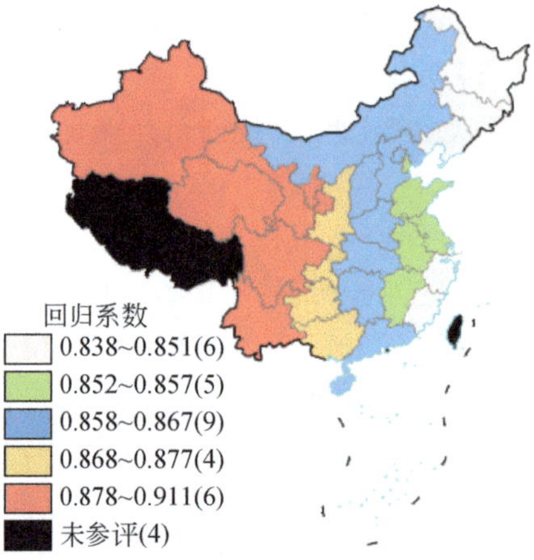

(c)2007年(编号：8042032658)

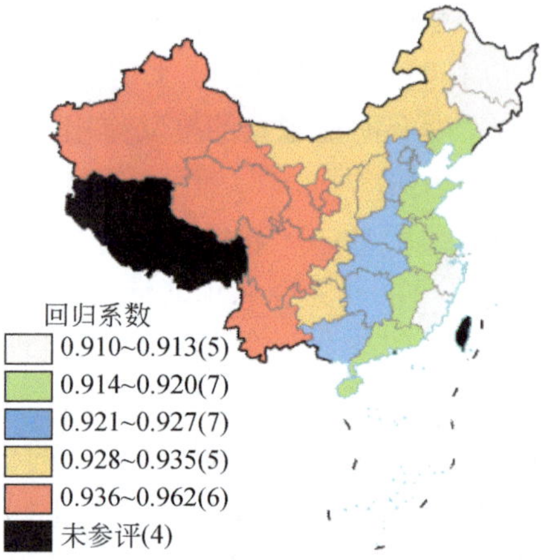

(d)2008年(编号：8042051323)

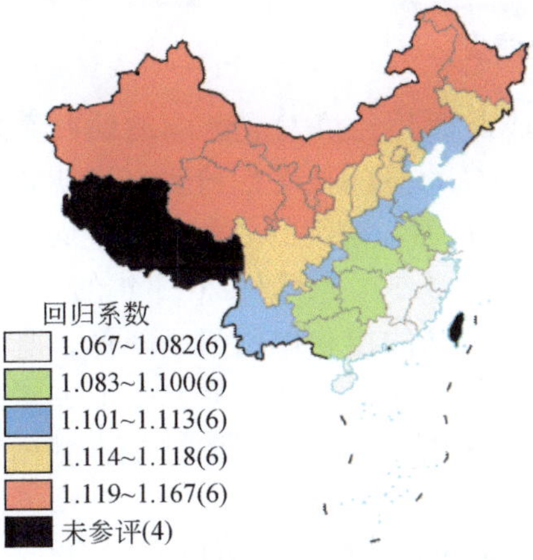

(e)2009年(编号：8042055662)

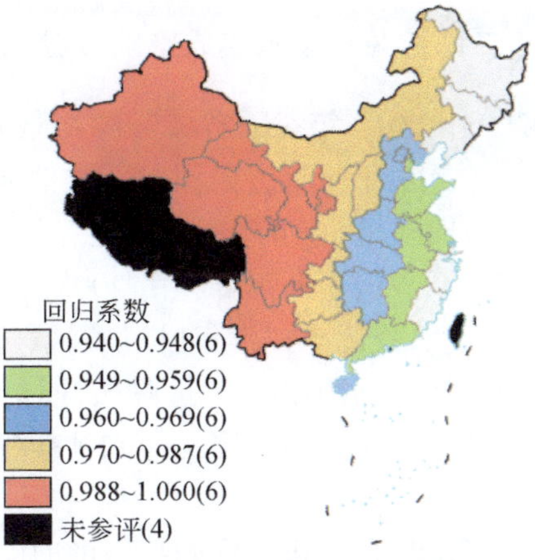

(f)2010年(编号：8042069574)

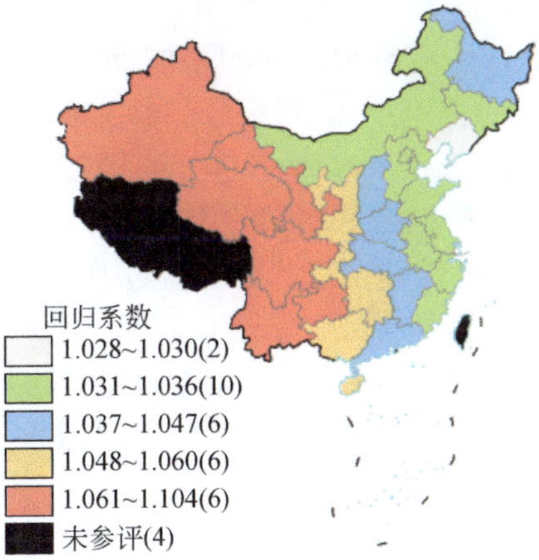

(g)2011年(编号：8042072256)

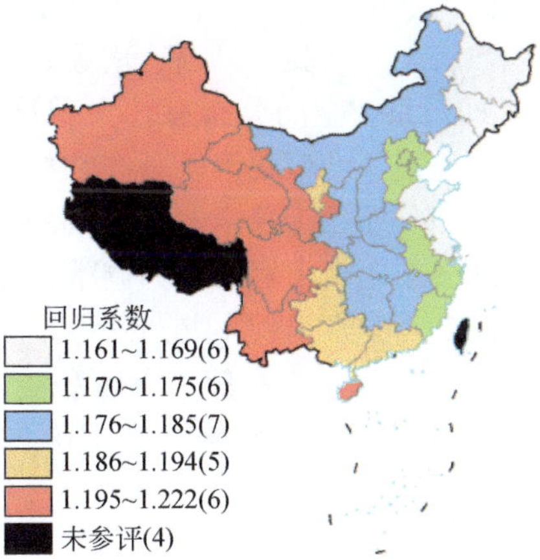

(h)2012年(编号：8042074580)

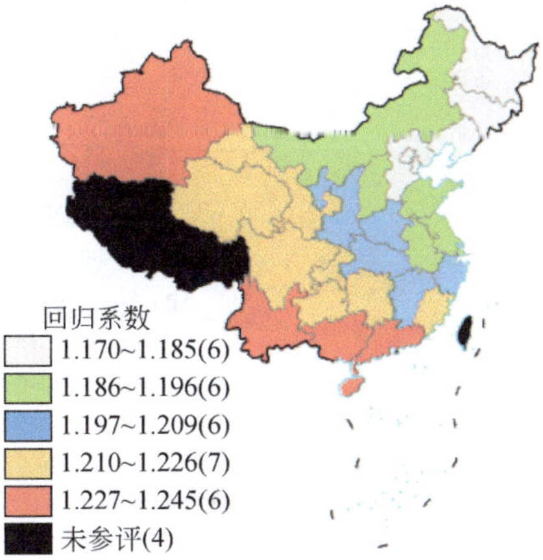

(i)2013年(编号：8042091409)

图 6-5　GWR 模型知识与科技创新因子回归系数的时空演变

（二）资源与技术集成影响效应的时空演变

2005～2013 年我国省域资源与技术集成对循环经济发展影响的回归系数值都为正，且 9 年所有省份回归系数都通过了 1% 水平的显著性检验，说明资源与技术集成明显地推动了省域循环经济发展。但从回归系数的变化情况上看，评价期内回归系数值不断下降，由 2005 年的 1.180～1.321 下降到 2013 年的 0.641～0.729，说明资源与技术集成对省域循环经济发展的推动作用明显降低，既反映出资源与技术利用出现“边际效应递减”现象，也反映出资源与技术过多投入工业领域，而在农业、服务业和社会领域投入不足从而导致资源与技术利用效果不佳的问题。

从资源与技术集成回归系数的时空演变图中（图 6-6），可以看出 2005 年回归系数呈现从南向北扩散性逐步减小，浙江、福建、广东、海南、广西、江西的回归系数较大，新疆、甘肃、内蒙古、黑龙江、吉林形成回归系数低值集聚区；2006 年回归系数空间分布有较大变化，回归系数的高值集聚区转移到西南，并向东依次递减，低值集聚区分布在内蒙古、黑龙江、吉林；2007 年和 2008 年回归系数空间分布较为稳定，呈现由西向东梯度递减态势；2009 年和 2010 年回归系数空间分布出现了短暂性的调整，高值集聚区转移到东北区域后过渡到西北区域，空间分布分别呈现东北向外逐步减小和西北向外梯度降低的态势；经短暂调整后，2011 年开始，高值集聚区稳定集中在西部区域，低值集聚区逐渐从东部沿海区域向东北方向转移，从而在 2013 年呈现由西南向东北梯度递减的分布格局。

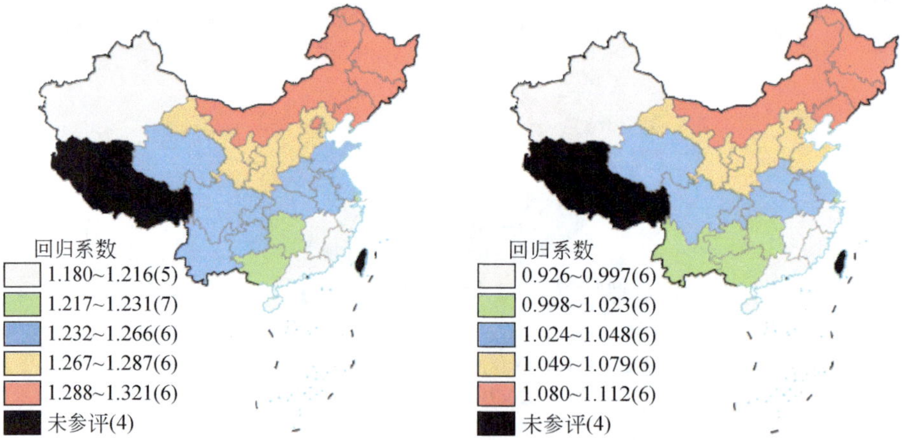

(a)2005年(编号：8042114422)　　(b)2006年(编号：8042119166)

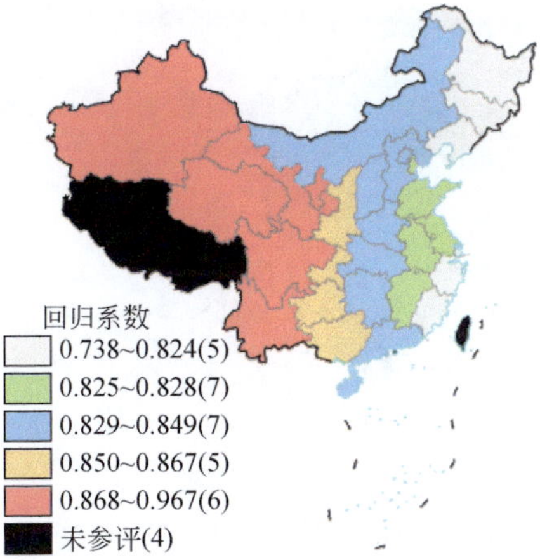

(c)2007年(编号：8042120292)

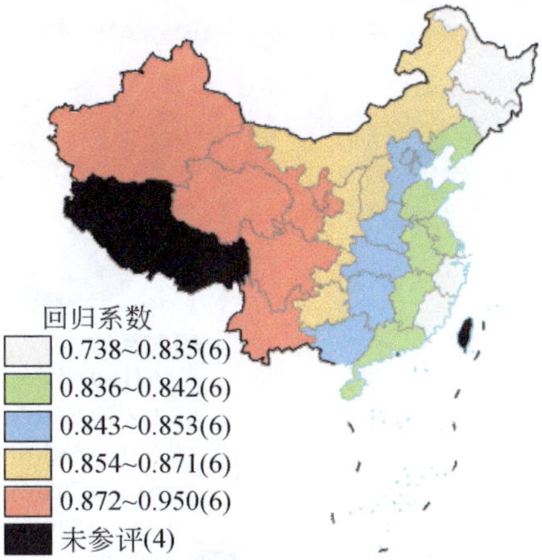

(d)2008年(编号：8042131233)

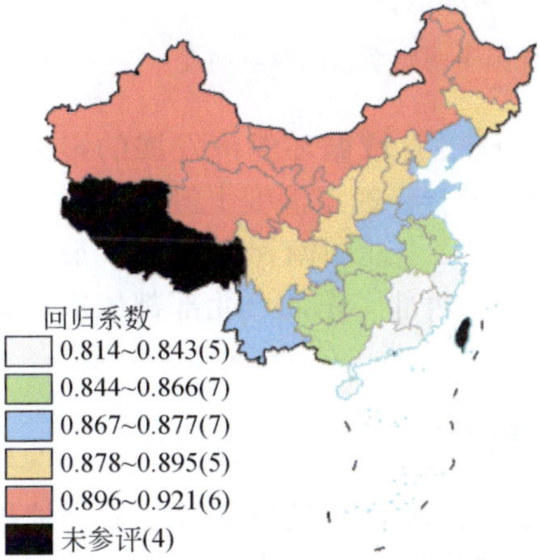

(e)2009年(编号：8042146683)

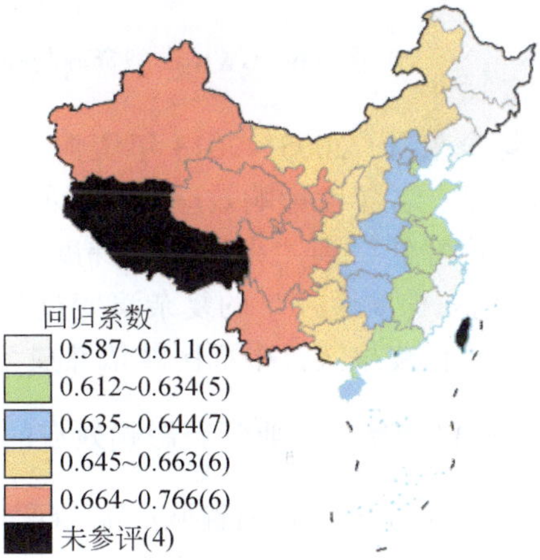

(f)2010年(编号：8042164786)

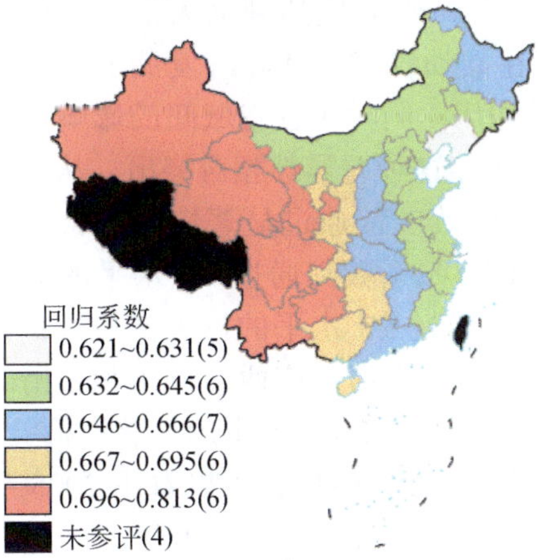

(g)2011年(编号：8042166262)

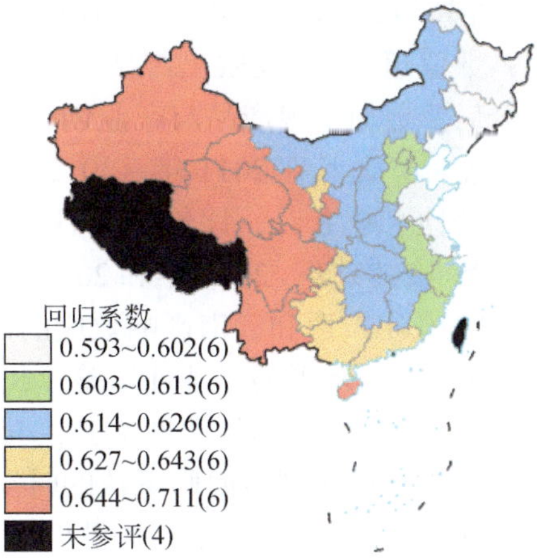

(h)2012年(编号：8042167046)

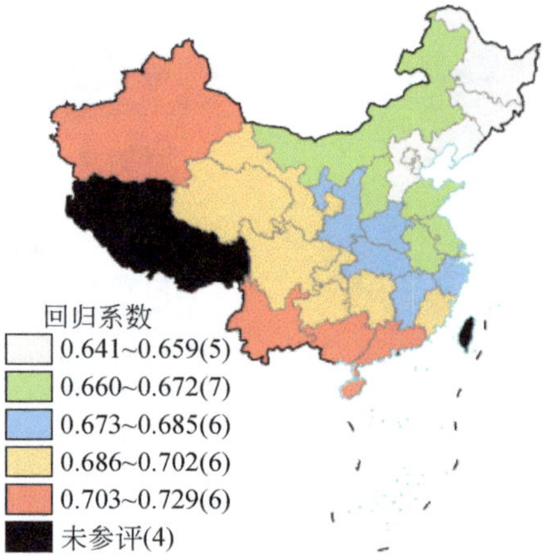

(i)2013年(编号：8042195475)

图 6-6 GWR 模型资源与技术集成因子回归系数的时空演变

综合来看，2005～2013 年资源与技术集成对省域循环经济发展的影响效应逐步降低，各年度影响效应在省域间也有明显差异。时空演变上经历了从“由南向北依次降低”到“由西向东梯度递减”再到“由北向南梯度降低”最后回到“由西向东梯度递减”的复杂演变过程。东南、西部、东北、北部都依次成为影响效应高值集聚区，中部区域依然成为中间过渡地带。

（三）产品与产业创新影响效应的时空演变

2005～2013 年我国省域产品与产业创新对循环经济发展都具有显著地推动作用。从回归系数上看，影响效应呈现不断增强的趋势，从 2005 年的 0.683～0.745 提高到 2013 年的 0.725～0.984；2012 年影响效应达到最大值，部分省份回归系数值超过 1，反映出产品与产业创新在推动省域循环经济发展上具有时滞性，今后要更加重视产品与产业创新的推动作用；同时，各省域间的影响效应也有明显差异，尤其在 2011 年、2012 年和 2013 年这种差异性相对突出。从回归系数的显著性水平上看，评价期内各省域的影响效应都通过显著性水平检验。其中，2005～2009 年、2012 年和 2013 年各省域回归系数都通过 1% 水平的显著性检验；2010 年广西和云南影响效应的回归系数通过 5% 水平的显著性检验，其余省份都通过 1% 水平的显著性检验；2011 年新疆、青海、广西、贵州和云南的回归系数通过 5% 水平的显著性检验，其余省份也都通过 1% 水平的显著性检验。

从产品与产业创新回归系数的时空演变图中（图 6-7），可以看出 2005 年和 2006 年回归系数呈现由南向北逐步递减，海南、广东、广西、福建、江西为高值集聚区，新疆、青海、内蒙古、黑龙江为低值集聚区；2007 年回归系数较大的省份逐渐沿东部沿海区域北上，江苏、浙江、福建、广东的回归系数较高，新疆、青海、甘肃、内蒙古的回归系数较低，呈现由东向西梯度递减态势；2008年和2009年回归系数高值区域继续北上，黑龙江、吉林、辽宁、内蒙古的回归系数值较大，低值区域也逐渐向南移动，广西、云南、贵州的回归系数较小；2010年影响效应高值区域出现短暂性向西移动趋势，低值区域基本保持稳定；2011年之后，影响效应的空间分布相对稳定，高值区域集中在东北三省、内蒙古、北京、天津，低值区域向四川、云南、贵州、广西、广东、海南等西南方向集中，从而呈现由东北向西南梯度递减的分布格局。

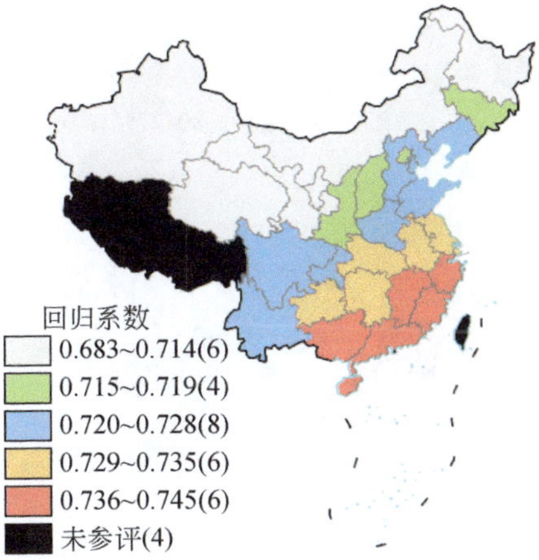

(a)2005年(编号：8042126868)

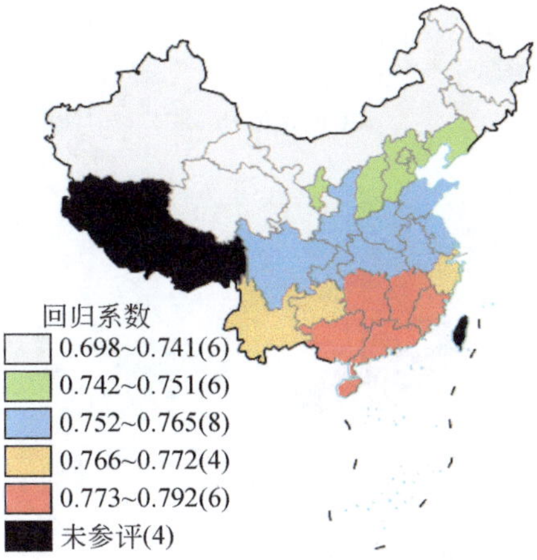

(b)2006年(编号：8042129582)

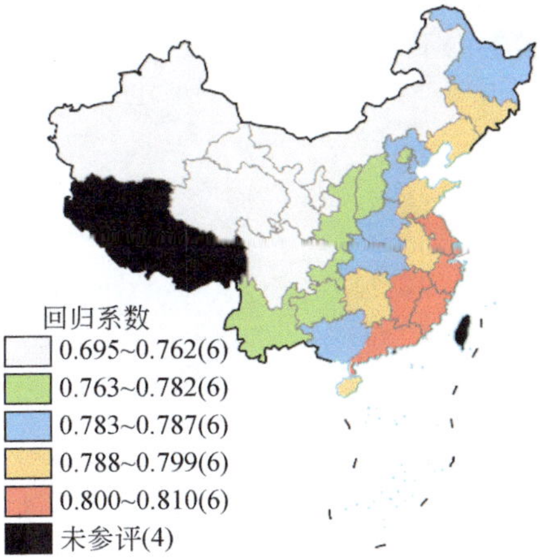

(c)2007年(编号：8042130302)

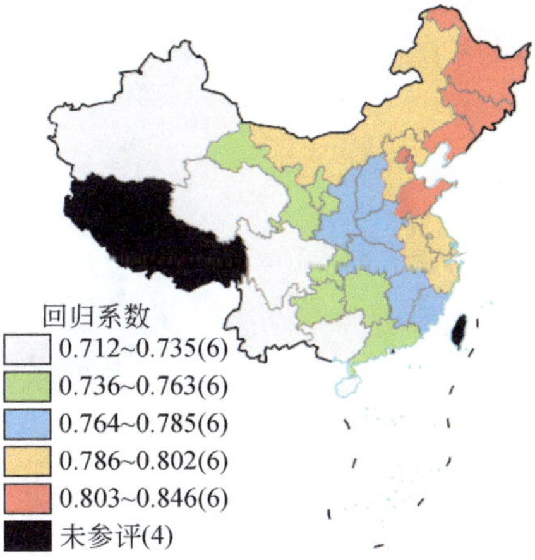

(d)2008年(编号：8042140982)

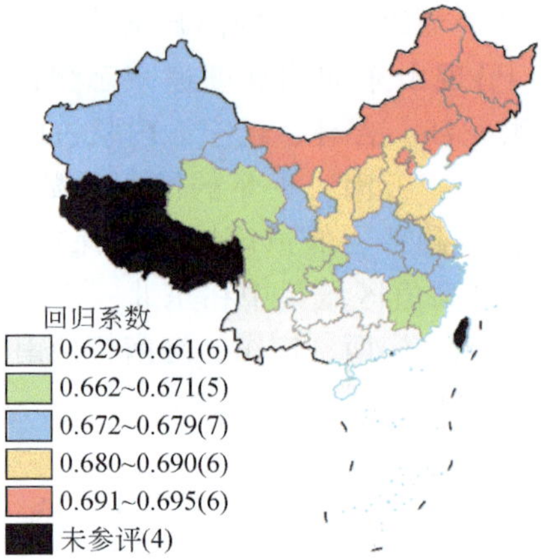

(e)2009年(编号：8042149178)

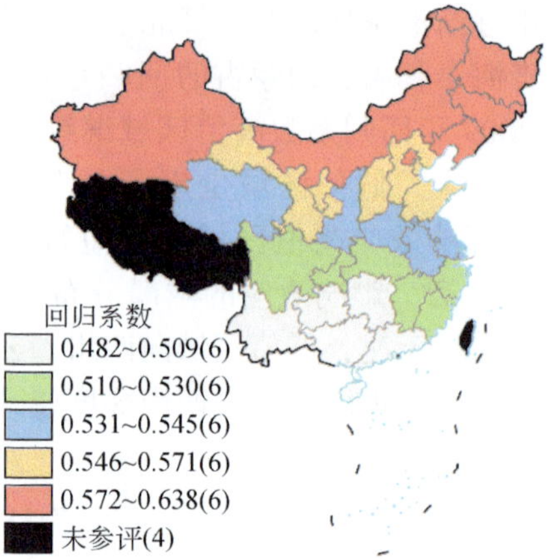

(f)2010年(编号：8042156727)

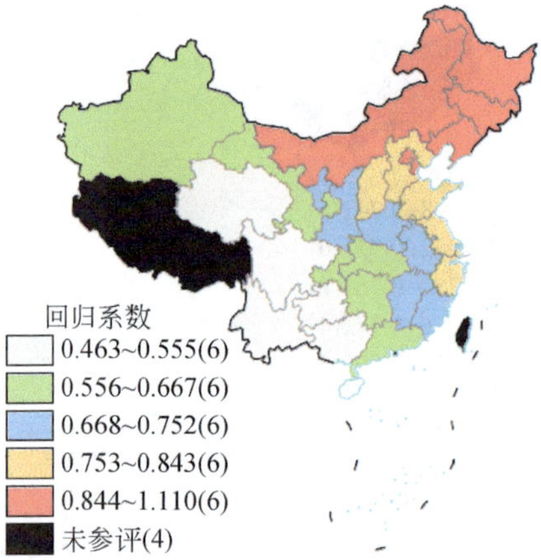

(g)2011年(编号：8042166482)

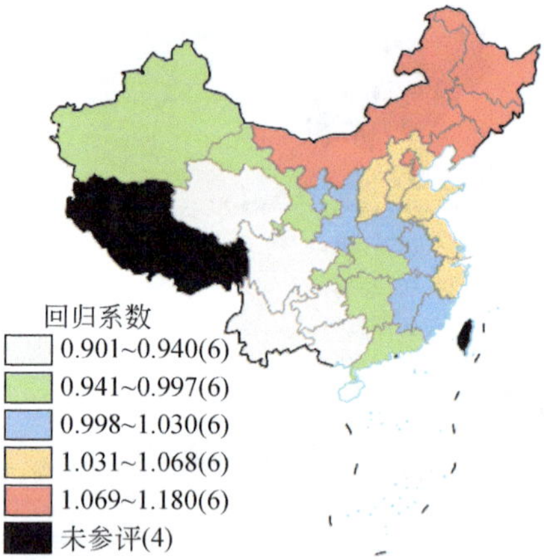

(h)2012年(编号：8042172376)

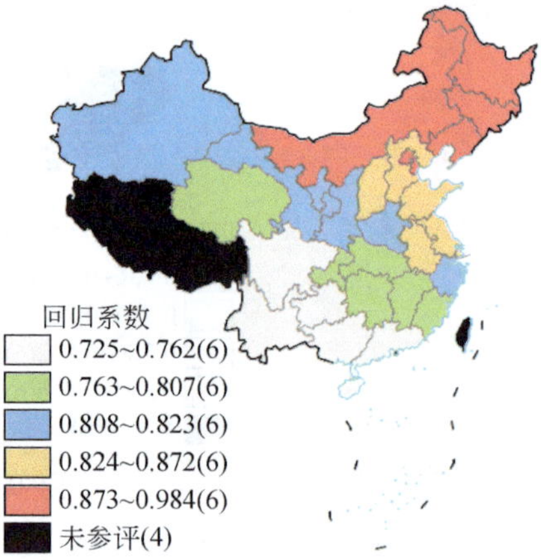

(i)2013年(编号：8042185872)

图 6-7　GWR 模型产品与产业创新因子回归系数的时空演变

综合来看，2005～2013 年产品与产业创新对省域循环经济发展的影响效应逐步增强，省域间影响效应的差异也在逐步加大。时空演变上大体上经历了“由南向北逐步降低”到“从东北向西南依次递减”的迁移过程，北部区域由低值集聚向高值集聚转化，而南部区域由回归系数较高向较低转变，中部区域形成过渡地带。

（四）文化与政策创新影响效应的时空演变

从附表 B4 和图 6-8 可以看出 2005～2013 年我国省域文化与政策创新对循环经济发展具有一定促进作用，但表现出较强的不稳定性。一方面，各年度回归系数的变化较大，2005～2007 年回归系数值显著降低，2007～2010 年数值不断增大，2010～2013 年又出现回归系数先降低后增大的趋势，说明省域文化与政策创新推动循环经济发展的作用时而大、时而小。另一方面，各年度回归系数的显著性水平也有较大差异。2005 年和 2010 年 30 个省（自治区、直辖市）影响效应的回归系数都通过 1% 水平的显著性检验，2006 年所有省（自治区、直辖市）都没有通过 5% 水平的显著性检验，2007～2009 年和 2012 年所有省（自治区、直辖市）都没有通过 10% 水平的显著性检验，2011 年仅山西、河南、湖北、安徽、湖南、江西、宁夏、陕西、甘肃、重庆、四川和贵州 12 个省（自治区、直辖市）通过 5% 水平的显著性检验；2013 年北京、天津、上海、河北、山东等 21 个省（自治区、直辖市）通过 5% 水平的显著性检验，说明文化与政策创新在 2005 年和 2010 年对 30 个省（自治区、直辖市）循环经济发展具有重要的促进作用，在 2011 年和 2013 年对部分省（自治区、直辖市）循环经济发展有一定推动作用，在其余年份对推动循环经济发展的作用并不显著。

出现上述现象的主要原因在于：2005 年和 2010 年分别是我国“十五”和“十一五”规划的最后一年，“十五”计划中将主要污染物排放总量减少列为计划实现日标，“十一五”规划将单位国内生产总值能源消耗降低、单位工业增加值用水量降低、主要污染物排放总量减少等列为约束性指标，农业灌溉水有效利用系数和工业固体废物综合利用率列为预期性指标。各级地方政府为完成规划目标任务，在时间紧、任务重的条件下高度重视节能减排和资源综合利用工作，通过多种手段宣传节能减排、厉行节约和发展循环经济的重要性，引导公众和企业开展循环经济行为，并突击采取行政和经济等多种措施倒逼企业开展节能技术改造或落后产能淘汰，甚至有个别省份对企业正常生产和民众生活采取拉闸限电的措施。虽然这种突击手段在短时间内明显地推动了循环经济发展，但从长期上是不利于循环经济发展的，不仅不利于企业绿色循环低碳的生产方式和公众生态环保生活方式的形成，也不利于树立政府的权威和公信力。在 2010 年各级地方政府突击实施一系列推动循环经济发展的政策措施后，这些政策措施在 2011 年继续发挥着余热，对山西、河南、湖北、安徽等 12 个省（自治区、直辖市）循环经济发展有明显的推动作用，但到 2012 年推动作用不再显著。2012 年 11 月，党的十八大提出“把生态文明建设建设放在突出地位”的战略部署；2013 年 1 月国务院颁布《循环经济发展战略及近期行动计划》（国发〔2013〕5 号），提出实施循环经济“十百千”示范行动，发展循环经济上升到国家战略高度。在国家宣传教育和政策带动下，各级地方政府也纷纷开始加大循环经济项目建设的支持力度，明显地推动了循环经济发展。

从文化与政策创新回归系数的时空演变图中（图 6-8），可以看出 2005 年回归系数呈现从南到北梯度递减的分布态势，高值集聚区位于海南、广西、广东、福建、浙江，低值集聚区位于新疆、青海、甘肃、内蒙古、黑龙江和吉林；2006～2008 年回归系数的高值区域逐渐向西转移，并以高值区域为核心回归系数向西梯度递减，到 2008 年形成由西向东再向东北依次递减态势，新疆、青海、四川、云南的回归系数较高，东北三省、内蒙古、北京和天津的回归系数较低；2009 年和 2010 年，高值区域往东南沿海迁移，回归系数呈现以广东、福建、江西、浙江、上海等为集聚区向西逐步降低；2011 年，回归系数高值区域首次出现在中部区域，以湖北、重庆、陕西、宁夏、甘肃为核心向外扩散性递减，海南、黑龙江等省份影响效应较小；2012 年，回归系数高值区域又回到东部区域，并有向北转移的趋势；到 2013 年，高值区域集中分布在辽宁、河北、北京、天津、山东和浙江，回归系数的分布以高值区域为核心向外逐步递减。

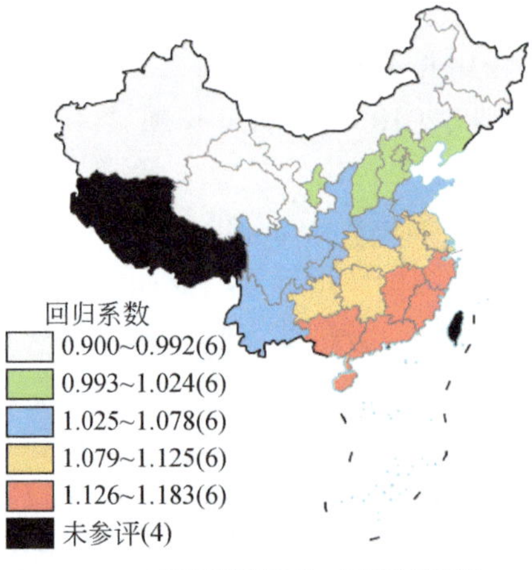

(a)2005年(编号：8042113168)

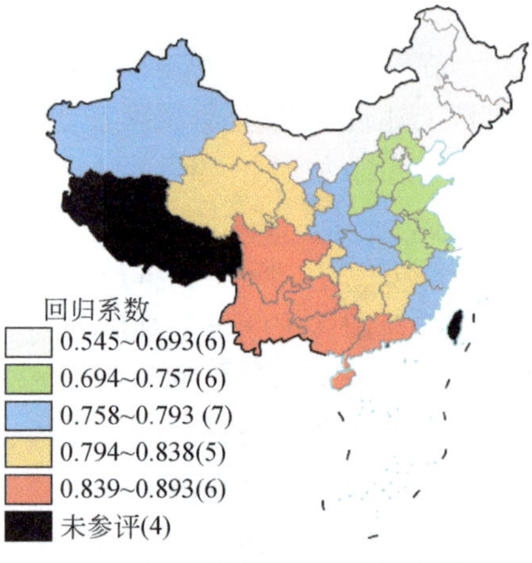

(b)2006年(编号：8042123506)

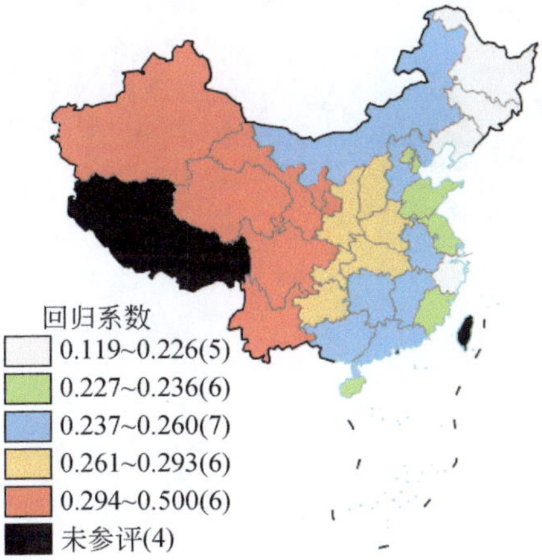

(c)2007年(编号：8042137401)

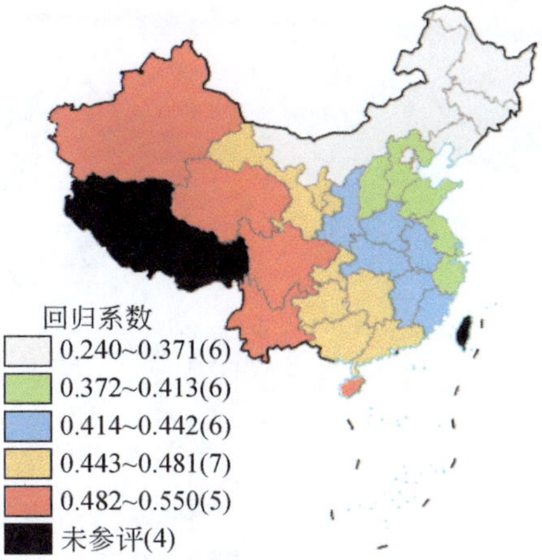

(d)2008年(编号：8042147650)

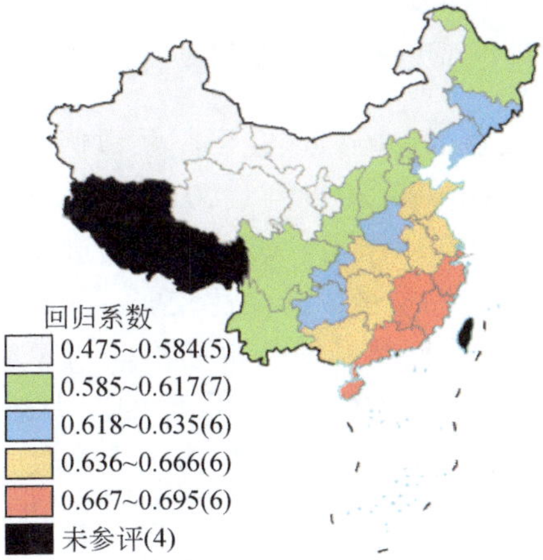

(e)2009年(编号：8042159547)

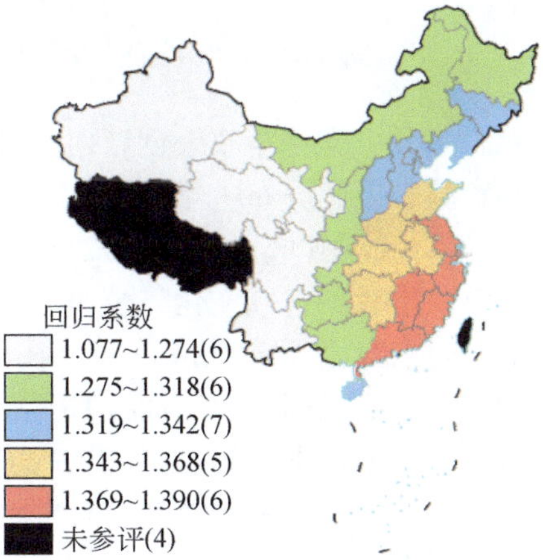

(f)2010年(编号：8042163497)

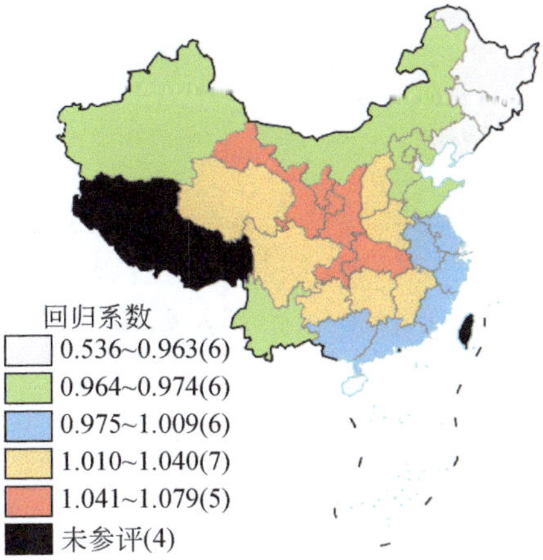

(g)2011年(编号：8042194392)

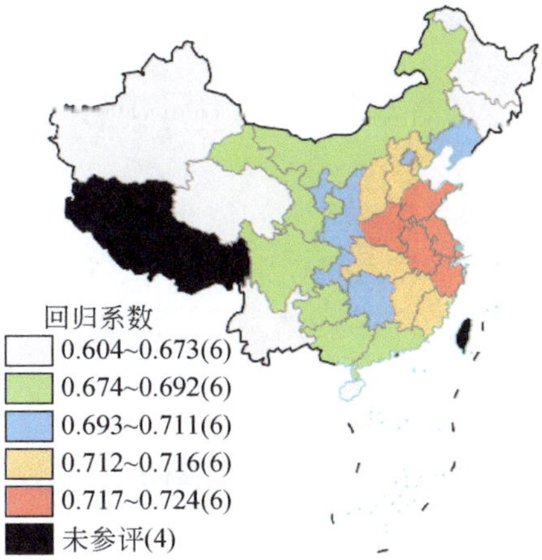

(h)2012年(编号：8042199703)

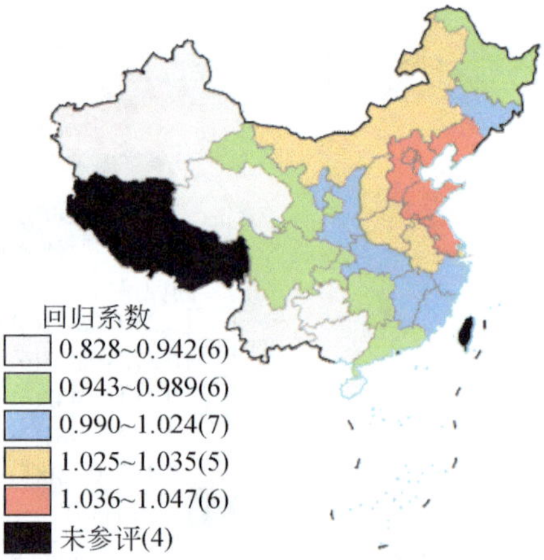

(i)2013年(编号：8042199976)

图 6-8　GWR 模型文化与政策创新因子回归系数的时空演变

综合来看，文化与政策创新对循环经济发展的影响效应在回归系数值、显著性水平检验、空间分布上都呈现出较强的不稳定性，2005 年、2010 年、2011 年和 2013 年对我国省域循环经济发展具有显著地推动作用，其余年份促进作用不显著，反映出我国省域文化与政策创新的不稳定性较强、持续性较弱，这也一定程度上与目前我国循环经济发展存在的“国家层面热、地方层面冷”现象密切相关。现阶段，我国省域层面循环经济发展大多需要依靠国家层面的大力推动，地方政府还尚未根本扭转“以 GDP 为纲”的传统思想观念，在国家大力促使或强硬倒逼下才愿意开展循环经济相关活动；地方政府发展循环经济的意识和自主性较弱，对循环经济的宣传、培训、教育投入不足，出台的激励性和约束性政策随意性较强、持续性不足、实施效果不佳。

第四节　评价结果分析

通过采用纳入空间依赖性和空间异质性的 SPDM 模型和 GWR 模型，分别从全局和省域视角研究中国 30 个省（自治区、直辖市）知识与科技创新、资源与技术集成、产品与产业创新、文化与政策创新等因子对循环经济发展的影响效应。

一、全局视角的评价结果分析

从全局层面构建 SPDM 模型对创新驱动循环经济发展效应进行分析，得出以下结论：

第一，受区域经济一体化、交通运输便捷化、跨区域重大基础设施建设、示范试点带动作用等因素影响，我国省域循环经济发展存在显著的空间溢出效应，某一地区循环经济发展水平较高对推动邻近省份循环经济发展具有较强的促进作用。

第二，我国省域循环经济发展是由知识与科技创新、资源与技术集成、产品与产业创新、文化与政策创新共同推动的结果，形成以知识与科技创新为核心、以文化与政策创新为支撑、以产品与产业创新和资源与技术集成为辅助的驱动结构。

第三，省域自身知识与科技创新、资源与技术集成、产品与产业创新、文化与政策创新的能力提高对其循环经济发展都具有促进作用，影响效应大小依次为知识与科技创新、文化与政策创新、资源与技术集成、产品与产业创新。

第四，创新的空间溢出效应是推动我国各省域循环经济发展的重要力量，周边省域知识与科技创新、文化与政策创新、产品与产业创新能力增强有助于提高本省域循环经济发展水平，而资源与技术集成由于在省域间存在竞争效应导致其空间溢出效应并不显著。

二、省域视角的评价结果分析

从省域层面构建 GWR 模型对创新驱动循环经济发展效应进行分析，得出以下结论：

第一，选取 2005 ~ 2013 年解释变量和被解释变量的平均值构建 GWR 模型，结果显示四个创新因子对省域循环经济发展都有明显地促进作用，知识与科技创新、文化与政策创新的影响效应相对较强，资源与技术集成、产品与产业创新的影响效应相对较弱。空间分布上，知识与科技创新的回归系数呈现从西到东依次递减，资源与技术集成的回归系数从西向东再向东北区域依次递减，产品与产业创新的回归系数从东北向西南逐步降低，文化与政策创新的回归系数从南向北依次递减。

第二，对各创新因子在试点带动（2005 ~ 2010 年）和全面建设（2011 ~ 2015 年）阶段的影响效应进行分析，发现：知识与科技创新始终是推动循环经济发展的核心力量；资源与技术集成存在边际效益递减和实施效果不佳等问题，其推动作用明显下降；产品与产业创新受时间滞后影响，全面建设阶段促进作用有所提高；文化与政策创新的影响具有不稳定性。这一结论进一步在分年度模型中得以证实。

第三，通过分年度分别构建 GWR 模型对各创新因子影响效应的时空演变进行分析，发现：知识与科技创新的影响效应经历了从“东北向外扩散性减小”到“西南向东北梯度递减”的变化过程；资源与技术集成经历了从“由南向北依次降低”到“由西向东梯度递减”再到“由北向南梯度降低”最后回到“由西向东梯度递减”的复杂演变过程；产品与产业创新经历了“由南向北逐步降低”到“从东北向西南依次递减”的迁移过程；文化与政策创新的影响效应在回归系数值、显著性水平检验、空间分布上都呈现出较强的不稳定性，在“十五”和“十一五”规划期末和 2011 年、2013 年对省域循环经济发展具有显著地推动作用，其余时间段推动作用不显著。

三、评价结果的指导意义

全局层面 SPDM 模型和省域层面 GWR 模型的研究结论对提出创新驱动循环经济发展的对策具有一定的指导作用：

第一，要增强知识与科技创新，充分发挥其核心引领作用。进一步巩固知识与科技创新在推动我国省域循环经济发展中的核心地位，各省域要着力提高企业、高校、科研院所等知识与科技创新主体积极性，依托产学研用等多种合作模式，着力强化循环经济理论研究、规律探索和科研创新，增强知识与科技创新能力。

第二，要优化资源与技术配置，提高资源与技术集成利用效率。合理优化资源与技术在各领域、各地区间的配置，有效解决目前存在的省域间竞争效应、边际效益递减和实施效果不佳等问题。加大西部地区工业绿色转型升级的资源与技术投入，积极引导东部地区资源与技术向农业、服务业、社会领域转移；加快实施新东北振兴战略，加大资源与技术向东北地区转移。

第三，要强化产品与产业创新，加快推动循环经济市场化进程。随着循环经济深入发展，产品与产业创新在推动各省域循环经济发展中的作用效果将更加显著。因此要进一步规范节能环保产品标准认证，加大节能环保产品推广应用力度，推进节能环保、新能源、新材料等战略性新兴产业发展；同时，加快发展高新技术产业和现代服务业，加快信息化与工业化深入融合，构建绿色制造产业体系。

第四，要持续开展文化与政策创新，增强实施效果的稳定性。加大对地方政府、企业家、公众的循环经济宣传教育力度，通过报纸、网络等多种渠道开展循环经济宣传报道，提高全民生态文化意识。制定循环经济发展中长期规划，构建持续、健康、稳定的循环经济政策体系，重点加大西部地区政策创新力度。

第五，要建立省域间联动机制，推动省域循环经济协同发展。重视省域间循环经济和创新要素的空间溢出效应，逐步加强省域间交流合作，打破行政地域约束，建立跨省域创新驱动循环经济协同发展的联动机制，形成各省域优势互补、合理分工、联动发展的循环经济新格局。

第七章　创新驱动循环经济发展的对策建议

第五章分析得出2005年以来我国省域循环经济发展和创新能力都有一定程度提升，但省域间有较大差异，基本呈现“东部发展水平相对较高、东北和中部次之、西部发展水平相对较差”的分布形态；2005年以来我国省域循环经济与创新能力协调发展水平也有小幅下降，主要原因在于省域创新能力相对滞后；第六章研究发现知识与科技创新、资源与技术集成、产品与产业创新、文化与政策创新等创新因子对推动我国省域循环经济发展都有显著促进作用，各创新因子对不同省域循环经济发展的影响效应有较大差异，创新驱动循环经济发展具有显著的空间溢出效应。因此，本章以创新为主线，从国家层面、区域层面、省域间层面分别提出开展循环经济全面创新、实施差异化的创新驱动循环经济发展策略、建立创新驱动循环经济发展联动系统的对策建议，以不断提高我国省域循环经济发展水平和生态文明建设能力。

第一节　国家层面：开展循环经济全面创新

目前，我国省域循环经济发展是知识与科技创新、资源与技术集成、产品与产业创新、文化与政策创新共同推动的结果，四个创新因子对提高我国省域循环经济发展水平都具有明显推动作用。因此，从国家层面推动循环经济发展的对策上，要全盘考虑四个创新因子对推动我国循环经济发展的重要作用，全面提高知与识科技创新、资源与技术集成、产品与产业创新、文化与政策创新能力。鉴于四个创新因子对循环经济发展的影响效应和显著性水平都有所差异，要统筹协调好各创新因子的地位和作用，必须坚持以知识与科技创新为核心，以产品与产业创新、资源与技术集成为手段，以文化与政策创新为支撑，协调推动我国循环经济发展。同时，在提高各创新因子能力上，也应有所侧重，避免“眉毛胡子一把抓”：知识与科技创新要围绕目前制约循环经济发展的关键环节进行突破；产品与产业创新要重点针对节能环保、新能源、新材料和循环经济服务业等相关领域；资源与技术集成要集中优势资源推广应用一批先进成熟的循环经济技术设备；文化与政策创新要着力加强青少年循环经济文化教育，推动全民树立循环型生产方式和生活方式，要着力破除循环经济政策不稳定、地方配套政策乏力等现象。

一、着力深化知识与科技创新

（一）强化循环经济知识创造

循环经济知识创新是围绕节能低碳、生态环保、集约利用、高效循环等主题，在循环经济知识获取、处理、共享的基础上，开展循环经济新的知识创造，以促进循环经济技术进步和生态文明建设[398]。循环经济知识创新包括知识吸收、知识创造、知识共享、知识转移、知识应用等环节[399]。我国循环经济经过十年的发展，在吸收国外发达国家循环经济知识理论和研究方法等方面已相对成熟，目前的关键在于如何结合中国资源环境特征、经济发展实际和文化制度环境，创造出符合中国国情的循环经济知识理论体系，并为循环经济新知识的转移和应用提供良好的市场和政策环境。

高校和科研院所是循环经济知识创新的主体，尤其是研究型大学和中科院等高层次研究机构，应充分发挥知识积累、人才储备和智库建设优势，结合党的十八大以来关于生态文明建设的有关精神和新常态下我国经济转型对循环经济发展的知识科技需求，不断追求循环经济新的发现、探索循环经济发展规律和新的发展方式，创建新的循环经济学说，综合运用多学科方法创造新的循环经济研究方法，进一步丰富具有中国特色的循环经济理论体系，为循环经济科技创新、资源与技术集成、产品与产业创新提供知识储备。同时，政府要加大循环经济相关课题和项目立项力度，集中优势资源对我国经济社会可持续发展和生态文明建设具有重大影响的课题研究进行攻破，并在高端学术杂志上发表一批具有影响力的学术论文，支持出版一批循环经济研究专著，推动循环经济自然科学、人文社会科学、法学、经济学等多学科协调发展，为循环经济新知识的共享和转移提供良好环境。

（二）政产学研合作研发关键科技

企业、科研院所、高校、政府是循环经济科技创新的主体，应充分利用各创新主体的优势资源，发挥科研院所和高校的知识创造、人才储备、人力资源、研发平台等优势，紧密结合企业的技术市场需求，政府提供良好的服务平台和优惠政策，依托政产学研合作模式开展新型替代、减量化、再利用、资源化、生态化等科技研发。

其中，新型替代科技是指在不影响产品质量安全稳定的前提下，用新材料、新产品、新工艺替代原来高物耗、高能耗、不可再生资源消耗的材料、产品和工艺，包括新型建筑材料替代木材和钢材、化工新材料研发、信息化替代科技、风电和太阳能等清洁能源开发科技等；减量化科技是指用较少的物质和能源消耗来达到既定的生产目的和生活质量，从源头上降低资源能源消耗量，提高资源利用效率，包括钢铁、有色金属、石化、建材、装备制造、纺织印染等重点行业的节能、节水、节材技术；再利用科技是指延长产品使用周期，把资源效用用到极限，避免资源过早成为垃圾的科技，包括工程机械、工业机电设备、机床、矿采机械、铁路机车装备、船舶及办公信息设备等的再制造以及废旧轮胎翻新制造等科技；资源化科技是指对生产、生活、流通等领域产生的废物资源进行重复利用，使之成为新产品生产的原材料的相关科技，包括共生伴矿产、尾矿及废石等矿产资源综合利用科技，粉煤灰、煤矸石、工业副产石膏、冶炼废渣、化工废渣、建筑垃圾、废水、废气等工业三废资源综合利用科技，秸秆、林业三剩物和次小薪材、畜禽养殖废弃物、海洋与水产品加工废物等农林废物综合利用科技，以及废钢铁、废纸、废塑料、废旧纺织品、废旧木材、废矿物油、生活垃圾、报废汽车等再生资源回收利用科技；生态化科技是指推进生产方式生态化和维护生态环境的相关科技，包括工业清洁生产科技、污染防治科技、生态修复科技、危废无害化处置科技等。

同时，政府要在节能环保、新能源、重点行业等领域支持龙头企业、行业协会、科研院所、高校联合成立一批循环经济相关的科技战略联盟、科技研发中心、工程试验中心，每年定向给予一定经费支持科研平台建设，依托政产学研合作开展项目研究；支持相关科研平台与国外先进地区开展循环经济科技交流合作和项目攻关，不断引进、消化、吸收和再创新循环经济关键技术设备，提高我国循环经济科研实力。

（三）加快完善知识产权保护制度

2015 年 3 月中共中央、国务院出台《关于深化体制机制改革加快实施创新驱动发展战略的若干意见》，提出“实行严格的知识产权保护制度”的具体意见；在大众创业、万众创新的背景下，李克强总理也多次强调“保护知识产权就是保护创新”。完善的知识产权保护制度对于推动循环经济发展具有重要作用。知识产权保护是对个人或团队长期依靠智慧、劳动、成本等资源投入创造出的成果的一种尊重和认可，能够有效保护企业、科研机构、高校等创造主体的循环经济创新成果；同时，在知识产权保护下，能够更有效地促进循环经济知识与科技成果转化，激发创造主体循环经济创新的积极性。目前，我国知识产权保护还存在政策措施落实不到位、侵权行为打击力度不够、相关政策与信息化快速发展不适应、维权成本高等问题，因此要加快完善知识产权保护制度，推动循环经济知识与科技创新。一方面，政府要在《中华人民共和国专利法》等基本的知识产权法律框架下，制定知识产权保护的实施细则；重点要加大侵犯知识产权行为的打击力度，让侵权行为付出沉重的代价；简化企业和公民维权的程序和步骤，设立维权援助服务中心，为公众维权开辟便捷渠道。另一方面，企业、科研院所、高校、公众等主体要增强知识产权保护意识，对于重大、关键性的循环经济知识与科技创新要形成全过程知识保密观念，合理运用法律手段保护知识创造。

二、高效推进资源与技术集成

（一）加大农业和农村循环经济资源与技术投入

在种植业、林业、畜牧业、渔业等农业领域普遍推广循环型生产方式，加大政府资金投入力度，积极引导金融机构资金、企业资金、民间资本投入农业循环经济发展中，开展技术设备改造和基础设施建设。在种植业领域，逐步引导农民开展有机、绿色、无公害种植，全面推行测土配方施肥，推广应用复合有机肥和高效低毒低残留的农药及各种生物技术，推广土壤改良技术；加大资金引导规模企业开展农作物秸秆饲料化、肥料化、基料化、原料化、燃料化利用，缓解华北地区雾霾问题。在畜牧业坚决取缔流域畜禽禁养区内的相关养殖场所，重点建设一批以沼气利用为手段的畜禽粪便资源化利用设施，实现养殖方式规模化、养殖过程清洁化、废物排放无害化。在林业普遍推广采伐、造材、加工等林业三剩物和次小薪柴生产板材、培养食用菌等发展方式。

针对农村地形复杂、人口分散等导致循环经济发展缓慢的问题，要加大农村循环经济基础设施建设和节能生活电器普及力度。一方面，强化政府资金投入，依托 BOT、PPP①、BT 等多种投融资模式合作开展农村污水处理设施及管网、生活垃圾分类回收处理设施、供水、供电、交通、通信等基础设施建设，解决污水乱排、垃圾随意丢弃、道路不畅、饮水困难等问题，着力改善农村生态环境和生活环境。另一方面，加大财政补贴力度，在农村大力推广节能型灶具、太阳能热水器、节能灯具、冰箱、空调、小排量汽车或新能源汽车，推广使用节能型农用机械、渔船设备等生产设备，进一步推广节能环保型新型建材产品。

（二）推动服务业和社会领域的资源与技术集成

加大服务业领域资源与技术投入，构建循环型服务业体系。在餐饮酒店行

① PPP（public-private-partnership），即政府和社会资本合作，是公共基础设施中的一种项目运作模式。

业限制以不可再生资源为原料的一次性产品的消费（如饭店的一次性用品、餐馆的一次性餐具和豪华包装等），促进一次性产品和包装容器再利用；在酒店行业普遍推广中小水循环系统。在旅游业加强风景旅游区污染控制设施建设，完善景观与生态保护宣传、环境保护标识、废物分类收集等设施，实现固体废物减量化、资源化管理和无害化处理；支持宾馆饭店、景区景点、乡村旅游经营户和其他旅游经营单位推广利用新能源、新材料，广泛运用节能、节水、减排技术。在交通运输行业积极引导企业发展标准化运输、甩挂运输、封闭运输等先进组织方式，充分利用运力资源，推广网络化运输，提高运输资源的利用率；发展绿色公共交通系统，推广新能源公交汽车，严格控制尾气排放，减少废弃物污染。

以再生资源回收、绿色建筑、餐厨废弃物资源化利用为重点，加大人力、资金、基础设施等资源投入，推广应用先进适用技术，推动社会领域循环经济发展。支持大中型企业运用“互联网+”技术，建立包括小区投放点、社区回收站、城区集散中心、跨区域综合利用等在内的再生资源回收体系，实行垃圾全过程分类运输，切实解决废旧电池、电子产品等危险固废的污染和生活垃圾资源化利用问题[400]。以节能环保墙体材料、节能灯、节能空调等为重点，推进既有政府办公、大型商贸、医院宾馆、校园等建筑开展节能改造。加大力度推广餐厨废弃物资源化利用模式，推动建立规范的餐饮企业、单位食堂餐厨废弃物定点收集、密闭运输、集中处理体系，逐步建立家庭厨余垃圾收运体系。对餐厨废弃物资源化利用设施建设给予一定财政补助，鼓励利用餐厨废弃物生产沼气、生物柴油、工业油脂、有机肥等。

（三）提高工业企业资源与技术集成效率

目前，规模以上工业企业的生产技术设备基本已进行了节能技术改造，并配备相关污染治理、废物回收利用等设施，循环经济发展空间相对较小。因此，规模以上工业企业应紧跟循环经济知识与科技创新步伐，围绕循环经济知识与科技创新的新成果、新产品、新工艺，投入资源开展小试、中试，为现有技术设备升级奠定基础。而对于广大中小企业而言，在现有技术改造、设备引进、金融支持等条件相对成熟的情况下，应按照国家相关政策加大资金投入，对落后产能设备进行升级改造。各级政府应按照国家淘汰落后产能目录的相关规定，严格淘汰落后产能；综合运用差别电价、惩罚性电价等政策倒闭高耗能、高污染企业开展技术改造，不断提高中小企业资源与技术集成实施效果。

三、深入开展产品与产业创新

（一）推广应用节能环保产品，逐步提高市场竞争力

推广应用节能环保产品是循环经济发展的阶段性产物，也是循环经济效益的市场化体现。目前，我国绿色照明、再制造产品、新能源汽车、节能电器、环保设备等节能环保产品受价格较高、公众认可度较低、市场竞争力弱等要素制约，推广应用范围相对较为狭窄。因此，加快推广应用节能环保产品，提高市场份额和竞争力，需要从多渠道入手。第一，加大力度限制高能耗、高污染型产品和一次性产品的生产使用，提高这类产品生产企业的用水、用电、用地等价格，内化企业生产成本，依托经济手段将这些企业从市场上淘汰，为节能环保产品推广应用拓宽市场空间。第二，继续实施节能环保汽车财政补贴政策，加大政府补贴力度，扩宽节能环保产品补贴范围，重点出台节能灯具、节能家电、节能环保型生产设施设备的财政补贴政策，逐步完善家电、汽车以旧换新政策，鼓励消费者购买节能环保产品，提高节能环保产品市场份额。第三，进一步完善政府机关绿色采购制度，紧密结合绿色环保标志和节能产品标志的认证情况，完善《政府绿色采购目录》，强制政府机关购买具有认证标志的空调、打印机、灯具等办公用品；加快地方政府公务用车改革步伐，明确各级别领导干部公车改革补贴标准，倡导政府机关工作人员绿色出行。第四，建立健全节能环保产品技术标准和标志认证管理办法，充分发挥研究机构、行业协会、龙头企业等技术优势，在节能环保型生产设备、家用电器、建筑建材等领域出台具有较高政府公信力、市场认可度的节能环保产品技术标准和标志认证，进一步加强绿色标志管理。

（二）发展壮大循环经济产业，推动实施大循环战略

循环经济产业的发展壮大是推动循环经济快速发展的重要手段，不仅有助于推动再生资源、工业三废、农林废弃物的资源化、规模化和高值化利用，也能够依托节能环保产业发展推动钢铁、有色金属、纺织印染、石油化工、机械制造等产业的绿色转型升级，为实现农业、工业、服务业、社会等多产业、多领域协同共生创造条件。第一，要依托循环经济知识与科技创新的不断发展，加快推动节能产业发展步伐，重点推动锅炉窑炉、电机及拖动设备、余热余压利用设备、节能仪器设备等节能装备以及家用电器与办公设备、高效照明产品、节能汽车、新型节能建材等节能产品发展，培育一批技术先进、管理规

范、市场广阔的具有国际竞争力的节能型企业。第二，推动环保产业快速发展，加强国际环保领域交流合作，重点推进污水处理、垃圾处理、大气污染控制、危险废物与土壤污染治理、检测设备等环保装备和高性能防渗材料、布袋除尘器、生物滤料及填料、高效活性炭、微生物絮凝剂、杀菌灭藻剂、固废处理固化剂等环保材料药剂的研发生产。第三，要加快资源循环利用产业发展，重点加快矿产资源综合利用、固体废物综合利用、再制造、再生资源利用、餐厨废弃物资源化利用和无害化处理、农林废物资源化利用、水资源节约集约利用等技术装备发展，不断提高产业领域和社会领域的资源产出率和资源循环利用效率。第四，依托节能产业、环保产业、资源循环利用产业发展，加快实施大循环战略。逐步打破区域封锁和部门利益，支持企业间、产业间深化物质流、信息流、能量流、资金流的高效融合，在工业、农业、服务业等产业间搭建技术、市场、基础设施等公共服务平台，推动资源、资金、人才、技术跨企业、跨行业、跨产业、跨区域高效流动，实现多产业、多领域的循环链接和共生耦合。

（三）大力发展高新技术产业，提升服务业发展水平

高新技术产业和服务业具有能源消耗少、污染排放低、无固废产生少等优点，高新技术产业和服务业的发展壮大将为循环经济发展提供重要支撑。一方面，要大力发展高新技术产业，围绕国家确定的战略性新兴产业发展目标任务，重点加快新一代信息技术、高端装备制造、新能源、新材料产业发展。大力发展下一代信息网络、电子核心基础产业、高端软件和新兴信息服务产业发展，深入推进工业化与信息化高度融合，提高制造业装备技术智能化和数字化水平，减少能源与资源消耗；大力发展智能制造装备产业，提高工业生产的制造、使用过程中自动化、智能化和绿色化水平；加快发展技术成熟、市场竞争力强的核电、风电、太阳能光伏和热利用、页岩气、生物质发电、沼气等新能源，不断优化能源消费结构，逐步提高新能源占能源消费总量比重，减少化石能源消费；大力发展新型功能材料、先进结构材料和复合材料，不断建立具有高性能、轻量化、绿色化的新材料产业体系。另一方面，要大力发展现代服务业，围绕循环经济发展理念，发展生态旅游、绿色物流、信息服务、商贸会展等服务业，提高服务业绿色化发展水平；重点发展与循环经济相关的产权交易、环境投融资、清洁生产审核、认证评估、环境保险、法律诉讼、教育培训、信息服务等服务产业，提高循环经济服务业的专业化水平。

四、持续加强文化与政策创新

（一）强化宣传教育，培育特色文化

通过电视、广播、电影、互联网等多种方式，加大力度开展循环经济、节能低碳、生态环保的宣传教育力度，感染、激励和引导市民树立有利于生态建设与环境保护的意识与觉悟；结合“世界地球日”“世界环境日”“世界土地日”“世界水日”等活动，积极开展群众性生态科普教育活动；充分发挥一年一度的全国节能宣传周和全国低碳日宣传引导作用，各级绿色循环低碳主管部门、机关事务管理部门、教育部门、科技部门、环保部门等相关政府部门要围绕生态文明、节能低碳、绿色循环等主题，结合自身职能有针对性地广泛开展宣传展示、技术交流、互动体验等活动，普及节能低碳和循环经济知识，宣传循环经济发展的先进典型经验，推广高效节能低碳技术和循环经济产品，倡导勤俭节约的生产方式、消费模式和生活习惯。

立足于将循环经济理念和知识贯彻于幼儿教育、基础教育、职业教育、高等教育、成人教育的相关课程体系中，重点抓好幼儿、青少年的循环经济基础知识教育，从小培养和提高公众节能环保和循环利用的自觉性。选取一批高等院校、职业学校设置循环经济类的相关专业，根据院校特点在农林、工业、服务业、社会等领域设立一批循环经济研究所、教育基地、创新中心。研究制定循环经济培训港沿和培训教材，对工业企业负责人、相关技术和管理人员开展全方位循环经济培训，同时充分发挥政府的调控与导向作用，分层次开设各级领导干部示范区建设知识培训班，提高领导干部的环境意识。

依托各地独特的文化资源和区域功能定位，发挥比较优势，在已基本形成的中原文化、胡同文化、楚文化、巴蜀文化、岭南文化、闽文化、吴越文化、妈祖信仰文化等地域文化基础上，结合生态文明、节能低碳、绿色循环等主题，培育具有鲜明区域和民族特色的生态文化，建设一批特色生态文化产业示范区，打造特色生态文化城镇、乡村、园区和企业，促进文化多样化、差异化发展。围绕“中国优秀旅游城市”“国家卫生城市”“国家历史文化名城”“国家园林城市”等品牌，积极打造森林公园、湿地公园以及自然保护区、风景名胜区等生态文化载体，弘扬、传播生态文化。

（二）健全政策体系，强化政策执行

针对目前我国政策稳定性、持续性、执行力较弱以及政策体系不完善等问

题，要加快构建集基础性政策、关键性政策、辅助性政策于一体的政策体系，不断强化政策的执行和落实，为我国省域循环经济发展提供政策支撑（图 7-1）。

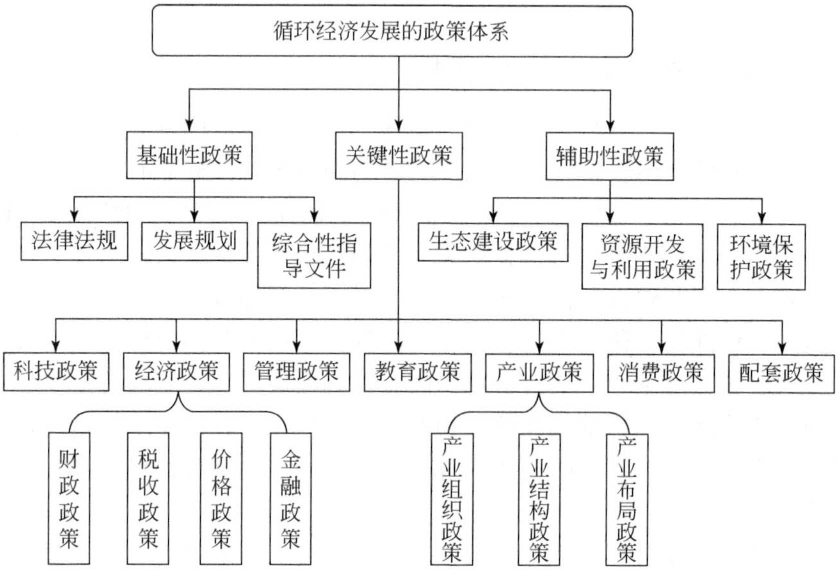

图 7-1　循环经济发展的政策体系示意图

基础性政策是促进循环经济发展的最根本、具有普遍适用性、超越传统经济政策和资源环境政策的综合性政策[401]，包括法律法规、发展规划和综合性指导文件。在法律法规上，根据新形势对《中华人民共和国循环经济促进法》进行修订，并以此为核心，加快制定和完善循环经济发展的各项专项法规，如“包装法”“电子产品、电器的流通回收及处理法”“废旧家电回收利用法”等。在发展规划上，必须制定科学、合理的长期发展规划，以规划统领循环经济的发展。在综合性指导文件上，突出抓好重点环节，集中优势力量突破关键领域的技术装备和管理等问题，重点做好节能环保产业和资源回收利用产业发展、循环经济市场的建立、绿色生态技术研发、再生资源回收体系建设等领域的综合性指导文件。

关键性政策是直接作用于循环经济发展的政策，政策的立足点、导向性、落脚点都基于循环经济发展。包括发展循环经济领域的产业政策、经济政策、科技政策、教育政策、管理政策、消费政策、配套政策等。研究制定推动中小企业循环经济发展的产业政策，出台产业结构调整和优化的具体政策；积极协调运用财政、税收、价格、金融等经济政策，有效激励和规制经济主体的循环经济活动，保障循环经济市场的正常运行；以相关先进技术的研发和推广应用为依托，以科技研发政策、技术咨询服务政策和技术标准为主要内容，完善循环经济科技政策；出台全民循环经济教育培训政策，着力提高全民循环经济意识；进一步理清政府部门在循环经济发展中的职责权限，建立健全决策责任追究制度，解决各职能部门在管理循环经济工作中所出现的缺位、越位、不到位等一系列问题；研究制定阶梯电价、水价、节能产品购买补贴等消费政策，推动形成绿色生活和消费方式。

辅助性政策是指一切与节约集约利用资源和生态环境保护相关的，对促进循环经济发展和资源节约型、环境友好型社会建设有作用的政策，如生态建设政策、环境保护政策、资源开发与利用政策等等。

（三）转变执政理念，加强地方监管

党的十八大系统论述了生态文明建设的理念，并将其纳入经济建设、政治建设、文化建设、社会建设在内的中国特色社会主义事业的总体布局中[402]，这是中国共产党作为执政党逐步树立生态文明执政理念的标志和决心表达。但目前，地方政府对生态文明、节能低碳、循环发展的重视程度不够，还未根本转变“以GDP为纲”的执政理念和行为方式，导致目前循环经济发展存在“国家热、地方冷”的局面。因此，要加强地方政府生态文明执政理念的灌输，只有各级政府牢固地确立和自觉践行生态文明执政理念，才能使执政党进一步端正为什么执政和怎样执政的思想认识，始终坚持立党为公和执政为民的执政宗旨，抢抓绿色发展全球化的机遇，自觉地将生态文明建设当作新时期重大的政治责任和政治使命，通过推进绿色循环低碳发展，建设资源节约型、环境友好型、人口均衡型和生态安全保障型社会，率领全国人民坚定不移地走向生态文明新时代，实现美丽中国生态梦[403]。同时，要加快建立各级地方政府绿色评价考核体系，把资源消耗、环境损害、生态效益纳入经济社会发展评价体系，并大幅增加考核权重，形成体现生态文明要求的目标体系、考核办法、奖惩机制；地方政府要结合各地区资源环境承载力、生态脆弱性、产业发展等实际情况，有针对性地制定评价考核体系，对于重点生态功能区、农产品主产区、林业保护区等取消GDP考核，制定可持续发展评价指标体系。建立循环经济一票否决制度，对于地区出现重大环境污染、资源破坏、资源浪费等事故，追究主要领导责任。

第二节 区域层面：实施差异化的创新驱动循环经济发展策略

无论是从全评价期、还是试点带动和全面建设阶段，或是分年度时空演变视

角看，四个创新因子对省域循环经济发展的影响都有显著差异。因此，各区域在推动循环经济发展过程中，应遵循因地制宜、差异发展原则，要结合各创新因子驱动循环经济发展影响的时空分布格局，有针对性地提出对策建议。

综合来看，虽然知识与科技创新总体呈现从西到东依次递减趋势，但各年度回归系数的最大值和最小值的差异不大，鉴于知识与科技创新的重要作用，各省域在推动循环经济发展过程中都必须加大知识与科技创新力度。资源与技术集成的影响效应总体呈现从西向东梯度递减态势，因此西部省域要充分利用好自身自然资源丰富优势，牢牢把握西部大开发战略所带来的人才、资金、基础设施等资源投入和先进技术转移、成熟技术推广等契机，加大资源整合和技术集成力度，形成资源与技术高效集成领地。产品与产业创新的影响效应总体上呈现从东北向西南依次递减格局，因此东北省域要围绕新东北振兴战略，加快产品与产业创新步伐，构筑产品与产业创新发展区。从通过显著性水平检验的2005年、2010年、2011年、2013年文化与政策创新影响效应的空间分布情况上看，总体呈现从东到西逐步递减格局，因此东部省域要充分发挥文化与政策优势，积极打造文化与政策创新高地。从空间分布上，中部省域位于东部和西部地区的结合部位，也是各创新因子影响效应的过渡地带，鉴于各创新因子对中部省域循环经济发展的影响效应都较为均衡，中部省域应强化各创新因子间的协同，建设协同创新先行示范区域。

一、东部省域：打造文化与政策创新高地

东部省域是我国循环经济发展水平相对较高的地区，具有经济社会条件优越、产业结构相对合理、市场化程度较高等优势条件。在2005年国家倡导发展循环经济之时就率先开展循环经济的探索实践，北京、上海、江苏、山东等省市较早被列入国家循环经济试点示范单位，依托循环经济项目、企业、园区建设，不断提高资源能源利用效率[404]。但随着工业化、城镇化的快速发展，东部省域循环经济发展面临新的挑战：北京、河北、天津等地长期出现雾霾天气严重影响居民身体健康，以政府财政资金支持为主导的循环经济动力结构不可持续，循环经济市场化程度相对较低等。通过创新因子对省域循环经济发展影响效应的测度，研究发现：相对于其他地区，文化与政策创新因子在通过显著性水平检验情况下对东部省域的影响效应较高，同时东部省域在循环经济文化与政策创新方面已积累了一些经验。东部省域基本建立了循环经济工作领导小组，逐步建立发展循环经济的法规和标准体系，出台了循环经济发展规划等综合性指导文件，设立循环经济专项资金支持节能减排、资源综合利用、清洁生产等项目实施；北京市

以举办奥运会为契机，将循环经济理念贯穿到奥运场馆规划、设计、施工、验收、运行等全过程，打造绿色奥运体系；上海市组织开展“百万职工节约型的”和“能源紧缺体验活动”，在家庭社区、企业、学校、政府机构等层面开展节能典型事例宣传，不断提高全社会循环经济理念。今后，东部省域将以打造文化与政策创新高地为手段，充分发挥示范带动作用，引领循环经济发展。

（一）建立循环经济文化教育体系

第一，积极培育循环经济文化，使之成为社会主流价值观。充分弘扬中华民族“勤俭节约、吃苦耐劳”的传统美德，将节约利用、循环使用纳入社会主义核心价值观内容中，在城镇、社区、农村等领域中广泛开展绿色循环低碳生活行动，推动全面在衣、食、住、行、游等方面加快向勤俭节约、绿色低碳、文明健康的方式转变。第二，探索建立循环经济课程教育体系。依托北京、上海等东部省域众多知名高校资源优势，联合北京师范大学、首都师范大学、华东师范大学等教育类院校，开展循环经济幼儿教育、基础教育、高等教育、成人教育的课程体系建设，并在城市、城镇、农村等学校开展试点工作；依托中国循环经济协会、中国科学院过程工程研究所、中国循环经济与环境评估预测研究中心、清华大学循环经济研究院、北京现代循环经济研究院、上海大学循环经济研究院等相关研究机构，从环境工程、材料科学、资源科学、经济管理、人文法学等视角开展循环经济理论研究，构建中国特色的循环经济理论体系。第三，建立一批循环经济文化教育示范基地和旅游观光景点。在东部省域选取一批基本成熟并具备特色的循环经济城市、园区、企业，如天津子牙循环经济产业区、青岛新天地静脉产业园、河北曹妃甸循环经济示范区等，配备教育、参观、展示设施设备，建立循环经济文化教育示范基地，供公众参观学习，并培育发展为地方旅游景点。

（二）深化循环经济评价考核制度改革

评价考核制度是引导各级地方政府开展循环经济工作的重要导向，也是转变目前循环经济发展“国家热、地方冷”局面的主要手段。东部省域要率先建立起科学合理的评价考核制度，深化传统的以 GDP 为导向的政绩考核制度改革，完善责任追究制度。东部省域要根据各地主体功能区实际情况，分区分片制定有针对性的循环经济政绩考核体系，实行差别化的考核管理。对于京津冀、山东半岛、长江三角洲、珠江三角洲等优化开发区域，将资源消耗、环境损害、生态效益纳入经济社会发展综合评价指标体系中；对于冀中南、东陇海、海峡西岸经济区、广东和海南等环北部湾部分地区等重点开发区域，综合考核经济增长、吸纳人口、产业结构、资源消耗、环境保护等方面指标；对于东部省域的农产品主产区、重点生态功能区和生态脆弱的国家扶贫开发工作重点县，如长江流域主产区、华南主产区、武陵山区生物多样性及水土保持生态功能区、海南岛中部山区热带雨林生态功能区等限制开发区域，要取消地区生产总值考核，重点评价农业发展和生态保护情况；对于国家级自然保护区、世界文化自然遗产、国家级风景名胜区、国家森林公园、国家地质公园等禁止开发区域，重点评价自然文化资源的原真性和完整性。

（三）全面推行产权交易和生态补偿机制

碳排放权、节能量、排污权等产权交易机制是依托市场手段推动循环经济发展的重要力量，能够激发企业自主开展循环经济活动的积极性，让企业真正从循环经济中获得市场经济利益。目前，我国已在广东、上海等东部省域开展碳排放权、节能量、排污权等交易试点工作，初步建立起区域性的产权交易服务平台，为全面推行产权交易机制奠定工作基础。因此，要在东部省域全面开展工业企业能源排放、碳排放、污染物排放等数据监测工作，建立信息数据库，明晰节能量、排污权、碳排放权等产权归属，科学合理确定能源消耗和污染排放上限并发放产权证书，建立覆盖所有东部省域的市场交易平台。同时，以生态系统良性循环发展为目标，以省域间、区域间财政转移支付为主要方式，在珠江、闽江、太湖、钱塘江、海河等主要流域全面推行生态补偿机制，根据生态流域保护者投入、受益者获利、破坏恢复成本和生态系统服务价值科学合理确定生态补偿标准[405]，统筹流域间生态环境保护和经济社会发展。

二、东北省域：构筑产品与产业创新发展区

东北省域拥有丰富的自然资源，巨大的存量资产、良好的产业基地、明显的科教优势等基础条件，是我国最重要的老工业基地。自我国实施东北地区等老工业基地振兴战略以来，扭转了之前经济发展颓势，改革开放以来被拉开的发展差距逐年缩小，赶上了全国平均增速。但是，东北省域在振兴进程中仍然存在高技术产业和现代服务业比重较低、产业链纵向延伸和横向耦合较弱、资源型城市尤其是资源枯竭型城市可持续发展能力较弱、区域和海域环境污染较为严重等问题，制约了循环经济发展水平的提高。同时，在我国经济发展进入新常态阶段后，东北省域陷入经济增速持续下滑、结构矛盾突出的困境，2015 年前三季度，辽宁、吉林、黑龙江三省经济增速分别为 2.7%、6.3%、5.5%，全部居于全国后五位，经济持续发展能力较弱，影响了循环经济健康发展。通过创新因子对省域循环经济发展影响效应的测度，研究发现：相对于其他地区，产品与产业创新因子对东北省域的影响效应较高，同时东北地区在实施老工业基地振兴战略中已

形成了产品与产业创新的经验积累。因此，东北省域将以构筑产品与产业创新发展区为突破口，推动经济发展转方式转变和产业结构优化升级。

（一）积极研发生产新产品，不断延伸产业链条

目前东北省域产品结构较为单一，“原字号”“初字号”产品居多，导致资源开发程度角度、产品初级化、产业低端化等问题，产品链、价值链难以延伸，这是制约东北省域经济发展的重要问题。因此，应充分依托东北省域石化、能源、装备、食品、钢铁等传统主导产业，深度开发“原字号”产品，培育壮大“新字号”产品，不断延伸产业链条。积极推动煤炭、木材、粮食、石油、矿产等资源深加工，形成煤电化、煤气化、新型建材、绿色有机食品、精细化工等深加工产品，不断延伸产业链条，提高产品附加值，切实将资源优势充分转化为经济优势。围绕绿色食品、煤化石化、矿业经济、林产品加工、新能源装备制造、新型农机装备、高端特种专用车、高端冶金产品等领域，开展新产品研发生产，不断培育壮大“新字号”产品，形成东北省域经济发展新的增长点。例如，石化产业可以积极围绕炼化一体化项目，按照“油头化尾”的发展模式自上而下延伸产业链条，不断拓展乙烯、丙烯、苯及碳四、碳五综合利用产业链，带动合成树脂、合成橡胶、合成纤维等合成材料发展。

（二）大力推进产业横向耦合，推动资源高效集约利用

目前，东北省域能源、装备制造、石化、冶金、建材等主导产业间缺乏物质、能量、信息、资源交换导致资源能源利用效率较低，因此应着力构建产业间横向耦合体系。循环经济产业链横向耦合关系的建立，必须基于某一重点产业或几个主导产业，围绕产业原材料引进和废弃物利用全过程，勾画出与之相关联的辅助产业，逐步建立产业间资源互补、副产品互用、废弃物回用的耦合关系。在煤炭工业加强煤系高岭土（岩）、油母页岩、硅藻土、石墨、膨润土、耐火土等共伴生矿综合利用，构建煤—电—建材、煤—焦—化等循环经济联合体；在电力工业积极推进粉煤灰、脱硫石膏综合利用，构建发电—粉煤灰—建材、发电—高铝粉煤灰—氧化铝，发电—脱硫石膏—建材及装饰材料，发电—余热—海水淡化—盐化工，煤矸石、垃圾、污泥—发电—灰渣—建材等产业链。在石油化工行业构建油气开采—油砂、油页岩—炼油，炼化—废催化剂—稀贵金属，炼化—废气—硫黄—化工产品，炼化—废气—供热、发电，炼化—余热余压—发电等产业链。依托大连循环产业经济园区建设中日韩循环经济示范基地契机，积极加强与发达国家循环经济技术合作交流，推动废旧钢铁、废旧船舶、废旧汽车、废家电等城市矿产资源高效循环利用。

(三) 发展替代产业和现代服务业，实现资源型城市可持续发展

东北省域共有37个资源型城市，随着资源不断挖掘和枯竭，资源型城市依靠资源优势实现经济社会发展的传统模式已不可持续，陆续出现生态环境破坏严重、接续替代产业发展滞后、可持续发展能力较弱等问题。因此，对于阜新市、抚顺市、辽源市、白山市、伊春市、鹤岗市、双鸭山市、七台河市、大兴安岭地区等衰退型城市，要着力培育发展成长性好、竞争力强的接续替代产业。例如，阜新市要着力推动农业和农产品精深加工，参与开发内蒙古东部煤田；伊春市要积极发展木材精深加工、森林生态旅游、生物医药、绿色食品等优势产业；白山市要充分利用长白山旅游资源，做大做强旅游产业，积极发展人参、刺五加等保健食品。对于松原市、吉林市、黑河市、本溪市等成长型和成熟型城市，要积极发展现代服务业，推动金融、物流、旅游、信息、商贸流通等现代服务业，转移余劳动力；重点发展节能环保服务产业，培育一批环境影响评价、矿山地质环境治理、矿区土地复垦、合同能源管理等节能环保服务公司，开展煤矿、油田等地的资源环境综合评价，推动废弃矿坑、沉陷区的生态环境保护与修复。

三、西部省域：形成资源与技术高效集成领地

西部省域经济社会发展水平普遍较低，大多省域还处于工业化初级阶段，经济发展方式较为粗放，生态环境也十分脆弱，水土流失、土地荒漠化、森林草原退化、水资源短缺等问题较为严重，政府对于循环经济发展的重视程度和支持力度也不足，致使西部省域成为我国循环经济发展水平较低的集聚区域。同时，通过综合评价，发现西部省域不仅存在循环经济发展水平与创新能力都较弱的问题，还面临循环经济与创新严重失调的严峻挑战。而相对于其他地区，资源与技术集成因子对西部省域循环经济发展的影响效应较高，近年来西部省域在实施西部大开发战略中也初步积累了一定的资源和技术，人才、资金、技术、基础设施等资源逐步向西部地区转移，资源与技术集成的外部环境逐步优化。因此，西部省域要以西部大开发为重要契机，以形成资源与技术高效集成领地为主导，立足本地资源优势、利用国内资源与技术、吸收国外资源与技术，推动三种资源与技术高效集成，不断增强创新驱动循环经济发展能力，实现创新与循环经济协调发展。

(一) 立足西部资源优势，着力开展技术改造与创新

依托西安、兰州等西部省域地市的高校、科研院所资源优势，建设一批循环经济技术开发基地、工程研发中心和技术创新中心，推广一批循环经济成熟适用

技术，研发一批循环经济先进技术工艺。遵循循环经济发展的“减量化、再利用、资源化”原则，科学开发西部省域煤炭、石油天然气资源。根据神东、陕北、云贵、黄陇、宁东和新疆等大型煤炭基地的资源禀赋条件选择先进高效的开采技术，推广矸石充填、以矸换煤等技术工艺，推动煤矿绿色开采；精细开发陆地新区和塔里木、鄂尔多斯等盆地油气资源，推广高效油气分离、原油稳定和伴生气处理、高效真空加热等技术，加强对非常规油气资源的开采回收。采用先进技术优化发展水电、风电等清洁能源和新能源，促进能源结构调整。深化有色金属、钢铁、盐湖等资源综合利用，提高资源利用效率。大力推广先进适用技术和设备，优化多产业协同共生的工艺流程，合理延伸有色金属资源综合利用产业链，形成冶炼—废渣—有色金属，冶炼—炉渣—建材，冶炼—尾气—磷、硫—化工产品，冶炼—余热—发电，冶炼—有色金属—再生金属—冶炼等产业链；推动酒泉、包头、重庆、攀枝花、防城港等钢铁基地铁矿石资源综合开发利用，高效提取伴生金属；积极推进青海、新疆、西藏盐湖资源综合利用。充分利用好国家支持西部省域发展循环经济的政策优势，建立一批循环经济示范试点单位，有效推进甘肃、青海柴达木、内蒙古包头、四川泸州、广西梧州、重庆大足、新疆鄯善等循环经济示范试点工作，凝练一批可复制推广的循环经济发展模式，充分发挥示范带动作用，推动西部省域循环经济形成较大规模。

（二）深入实施西部大开发战略，推进国内资源与技术集成

充分利用好国家赋予西部大开发的优惠政策和东部产业转移带来的先进技术设备，推动国内资源与技术在西部省域高效集成，加快循环经济发展步伐。加大中央财政性建设资金用于西部省域的比例，逐步提高中央对西部省域一般性转移支付的规模，重点用于西部省域生态建设和环境保护，尤其是西北草原荒漠化防治区、黄土高原水土保持区、青藏高原江河水源涵养区、西南石漠化防治区等生态区综合治理，三北防护林、长江流域防护林、珠江流域防护林和三峡库区周边绿化带建设，以及长江、黄河、珠江、澜沧江上中游，三峡库区及滇池水环境保护和治理，着力构筑国家生态安全屏障。加大对西部省域环保基础设施建设、新能源开发、企业生态技术改造、高新技术企业发展的信贷投入和支持，对于循环经济相关项目开通绿色通道。鼓励以 BOT、PPP、BT 等合作方式吸引东部省域企业、民间资本到西部地区开展生态建设和循环经济投资，拓宽资金来源渠道。积极承接东部具有资源消耗少、环境污染少、经济效益高等特征的产业转移，利用产业转移带来的技术溢出效应，对现有工业企业开展技术改造与创新，推动工业企业绿色转型升级。制定有利于西部省域吸引人才、留住人才、鼓励人才创新创业的政策，为扎根西部循环经济建设的高层次技术、管理人才提供良好的工作和

生活环境；中央有关部门、东部地区大专院校和科研机构，要为西部省域循环经济发展提供智力服务和人才支持。

（三）全面推动丝绸之路经济带战略，吸收利用国外资源与技术

2013 年以来，我国根据世界多极化、经济全球化、文化多样化、社会信息化的发展潮流，为探索国际合作以及全球治理新模式，围绕世界经济发展态势提出“一带一路”发展战略。西部省域是我国丝绸之路经济带的重要区域，“一带一路”战略的提出和实施不仅为西部省域扩大和深化对外开放提供重要契机，更为改善生态环境、加强基础设施、推动产业绿色转型、实现可持续发展带来重要的资源和技术。西部省域要根据自身资源环境禀赋，发挥比较优势，充分吸收利用国外循环经济资源与技术优势，全面推动丝绸之路经济带战略实施，提高循环经济发展水平。强化丝绸之路经济带建设为西部省域基础设施建设带来的红利，加快铁路、公路、民航、水运等交通基础设施建设，构建连通东部省域、东亚西区的综合交通运输网络体系，为跨产业、跨地区、跨国家的资源、能量、信息流动提供便利，为加快构建循环经济产业体系提供支撑；加强西部省域与丝路沿线国家绿色循环低碳技术交流，合作共同开展生态修复技术、资源高效利用技术、荒漠化治理技术研发，为共同解决生态保护与修复难题提供技术支持；积极引进沿线国家先进的节水灌溉、沙漠治理、干旱和半干旱农业生产、污染减排、新能源开发等技术设备，全面推进西部省域循环经济发展。

四、中部省域：建设协同创新先行示范区

中部省域包括山西、河南、湖北、安徽、湖南、江西，地理位置上处于我国内陆腹地，具有承东启西、连通南北的区位优势；在循环经济发展水平上，高于西部地区、低于东部地区、接近东北地区；在创新能力上，也较为接近东北地区、低于东部地区、高于西部地区；在四个创新因子对循环经济发展的影响效应程度上，也都处于东部和西部的中间过渡地带。近年来，中部省域循环经济发展水平不断提高，山西、河南、安徽、江西等省份加快推动煤炭、有色金属、磷矿等矿产资源绿色开采、精深加工和产业链耦合，形成了以山西潞安矿业集团为典型的循环经济产业链发展模式、以安徽阜阳为典型的循环型农业发展模式、以湖南汨罗“城市矿产”资源高效利用为典型的发展模式。但是，目前中部省域循环经济发展还存在资源开采和利用过程中忽视生态环境保护和资源循环利用、循环型产业体系尚未形成、技术创新支撑循环经济发展能力较弱等现实问题。相对于其他地区而言，四个创新因子对中部省域循环经济发展的影响效应较为均衡，影响效应程度在全

国都处于中间水平。因此，中部省域应强化各创新因子间的协同，建设协同创新驱动循环经济发展的先行示范区，联合提升循环经济发展水平。

（一）深化多要素集聚共享

人才、技术、资金、设施、平台、政策等协同创新要素的集聚共享是推动中部省域打造协同创新驱动循环经济发展先行示范区域的基础，能够更有效推动中部省域经济绿色转型升级和产业结构优化提升，有助于更好发挥中部省域循环经济承东启西的重要作用，进一步缩小与东部地区循环经济发展差距。要深入实施中部崛起战略，依托国家赋予中部省域的优惠政策加大协同创新要素集聚共享，着力解决目前循环经济协同创新要素缺乏或不协同的问题。第一，要加快武汉城市群、中原城市群、长株潭城市群、皖江城市带、环鄱阳湖城市群、太原城市圈发展，依托城市发展不断优化创新要素集聚环境，吸引更多人才和技术聚集。第二，要优先发展教育文化事业，推动一批循环经济相关学科建设，培养循环经济专业人才，建设一批循环经济文化教育宣传平台。第三，要加强中央政府对中部省域循环经济发展的政策支持，加大财税、金融、投资等政策支持力度，进一步完善循环经济发展的基础设施和服务平台建设。

（二）推动多主体共同参与

协同创新的主体包括企业、政府、高校、科研院所、中介组织、公众等，中部省域在创建协同创新驱动循环经济发展先行示范区的过程中，应充分发挥各主体的比较优势和作用，形成多主体共同参与的良好格局。一方面，要明确各主体在协同创新中的功能作用。各级政府是协同创新驱动循环经济发展的宏观主体，要科学制定区域循环经济发展规划，引导产业布局，出台政策激励其他主体开展循环经济创新；企业是微观主体，要树立循环经济发展理念，主动开展循环经济技术引进、设备改造、固废处置、污染减排等行动，高校重点开展循环经济知识与科技创新，为企业提供循环经济专业性人才培训或技术服务；科研院所重点对循环经济产业链中的关键技术节点开展攻关，为企业循环化改造和资源综合利用提供技术支持；中介机构包括行业协会、金融机构、节能环保服务机构等组织，为协同创新驱动循环经济发展提供资金支持、行业标准、信息服务、环境评估等支持；公众是协同创新驱动循环经济发展的推动主体，通过绿色低碳循环的生活方式和消费模式促进循环经济发展[406]。另一方面，要创造多主体共同参与的运作模式和平台。在运作模式上，以合同合作、项目合伙、基地合作、基金合作等为主要方式[407]，各主体根据自身条件和利益导向选择适宜的运作模式；在运作平台上，要建设一批产学协同创新中心、产业技术创新联盟、创业孵化基地、高新技术创业园等公共平台。

（三）开展跨区域协同合作

中部省域具有地理区位相近、产业结构趋同、循环经济水平差异不大等特点，面临的循环经济和创新问题大致相同，各省域应打破行政区域界线，共同开展创新合作。第一，山西、河南、湖北、安徽、湖南、江西要加强跨区域循环经济协同创新的顶层设计，明确各省域在循环经济发展和创新等方面的比较优势，建立区域协同合作机制和联席会议制度，共同出台相关政策指导循环经济发展；第二，依托武汉众多知名高校资源优势，联合周边省域相关科研机构和大型龙头企业，重点开展煤炭、钢铁、有色、石化、机械制造、建材等产业循环经济发展的关键技术创新，推动传统产业生态化转型和绿色制造体系构建；第三，建立协同创新共享平台，推动跨区域循环经济发展。建立跨区域政产学研信息共享平台，加速废物资源供需、优惠政策、技术需求等信息交流和循环经济技术成果转化[408]；建立跨区域投融资平台，创新投融资模式，投资方向重点倾向于生态保护与修复、循环经济基础设施建设、再生资源回收体系建设、园区循环化改造、农村污染防治与治理等领域；建立跨区域环境监测和预警应急处置平台，对水、大气、土壤、固废等生态环境质量进行实时监测和应急防范[409]。

第三节　省域间层面：建立创新驱动循环经济发展的联动系统

通过研究发现我国省域循环经济发展具有显著地空间溢出效应，即某个地区循环经济发展水平较高，能够带动周边省份循环经济发展；同时，受创新要素的流动特性和循环经济属性影响，我国省域创新驱动循环经济发展也具有很强的空间溢出效应，各创新因子的间接效应甚至都高于其直接效应，即随着知识与科技创新、资源与技术集成、产品与产业创新、文化与政策创新水平的不断提高，这些创新因子对提高邻近省份循环经济发展水平的影响效应要大于对本省份的影响。因此，推动省域间创新驱动循环经济协调合作尤为重要，空间溢出效应的存在为协调合作实现共赢创造了充分条件。

但是综合来看，目前我国省域间创新驱动循环经济发展缺乏实质性的空间联动。一方面，我国地域面积广阔，各省域在地形地貌、气候条件、资源禀赋、生态环境、经济发展、文化教育等各方面都存在显著差异，所面临的循环经济发展和创新能力提升的主要问题、重点任务各不相同，导致省域间缺乏联动合作的共同点。另一方面，在政府循环经济治理方面，我国循环经济发展大多沿袭传统自上而下的纵向府际治理模式，即地方政府依赖中央政府行政命令，被动地采取循环经济发展的相应政策措施。这种治理模式虽然具有较强的权威性，但是地方政府由于缺乏自主性和积极性，横向的省域合作模式无法建立，各省域无法发挥循环经济比较优势，省域循环经济协同发展局面难以形成。现实情况上，随着我国区域经济一体化、交通运输便捷化的快速发展，省域间资源、技术、人才、信息、能量的联系更加紧密，资源互补、技术溢出、产业合作、人才交流、信息共享为构建省域间创新驱动循环经济发展的联动系统奠定了良好基础。同时，循环经济具有较强的公共物品和外部性特征，上游省域水环境的污染会影响下游省域饮水安全，上风向省域的空气污染会影响下风向省域的空气质量，我国各省域面临共同的资源高效利用和生态环境治理问题。因此，要求各省域切实打破行政区划、地方保护主义等多重限制，围绕自然资源节约集约利用、再生资源循环高值利用、流域生态环境保护、大气污染防治、基础设施共建共享、循环经济产业合作等主题，建立以体制联动为保障、以市场联动为主线、以设施联动为纽带、以生态联动为支撑、以机制联动为手段的省域间创新驱动循环经济发展的联动系统，实现省域间循环经济协调发展，共同推动“美丽中国”的实现（图 7-2）。

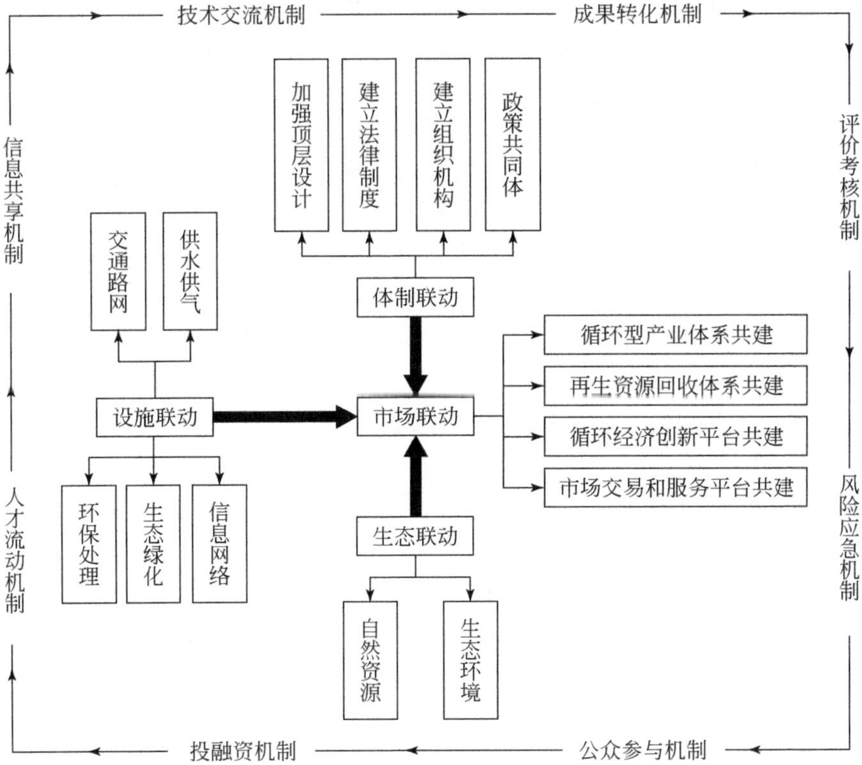

图 7-2　省域间层面创新驱动循环经济发展联动系统示意图

一、以体制联动为保障

体制联动是构建省域间创新驱动循环经济发展联动系统的重要保障，只有体制联动才能使联动系统的建立成为可能。目前，省域间经济联动、互动的瓶颈约束最主要的是体制约束[410]。国家治理需要“坚持顶层设计与摸着石头过河相结合，推进治理制度创新”[411]。省域间创新驱动循环经济发展联动系统也迫切需要开展体制和制度创新，着力解决制约省域间联动合作的体制障碍。

第一，着力加强体制联动的顶层设计。中央政府和各级地方政府要切实树立联动发展、包容发展、合作共赢的理念，切实转变地方保护主义观念；中央政府应根据各省域资源环境、经济发展、产业结构、创新能力等条件差异，进一步优化创新驱动循环经济发展的空间布局，采取分区管理方式有针对性地制定相关政策；在制定创新驱动发展战略、循环经济发展规划、循环经济产业布局、节能环保基础设施建设、生态环境修复与保护等方面要重点向省域间合作共建倾斜，对省域间合作共建的创新项目、循环经济项目给予更优惠的政策支持。

第二，强化省域间联动合作的法律制度建设，为体制联动提供法理依据。及时对《中华人民共和国循环经济促进法》进行修订，对目前探索比较好的循环经济府际协议的法律地位予以确认，明确联动过程中各省域的职责权限和法律责任，制定各省域在大气污染防治、水环境保护、废物资源化利用和无害化处理等方面的实施细则，为各省域开展联动合作行为提供法律依据[412]。

第三，建立省域间联动合作的组织机构。各省域可围绕自身创新能力提升、循环经济发展的重点和难题，结合周边省域创新和循环经济发展实际情况，有针对性地设立以中央政府相关职责部门牵头、相关省域地方政府参与的组织机构，如京津冀大气污染区域防治委员会、晋豫皖苏矿产资源综合利用领导小组、新陕甘宁生态修复治理委员会等。同时，建立委员会或领导小组等组织机构的行政会晤制度、协商议事制度、联席会议制度，建立协商探讨合作平台，共同协商处理区域性创新驱动循环经济发展的重大问题。

第四，建立省域间联动发展的政策共同体。省域间创新驱动循环经济联动体系内的相关产业政策、税收优惠政策、资金扶持政策、科技教育政策、能源资源政策都要相一致，避免省域间政策冲突或不一导致实施效果不佳。例如，在能源政策上，如果某一省份的钢铁、水泥、冶金等产业的能源消耗限额标准高于周边省域，将会推动周边省域的落户产能向本省份转移，出现落后产能“死灰复燃”的现象。

二、以市场联动为主线

市场联动是省域间创新驱动循环经济发展联动系统的核心内容，只有不同省域间建立共同的创新驱动循环经济发展的市场体系，开展产业合作、技术共创、资源交易、行业协会交流，形成相互依赖和共生的生产资料市场、消费资料市场、劳动力市场、资本市场以及技术、信息、服务构成的其他要素市场，才能真正产生联动效应，实现合作共赢[413]。

第一，推动循环型产业体系联合共建。围绕纵向延伸、横向耦合、循环链接的总体思路，深化省域间农业、工业、服务业等多产业合作，形成区域产业共生系统。例如，安徽、江西、浙江、福建等省域间，可针对安徽、江西产业多为资源型、加工型、产品相对初级的现状，积极与浙江、福建等周边经济相对发达、深加工能力强的省域合作，积极延伸产业链并形成深加工产品，不断提高产品附加值。同时，各省域间要切实加强节能环保产业合作，充分利用周边省域节能环保产业发展实力较强的比较优势，积极引进先进适用的节能环保技术设备，推动本省域工业企业节能改造和工业绿色转型。

第二，推进再生资源回收体系共建和产业分点布局。省域间要依托利用“互联网+”等高新技术，共同建立跨区域的再生资源回收体系，推动废塑料、废钢铁、废有色金属、废玻璃、废纸、废家用电器、废旧轮胎等再生资源有序回收，为再生资源集中规模进行循环利用提供原材料资源。同时，相邻省域间要开展再生资源产业科学规划、分点布局、集聚发展，避免省域间盲目建设、重复建设导致部分再生资源利用基地出现原料资源不足、经营不畅等现象。例如，京津冀及周边省域，可充分发挥北京和天津的人才、技术优势开展再生资源回收利用技术研发，有序引导河北、山西、内蒙古、山东结合自身回收的再生资源品种、规模，承接京津地区再生资源加工利用项目转移。

第三，强化技术创新战略联盟和创新平台共建。联合骨干企业、行业协会、重点高校、科研院所等机构，建设一批跨省域的技术创新联盟、企业技术创新中心，推动政产学研用在各省域间的有机融合。例如，东北三省可充分发挥大连、哈尔滨众多知名高校科研优势，依托东北地区大型的石油化工、装备制造企业，联合北京地区的中国装备制造行业协会、中国石油和化学工业联合会等行业协会，成立东北三省及周边地区石油化工产业技术创新联盟、装备制造产业技术创新联盟，深入开展石油化工和装备制造领域循环经济发展的关键共性技术攻关、新产品开发、创新人才培育等工作。

第四，培育发展循环经济市场交易和服务平台。积极建立省域间循环经济产权交易平台，共同推动企业间碳排放、排污权、节能量线上交易。北京、广东、上海的周边省域可积极借鉴循环经济市场交易经验，与北上广共同建立交易平台，鼓励企业碳排放、排污权、节能量的跨区域交易，激励企业循环经济积极性，推动形成规模化、专业化的循环经济市场体系。积极建立省域间节能环保评估、环境影响评价、合同能源管理、循环经济教育培训、资源高值利用投融资、清洁生产审核等市场服务平台，推动节能环保服务资源跨省域流动。

三、以设施联动为纽带

设施联动是省域间创新驱动循环经济发展联动系统高效运行的纽带和桥梁。近年来，我国通过南水北调、西气东输、西电东送、青藏铁路等一批重大基础设施建设，在跨区域基础设施联动方面取得了积极成效，优化了能源资源的空间分配和区域共享，提高了能源资源利用效率。省域间应积极吸收大型基础设施建设的先进经验，不断推进铁路、公路、供水、供气、污染治理、通信、信息、港口等设施建设，形成跨省域互通互连、高效安全、快速便捷、共建共享、网络立体的基础设施体系。

首先，要加强省域间综合交通运输网络体系建设，进一步完善国家公路网络，建成完善的国家高速公路网，加大国道改造力度，加强省与省之间邻近地区铁路、公路建设，避免因大江大山造成的交通运输不畅；重点加强西部地区、“老少边穷”地区、革命老区、农村地区的交通运输建设与改造，提高边远地区通行能力。其次，要加快西气东输三线、四线、五线工程建设，完善边远地区、农村地区供气管道建设，形成横贯祖国大江南北的能源大动脉，推动东部省域能源消费结构优化；推动南水北调工程建设，重点加快辽河中下游与辽东半岛、黄淮海平原、山西能源基地、山东半岛、四川盆地、天山北麓与河西走廊等重点缺水地区供水管网建设，推进边缘农村地区供水管道建设，保障饮用水质量安全。再次，要加强省域间环保基础设施建设和生态绿化保护，重点加强北方大气污染治理设施、流域水环境治理设施、西北地区生态绿化保护屏障、跨省域固体废物处理设施建设，提高省域间生态协同治理能力。最后，要强化省域间网络信息基础设施建设，构建涵盖各省域空气环境质量、水环境治理、工业企业能源消耗与污染排放、循环经济技术供需、工业固废与再生资源供给、循环经济典型经验、循环经济人才供需、国家与地方循环经济支持政策等在内的“大数据”信息平台，并充分运用“大数据”资源开展省域间循环经济发展的分析、评估、预测。

四、以生态联动为支撑

以资源和环境为主的生态联动是省域间创新驱动循环经济发展联动系统的重要支撑。人类的经济社会活动必不可少地需要从自然界获取大量资源，同时也离不开所处的自然生态环境；省域间联动发展也必须以资源和环境为依托。我国国土面积辽阔，所具备的各种自然资源相对丰富，面临的各种生态环境也较为复杂，各省域储有的资源品种、规模和所处的生态环境也有较大差异。因此，各省域要强化生态联动，以自然资源的节约集约利用和合理分配共享为依托，以生态环境的共同维护和联手治理为载体，持续推动省域间循环经济协同发展。

一方面，要加大省域间自然资源的有序开发和合理利用，不断提高自然资源利用效率。不断推动页岩气、致密砂岩气、油页岩等资源综合开发利用，开辟能源资源新领域；在东部沿海、西北内陆地区联合建立一批风力发电项目，推动新能源综合开发；推进中西部地区特厚煤层的高效开采，加强中东部地区“以矸换煤”绿色开采；开展北方重要碰地砂岩型、南方硬岩型铀矿资源综合利用，为核电发展提供支撑；推进低品位铁、铜、钨、钼、铝土矿及伴生资源综合利用，重点对白云鄂博轻稀土和赣南重稀土资源进行综合利用；积极开展西部钾盐资源，云南、湖北等地区磷矿，浙江、吉林、甘肃、新疆等地区膨润土，江苏苏州、福建龙岩地区高岭土等特色资源综合开发利用。

另一方面，自然环境本身具备一定的自净能力，当工业生产和公众生活排放的废水、废气、固废在环境自净能力范围内，自然环境能够得到持续维护。但是，我国传统经济增长方式尚未根本转变，长期以来的污染排放对环境造成的破坏难以修复，因此需要各省域协同开展生态环境的维护和治理。长江经济带省域要联动开展生态环境修复，推动实施长江防护林体系建设、水土流失及岩溶地区石漠化治理、退耕还林还草、水土保持、河湖和湿地生态保护修复等修复工程；淮河流域、海河流域、辽河流域、三峡库区及其上游、黄河中上游等省域要协同开展水污染防治；渤海、东海、黄海、南海等毗邻省域要综合开展海洋环境污染和生态破坏的防控工作，加强海洋防护林建设和生物多样性保护；京津冀、长江三角洲、珠江三角洲等省域要联合开展抽样、细颗粒物等污染监测和联防联控；着力提升自然保护区建设，重点加强西南高山峡谷区、中南西部山地丘陵区、近岸海域等区域和河流水生生态系统自然保护区建设力度，不断提高环境自净能力。

五、以机制联动为手段

机制联动是省域间创新驱动循环经济发展联动系统高效运转、协作共赢的重要支撑，是协调体制联动、市场联动、设施联动、生态联动的运行手段，它将联动系统内的主体、要素、设施、生态等内容联结在一起，形成一个动态的有机整体。省域间创新驱动循环经济发展的机制联动包括技术交流和成果转化机制、投融资机制、人才流动机制、信息共享机制、风险应急机制、评价考核机制、公众参与机制等。

建立省域间技术交流机制，开展东中西部地区以及国外循环经济技术交流合作，建立一批创新孵化器和创业园，推动循环经济技术转化，实现技术的跨区域、跨国界转移。要积极拓宽循环经济项目投资渠道，运用 BOT、BT、PPP、ABS 等多种投融资机制，吸引政府资金、企业资金、金融资金、国外资金、民间资金投资循环经济项目建设。逐步完善吸引、培育循环经济技术管理人才的政策体系，打破传统的户籍、档案、身份等人事制度瓶颈，建立合理的省域间人才流动机制。充分运用现代信息技术和通信手段，建立省域间创新驱动循环经济发展的信息共享平台，实时分析、研判、预测能源消耗、污染排放、资源利用的现实状况和发展趋势；建立信息公开制度，及时向公众公布环境治理状况和能源消耗情况。省域间要联合制定循环经济风险应急预案，对潜在的环境污染、地质灾害、能源紧缺、固废排放等风险进行监控和预测，加强联合会商，完善风险应急机制。在明确省域间循环经济发展权责的基础上，不断完善评价考核机制，对未完成节能减排、资源综合利用、资源节约利用目标的省份制定相应的惩罚措施，如下年度增加对其他省域节能环保工作的资金补贴等；对于长期未完成循环经济任务或出现重大环境事故的，追究领导者责任。积极建立省域间的公众参与机制，邀请公众参与循环经济法律法规、政策规划制定，鼓励工作采用环境信箱、热线电话、新闻曝光等方式曝光循环经济不作为行径，引导公众自觉开展节能低碳、绿色消费、美化环境等循环经济活动。

第八章　研究结论与展望

第一节　研究结论

本书在循环经济发展和创新驱动发展上升为国家战略的宏观背景下，以我国省域数据为基础，综合运用定性与定量相结合的研究方法，对创新驱动循环经济发展的机理、创新能力与循环经济发展水平在省域层面的差异、创新要素对循环经济发展的影响效应，以及依靠创新提升循环经济发展水平的途径问题进行理论与实证研究，得出了一些有价值的结论。

第一，探索出创新驱动循环经济发展的理论体系及其机理。现阶段，创新驱动循环经济发展体系在研究问题和研究目标上具有紧迫性和特殊性；体系构建应涵盖实施主体、创新要素、循环效应和环境支撑模块，而创新要素模块可分为知识与科技创新、资源与技术集成、产品与产业创新、文化与政策创新。各创新要素对循环经济发展都具有重要推动作用：知识与科技创新通过研究方法创新、基础理论研究、前沿科学发现以及共性科技、专有科技创新等形态推动循环经济发展；资源与技术集成依托创新人员、资金投入等资源形式，并结合国外技术引进、技术改造升级、工艺集成优化等手段形成一批先进适用的减量化、再利用、资源化技术推动循环经济发展；产品与产业创新以原材料来源创新和节能环保产品推广应用为先导，推动资源循环利用产业、节能环保产业、再制造产业发展，并以此为契机形成农业、工业、服务业、社会等多领域物质循环流动、能源梯级利用、信息交流反馈的大循环系统；文化与政策创新分别通过文化教育模式创新、多渠道宣传教育、绿色生态环保创意等文化形态以及经济、产业、科教、管理等政策手段形成激励与约束并举的制度氛围，推进循环经济发展。

第二，综合运用全局主成分分析、差异系数、探索性空间数据分析方法，评价 2005～2013 年我国除西藏、香港、澳门、台湾外的 30 个省（自治区、直辖市）循环经济发展水平。研究发现：①2005 年以来我国各省循环经济发展水平稳步提升，地区间呈现“东部发展水平相对较高、东北和中部次之、西部发展水平相对较差”的分布形态。②我国循环经济发展差异呈现不断扩大趋势，西部地区变异系数相对较高、东部地区次之、中部和东北地区差异相对较小；从差异的贡献上看，四个地区内部发展差异的贡献度略高于地区间的发展差异。③全局 Moran’s *I* 显示全国层面循环经济发展呈现出显著的正的空间自相关性或空间依赖性。

第三，综合运用全局因子分析和差异系数分析法，评价 2005～2013 年我国 30 个省（自治区、直辖市）创新能力。研究发现：①2005 年以来我国各省（自治区、直辖市）创新能力均有不同程度提升，总体呈现“东部地区相对较高、东北和中部地区次之、西部地区相对较弱”的布局形态。②运用正交旋转可将创新能力分解为资源与技术集成、知识与科技创新、文化与政策创新、产品与产业创新四个因子，四个因子的综合得分在省域间都有较大差异。③2005 年以来全国创新能力的差异变化不大，但在四大地区内部呈现“西部地区变异系数最大、东部地区次之、东北和中部地区差异较小”的分布形态；泰尔指数结果显示我国创新能力总体差异波动的影响主要来源于地区内部发展差异，地区间差异的贡献程度相对较小。

第四，构建协调发展模型，评价我国省域创新与循环经济协调发展水平。结果显示：①2013 年我国创新与循环经济协调发展水平比 2005 年有小幅下降；②处于濒临失调和严重失调类型的省份占大多数，处于良好协调发展和勉强协调发展类型的省份数量呈下降趋势，主要原因在于创新能力相对滞后。③2005～2013 年我国创新与循环经济协调发展也呈现出显著的正的空间自相关性，三分之二以上省份集中分布于反映空间集聚特征的“高-高”区和“低-低”区。

第五，构建空间面板杜宾模型，从全局层面分析创新驱动循环经济发展效应。研究发现：①我国省域循环经济发展是由知识与科技创新、资源与技术集成、产品与产业创新、文化与政策创新共同推动的结果，并形成以知识与科技创新为核心、以文化与政策创新为支撑、以产品与产业创新及资源与技术集成为辅助的驱动结构。②受区域经济一体化、交通运输便捷化、跨区域重大基础设施建设、示范试点带动作用等因素影响，我国省域循环经济发展存在显著的空间溢出效应，某一地区循环经济发展水平较高对推动邻近省份循环经济发展具有较强的促进作用。③省域创新驱动循环经济发展存在较强的空间溢出效应，周边省份知识与科技创新、文化与政策创新、产品与产业创新能力增强有助于提高本省域循环经济发展水平，资源与技术集成在省域间存在竞争效应导致其空间溢出效应并不显著。

第六，构建地理加权回归模型，从省域层面分析创新驱动循环经济发展效应。①从 2005～2013 年全评价周期来看，知识与科技创新、文化与政策创新对推动省域循环经济发展的作用相对较强，资源与技术集成、产品与产业创新的推动作用相对较弱；空间分布上，知识与科技创新的回归系数呈现从西到东依次递减，资源与技术集成的回归系数从西向东再向东北区域依次递减，产品与产业创新的回归系数从东北向西南逐步降低，文化与政策创新的回归系数从南向北依次递减。②从试点带动（2005～2010年）和全面建设（2011～2015年）两阶段对比分析上看，知识与科技创新始终是推动循环经济发展的核心力量；资源与技术集成存在边际效益递减和实施效果不佳等问题，其推动作用明显下降；产品与产业创新受时间滞后影响，在全面建设阶段其促进作用有所提高；文化与政策创新的影响具有不稳定特征。③分年度的时空演变分析表明，知识与科技创新的影响效应经历了从“东北向外扩散性减小”到“西南向东北梯度递减”的变化过程；资源与技术集成经历了从“由南向北依次降低”到“由西向东梯度递减”再到“由北向南梯度降低”最后回到“由西向东梯度递减”的复杂演变过程；产品与产业创新经历了“由南向北逐步降低”到“从东北向西南依次递减”的迁移过程；文化与政策创新的影响效应在回归系数值、显著性水平检验、空间分布上都呈现出较强的不稳定性，在“十五”和“十一五”规划期末和2011年、2013年对省域循环经济发展具有显著地推动作用，其余时间段的推动作用不显著。

第七，根据空间计量分析结果，结合创新驱动循环经济的机理分析，针对性地提出创新驱动循环经济发展的对策建议。①在国家层面，要遵循全面推进、重点突破的原则，以着力深化知识与科技创新、高效推进资源与技术集成、深入开展产品与产业创新、持续加强文化与政策创新为重点，开展循环经济全面创新，不断提高创新驱动循环经济发展能力。②在区域层面，要遵循因地制宜、差异发展的原则，实施差异化的创新驱动循环经济发展策略。其中，东部省域要积极打造文化与政策创新高地，东北省域要构筑产品与产业创新发展区，西部省域要形成资源与技术高效集成领地，中部省域要建设协同创新先行示范区。③在省域间层面，要遵循协调合作、实现共赢的原则，充分利用并发挥循环经济发展和创新驱动循环经济发展的空间溢出效应，建立以体制联动为保障、以市场联动为主线、以设施联动为纽带、以生态联动为支撑、以机制联动为手段的创新驱动循环经济联动系统，实现省域间循环经济协调发展。

第二节　研究不足与展望

本书在前人研究的基础上，基于我国省域视角，综合运用全局主成分、全局因子、差异系数、探索性空间数据、空间计量等多种方法，对创新驱动循环经济发展的机理、效应与对策进行研究，取得了一些有益的研究结论，进一步丰富了创新驱动循环经济发展的理论体系。然而，鉴于笔者研究时间和能力的局限，本书还存在一些不足，有待今后加以改进：

第一，研究的时空层面有待进一步延伸。在研究的时间段上，受数据可得性制约，本书仅对2005~2013年省域循环经济发展水平和创新能力进行评价，创新驱动循环经济发展影响效应的时间变化特征研究也不够深入；在研究的空间样本上，本书仅仅从我国省域视角出发，研究创新驱动循环经济发展的影响效应和对策建议，对市域层面、县域层面、行业层面的研究还未有所涉及。因此，在数据条件允许的情况下，进一步延伸研究的时间和空间维度，或许可以得到更有价值的研究结论。

第二，空间计量方法的运用有待进一步丰富。空间杜宾模型和地理加权回归模型为循环经济研究提供了一种新颖的方法，本研究在空间权重矩阵的选取上仅采用地理邻接标准一种方法，如何更加科学地设定空间权重矩阵，运用地理空间距离、经济距离等多种方法替代简单的地理相邻，可能会得出更加合理的研究结论。同时，本书尚未对创新驱动循环经济发展的收敛性进行分析，这有待以后研究中进一步深化。

参 考 文 献

[1] 余斌,吴振宇．中国经济新常态与宏观调控政策取向[J].改革,2014,(11):18-19.
[2] 韩康．经济新常态:新观察、新思考[J].国家行政学院学报,2015,(2):29.
[3] 约瑟夫·熊彼特．经济发展理论[M].北京:商务印书馆,1990.
[4] 姚先国,郭东杰．创新、知识产权与新经济[J].商业研究,2002,(19):15-17.
[5] Solow R M. Technical change and the aggregate production function[J]. Review of Economic Studies,1957,(39):312-330.
[6] Freeman C. The Economics of Industrial Innovation[M]. Cambridge:The MIT Press,1982.
[7] 森古正规．日本的技术[M].上海:上海翻译出版公司,1985.
[8] 傅家骥．技术创新学[M].北京:清华大学出版社,1998.
[9] Sundaram A K,John T A,John K. An empirical analysis of strategic competition and firm values: the case of R&D competition[J]. Journal of Financial Economics,1996,44(1):129-161.
[10] Bosworth D,Rogers M. Market value,R&D and intellectual property:an empirical analysis of large Australian firms[J]. The Economic Record,2001,(12):323-337.
[11] Hirschey M,Richardson V J. Valuation effects of patent quality:a comparison for Japanese and U. S. firms[J]. Pacific-Basin Finance Journal,2001,(9):65-82.
[12] 窦丽琛,李国平．技术创新扩散与区域生产率差异——对中国的实证分析[J].科学学研究,2004,22(5):538-542.
[13] 唐国华．技术创新的动态就业效应:基于结构 VAR 模型的实证研究[J].科学学与科学技术管理,2011,32(4):72-77.
[14] Ruchti B,Livotov P. TRIZ-based innovation principles and a process for problem solving in business and management[J]. The TRIZ Journal Article Archive,2001,(12):221-226.
[15] 郭国峰,温军伟,孙保营．技术创新能力的影响因素分析——基于中部六省面板数据的实证研究[J].数量经济技术经济研究,2007,(9):134-143.
[16] 谢洪明,王成,李新春,等．技术创新软性影响因素的实证研究[J].科学学研究,2007,25(5):963-970.
[17] 张宗和,彭昌奇．区域技术创新能力影响因素的实证分析——基于全国 30 个省市区的面板数据[J].中国工业经济,2009,(11):35-44.
[18] 王丽芳．公司治理对企业技术创新的作用机理及实证研究[D].上海:东华大学,2014:14-20.
[19] Mansfied E. Industrial innovation in Japan and the United States[J]. Science,1998,241(4874):1769.

[20] Miller D, Friesen P. Innovation in conservative and entrepreneurial firms: two models of strategic momentum[J]. Strategic Management Journal, 2002, (3): 20-25.
[21] Segarra- Blasco A, Arauzo- Carod J M. External sources of innovation and industry university interaction: evidence from Spanish firms[J]. Research Policy, 2008, 37(8): 1283.
[22] Todtling F, Lehner P, Kaufmann A. Do different types of innovation rely on specific kinds of knowledge interactions? [J]. Technovation, 2009, (29): 59-71.
[23] Caves R E. Multmational firms, competition and productivity in host country markets[J]. Economies, 1974, (41): 176-193.
[24] 王子君,张伟. 外国直接投资、技术许可与技术创新[J]. 经济研究, 2002, (3): 69-77.
[25] Romer P M. Increasing returns and long- run growth[J]. Journal of Political Economy, 1986, 94 (5): 1002-1037.
[26] Stoneman P. Technological Diffusion and the Computer Revolution[M]. Cambridge: Cambridge University Press, 1976.
[27] 林晓言,王红梅. 技术经济学教程[M]. 北京:经济管理出版社, 2002.
[28] Baumol W J. Entrepreneurial enterprise, large established firms and other components of Free-market growth machine[J]. Small Business Economics, 2004, (23): 9-21.
[29] 张诚,林晓. 技术创新扩散中的动态竞争:基于百度和谷歌的实证研究[J]. 中国软科学, 2009, (12): 122-132.
[30] Sherwood A L, Covin J G. Knowledge acquisition in University-industry alliances: an empirical investigation from a learning theory perspective[J]. Journal of Product Innovation Management, 2008, 25(2): 162-179.
[31] Belderbos R, Carree M, Lokshin B. Complementarity in R&D cooperation strategies[J]. Review of Industrial Organization, 2006, 28(4): 401-426.
[32] 程鹏飞,刘新梅. 经济增长、替代效应及规制对电信发展的影响——基于创新扩散的视角[J]. 中国软科学, 2010, (1): 53-59.
[33] 陈劲,魏诗洋,陈艺超. 创意产业中企业创意扩散的影响因素分析[J]. 技术经济, 2008, 27 (3): 37-45.
[34] Popp D. Exploring links between innovation and diffusion: Adoption of NO*x* control technologies at US coal-fired power plants[J]. Environmental and Resource Economics, 2010, 45(3): 319-352.
[35] 道格拉斯·C. 诺思. 制度、制度变迁与经济绩效[M]. 上海:上海三联书店, 1994.
[36] Latan W. Induced Innovation: Technology, Innovation and Development[M]. Baltimore: Johns Hopkins University Press, 1978.
[37] Davis E, North D C. Constitutional Change and American Economic Growth[M]. Cambridge: Cambridge University Press, 1971.
[38] 林毅夫. 关于制度变迁的经济学理论:诱致性变迁与强制性变迁[M]. 上海:上海三联书店, 2002.
[39] North D. Economic Performance through time[J]. The American Economic Review, 1994, (6): 362.

[40] 李玉虹,马勇. 互动:技术创新与制度创新关系的理论比较[J]. 经济学家,2001,(1):77-79.

[41] 王艾青. 技术创新、制度创新与产业创新的关系分析[J]. 当代经济研究,2005,(8):31-35.

[42] 杨得前,严广乐,唐敏. 对技术创新与制度创新关系的再思考[J]. 科研管理,2007,28(1):68-71.

[43] Freeman C. Technology Policy and Economic Performance: Lesson from Japan[M]. London: Printer Publishers,1987.

[44] Nelson R. National Innovation Systems: A Comparative Analysis[M]. New York: Oxford University Press,1993.

[45] Landfall B A. National Innovation Systems: Towards a Theory of innovation and Interactive Leaning[M]. London: Pinter Publishers,1992.

[46] OECD. National Innovation System[R]. Paris: OECD,1997,10.

[47] 柳卸林. 国家创新体系的引入及对中国的意义[J]. 中国科技论坛,1998,(2):26-28.

[48] 曾国屏,李正风. 国家创新体系:技术创新、知识创新和制度创新的互动[J]. 自然辩证法研究,1998,(11):18-22.

[49] 石定寰,柳卸林. 国家创新体系建设的政策意义[J]. 中国科技论坛,1999,(3):6-10.

[50] Solow R M. Technical change and the aggregate production function[J]. Review of Economics and Statistics,1957,(39):312-320.

[51] Arrow K J. The economic implication of learning by doing[J]. Review of Economics Studies, 1962,29(6):155-173.

[52] Romer P. Increasing returns and long run growth[J]. Journal of Political Economy,1986,(94):1002-1037.

[53] Aghion P,Howitt P. A model of growth through creative destruction[J]. Econometrica,1992,60(2):323-351.

[54] Porter M E. The competitive advantage of nations[J]. Harvard Business Review,1990,(03):68-77.

[55] Romer P. Endogenous technological change[J]. Journal of Political Economy,1990,(98):71-102.

[56] Grossman G M,Helpman E. Innovation and Growth in Global Economy[M]. Cambridge: MIT Press,1991.

[57] Saviotti P P,Pyka A. Product variety,competition and economic growth[J]. Journal of Evolutionary Economics,2008,18(3):323-347.

[58] Young A. Substitution and complementarity in endogenous innovation[J]. Quarterly Journal of Economics,1993,108(3):775-807.

[59] Teece D J. Profiting from technological innovation: implications for integration, collaboration, licensing and public policy[J]. Research Policy,1986,15(6):285-305.

[60] Lucas R E. On the mechanics of economic development[J]. Journal of Monetary Economics, 1988,22(1):3-42.

[61] Zeng J. Physical and human capital accumulation, R&D and economic growth[J]. Southern Economic Journal,1997,63(4):1023-1038.

[62] Hulten C R. Growth accounting when technical change is embodied in capital[J]. American Economic Review,1992,82(4):82.

[63] Greenwood J,Hercowitz Z,Krusell P. Long-run implications of investment-specific technological change[J]. American Economic Review,1997,87(3):342-362.

[64] 洪银兴．论创新驱动经济发展战略[J]. 经济学家,2013,(1):5-6.

[65] 李东兴．创新驱动发展战略研究[J]. 中央社会主义学院学报,2013,(2):101-102.

[66] 张来武．论创新驱动发展[J]. 中国软科学,2013,(1):1-5.

[67] 施筱勇．创新驱动经济体的三大特征及其政策启示[J]. 中国软科学,2015,(2):45-51.

[68] 刘志彪．在新一轮高水平对外开放中实施创新驱动战略[J]. 南京大学学报(哲学·人文科学·社会科学),2015,(2):18-20.

[69] 任保平,郭晗．经济发展方式转变的创新驱动机制[J]. 学术研究,2013,(2):71-74.

[70] 杨多贵,周志田．创新驱动发展的战略选择、动力支撑与红利挖掘[J]. 经济研究参考,2014,(64):3-8.

[71] Bravo-Ortega C,Marin A G. R&D and productivity:A two-way avenue? [J]. World Development,2011,39(7):1090-1107.

[72] Denison E. Trends in American economic growth[J]. Journal of Political Economy,1991,(99):500-521.

[73] Lichtenberg F R. R&D investment and international productivity differences[R]. NBER Working Paper,1993.

[74] Bassi M,Tan Z,Mbi A. Estimating the impact of investing in a resource efficient,resilient global energy-intensive manufacturing industry[J]. Technological Forecasting & Social Change,2012,(79):69-84.

[75] Reenen J. Does competition raise productivity through improving management quality? [J]. International Journal of Industrial Organization,2011,(29):306-316.

[76] Margono H,Sharma S. Efficiency and productivity analyses of Indonesian manufacturing industries [J]. Journal of Asian Economics,2006,(17):979-995.

[77] Castiglione C,Infante D. ICTs and time-span in technical efficiency gains:a stochastic frontier approach over a panel of Italian manufacturing firms[J]. Economic Modeling,2014,(41):55-65.

[78] 李子奈,鲁传一．管理创新在经济增长中贡献的定量分析[J]. 清华大学学报(哲学社会科学版),2002,17(2):25-31.

[79] 李丛文．金融创新、技术创新与经济增长——新常态分析视角[J]. 现代财经(天津大学学报),2015,(2):14-23.

[80] 庞瑞芝,范玉,李杨．中国科技创新支撑经济发展了吗? [J]. 数量经济技术经济研究,2014,(10):37-52.

[81] 纪玉山,吴勇民,白英姿．中国经济增长中的科技创新乘数效应:微观机理与宏观测算

[J]. 经济学家,2008,(1):55-62.
[82] 唐德祥,孟卫东,许雄奇. 科技创新投入影响经济增长的内在机制——基于中国实际经济运行的经验证据(1978-2005)[J]. 数理统计与管理,2009,28(4):579-585.
[83] 戴魁早. 中国自主创新与经济增长关系的实证研究[J]. 科学学研究,2008,26(3):626-632.
[84] 程郁,陈雪. 创新驱动的经济增长——高新区全要素生产率增长的分解[J]. 中国软科学,2013,(11):26-38.
[85] 孙建,吴利萍,齐建国. 中国区域创新对宏观经济影响的计量研究——东中西部三大区域实证分析[J]. 研究与发展管理,2013,(2):66-73.
[86] 王珍珍."十二五"以来我国省域创新驱动发展战略实施成效分析[J]. 经济研究参考,2014,(58):33-39.
[87] 万勇. 创新能力的空间分布及其经济增长效应的实证研究[J]. 上海经济研究,2011,(4):36-46.
[88] Morrill R L. Waves of spatial diffusion[J]. Journal Of Regional Science,1968,8(1):1-18.
[89] Golob T F,Beckmann M J,Zahavi Y. A utility-theory demand model incorporating travel budgets [J]. Transporation Research Part B:Methodological,1981,15(6):375-389.
[90] Darwent D F. Growth poles and growth centers in regional planning-a review[J]. Environment and Planning,1969,1(1):5-31.
[91] Carlstein T,Parkes D,Thrift N. Human activity and time geography[J]. The Annals of Statistics,1978,39(21):88-101.
[92] Anselin L,Varga A. Patents and innovation counts as measures of regional production of new knowledge[J]. Research Policy,2002,31(7):1069-1085.
[93] Funke M,Niebuhr A. Regional geographic R&D spillovers and economic growth-evidence from West Germany,forthcoming in[J]. Papers in Regional Science,2001,54(6):86-128.
[94] Krugman P,Venables A J. Globalization and the Inequality of Nations[J]. The Quarterly Journal Of Economics,1995,110(4):857-880.
[95] Audretsch D B,Feldman M P. R&D spillovers and the geography of innovation and production [J]. The American Economic Review,1996,11(7):630-640.
[96] Abreu M,De Groot H,Florax R. Spatial patterns of technology diffusion[J]. Tinbergen Institute Discussion Pape,2008,18(4):236-268.
[97] Mitra A. Agglomeration economies in Japan:technical efficiency,growth and unemployment[J]. Review Of Urban And Regional Development Studies,2007,19(3):197-209.
[98] Smolny W,Schneeweis T. Innovations,growth and employment:an empirical analysis on the base of the Firm Panel[J]. Journal Of Economics And Statistics,1999,218(34):453-472.
[99] 王锐淇. 我国区域技术创新能力空间相关性及扩散效应实证分析——基于 1997–2008 空间面板数据[J]. 系统工程理论与实践,2012,32(11):2419-2430.
[100] 吴玉鸣,何建坤. 研发溢出、区域创新集群的空间计量经济分析[J]. 管理科学学报,2008,11(4):59-66.

[101] 张战仁．中国创新发展的区域关联及空间溢出效应研究——基于中国经济创新转型视角的实证分析[J]．科学学研究,2013,(9):1391-1397.

[102] Cooke P,Heidenreach M,Braczyk H. Regional Innovation Systems:the Role of Governance in a Globalized World[M]. London:UCL Press,1996.

[103] 吴慈生,赵曙明．从区位比较优势到区位竞争优势——区域创新系统理论的演化述评及对经济增长方式的思考[J]．现代管理科学,2005,(9):7-12.

[104] Nelson R R. National Innovation System: a Comparative Analysis[M]. New York: Oxford University Press,1993.

[105] 柳卸林．区域创新体系成立的条件和建设的关键因素[J]．中国科技论坛,2003,(1):18-23.

[106] Kirat T,Lung Y. Innovation and proximity:territories as loci of collective learning processes[J]. Eur Urban Reg Stud,1996,6(1):56-59.

[107] 周亚庆,张方华．区域技术创新系统研究[J]．科技进步与对策,2001,(2):44-45.

[108] Asheim B, Isaksen A. Localization agglomeration and innovation: towards regional innovation systems in norway? [J]. European Planning Studies,1997,(3):158-163.

[109] Kaufmann A, Todtling F. Systems of Innovation in Traditional Industrial Regions:The case of Styria in a Comparative Perspective[M]. London:Taylor and Francis Journals,2000.

[110] Sternberg R. Innovation[M]. Oxford:Elsevier,2009.

[111] Sharpe S, Martinez-Fernandez C. Measuring regional knowledge resources: What do knowledge occupations have to offer? [J]. Innovation: Management, Policy & Practice, 2007, (9): 262-275.

[112] Autio E. Evaluation of R&D in regional systems of innovation[J]. European Planning Studies, 1998,(4):131.

[113] Trippl M. Developing biotechnology clusters in non-high technology regions:the case of Austria [J]. Industry and Innovation,2007,14(1):47-67.

[114] Revilla Diez J,Kiese M. Regional Innovation Systems[M]. Oxford:Elsevier,2009.

[115] 黄鲁成．关于区域创新系统研究内容的探讨[J]．科研管理,2000,21(2):43-48.

[116] 陈柳钦．产业集群与区域创新体系互动分享[J]．重庆大学学报(社会科学版),2005,11(6):1-10.

[117] 胡志坚,苏靖．区域创新系统理论的提出与发展[J]．中国科技论坛,1999,(6):20-23.

[118] 邵希,刑小强,仝允桓．包容性区域创新体系研究[J]．中国人口·资源与环境,2011,21(6):24-30.

[119] Nelson R. Regional invention system:technical innovation and dimension[J]. Research Policy, 1996,(13):47-49.

[120] Radosevic S. Regional innovation systems in central and eastern Europe:determinants,organizers and alignments[J]. Journal of Technology Transfer,2002,(27):87-96.

[121] Doloxoreux D. What we should know about regional systems of innovation[J]. Technology in Society,2002,(24):243-263.

[122] 李虹．区域创新体系的构成及其动力机制分析[J]．科学学与科学技术管理，2004，(2)：35-36.
[123] 张小峰，孙启贵．区域创新系统的共生机制与合作创新模式研究[J]．科技管理研究，2013，(5)：172-177.
[124] 周柏翔，丁永波，任春梅．区域创新体系的结构模式及运行机制研究[J]．中国软科学，2007，(3)：135-138.
[125] Foss N J. Higher-order industrial capabilities and competitive advantage[J]. Industry Studies. 1996, 3(1): 1-20.
[126] Cooke P. Regional innovation systems, clusters and the knowledge economy[J]. Industrial and Corporate Change, 2001, (10): 945-975.
[127] Riddel M, Schwer R K. Regional innovative capacity with endogenous employment: empirical evidence from the U. S[J]. The Review of Regional Studies, 2003, 33(1): 73-84.
[128] 中国科技发展战略研究小组．中国区域创新能力报告(2002)[M]．北京：经济管理出版社，2003.
[129] Riba Vilanova M, Leydesdorff L. Why Catalonia cannot be considered as a regional innovation system[J]. Scientometrics, 2001, 50(2): 215-240.
[130] Fritsch M. Cooperation in regional innovation system[J]. Regional Studies, 2001, (35): 297-307.
[131] Todtling F, Kaufmann A. Innovation systems in regions in Europe[J]. European Planning Studies, 1999, 7(6): 699-717.
[132] 万勇，文豪．中国区域创新能力的评价指标体系研究[J]．中南大学学报(社会科学版)，2009，15(5)：643-645.
[133] 侯仁勇，张蕾，王果．区域创新能力评价指标体系及实证[J]．武汉理工大学学报(信息与管理工程版)，2009，31(4)：637-641.
[134] 魏阙，戴磊．吉林省区域创新能力评价指标体系研究[J]．科研管理，2015，36(1)：22-28.
[135] 朱海就．区域创新能力评估的指标体系研究[J]．科研管理，2004，25(3)：30-35.
[136] 甄峰，黄朝永，罗守贵．区域创新能力评价指标体系研究[J]．科学管理研究，2000，18(6)：5-8.
[137] 史锦凤，马力．基于主成分分析的区域创新能力评价[J]．济南大学学报(自然科学版)，2007，21(1)：68-71.
[138] 王宗军，毛磊，王清．我国中部地区区域创新能力评价与比较分析[J]．技术经济，2011，30(8)：44-49.
[139] 邹华，徐玢玢，杨朔．基于熵值法的我国区域创新能力评价研究[J]．科技管理研究，2013，(23)：56-61.
[140] 柳卸林，胡志坚．中国区域创新能力的分布与成因[J]．科学学研究，2002，20(5)：550-556.
[141] 任胜刚，彭建华．基于因子分析法的中国区域创新能力的评价及比较[J]．系统工程，2007，25(2)：87-91.
[142] 赫尔曼·E. 戴利．珍惜地球——经济学、生态学、伦理学[M]．北京：商务印书馆，2001.

[143] 德内拉·梅多斯,乔根·兰德斯,丹尼斯·梅多斯著. 增长的极限[M]. 李涛,王智勇,译. 上海:机械工业出版社,2013.

[144] 巴里·康芒纳. 增长的极限[M]. 王六喜,译. 上海:上海译文出版社,2001.

[145] Frosch R, GalloPoulos N. Strategies for manufacturing[J]. Scientific American, 1989, (9): 106-115.

[146] Pearce D W, Turner R K. Economics of Natural Resources and the Environment[M]. London: Harvester Wheat Sheaf Press, 1989.

[147] Strebel H. Industrial recycling network as an entrance into circular economy [EB/OL]. www. ifz. tugraz. at/index_en. php/filemanager/download/58/strebel. 2004-08-23.

[148] Tilton J E. The future of recycling. Resources Policy, 1999, 25(3): 197-204.

[149] Kishino H, Hanyu K, Yamashita H. Correspondence analysis of paper recycling society: consumers and paper makers in Japan[J]. Resources Conservation and Recycling, 1998, 23 (4): 193-208.

[150] Kondo Y, Hirai K S, Kawamoto R. A discussion on the resource circulation strategy of the refrigerator[J]. Resource Conservation and Recycling, 2001, 33(3): 153-165.

[151] Das S, Curlee T R, Rizy C G. Automobile recycling in the United States: Energy impacts and waste generation[J]. Resources Conversation and Recycling, 1995, 14(3-4): 265-284.

[152] Spatari S, Bertram M, Fuse K. The contemporary European copper cycle: 1 year stocks and flowers[J]. Ecological Economics, 2002, 42(2): 27-41.

[153] Ross S, Evans D. The environmental effect of reusing and recycling a plastic-based packaging system[J]. Journal of Cleaner Production, 2003, 11(5): 561-571.

[154] Pearce D W, Turner R K. Market based approaches to solid waste management[J]. Resources Conservation and Recycling, 1993, (8): 63-90.

[155] Bovenberg A L, de Mooij, Ruud A. Environmental taxation reform and endogenous growth[J]. Journal of Public Economics. 1997, 63(2): 207-237.

[156] Bruvoll A. Taxing virgin materials: an approach to waste problems[J]. Resources Conservation and Recycling. 1998, 22(1): 15-29.

[157] Tilton J E. The future of recycling[J]. Resources Policy, 1999, 25(3): 197-204.

[158] 江卫. 基于系统动力学的煤炭企业循环经济系统研究[D]. 天津:天津大学,2011:11.

[159] Andersen M S. An introductory note on the environment economics of the circular economic[J]. Sustain Science, 2007(2): 133-140.

[160] Sikdar S K. Sustainability and recycle-reuse in process systems[J]. Clean Technological Environ Policy, 2007, (9): 167-174.

[161] 诸大建. 循环经济的崛起与上海的应对思路[J]. 社会科学,1998,(10):13-17.

[162] 李汝雄,王建基. 循环经济是实现可持续发展的必由之路[J]. 环境经济,2000,(11): 29-30.

[163] 解振华. 走循环经济之路实现可持续生产与消费[J]. 环境保护,2003,(3):3-4.

[164] 马凯. 贯彻和落实科学发展观大力推进循环经济发展[J]. 宏观经济管理,2004,(10):

4-9.
[165] Kipperberg G. Comparison of household recycling behaviors in Norway and the United States [J]. Environment Resource Economics,2007,(36):215-235.
[166] 牛文元．关于循环经济及其立法的若干问题[J]. 中国发展,2007,7(3):1.
[167] 赵涛,徐凤君．循环经济概论[M]. 天津:天津大学出版社,2008.
[168] Brouillat E. Recycling and extending product-life: an evolutionary modeling[J]. Evol Econ, 2009,(19):437-461.
[169] 齐振宏．循环经济与生态园区建设[J]. 中国人口·资源与环境,2003,13(5):111-114.
[170] 马晓国,李宗植,张玉春．生态工业园区是发展循环经济的最好实现形式[J]. 生态经济, 2004,(12):59-61.
[171] 谢家平,孔令丞．基于循环经济的工业园区生态化研究[J]. 中国工业经济,2005,(04): 15-22.
[172] 宋涛,韩良,佟连军,等．生态学范式下的清洁生产、产业生态和循环经济分析[J]. 生态与农村环境学报,2007,23(3):86-89.
[173] 尚艳红,刘妍,李庆华．试论清洁生产在循环经济中的地位和作用[J]. 环境科学与管理, 2007,32(3):192-194.
[174] 王明寿．技术循环:循环经济的本质特征[J]. 西北师大学报(社会科学版),2009,46(4): 125-128.
[175] 王国印．论循环经济的本质与政策启示[J]. 中国软科学,2012,(1):26-38.
[176] 齐建国．循环经济与绿色发展——人类呼唤提升生命力的第四次技术革命[J]. 经济纵横,2013,(1):43-48.
[177] 兰青．人类文明的生态转向与生态文明建设[J]. 贵州社会科学,2015,(8):31-35.
[178] 涂自力,陈桃．从三大反差看中国循环经济建设的困境与出路——基于价值观重构的视角[J]. 财贸研究,2015(1):18-25.
[179] 焦必方,杨薇．美国资源节约型社会建设的经验及启示[J]. 经济纵横,2008,(4):93-95.
[180] 纪纯,齐建国．发展循环经济,建设节约型社会的经济学思考[J]. 数量经济技术经济研究,2005,(11):122-128.
[181] 张科静,魏珊珊．国外电子废弃物再生资源化运作体系及对我国的启示[J]. 中国人口·资源与环境,2009,19(2):109-115.
[182] 王文铭,彭丽娟,李征．循环经济背景下我国再生资源开发与利用研究[J]. 生态经济, 2011,(10):161-163.
[183] 袁丽静．价值链视角下的循环经济技术创新机制及其政策研究[J]. 宏观经济研究, 2013,(9):71-76.
[184] 李兆前,齐建国,吴贵生．从 3R 到 5R:现代循环经济基本原则的重构[J]. 数量经济技术经济研究,2008,(1):53-59.
[185] 赵凯,陈甬军．对循环经济技术范式——“XR”原则的探讨[J]. 中国工业经济,2006, (6):44-50.
[186] 毛如松,冯之俊．论循环经济[M]. 北京:经济科学出版社,2003.

[187] 季昆森. 循环经济原理与应用[M]. 合肥:安徽科学技术出版社,2004.
[188] 吴季松. 循环经济[M]. 北京:北京出版社,2003.
[189] 林维柏. 发展循环经济:理念、原则、措施[J]. 改革与战略,2009,25(6):22-24.
[190] 冯之俊. 循环经济导论[M]. 北京:人民出版社,2003.
[191] 马江. 对循环经济基本原则——减量化原则的思考[J]. 生产力研究,2010,(6):17-18.
[192] 蓝庆新. 日本发展循环经济的成功经验及对我国的启示[J]. 东北亚论坛,2006,15(1):84.
[193] 董联党,顾颖,王晓路. 日本循环经济战略体系及其对中国的启示[J]. 亚太经济,2008,(2):70.
[194] 王朝全,杨霞. 论循环经济的动力机制——德国经验及其对中国的启示[J]. 科学管理研究,2008,26(3):117-119.
[195] 肖华茂. 面向区域的循环经济发展模式设计[J]. 统计与决策,2007,(7):120-121.
[196] 王延荣. 循环经济的发展模式研究[J]. 技术经济,2006,(2):7-10.
[197] 王良忠,史美芳. 我国循环经济发展模式及机制研究[J]. 生产力研究,2009,(11):109-110.
[198] Ferrara I D A, Missios P. Recycling and waste diversion effectiveness: evidence from Canada [J]. Environmental and Resource Economics,2005,(30):221-238.
[199] Ferrer-I-Carbonell A, van Den Bergh J C J M. A micro-econometric analysis of determinants of unsustainable consumption in the Netherlands [J]. Environmental and Resource Economics, 2004,(27):367-389.
[200] Desrochers P. Did the invisible hand need a regulatory glove to develop a green thumb some historical perspective on market incentives, win-win innovations and the porter hypothesis[J]. Environment Resource Economic,2008,(41):519-539.
[201] Reijinders L. A normative strategy for sustainable resource echoic and recycling[J]. Resources Conservation and Recycling,2000,28(1):121-133.
[202] Ross S, Evans D. The environmental effect of reusing and recycling a plastic-based packaging system[J]. Journal of Cleaner Production,2003,11(5):561-571.
[203] 王兆华,武春友. 基于交易费用理论的生态工业园中企业共生机理研究[J]. 科学学与科学技术管理,2002,(8):9-13.
[204] 赵玮. 循环经济模式下的供应链管理[J]. 科研管理,2005,(2):50-54.
[205] 张昌蓉,薛惠锋. 循环经济动力机制的系统分析[J]. 西北工业大学学报(社会科学版),2008,(3):36-41.
[206] 朱澍清. 环境成本与价格机制优化——兼论循环经济的价格障碍[J]. 价格理论与实践,2012,(1):78-79.
[207] 李云燕. 论循环经济运行机制——基于市场机制与政府行为的分析[J]. 现代经济探讨,2010,(9):10-13.
[208] 段学慧. 经济利益驱动机制:循环经济发展的根本动力——基于马克思主义利益观的分析[J]. 现代财经(天津大学学报),2012,(9):3-10.

[209] 王朝全. 论循环经济的动力机制与制度设计[J]. 生态经济,2006,(8):57-58.

[210] 周瑜. 资源型城市循环经济创新动力机制研究[J]. 管理现代化,2012,(2):15-17.

[211] Monfreda C. Establishing national natural capital accounts based on detailed ecological footprint and biological capacity assessments[J]. Land Use Policy,2004,21(3):231-246.

[212] Harberl H. Quantifying and mapping the human appropriation of net primary production in earth's terrestrial ecosystems[J]. Proceedings of the National Academy of Science of the United States of America,2007,104(31):12942-12947.

[213] Halpern B. A global map of human impact on marine ecosystems[J]. Science,2008,5865(319):948-952.

[214] Garbie H. An analytical technique to model and assess sustainable development index in manufacturing enterprises[J]. International Journal of Production Research,2014,30(1):1-40.

[215] Galli A,Wiedmann T,Ercin E,et al. Integrating ecological,carbon and water footprint into a footprint family of indicators:definitions and role in tracking human pressure on the planet[J]. Ecological Indicators,2012,(16):100-112.

[216] Haines-Young R,Potschin M,Klenast F. Indicators of ecosystem service potential at European scales:mapping marginal changes and trade-offs[J]. Ecological Indicators,2012,(21):39-53.

[217] Kandziora M,Burkhard B,Muller F. Interactions of ecosystem properties,ecosystem integrity and ecosystem service indicators-a theoretical matrix exercise[J]. Ecological Indicators 2013,(28):54-78.

[218] Kurup B,Altham W. Triple bottom line accounting applied for industrial symbiosis[R]. Sydney:ALCAS conference,2005:1-14.

[219] Labuschagne C,Brent A C. Accessing the sustainability performance of industries[J]. Journal of Cleaner Production,2005,(4):373-385.

[220] Tokimatsu K,Yamaguchi R,Sato M,et al. Measuring future dynamics of genuine saving with changes of population and technology:application of an integrated assessment model[J]. Environment,Development and Sustainability,2011,13(4):703-725.

[221] 周国梅,彭昊,曹凤中. 循环经济和工业生态效率指标体系[J]. 城市环境与城市生态,2003,(6):201-203.

[222] 杨华峰,张华玲. 论循环经济评价指标体系的构建[J]. 科学学与科学技术管理,2005,(9):123-128.

[223] 王伟龙,徐梦莹,高艳梅,等. 2008–2012年北京市区域循环经济评价研究[J]. 环境科学与技术,2015,38(11):258-263.

[224] 项赟,温勇,杜建伟,等. 广东省循环经济发展综合评价与区域差异分析[J]. 生态经济,2015,31(3):70-74.

[225] 袁学英,颉茂华. 资源型城市循环经济效率综合比较评价[J]. 宏观经济研究,2015,(10):97.

[226] 贾国柱,刘圣国,孟楷越. 基于改进DEA模型的建筑业循环经济效率评价研究[J]. 管理评论,2014,26(4):15-20.

[227] 施生旭,郑逸芳,吴飞美. 我国区域循环经济发展评价与差异分析[J]. 生态经济,2014,30(2):96-104.
[228] 吕文慧,高志刚. 新疆与全国省区循环经济发展水平评价及效率分析[J]. 干旱区资源与环境,2014,28(2):37-44.
[229] 王小艳,窦玲. 中国循环经济发展水平区域差异分析[J]. 生产力研究,2013,(7):18-22.
[230] 樊元,刘国平. 中国地区循环经济发展的综合评价和特征分析[J]. 甘肃社会科学,2011,(5):131-133.
[231] 李宁,丁四保,赵伟. 中国循环经济发展的空间分异与优化[J]. 中国人口·资源与环境,2011,21(5):157-163.
[232] 曹孜,鲁芳,彭怀生. 我国循环经济效率及影响因素分析[J]. 统计与决策,2013,(11):157-163.
[233] 姜瑾. 我国循环经济发展影响因素的实证研究[J]. 科技管理研究,2013,(10):219-223.
[234] 刘宁宁. 我国区域循环经济效率评价及其影响因素研究[J]. 赤峰学院学报(自然科学版),2013,29(10):63-64.
[235] 姜玲,张爱宁. 中国省际循环经济发展差异的空间计量分析[J]. 资源开发与市场,2014,30(1):32-34.
[236] Bernauer E, Kammerer S. Explaining green innovation[R]. Working Paper, Center for Comparative and International Studies,2006:1-16.
[237] Braun E, Wield D. Regulation as a means for the social control of technology[J]. Technology Analysis & Strategic Management,1994,6(3):259-272.
[238] Kemp R. Eco-innovation: definition, measurement and open research issues[J]. Economic Political,2010,27(3):397-420.
[239] Chen Y S, Lai S B, Wen C T, et al. The influence of green innovation performance on corporate advantage in Taiwan[J]. Journal of Business Ethics,2006,67(4):331-339.
[240] Schiederig T, Tietze F, Herstatt C. Green innovation in technology and innovation management—An exploratory literature review[J]. R&D Management,2012,42(2):180-192.
[241] 丁堃. 论绿色创新系统的结构和功能[J]. 科技进步与对策,2009,26(15):116.
[242] Hemmelskamp J. Environmental policy instruments and their effects on innovation[J]. European Planning Studies,1997,5(2):177-194.
[243] Beise M, Rennings K. Lead markets and regulation: a framework for analyzing the international diffusion of environment innovations[J]. Ecological Economics,2005,52(1):5-17.
[244] Kemp R, Foxon T. Eco-innovation from an innovation dynamic perspective[R]. Huseyin: Deliverable of MEI project(D1),2007.
[245] Cook P. Clean tech and an analysis of platform nature of life sciences: Further reflections upon platform policies[J]. Journal of European Planning Studies,2008,16(3):375-393.
[246] Berrone P, Fosfuri A, Gelabert L, et al. Necessity as the mother of green inventions: institutional pressures and environmental innovation[J]. Strategic Management Journal, 2013, 34(8): 891-909.

[247] Rennings K. Redefining innovation eco-innovation research and the contribution from ecological economic[J]. Ecological Economics,2000,32(2):319-332.

[248] Marchi V D. Environmental innovation and R&D cooperation:empirical evidence from Spanish manufacturing firms[J]. Research Policy,2012,41(3):614-623.

[249] Kesidou E,Demirel P. On the divers of eco-innovations:empirical evidence from the UK[J]. Research Policy,2012,41(5):862-870.

[250] Rennings K,Ziegler A,Ankele K,et al. The influence of different characteristics of the EU environmental management and auditing scheme on technical environmental innovations and economic performance[J]. Ecological Economics,2006,57(1):45-59.

[251] Hoffman A J. Institutional evolution and change:environmentalism and the US chemical industry [J]. Academy of Management Journal,1999,42(4):351-371.

[252] King A A,Lenox M J. Does it really pay to be green? An empirical study of firm environmental and financial performance[J]. Journal of Industrial Ecology,2001,5(1):105-116.

[253] Delmas M A. The diffusion of environmental management standards in Europe and in the United States:an institutional perspective[J]. Policy Sciences,2002,35(1):91-119.

[254] Rivera J. Regulatory and Stakeholders Influences On Corporate Environmental Behavior in Costa Rica[D]. Washington:The George Washington University,2004.

[255] Mickwitz P, Hyvättinen H, Kivimaa P. The role of policy instruments in the innovation and diffusion of environmentally friendlier technologies:popular claims versus case study experiences [J]. Journal of Cleaner Production,2008,16(1):162-170.

[256] Wang H,Wheeler D. Financial incentives and endogenous enforcement in China's pollution levy system[J]. Journal of Environmental Economics and Management,2005,49(1):174-196.

[257] 张倩. 环境规制对绿色技术创新影响的实证研究——基于政策差异化视角的省级面板数据分析[J]. 工业技术经济,2015,(7):10-18.

[258] 许世春. 环境规制对企业绿色技术创新的影响[J]. 科研管理,2012,33(6):67-74.

[259] 李碗红,毕克斯,孙冰. 环境规制强度对污染密集型行业绿色技术创新的影响研究——基于2003-2010年面板数据的实证检验[J]. 研究与发展管理,2013,25(6):72-80.

[260] Horbach J. Determinates of environmental innovation-new evidence from German panel data sources[J]. Research Policy,2008,37(1):163-173.

[261] Graham D,Woods N. Making corporate self-regulation of in developing countries[J]. World Development,2006,34(5):868-883.

[262] Innes R,Carrión-flores C E. Environmental innovation and environmental policy:an empirical test of bi-directional effects[R]. ,General Information,2005.

[263] 陶岚,郭锐. 企业环境管理行为的驱动因素分析——基于制度合法性理论[J]. 理论月刊,2013,(12):137-141.

[264] 叶强生,武亚军. 转型经济中的企业环境战略动机:中国实证研究[J]. 南开管理评论,2010,13(3):53-59.

[265] 杨东宁,周长辉. 企业自愿采用标准化环境管理体系的驱动力:理论框架及实证分析

[J]. 管理世界,2005,(2):85-95.
[266] Chang C H. The influence of corporate environmental ethics on competitive advantage: the mediation role of green innovation[J]. Journal of Business Ethics,2011,104(3):361-370.
[267] Horbach J, Rammer C, Rennings K. Determinants of eco-innovations by type of environmental impact—The role of regulatory push, technology push and market pull [J]. Ecological Economics,2012,78(1):112-122.
[268] Sharma S, Verdenburg H. Proactive corporate environmental strategy and the development of competitively valuable organizational capabilities[J]. Strategic Management Journal, 1998, 19(8):729-753.
[269] Wistreich J G. The societal dimension in R&D strategy[J]. R&D Management, 1977, (07): 127-132.
[270] 李铭俊. 循环经济与技术创新[M]. 上海:复旦大学出版社,2009.
[271] 冯之浚,孙佑海. 循环经济在实践——中国循环经济高端论坛[M]. 北京:人民出版社,2006.
[272] 李鸿忠. 以六个创新发展深圳循环经济[J]. 改革与战略,2006,(3):12-13.
[273] 顾巍,熊选福. 论制度创新、管理创新与技术创新与循环经济的关系及启示[J]. 特区经济,2007,(9):114-116.
[274] 王茂祯. 循环经济创新研究[D]. 上海:上海大学,2011.
[275] 毕克斯,杨朝均,黄平. 中国绿色工艺创新绩效的地区差异及影响因素研究[J]. 中国工业经济,2013,(10):57-69.
[276] 岳友熙. 论广义循环经济创新主体的建设[J]. 生态经济,2009,(2):84-87.
[277] 刘加林,黄鹂,严立冬. 循环经济生态创新力研究[J]. 中国地质大学学报(社会科学版),2010,10(2):17-19.
[278] 郑季良,周菲,董洁. 制造产业链循环经济发展中协同创新问题研究[J]. 科技进步与对策,2012,29(22):90-94.
[279] 李雪松,伍新木. 我国水资源循环经济发展与创新体系构建[J]. 长江流域资源与环境,2007,16(3):293-296.
[280] 王永芹. 对创新驱动绿色发展的思考[J]. 河北学刊,2014,34(2):222-225.
[281] 张小兰. 对技术创新与循环经济关系的分析[J]. 科学管理研究,2005,23(2):24-27.
[282] 刘奇中. 循环经济的技术创新体系研究[J]. 学术界,2013,(8):101-104.
[283] 张华. 循环经济的技术范式与技术创新[J]. 西南民族大学学报(人文社科版),2007,(9):113-117.
[284] 严炜,李光. 论科学技术对循环经济发展的影响[J]. 武汉大学学报(人文科学版),2008,61(3):285.
[285] 牛学杰,李常洪. 生态化技术创新与制造业可持续发展的关系研究[J]. 科学技术哲学研究,2013,(2):105-108.
[286] 郭莉,Lawrence Malesu,胡筱敏. 环境技术创新对产业生态管理的影响[J]. 中国人口·资源与环境,2009,19(2):78-83.

[287] 何永达. 内生视角下产业集聚、技术创新与循环经济研究——以造纸业为例[J]. 企业经济,2010,(8):47-50.
[288] Eskeland G S,Harrison A E. Moving to greener pastures? Multinationals and the pollution haven hypothesis[J]. Journal of Development Economics,2003,70(1):1-23.
[289] 隋俊,毕克斯,杨朝均,等. 跨国公司技术转移对我国制造业绿色创新系统绿色创新绩效的影响机理研究[J]. 中国软科学,2015,(1):118-129.
[290] 袁丽静. 价值链视角下的循环经济技术创新机制及其政策研究[J]. 宏观经济研究,2013,(9):72.
[291] 刘巧绒,杨冬民. 基于循环经济的技术创新实施机制研究[J]. 科技管理研究,2010,(5):50-52.
[292] 王玖河,郑海明,安军玲. 循环经济技术创新研究——以曹妃甸工业园区为例[J]. 中国科技论坛,2009,(9):32-36.
[293] 王军生. 循环经济技术创新与技术创新体系构建[J]. 经济管理,2008,(16):86-90.
[294] 赵世贤,张华. 中小企业循环经济的实现与技术创新联盟[J]. 生态经济,2009,(1):164-166.
[295] 单宝. 发展循环经济的制度因素及其创新[J]. 科技管理研究,2009,(3):15-17.
[296] 汤建光. 循环经济的制度安排与制度创新[J]. 经济问题探索,2009,(4):176.
[297] 李英东. 发展循环经济的制度模式与制度创新[J]. 经济经纬,2007,(2):20-23.
[298] 徐文煜. 我国循环经济可持续发展的法律制度创新与完善[J]. 生产力研究,2011,(7):81-82.
[299] 李平. 循环经济发展与两型社会建设中财税制度创新研究[J]. 湖南科技大学学报(社会科学版),2014,17(5):89-92.
[300] 牛桂敏. 循环经济发展中资源价格机制的创新[J]. 云南财经大学学报,2008,(3):24-27.
[301] 陈德敏,杜建勋. 循环经济理性下的资源安全制度创新研究[J]. 中国人口·资源与环境,2009,19(5):64-68.
[302] 许士春,何正霞,龙如银. 环境规制对企业绿色技术创新的影响[J]. 科研管理,2012,(6):67-73.
[303] Jaffe A B,Palmer J K. Environmental regulation and innovation:a panel data study[J]. Review of Economics and Statistics,1997,(4):610-619.
[304] Brunnermeier S B,Cohen M A. Determinants of environmental innovation in US manufacturing industries[J]. Journal of Environmental Economics and Management,2003,(02):278-293.
[305] 李强,聂锐. 环境规制与区域技术创新——基于中国省际面板数据的实证分析[J]. 中南财经政法大学学报,2009,(4):18-23.
[306] Milliman S R,Prince R. Firm incentives to promote technological change in pollution control [J]. Journal of Environmental Economies and Management,1989,(17):247-265.
[307] Carraro C, Galeotti M. Economic growth international competitiveness and environmental protection:R&D and innovation strategies with the WARM model[J]. Energy Economics,1997,(19):2-29.

[308] Parry I W H. Optimal pollution taxes and endogenous technological progress[J]. Resource and Energy Economics,1995,(17):69-85.
[309] 王怀德. 基于循环经济的金融创新探析[J]. 中国商贸,2014,(28):111-112.
[310] 黄文青. 金融支持、科技创新与循环机发展的理论与实证研究[J]. 科技管理研究,2010,(11):30-32.
[311] 张彩平,肖序. 循环经济视角下生态技术创新融资渠道拓展演化[J]. 统计与决策,2009,(24):50-52.
[312] 周汉麟,高杰. 金融创新促进循环经济发展研究[J]. 中国经贸导刊,2009,(18):39-40.
[313] 付乐,付博. 基于循环经济的金融创新探析[J]. 企业经济,2012,(10):178-179.
[314] 杨兵. 金融创新视角下循环经济发展研究[J]. 商业时代,2013,(32):58-60.
[315] 薛耀文,宋媚. 循环经济发展各阶段仿真研究[J]. 中国软科学,2007,(8):71-84.
[316] 齐建国,王红,彭绪庶,等. 中国循环经济发展的进程与政策建议[J]. 经济纵横,2010,(10):25-31.
[317] 艾良友,郗永勤. 循环经济产业链视角下我国石化产业优化升级研究——以福建省泉港石化产业为例[J]. 华北电力大学学报(社会科学版),2015,(6):9-15.
[318] 艾良友,邱俊珲,傅志强. 基于循环经济的产业共生耦合模式探究[J]. 江南大学学报(人文社会科学版),2016,15(1):119-125.
[319] 张占斌. 中国经济新常态的趋势性特征及政策取向[J]. 国家行政学报,2015,(1):15-17.
[320] 王来军. 基于创新驱动的产业集群升级研究[D]. 北京:中共中央党校,2014.
[321] 王仁文. 基于绿色经济的区域创新生态系统研究[D]. 北京:中国科学技术大学,2014.
[322] 陈红梅. 基于低碳经济的区域创新系统研究[D]. 北京:中国矿业大学,2013.
[323] 杨忠泰. 建设关中-天水经济区区域创新体系的路径、战略重点和空间组织形式[J]. 科学学与科学技术管理,2010,(9):315-320.
[324] 艾良友,郗永勤. 工业发展循环经济的动力机制探究[J]. 能源与环境,2010,(5):77.
[325] 郗永勤. 循环经济发展的机制与政策研究[M]. 北京:社会科学文献出版社,2014.
[326] Hansen M T, Birkinshaw J. The innovation value chain[J]. Harvard Business Review,2007,(85):121-135.
[327] 余泳泽,刘大勇. 我国区域创新效率的空间外溢效应与价值链外溢效应——创新价值链视角下的多维空间面板模型研究[J]. 管理世界,2013,(7):6-21.
[328] 张长征,黄德春,马昭洁. 产业集聚与产业创新效率:金融市场的联结和推动——以高新技术产业集聚和创新为例[J]. 产业经济研究,2012,(6):17.
[329] 叶继元. 推进哲学社会科学研究方法创新刍议[J]. 学术界,2009,(2):61-63.
[330] 杨宇. 多指标综合评价中赋权方法评析[J]. 统计与决策,2006,(7):17-19.
[331] 孟晓华,仇国阳,崔志明. 全局主成分分析在区域科技创新能力指标体系构建中的应用[J]. 科技管理研究,2006,(12):43-45.
[332] 于秀林,任雪松. 多元统计分析[M]. 北京:中国统计出版社,1999.
[333] 林海明,林敏子. 主成分分析法与因子分析法应用辨析——兼与《我国上市公司赢利能力与资本结构的实证分析》一文作者商榷[J]. 数量经济技术经济研究,2004,(9):

155-160.

[334] 王芳. 主成分分析与因子分析的异同比较及应用[J]. 统计教育,2003,(5):14-17.

[335] 储莎,陈来. 基于变异系数法的安徽省节能减排评价研究[J]. 中国人口·资源与环境,2011,21(3):512-516.

[336] 孙玉涛,刘凤朝,李滨. 基于专利的中欧国家创新能力与发展模式比较[J]. 科学学研究,2009,27(3):339-444.

[337] Dagum C. A new approach to the decomposition of the gini income inequality ratio[J]. Empirical Economics,1997,(22):515-531.

[338] Tobler W R. A computer movie simulating urban growth in the detroit region[J]. Economic Geography,1970,(46):234-240.

[339] Getis A, Ord J K. Local Spatial Statistics: An Overview [M]. Cambridge: Geo information International,1997.

[340] 沈体雁,冯等田,孙铁山. 空间计量经济学[M]. 北京:北京大学出版社,2010.

[341] Anselin L. Local Indicators of Spatial Association-LISA[J]. Geographical Analysis,1995(27):93-115.

[342] Anselin L. Spatial Econometrics[M]. Bruton Ceter:School of Social Science,University of Texas at Dallas,1999.

[343] 王劲峰,廖一兰,刘鑫. 空间数据分析教程[M]. 北京:科学出版社,2010.

[344] 宜国富,徐建刚,赵静. 基于ESDA的城市社会空间研究——以上海市中心城区为例[J]. 地理科学,2010,30(1):23.

[345] 蔡芳芳,濮励杰,张健,等. 基于ESDA的江苏省县域经济发展空间模式解析[J]. 经济地理,2012,32(3):23-24.

[346] 廖重斌. 环境与经济协调发展的定量评判及其分类体系——以珠江三角洲城市群为例[J]. 热带地理,1999,19(2):171-174.

[347] 李锋,万年庆,史本林,等. 基于"环境-结构"集成视角的旅游产业脆弱性测度——以中国大陆31省区市为例[J]. 地理研究,2014,33(3):572-573.

[348] 薛静静,沈镭,刘立涛,等. 中国区域能源利用效率与经济水平协调发展研究[J]. 资源科学,2013,35(4):717.

[349] 曹永强,常静,张亭亭,等. 辽宁省生态环境与城市化协调发展定量评价[J]. 水电能源科学,2014,32(2):156-157.

[350] 崔峰. 上海市旅游经济与生态环境协调发展度研究[J]. 中国人口·资源与环境,2008,18(5):65.

[351] 何宜庆,翁异静. 鄱阳湖地区城市资源环境与经济协调发展评价[J]. 资源科学,2012,34(3):506-507.

[352] 郭施宏,王富喜,高明. 山东半岛人口城市化与土地城市化时空耦合协调关系研究[J]. 经济地理,2012,34(3):77.

[353] 严莹莹. 空间计量模型及其在我国的应用研究[D]. 武汉:华中科技大学,2012.

[354] Lesage J P. The Theory and Practice of Spatial Econometrics [M]. Ohio: University of

Toledo,1999.

[355] 李子奈,叶阿忠. 高级应用计量经济学[M]. 北京:清华大学出版社,2012.

[356] 陈海波,张悦. 外商直接投资对江苏区域经济影响的实证分析——基于空间面板模型[J]. 国际贸易问题,2014,(7):64.

[357] Anselin L. Under the hood Issues in the specification and interpretation of spatial regression models[J]. Agricultural Economics,2002,(27):247-267.

[358] Elhorst J P. Specification and estimation of spatial panel data models[J]. International Regional Science Review,2003,26(3):244-268.

[359] Anselin L,Gallo J L. Interpolation of air quality measures in hedonic house price models:spatial aspects[J]. Spatial Economic Analysis,2006,1(1):31-52.

[360] Elhorst J P. Spatial Panel Data Models[M]. Berlin,Germany:Springer-Verlag:2010.

[361] Anselin L,Hudak S. Spatial econometrics in practice:a review of software options[J]. Regsci Urban Econ,1992,22(3):509-536.

[362] Debarsy N. The mundlak approach in the spatial dubin panel data model[J]. Spatial Economic Analysis,2012,7(1):109-131.

[363] 徐敏,姜勇. 中国的市场化进程推动了城镇化发展吗——来自空间杜宾模型的经验证据[J]. 财经科学,2014,(8):112-113.

[364] Elhorst J P. Matlab Software for Spatial Panels. [M]. Berlin:Springer-Verlag,2012.

[365] 潘兴侠. 我国区域生态效率评价、影响因素及收敛性研究[D]. 南昌:南昌大学,2014.

[366] Fortheringham A S,Charlton M,Brunsdon C. The geography of parameter space:an investigation of nonstationarity[J]. International Journal of Geographical Information System,1996,10(5):605-627.

[367] Brunsdon C,Fother ingham A S,Charlton M. Geographically weighted regression-modelling spatial non-stationarity[J]. The Statistician,1998,47(3):431-443.

[368] Hurvich C M,Simonoff J S,Tsai C L. Smoothing parameter selection in nonparametric regression using an improved akaike information criterion[J]. Journal of the Royal Statistical Society:Series B(Statistical Methodology),1998,60(2):271-293.

[369] 柏玲,姜磊. 金融支持区域创新的竞争和溢出效应——基于空间面板杜宾模型的研究[J]. 上海经济研究,2013,(7):17-18.

[370] 季民河,武占云,姜磊. 空间面板数据模型设定问题分析[J]. 统计与信息论坛,2011,26(6):3-8.

[371] Verbeek M. A Guide to Modern Econometrics[M]. 2nd ed. Chichester:Wiley,2004:342-358.

[372] Elhorst J P. Dynamic spatial panels:models,methods and inferences[J]. Journal of Geographical Systems,2012,(1):5-28.

[373] 王火根,沈利生. 中国经济增长与能源消费空间面板分析[J]. 数量经济技术经济研究,2007,26(12):98-108.

[374] Elhorst J P. Applied spatial econometrics:raising the bar[J]. Spatial Economic Analysis,2010,5(1):9-28.

[375] 李惠娟．中国三大经济区间服务业溢出和反馈效应——基于三区域间投入产出分析的视角[J]．当代财经,2014,(6):102-109.

[376] Anselin L,Gallo J L. Interpolation of air quality measures in hedonic house price models:spatial aspects[J]. Spatial Economic Analysis,2006,1(1):31-52.

[377] Fischer M M,Bartkowska M,Sardadvar S,et al. The impact of human capital on regional labor productivity in Europe[J]. Letters in Spatial and Resource Science,2009,2(1):97-108.

[378] Lesage J P,Pace R K. Introduction to Spatial Econometrics[M]. Boca Raton:CRC Press/Taylor & Francis,2009.

[379] Elhorst J P. Applied spatial econometrics:raising the bar[J]. Spatial Economic Analysis,2010,5(1):9-28.

[380] 黄建欢,吕海龙,王良健．金融发展影响区域绿色发展的机理——基于生态效率和空间计量的研究[J]．地理研究,2014,33(3):532-545.

[381] 姚鹏,孙久文．贸易开放与区域收入空间效应——来自中国的证据[J]．财贸经济,2015,(1):132-133.

[382] 马子量,郭志仪,马丁丑．空间交互视角下的中国省级区域城市化进程分析[J]．中国人口科学,2014,(5):88-99.

[383] 杨省贵,顾新．区域创新体系间创新要素流动研究[J]．科技进步与对策,2011,28(23):60-63.

[384] 李靖,谭清美,白俊红．中国区域创新生产的空间计量分析——基于静态与动态空间面板模型的实证研究[J]．管理世界,2010,(7):43-56.

[385] 白俊红,蒋伏心．协同创新、空间管理与区域创新绩效[J]．经济研究,2015,(7):174-156.

[386] 马述忠,李嫣君,吴国杰．基于空间自相关的中国技术类创新资源流动影响因素分析[J]．经济学家,2015,(11):15-26.

[387] 吴玉鸣．中国省域旅游业弹性系数的空间异质性估计——基于地理加权回归模型的实证[J]．旅游学刊,2013,28(2):35-40.

[388] 孙倩,汤放华．基于空间扩展模型和地理加权回归模型的城市住房价格空间分异比较[J]．地理研究,2015,34(7):1343-1346.

[389] Fotheringham S,Brunsdon C,Charlton M. Quantitative Geography:Perspective on Spatial Data Analysis[M]. London:SAGE Publications Ltd,2000.

[390] 李婉红．排污费制度驱动绿色技术创新的空间计量检验——以 29 个省域制造业为例[J]．科研管理,2015,36(6):1-9.

[391] 宋帮英,苏方林．我国省域碳排放量与经济发展的 GWR 实证研究[J]．财经科学,2010,(4):41-49.

[392] 胡艳兴,潘竞虎,王怡睿．基于 ESDA-GWR 的 1997-2012 年中国省域能源消费碳排放时空演变特征[J]．环境科学学报,2010,35(6):1896-1906.

[393] 汤清,邓宝珠．中国技术进步对能源消费影响的空间计量分析[J]．技术经济,2013,32(10):73-80.

[394] 方远平,谢蔓．创新要素的空间分布及其对区域创新产出的影响——基于中国省域的

ESDA-GWR 分析[J]. 经济地理,2012,32(9):8-15.

[395] 揭懋汕,雪燕,薛领. 我国棉花生产的空间格局演化及集聚因子分析[J]. 农业现代化研究,2015,36(3):391.

[396] 胡艳兴,潘竞虎,陈蜓,等. 基于 ESDA 和 GWR 的中国地级及以上城市四化协调发展时空分异格局[J]. 经济地理,2015,35(5):52.

[397] Fotheringham S, Brunsdon C, Charlton M. Geographically Weighted Regression: The Analysis of Spatially Varying Relationships[M]. New York: John Wiley & Sons, 2002.

[398] 王晰巍,林明兴,刘恋. 低碳经济下产业技术链演进中知识创新螺旋及路径研究[J]. 情报科学,2011,29(7):1010-1012.

[399] Nonaka I. The knowledge creating company[J]. Harvard Business Review, 1991, (11): 96-104.

[400] 艾良友,郗永勤. 福建省循环经济发展的演进历程与路径选择[J]. 福州大学学报(哲学社会科学版),2014,(1):38-42.

[401] 谢海燕. 中国循环经济政策体系研究报告[M]. 北京:知识产权出版社,2010.

[402] 李周. 建设美丽中国实现永续发展[J]. 经济研究,2013,(2):17.

[403] 方世南. 以绿色执政理念推进绿色发展[J]. 理论视野,2014,(3):22.

[404] 郗永勤,艾良友. 我国省域循环经济发展的综合评价、类型分析与路径探讨[J]. 中国行政管理,2014,(4):108-110.

[405] 才惠莲. 我国跨流域调水生态补偿制度的完善[J]. 中国行政管理,2013,(10):13-15.

[406] 许彩侠. 区域协同创新机制研究—基于创新驿站的再思考[J]. 科研管理,2012,33(5):23.

[407] 叶一军,顾新,李晖,等. 跨行政区域创新体系下创新主体间协同创新模式研究[J]. 科技进步与对策,2014,31(16):30-32.

[408] 潘凡峰,高长春,刘畅. 跨区域产业价值链协同创新与路径选择[J]. 湖南社会科学,2015,(2):140-141.

[409] 孙长青,张仁开. 长三角区域环保科技合作与协同创新对策研究[J]. 科技管理研究,2008,(8):106-107.

[410] 王海飞. 兰白都市经济圈视角下的白银市可持续发展战略研究[J]. 经济地理,2011,31(4):566-571.

[411] 高小平. 国家治理体系与治理能力现代化的实现路径[J]. 中国行政管理,2014,(1):9.

[412] 谢宝剑,陈瑞莲. 国家治理视野下的大气污染区域联动防治体系研究——以京津冀为例[J]. 中国行政管理,2014,(9):7-10.

[413] 王海飞. 兰州-西宁经济区联动发展战略研究[J]. 开发研究,2014,(1):17-22.

附　　录

附录A：四个创新因子综合得分

附表A1　省域资源与技术集成因子综合得分

省（自治区、直辖市）	2005年	2006年	2007年	2008年	2009年	2010年	2011年	2012年	2013年	得分变化	排名变化	综合排名
江苏	1.116	1.696	2.293	2.988	3.802	3.012	2.917	3.909	4.256	3.140	2↑1	1
广东	1.210	1.582	1.827	2.241	2.792	2.344	2.532	3.027	2.329	1.119	1↓2	2
山东	0.409	1.132	1.044	1.456	1.988	1.530	1.623	1.854	2.210	1.801	4↑3	3
浙江	0.743	0.769	1.022	1.426	2.087	1.610	1.413	1.601	1.756	1.013	3↓4	4
辽宁	−0.265	0.228	0.383	0.435	0.845	0.905	0.822	0.948	0.886	1.151	6↓8	5
四川	−0.283	−0.302	0.028	0.412	0.699	0.921	0.835	0.912	0.900	1.183	7→7	6
河南	−0.474	−0.070	0.180	0.546	0.507	0.580	0.587	0.846	1.013	1.487	13↑6	7
安徽	0.231	−0.119	0.363	0.608	0.640	0.210	0.117	0.469	0.643	0.412	5↓10	8
河北	−0.371	−0.188	−0.077	0.187	0.456	0.493	0.608	0.691	0.797	1.168	9→9	9
湖北	−0.386	−0.098	−0.156	0.209	0.842	0.691	0.489	0.404	0.561	0.947	10↓11	10
湖南	−0.736	−0.300	−0.357	−0.252	0.321	0.518	0.689	0.792	1.038	1.774	18↑5	11
上海	−0.295	−0.109	0.083	0.083	0.239	0.358	0.274	0.494	0.528	0.823	8↓12	12
福建	−0.445	−0.398	−0.082	0.188	0.096	0.098	0.173	0.423	0.400	0.845	12↓13	13
江西	−0.676	−0.437	−0.372	−0.338	−0.035	−0.218	−0.184	−0.154	−0.097	0.579	14↓16	14
山西	−0.717	−0.336	−0.434	−0.239	−0.043	−0.252	−0.217	−0.261	−0.026	0.690	16↑14	15
陕西	−0.890	−0.539	−0.591	−0.594	−0.145	−0.062	−0.143	−0.114	−0.060	0.829	22↑15	16
黑龙江	−0.407	−0.454	−0.529	−0.390	−0.292	−0.370	−0.325	−0.330	−0.225	0.182	11↓19	17
广西	−0.714	−0.596	−0.685	−0.621	−0.268	−0.218	−0.324	−0.218	−0.144	0.570	15↓17	18
内蒙古	−0.980	−0.731	−0.695	−0.664	−0.358	−0.320	−0.287	−0.258	−0.208	0.772	24↑18	19
云南	−0.737	−0.640	−0.728	−0.464	−0.463	−0.508	−0.480	−0.475	−0.424	0.313	19↓22	20
天津	−1.375	−0.805	−0.609	−0.692	−0.288	−0.444	−0.508	−0.441	−0.359	1.015	30↑20	21

续表

省（自治区、直辖市）	2005 年	2006 年	2007 年	2008 年	2009 年	2010 年	2011 年	2012 年	2013 年	得分变化	排名变化	综合排名
重庆	-1. 205	-0. 583	-0. 828	-0. 846	-0. 424	-0. 711	-0. 664	-0. 608	-0. 535	0. 670	29↑25	22
甘肃	-0. 864	-0. 764	-0. 710	-0. 959	-0. 666	-0. 512	-0. 777	-0. 865	-0. 490	0. 374	21↓24	23
贵州	-1. 064	-0. 858	-0. 984	-0. 823	-0. 610	-0. 579	-0. 784	-0. 597	-0. 363	0. 701	27↑21	24
新疆	-0. 735	-0. 651	-0. 811	-0. 720	-0. 605	-0. 758	-0. 849	-0. 792	-0. 745	-0. 010	17↓27	25
吉林	-1. 020	-0. 990	-0. 787	-0. 885	-0. 906	-0. 531	-0. 703	-0. 587	-0. 551	0. 469	25↓26	26
北京	-0. 970	-0. 739	-1. 075	-1. 162	-0. 918	-0. 659	-0. 558	-0. 468	-0. 435	0. 535	23↓23	27
宁夏	-1. 029	-0. 852	-0. 848	-0. 806	-0. 673	-0. 814	-0. 831	-0. 859	-0. 855	0. 174	26↓28	28
青海	-0. 784	-0. 849	-0. 933	-0. 960	-0. 896	-0. 915	-0. 931	-1. 045	-0. 938	-0. 154	20↓29	29
海南	-1. 159	-1. 167	-1. 053	-1. 115	-0. 822	-1. 290	-1. 289	-1. 217	-1. 277	-0. 118	28↓30	30
全国平均	-0. 496	-0. 272	-0. 204	-0. 058	0. 230	0. 137	0. 108	0. 236	0. 319	0. 815	—	—

注：得分变化为各省（自治区、直辖市）2013 年与 2005 年的得分差值；排名变化是指各省（自治区、直辖市）2005 年的排名演变为 2013 年的排名；综合排名是根据各省（自治区、直辖市）9 年得分的平均值进行排序。

附表 A2　省域知识与科技创新因子综合得分

省（自治区、直辖市）	2005 年	2006 年	2007 年	2008 年	2009 年	2010 年	2011 年	2012 年	2013 年	得分变化	排名变化	综合排名
北京	3. 310	3. 744	4. 803	5. 342	5. 273	4. 748	5. 150	5. 755	6. 397	3. 088	1→1	1
上海	0. 266	0. 425	1. 053	0. 966	1. 085	0. 634	0. 656	0. 846	1. 081	0. 816	2→2	2
陕西	0. 048	0. 259	0. 361	0. 479	0. 566	0. 278	0. 327	0. 358	0. 578	0. 530	4↑3	3
江苏	-0. 183	0. 188	0. 606	0. 755	0. 782	-0. 114	0. 276	0. 146	0. 399	0. 582	10↑4	4
四川	0. 098	0. 132	0. 384	0. 422	0. 475	0. 088	0. 196	0. 151	0. 277	0. 180	3↓6	5
湖北	-0. 094	0. 047	0. 143	0. 315	0. 341	-0. 008	-0. 008	0. 047	0. 188	0. 283	8↑7	6
辽宁	-0. 056	0. 022	0. 017	0. 098	0. 143	-0. 308	0. 012	0. 337	0. 321	0. 377	6↑5	7
山东	-0. 217	0. 125	0. 091	0. 244	0. 202	-0. 377	-0. 140	-0. 016	0. 037	0. 254	13↑8	8
浙江	-0. 096	0. 250	0. 349	0. 426	0. 258	-0. 539	-0. 546	-0. 537	-0. 304	-0. 208	9↓15	9
黑龙江	-0. 083	-0. 050	-0. 038	0. 102	0. 150	-0. 138	-0. 206	-0. 270	-0. 226	-0. 143	7↓12	10
安徽	-0. 245	-0. 070	0. 034	0. 077	0. 072	-0. 257	-0. 299	-0. 366	-0. 317	-0. 072	15↓17	11
天津	-0. 283	-0. 056	-0. 146	-0. 271	-0. 194	-0. 358	-0. 276	-0. 050	-0. 090	0. 193	16↑10	12
甘肃	-0. 193	-0. 166	-0. 091	-0. 102	-0. 089	-0. 312	-0. 303	-0. 383	-0. 397	-0. 204	12↓19	13
新疆	-0. 184	-0. 100	-0. 112	-0. 118	-0. 062	-0. 304	-0. 406	-0. 406	-0. 398	-0. 214	11↓20	14
山西	-0. 351	-0. 170	-0. 148	-0. 055	-0. 093	-0. 307	-0. 375	-0. 390	-0. 259	0. 092	23↑14	15
内蒙古	-0. 438	-0. 324	-0. 249	-0. 199	-0. 048	-0. 242	-0. 285	-0. 274	-0. 096	0. 342	25↑11	16

续表

省（自治区、直辖市）	2005 年	2006 年	2007 年	2008 年	2009 年	2010 年	2011 年	2012 年	2013 年	得分变化	排名变化	综合排名
广西	-0. 286	-0. 242	-0. 245	-0. 153	-0. 185	-0. 349	-0. 304	-0. 287	-0. 315	-0. 029	19↑16	17
河北	-0. 290	-0. 282	-0. 151	-0. 127	-0. 072	-0. 348	-0. 347	-0. 436	-0. 410	-0. 120	20↓21	18
广东	-0. 009	0. 019	0. 080	-0. 160	-0. 273	-0. 843	-0. 699	-0. 550	-0. 036	-0. 028	5↓9	19
江西	-0. 344	-0. 210	-0. 233	-0. 106	-0. 146	-0. 354	-0. 370	-0. 389	-0. 345	-0. 001	22↑18	20
河南	-0. 337	-0. 220	-0. 131	0. 007	-0. 113	-0. 404	-0. 477	-0. 505	-0. 474	-0. 138	21↓25	21
福建	-0. 284	-0. 202	-0. 100	-0. 107	-0. 053	-0. 354	-0. 533	-0. 606	-0. 439	-0. 155	18↓23	22
青海	-0. 219	-0. 282	-0. 282	-0. 238	-0. 244	-0. 348	-0. 321	-0. 398	-0. 421	-0. 202	14↓22	23
吉林	-0. 465	-0. 446	-0. 237	-0. 150	-0. 356	-0. 283	-0. 325	-0. 376	-0. 246	0. 219	26↑13	24
湖南	-0. 416	-0. 106	-0. 098	-0. 118	-0. 044	-0. 551	-0. 544	-0. 574	-0. 627	-0. 211	24↓27	25
云南	-0. 283	-0. 170	-0. 278	-0. 146	-0. 155	-0. 497	-0. 625	-0. 702	-0. 708	-0. 425	17↓28	26
宁夏	-0. 534	-0. 390	-0. 251	-0. 229	-0. 386	-0. 444	-0. 404	-0. 474	-0. 463	0. 071	28↑24	27
贵州	-0. 505	-0. 508	-0. 507	-0. 366	-0. 330	-0. 625	-0. 811	-0. 752	-0. 738	-0. 233	27↓29	28
重庆	-0. 636	-0. 528	-0. 393	-0. 497	-0. 477	-0. 858	-0. 756	-0. 718	-0. 524	0. 112	29↑26	29
海南	-0. 729	-0. 696	-0. 532	-0. 419	-0. 322	-0. 827	-1. 155	-1. 062	-1. 085	-0. 356	30→30	30
全国平均	-0. 135	0. 000	0. 123	0. 189	0. 190	-0. 153	-0. 130	-0. 096	0. 012	0. 147	—	—

注：得分变化为各省（自治区、直辖市）2013 年与 2005 年的得分差值；排名变化是指各省（自治区、直辖市）2005 年的排名演变为 2013 年的排名；综合排名是根据各省（自治区、直辖市）9 年得分的平均值进行排序。

附表 A3　省域文化与政策创新因子综合得分

省（自治区、直辖市）	2005 年	2006 年	2007 年	2008 年	2009 年	2010 年	2011 年	2012 年	2013 年	得分变化	排名变化	综合排名
上海	-0. 727	-0. 395	-0. 992	0. 327	0. 371	1. 716	1. 847	2. 113	2. 328	3. 055	6↑1	1
天津	-0. 968	-0. 079	-0. 487	0. 357	0. 086	1. 111	1. 256	1. 601	1. 847	2. 815	14↑4	2
海南	-0. 565	-0. 547	-0. 672	-0. 202	-0. 348	0. 368	1. 600	2. 039	2. 237	2. 802	3↑2	3
新疆	-0. 387	-0. 838	-0. 408	0. 359	0. 328	0. 733	0. 884	1. 414	1. 801	2. 187	1↓6	4
北京	-0. 893	-0. 647	-0. 861	-0. 301	0. 261	1. 030	1. 204	1. 646	1. 832	2. 725	11↑5	5
吉林	-0. 690	-0. 467	-0. 378	0. 118	0. 014	0. 592	1. 050	1. 422	1. 581	2. 271	5↓8	6
浙江	-1. 311	-1. 122	-1. 051	-0. 791	-0. 719	1. 146	1. 660	2. 012	2. 131	3. 442	23↑3	7
黑龙江	-0. 736	-0. 589	-0. 480	-0. 204	-0. 168	0. 462	0. 692	1. 280	1. 474	2. 210	8↓10	8
青海	-0. 643	-0. 848	-0. 627	-0. 162	0. 108	0. 360	0. 902	1. 288	1. 244	1. 887	4↓16	9
宁夏	-0. 447	-0. 377	-0. 295	-0. 393	-0. 143	0. 180	0. 888	0. 866	1. 154	1. 601	2↓20	10
云南	-0. 730	-0. 349	-0. 295	-0. 572	-0. 480	0. 431	0. 705	1. 242	1. 324	2. 054	7↓13	11

续表

省（自治区、直辖市）	2005年	2006年	2007年	2008年	2009年	2010年	2011年	2012年	2013年	得分变化	排名变化	综合排名
山西	-0.846	-0.583	-0.623	-0.308	-0.138	0.495	0.779	1.113	1.253	2.100	10↓14	12
辽宁	-0.947	-0.807	-0.706	0.027	-0.358	0.288	0.773	1.186	1.364	2.312	13↑12	13
湖南	-1.365	-0.581	-0.527	-0.291	-0.374	0.683	0.817	0.984	1.150	2.515	24↑21	14
甘肃	-0.815	-0.641	-0.599	0.036	-0.200	0.229	0.424	0.801	1.104	1.919	9↓22	15
内蒙古	-0.943	-0.763	-0.385	-0.174	-0.391	0.178	0.577	0.856	1.250	2.193	12↓15	16
河北	-1.179	-0.706	-0.636	-0.116	-0.221	0.146	0.658	0.980	1.085	2.264	19↓23	17
重庆	-1.199	-1.096	-0.578	-0.236	-0.786	0.441	0.788	1.192	1.158	2.358	20↑19	18
陕西	-1.717	-1.019	-0.887	-0.294	-0.555	0.384	0.785	1.360	1.583	3.301	27↑7	19
福建	-1.306	-1.269	-1.081	-0.812	-0.429	0.556	1.062	1.371	1.468	2.774	22↑11	20
湖北	-1.136	-0.906	-0.890	-0.542	-0.727	0.278	0.648	1.206	1.177	2.313	17↓18	21
江西	-1.018	-0.748	-0.588	-0.383	-0.637	-0.069	0.143	0.584	0.729	1.747	15↓29	22
贵州	-1.525	-0.958	-0.930	-0.474	-0.435	0.173	0.353	0.890	0.912	2.437	25→25	23
广东	-2.099	-1.825	-1.359	-0.831	-0.911	0.853	1.134	1.466	1.547	3.646	29↑9	24
广西	-1.055	-0.859	-0.829	-0.227	-0.758	0.083	0.240	0.522	0.616	1.671	16↓30	25
河南	-1.255	-1.069	-1.038	-0.817	-0.607	0.023	0.166	0.578	0.832	2.088	21↓26	26
四川	-1.145	-0.945	-1.055	-1.319	-1.009	0.096	0.255	0.649	0.812	1.956	18↓27	27
山东	-1.834	-1.358	-1.189	-1.129	-1.149	0.013	0.513	0.721	0.805	2.639	28→28	28
安徽	-1.623	-1.221	-1.643	-1.377	-1.234	-0.074	0.340	0.711	0.945	2.568	26↑24	29
江苏	-2.562	-1.988	-2.463	-2.364	-2.469	0.211	0.639	0.848	1.210	3.772	30↑17	30
全国平均	-1.122	-0.880	-0.818	-0.436	-0.469	0.437	0.793	1.165	1.332	2.454	—	—

注：得分变化为各省（自治区、直辖市）2013年与2005年的得分差值；排名变化是指各省（自治区、直辖市）2005年的排名演变为2013年的排名；综合排名是根据各省（自治区、直辖市）9年得分的平均值进行排序。

附表A4　省域产品与产业创新因子综合得分

省（自治区、直辖市）	2005年	2006年	2007年	2008年	2009年	2010年	2011年	2012年	2013年	得分变化	排名变化	综合排名
上海	2.460	2.161	2.595	2.194	3.007	2.434	2.848	2.383	2.343	-0.117	2↑1	1
天津	3.544	2.666	2.660	2.464	2.292	2.083	2.049	1.645	1.999	-1.545	1↓3	2
重庆	2.277	1.504	1.121	1.290	1.448	1.836	1.768	1.397	1.867	-0.410	3↓4	3
广东	1.437	1.019	0.871	1.156	1.539	2.165	1.666	1.063	2.228	0.791	5↑2	4
海南	0.946	0.921	0.426	-0.055	-0.305	1.099	1.154	0.704	1.123	0.177	11↑5	5

续表

省（自治区、直辖市）	2005 年	2006 年	2007 年	2008 年	2009 年	2010 年	2011 年	2012 年	2013 年	得分变化	排名变化	综合排名
福建	1.302	1.080	0.683	0.524	0.083	0.235	0.405	0.292	0.546	-0.757	7→7	6
吉林	1.335	1.082	0.423	0.147	1.415	-0.022	0.176	0.065	-0.126	-1.461	6↓13	7
江苏	2.193	0.742	0.206	-0.105	-0.527	0.026	0.196	0.153	0.119	-2.074	4↓8	8
贵州	1.090	0.554	0.757	-0.058	-0.321	-0.070	0.577	-0.026	-0.029	-1.119	10↓11	9
浙江	0.767	0.111	0.140	-0.406	-0.521	0.353	0.686	0.429	0.607	-0.160	13↑6	10
北京	0.427	0.500	1.124	0.262	-0.474	0.155	0.047	-0.584	-0.721	-1.148	15↓21	11
湖南	1.204	-0.432	-0.145	-0.184	-0.473	-0.226	-0.253	-0.061	-0.013	-1.217	8↓10	12
广西	0.075	-0.235	0.038	-0.632	-0.292	-0.555	-0.473	-0.628	-0.417	-0.492	19↑16	13
辽宁	0.402	-0.121	-0.204	-0.746	-0.437	-0.070	-0.594	-0.852	-0.759	-1.162	17↓23	14
湖北	0.405	-0.280	-0.027	-0.688	-1.030	-0.731	-0.246	-0.502	-0.288	-0.692	16↑14	15
陕西	1.122	-0.146	-0.076	-0.610	-0.623	-0.638	-0.705	-0.738	-0.986	-2.107	9↓28	16
山东	0.841	-0.707	-0.360	-0.659	-0.860	0.107	-0.575	-0.769	-0.886	-1.727	12↓25	17
江西	0.204	-0.378	-0.339	-0.756	-0.740	-0.449	-0.438	-0.571	-0.443	-0.647	18↓17	18
安徽	-0.343	-0.831	-0.734	-0.947	-0.855	-0.314	-0.047	-0.039	-0.003	0.340	26↑9	19
云南	-0.400	-0.940	-0.397	-0.660	-0.713	-0.547	-0.292	-0.363	-0.121	0.279	27↑12	20
黑龙江	-0.324	-0.535	-0.262	-0.699	-0.892	-0.476	-0.408	-0.566	-0.609	-0.284	25↑18	21
宁夏	0.001	-0.627	-0.622	-0.704	-0.439	-0.425	-0.901	-0.535	-0.624	-0.625	21↑19	22
甘肃	-0.533	-0.664	-0.709	-0.813	-0.857	-0.669	-0.356	-0.113	-0.380	0.153	28↑15	23
内蒙古	0.454	-0.215	-0.577	-0.688	-0.914	-0.923	-0.999	-1.200	-1.422	-1.876	14↓30	24
四川	-0.118	-0.301	-0.602	-0.674	-1.065	-1.360	-1.069	-1.022	-0.654	-0.536	23↑20	25
山西	-0.023	-0.903	-0.399	-0.931	-1.105	-0.986	-0.902	-0.746	-0.921	-0.898	22↓26	26
河南	0.072	-0.574	-0.715	-1.410	-1.155	-0.975	-0.572	-0.806	-0.923	-0.994	20↓27	27
青海	-0.990	-0.457	-0.440	-0.712	-0.831	-0.831	-1.115	-0.826	-0.860	0.130	29↑24	28
新疆	-1.043	-0.881	-0.724	-1.197	-1.336	-0.751	-0.328	-0.605	-0.748	0.295	30↑22	29
河北	-0.151	-0.607	-0.756	-1.141	-1.332	-0.981	-1.144	-1.260	-1.211	-1.060	24↓29	30
全国平均	0.621	0.083	0.099	-0.248	-0.277	-0.050	0.005	-0.156	-0.077	-0.698	—	—

注：得分变化为各省（自治区、直辖市）2013 年与 2005 年的得分差值；排名变化是指各省（自治区、直辖市）2005 年的排名演变为 2013 年的排名；综合排名是根据各省（自治区、直辖市）9 年得分的平均值进行排序。

附录 B　GWR 模型中四个创新因子的回归系数

附表 B1　GWR 模型知识与科技创新因子的回归系数

省（自治区、直辖市）	2005 年	2006 年	2007 年	2008 年	2009 年	2010 年	2011 年	2012 年	2013 年
北京	1.145***	1.015***	0.859***	0.924***	1.117***	0.961***	1.031***	1.171***	1.184***
天津	1.144***	1.013***	0.857***	0.923***	1.113***	0.959***	1.031***	1.170***	1.184***
上海	1.135***	0.996***	0.847***	0.913***	1.082***	0.942***	1.030***	1.166***	1.192***
河北	1.144***	1.013***	0.859***	0.924***	1.114***	0.961***	1.031***	1.171***	1.185***
山东	1.141***	1.007***	0.854***	0.920***	1.103***	0.953***	1.031***	1.169***	1.186***
江苏	1.138***	1.001***	0.853***	0.917***	1.092***	0.950***	1.032***	1.169***	1.192***
浙江	1.133***	0.994***	0.849***	0.913***	1.078***	0.944***	1.032***	1.170***	1.198***
福建	1.130***	0.990***	0.851***	0.913***	1.070***	0.946***	1.036***	1.175***	1.210***
广东	1.130***	0.990***	0.860***	0.917***	1.070***	0.958***	1.047***	1.186***	1.227***
海南	1.128***	0.988***	0.866***	0.919***	1.067***	0.968***	1.052***	1.196***	1.245***
黑龙江	1.152***	1.029***	0.838***	0.910***	1.130***	0.940***	1.037***	1.164***	1.170***
吉林	1.148***	1.019***	0.841***	0.912***	1.117***	0.941***	1.031***	1.161***	1.172***
辽宁	1.145***	1.015***	0.848***	0.917***	1.113***	0.948***	1.028***	1.164***	1.177***
山西	1.143***	1.012***	0.867***	0.930***	1.116***	0.972***	1.038***	1.178***	1.193***
河南	1.141***	1.006***	0.865***	0.927***	1.104***	0.967***	1.041***	1.177***	1.198***
湖北	1.139***	1.003***	0.867***	0.927***	1.098***	0.969***	1.046***	1.181***	1.206***
安徽	1.138***	1.001***	0.856***	0.920***	1.092***	0.954***	1.036***	1.172***	1.196***
湖南	1.136***	0.998***	0.867***	0.925***	1.089***	0.969***	1.051***	1.185***	1.216***
江西	1.133***	0.994***	0.857***	0.918***	1.079***	0.954***	1.041***	1.178***	1.209***
内蒙古	1.147***	1.022***	0.867***	0.930***	1.135***	0.975***	1.031***	1.178***	1.186***
新疆	1.130***	0.992***	0.911***	0.962***	1.167***	1.059***	1.104***	1.222***	1.243***
宁夏	1.144***	1.012***	0.879***	0.938***	1.126***	0.992***	1.051***	1.188***	1.204***
陕西	1.143***	1.010***	0.875***	0.935***	1.118***	0.984***	1.048***	1.185***	1.203***
甘肃	1.143***	1.011***	0.889***	0.946***	1.137***	1.009***	1.063***	1.197***	1.213***
青海	1.141***	1.005***	0.897***	0.951***	1.142***	1.026***	1.080***	1.206***	1.226***
重庆	1.140***	1.004***	0.876***	0.933***	1.105***	0.984***	1.058***	1.189***	1.215***

续表

省（自治区、直辖市）	2005 年	2006 年	2007 年	2008 年	2009 年	2010 年	2011 年	2012 年	2013 年
四川	1.141***	1.004***	0.885***	0.941***	1.117***	1.002***	1.070***	1.198***	1.223***
广西	1.134***	0.996***	0.872***	0.927***	1.087***	0.979***	1.060***	1.194***	1.232***
贵州	1.138***	1.000***	0.877***	0.933***	1.100***	0.987***	1.064***	1.194***	1.226***
云南	1.138***	0.999***	0.886***	0.939***	1.109***	1.005***	1.076***	1.204***	1.238***

***、**、*分别表示1%、5%、10%的水平上显著。

附表 B2　GWR 模型资源与技术集成因子的回归系数

省（自治区、直辖市）	2005 年	2006 年	2007 年	2008 年	2009 年	2010 年	2011 年	2012 年	2013 年
北京	1.220***	0.997***	0.827***	0.843***	0.896***	0.653***	0.646***	0.615***	0.663***
天津	1.226***	0.997***	0.825***	0.842***	0.896***	0.649***	0.643***	0.611***	0.661***
上海	1.279***	1.011***	0.820***	0.835***	0.879***	0.611***	0.621***	0.594***	0.657***
河北	1.225***	1.000***	0.828***	0.844***	0.895***	0.651***	0.645***	0.613***	0.663***
山东	1.246***	1.005***	0.825***	0.841***	0.891***	0.636***	0.635***	0.605***	0.659***
江苏	1.266***	1.014***	0.827***	0.841***	0.882***	0.624***	0.631***	0.602***	0.661***
浙江	1.288***	1.021***	0.824***	0.836***	0.870***	0.607***	0.625***	0.597***	0.663***
福建	1.303***	1.037***	0.826***	0.835***	0.855***	0.598***	0.636***	0.603***	0.673***
广东	1.311***	1.064***	0.832***	0.836***	0.836***	0.596***	0.666***	0.620***	0.692***
海南	1.321***	1.087***	0.827***	0.829***	0.814***	0.587***	0.690***	0.634***	0.709***
黑龙江	1.180***	0.926***	0.738***	0.783***	0.921***	0.638***	0.635***	0.598***	0.641***
吉林	1.208***	0.951***	0.770***	0.806***	0.917***	0.634***	0.630***	0.593***	0.642***
辽宁	1.220***	0.974***	0.799***	0.824***	0.906***	0.639***	0.631***	0.600***	0.650***
山西	1.231***	1.023***	0.849***	0.858***	0.885***	0.659***	0.662***	0.625***	0.674***
河南	1.254***	1.034***	0.848***	0.856***	0.877***	0.643***	0.657***	0.620***	0.675***
湖北	1.268***	1.048***	0.852***	0.858***	0.866***	0.636***	0.664***	0.624***	0.681***
安徽	1.269***	1.025***	0.834***	0.846***	0.876***	0.625***	0.639***	0.608***	0.667***
湖南	1.287***	1.063***	0.849***	0.853***	0.852***	0.623***	0.671***	0.626***	0.689***
江西	1.294***	1.043***	0.835***	0.842***	0.857***	0.609***	0.646***	0.611***	0.677***
内蒙古	1.184***	0.987***	0.831***	0.846***	0.896***	0.679***	0.666***	0.632***	0.672***
新疆	1.180***	1.079***	0.967***	0.950***	0.876***	0.766***	0.813***	0.711***	0.729***

续表

省（自治区、直辖市）	2005 年	2006 年	2007 年	2008 年	2009 年	2010 年	2011 年	2012 年	2013 年
宁夏	1.225***	1.049***	0.876***	0.878***	0.877***	0.679***	0.695***	0.646***	0.690***
陕西	1.237***	1.047***	0.867***	0.871***	0.876***	0.665***	0.683***	0.637***	0.685***
甘肃	1.216***	1.065***	0.898***	0.894***	0.873***	0.698***	0.724***	0.663***	0.701***
青海	1.221***	1.093***	0.917***	0.910***	0.863***	0.708***	0.749***	0.677***	0.714***
重庆	1.266***	1.071***	0.867***	0.869***	0.857***	0.647***	0.689***	0.639***	0.694***
四川	1.258***	1.091***	0.885***	0.882***	0.852***	0.663***	0.714***	0.655***	0.705***
广西	1.298***	1.086***	0.850***	0.851***	0.833***	0.616***	0.692***	0.638***	0.703***
贵州	1.281***	1.086***	0.864***	0.865***	0.843***	0.636***	0.698***	0.643***	0.702***
云南	1.280***	1.112***	0.875***	0.872***	0.830***	0.644***	0.721***	0.660***	0.716***

***、**、*分别表示1%、5%、10%的水平上显著。

附表 B3　GWR 模型产品与产业创新因子的回归系数

省（自治区、直辖市）	2005 年	2006 年	2007 年	2008 年	2009 年	2010 年	2011 年	2012 年	2013 年
北京	0.718***	0.746***	0.782***	0.804***	0.691***	0.573***	0.853***	1.072***	0.875***
天津	0.720***	0.748***	0.786***	0.805***	0.691***	0.571***	0.854***	1.072***	0.873***
上海	0.735***	0.768***	0.810***	0.801***	0.679***	0.542***	0.806***	1.054***	0.840***
河北	0.720***	0.748***	0.784***	0.802***	0.690***	0.569***	0.843***	1.067***	0.870***
山东	0.726***	0.756***	0.795***	0.803***	0.687***	0.559***	0.831***	1.063***	0.859***
江苏	0.731***	0.764***	0.802***	0.797***	0.681***	0.545***	0.793***	1.048***	0.840***
浙江	0.736***	0.772***	0.810***	0.792***	0.673***	0.530***	0.762***	1.037***	0.823***
福建	0.740***	0.779***	0.810***	0.776***	0.662***	0.511***	0.693***	1.011***	0.797***
广东	0.741***	0.785***	0.801***	0.750***	0.646***	0.494**	0.583***	0.966***	0.761***
海南	0.745***	0.792***	0.796***	0.728***	0.629***	0.482**	0.493***	0.925***	0.731***
黑龙江	0.708***	0.723***	0.783***	0.846***	0.691***	0.638***	1.110***	1.178***	0.984***
吉林	0.717***	0.738***	0.794***	0.839***	0.695***	0.614***	1.032***	1.144***	0.943***
辽宁	0.720***	0.745***	0.793***	0.824***	0.694***	0.591***	0.945***	1.108***	0.907***
山西	0.719***	0.751***	0.777***	0.785***	0.686***	0.554***	0.762***	1.035***	0.842***
河南	0.726***	0.760***	0.786***	0.779***	0.679***	0.538***	0.722***	1.019***	0.822***
湖北	0.729***	0.765***	0.787***	0.768***	0.672***	0.524***	0.667***	0.997***	0.800***

续表

省（自治区、直辖市）	2005 年	2006 年	2007 年	2008 年	2009 年	2010 年	2011 年	2012 年	2013 年
安徽	0.731***	0.765***	0.799***	0.788***	0.678***	0.536***	0.752***	1.032***	0.826***
湖南	0.734***	0.773***	0.790***	0.755***	0.660***	0.509***	0.607***	0.973***	0.776***
江西	0.737***	0.775***	0.803***	0.772***	0.664***	0.513***	0.674***	1.002***	0.794***
内蒙古	0.705***	0.731***	0.762***	0.798***	0.693***	0.590***	0.870***	1.080***	0.895***
新疆	0.683***	0.698***	0.695***	0.712***	0.672***	0.572***	0.593**	0.950***	0.817***
宁夏	0.714***	0.747***	0.761***	0.763***	0.682***	0.546***	0.678***	0.999***	0.819***
陕西	0.719***	0.753***	0.769***	0.766***	0.680***	0.540***	0.680***	1.001***	0.815***
甘肃	0.708***	0.741***	0.745***	0.747***	0.679***	0.546***	0.630***	0.977***	0.808***
青海	0.706***	0.739***	0.734***	0.727***	0.671***	0.538***	0.555**	0.940***	0.781***
重庆	0.727***	0.765***	0.775***	0.750***	0.666***	0.517***	0.593***	0.965***	0.778***
四川	0.722***	0.761***	0.760***	0.734***	0.662***	0.516***	0.537***	0.937***	0.762***
广西	0.736***	0.780***	0.785***	0.735***	0.646***	0.495**	0.521**	0.935***	0.746***
贵州	0.730***	0.771***	0.776***	0.737***	0.655***	0.505***	0.536**	0.940***	0.755***
云南	0.728***	0.772***	0.763***	0.717***	0.646***	0.501**	0.463**	0.901***	0.730***

***、**、*分别表示 1%、5%、10% 的水平上显著。

附表 B4 GWR 模型文化与政策创新因子的回归系数

省（自治区、直辖市）	2005 年	2006 年	2007 年	2008 年	2009 年	2010 年	2011 年	2012 年	2013 年
北京	1.010***	0.690	0.236	0.370	0.611	1.336***	0.966*	0.711	1.046**
天津	1.021***	0.693	0.232	0.371	0.619	1.342***	0.960*	0.714	1.047**
上海	1.125***	0.740	0.220	0.398	0.677	1.382***	0.963*	0.724	1.035**
河北	1.020***	0.698	0.237	0.375	0.617	1.340***	0.973*	0.714	1.047**
山东	1.059***	0.713	0.229	0.383	0.641	1.357***	0.968*	0.721	1.046**
江苏	1.097***	0.739*	0.231	0.400	0.660	1.370***	0.984*	0.724	1.038**
浙江	1.142***	0.761*	0.226	0.413	0.684	1.386***	0.983*	0.722	1.024**
福建	1.168***	0.793*	0.230	0.434	0.695	1.390***	0.995*	0.713	0.997**
广东	1.173***	0.839*	0.237	0.462	0.693	1.370***	0.989*	0.692	0.946*
海南	1.183***	0.880*	0.229	0.482	0.693	1.342***	0.941*	0.663	0.883*
黑龙江	0.939***	0.545	0.119	0.240	0.596	1.307**	0.536	0.627	0.989**

续表

省（自治区、直辖市）	2005 年	2006 年	2007 年	2008 年	2009 年	2010 年	2011 年	2012 年	2013 年
吉林	0.992***	0.603	0.156	0.290	0.623	1.330***	0.703	0.673	1.024*
辽宁	1.014***	0.649	0.195	0.332	0.625	1.342***	0.845	0.700	1.044**
山西	1.024***	0.737*	0.267	0.409	0.611	1.331***	1.039**	0.716	1.035**
河南	1.066***	0.764*	0.261	0.423	0.635	1.347***	1.040**	0.720	1.026**
湖北	1.088***	0.793*	0.266	0.442	0.644	1.348***	1.046**	0.716	1.007**
安徽	1.101***	0.757*	0.240	0.414	0.659	1.368***	1.009**	0.723	1.030**
湖南	1.120***	0.824*	0.260	0.459	0.659	1.350***	1.028**	0.705	0.976**
江西	1.145***	0.797*	0.241	0.439	0.680	1.377***	1.013**	0.714	0.997**
内蒙古	0.945***	0.662	0.254	0.362	0.564	1.298***	0.973*	0.688	1.031**
新疆	0.900***	0.792	0.500	0.550	0.475	1.077*	0.967	0.604	0.828
宁夏	1.001***	0.775*	0.309	0.445	0.584	1.293***	1.079**	0.704	1.006**
陕西	1.027***	0.778*	0.293	0.441	0.603	1.314***	1.071**	0.711	1.012**
甘肃	0.976***	0.797*	0.347	0.472	0.556	1.248***	1.079**	0.686	0.974**
青海	0.972***	0.838*	0.378	0.507	0.537	1.203**	1.040*	0.666	0.927*
重庆	1.074***	0.826*	0.287	0.467	0.625	1.318***	1.050**	0.703	0.977**
四川	1.046***	0.852*	0.314	0.489	0.596	1.274***	1.036**	0.686	0.946*
广西	1.132***	0.865*	0.260	0.481	0.658	1.326***	0.992*	0.682	0.924*
贵州	1.095***	0.856*	0.281	0.481	0.633	1.310***	1.019**	0.689	0.942*
云南	1.078***	0.893*	0.295	0.505	0.605	1.258***	0.974*	0.664	0.893*

***、**、*分别表示1%、5%、10%的水平上显著。

后　记

2009年9月，我参与了导师郗永勤教授主持的国家社科基金项目“支持发展循环经济的机制与政策研究”，对“循环经济”这个全新的字眼产生了浓厚兴趣。随后，在郗永勤教授的指引和启发下，先后参与了《福建省十二五节能和循环经济发展专项规划》及泉州、宁德、莆田等地循环经济发展规划近20多项地方课题的实证研究，走遍了福建省大部分县市区；参加了第七至第十一届全国循环经济与生态工业学术研讨会，认识了全国在循环经济领域知名的专家学者，对“什么是循环经济”“为什么要发展循环经济”“怎样发展循环经济”有了全新认识，这为我今后的研究工作奠定了坚实基础。

2015年8月，在紧锣密鼓撰写博士论文时期，我有幸承担了人生中第一个课题：福建省社会科学规划青年博士论文项目“我国省域循环经济创新驱动的机理与路径研究”，并于2017年12月通过结项验收，评价等级为优秀，为本书出版奠定了坚实基础；在步入阳光学院工作的第三个月，有幸获批福建省高校青年自然基金重点项目“创新驱动绿色发展的综合评价、关联机制与空间效应”，进一步深化了本书的研究内容。在研究过程中，我先后参加了在北京、包头、福州、武汉等地召开的循环经济专题研讨会，到福建省厦门、龙岩、泉州、漳州、莆田等地开展了实地调研，为本书的编写和出版提供了大量翔实的案例和数据资料。

本书得以出版，得到了多方的大力支持。感谢福建省社会科学规划办公室、福建省教育厅对我申报项目的大力支持！感谢福州大学循环经济研究中心主任郗永勤教授近十年来的关心帮助，导师严肃的科学态度、严谨的治学精神、精益求精的工作作风，深深地感染和激励着我！感谢阳光学院校领导、科研处对我工作和本书出版的大力支持！感谢福州大学经济与管理学院、福州大学社会科学研究管理处长期以来对我学习的帮助！感谢科学出版社对本书出版的大力协助！

建设美丽中国是千年大计，发展循环经济是系统工程。本书虽然对创新驱动循环经济发展的机理、效应、对策进行了较为系统的研究，但由于资料有限性和认识的局限性，所做的研究仅是探索性的，下阶段还需要继续跟踪相关领域的发展动态，尤其是党和国家将生态文明建设放在更加突出地位的关键时期，在生态文明建设领域将有大规模的改革与创新，我也将及时关注、紧密跟踪创新驱动循环经济领域的最新动向和前沿问题，为建设美丽中国贡献自己的微薄之力。

艾良友

2018 年 3 月 16 日